VOLTAIRE ET LA SOCIÉTÉ FRANÇAISE

AU XVIIIe SIÈCLE

VOLTAIRE

ET FRÉDÉRIC

PAR

GUSTAVE DESNOIRESTERRES

PARIS
LIBRAIRIE ACADÉMIQUE
DIDIER ET Cie, LIBRAIRES-ÉDITEURS
35, QUAI DES AUGUSTINS, 35

1870
Tous droits réservés.

VOLTAIRE

ET FRÉDÉRIC

VOLTAIRE ET LA SOCIÉTÉ FRANÇAISE

AU XVIIIe SIÈCLE

4 volumes in-8°

LA JEUNESSE DE VOLTAIRE, 1 vol. in-8, 7 fr. 50 c.
VOLTAIRE AU CHATEAU DE CIREY, 1 vol. in-8, 7 fr. 50 c.
VOLTAIRE A LA COUR, 1 vol. in-8, 7 fr. 50 c.
VOLTAIRE ET FRÉDÉRIC, 1 vol. in-8.

Paris. — Imprimerie VIÉVILLE et CAPIOMONT, 6, rue des Poitevins.

VOLTAIRE
ET FRÉDÉRIC

I

L'INTIMITÉ DU ROI DE PRUSSE. — LE MARQUIS D'ARGENS.
LA METTRIE.

Pour se faire une idée de la société intime de Frédéric, de ce petit noyau de libres penseurs groupés autour du philosophe de Sans-Souci, il nous faut entrer dans d'assez amples détails biographiques, qui, d'ailleurs, ont bien leur importance. Ces cinq ou six fidèles, Pollnitz, Chasot, d'Argens, Algarotti, Maupertuis, La Mettrie, lord Tyrconnel, sont tous des originaux fort piquants à étudier, la plupart avec un grain de folie et des faiblesses assez inattendues chez des sages, des esprits forts et des sceptiques. Et puis, ici encore, nous sommes en France : nous retrouvons ses usages, ses modes, son langage, ses beaux esprits, ses savants, ses poëtes. Le siècle précédent, à la cour du duc de Zell, (l'un de ces mille petits princes qui s'efforçaient à l'envi de singer les mœurs et la magnificence du grand roi), un Français s'écriait en s'apercevant que, de douze convives qui étaient à sa table, il n'y avait que le maître qui ne fût pas Français : « En vérité, monseigneur, ceci est assez plaisant; il n'y a ici que vous d'étranger[1]. » Aux soupers intimes du roi de Prusse se glissaient bien quelques Allemands, à la condition toutefois qu'ils laissassent à la porte ce qu'ils avaient d'allemand ; la majorité était française et présidée par un Français, car Frédéric est et sera par l'esprit, par le goût, un véritable Français. Il ne cachera pas plus ses préférences pour notre idiome, dont la précision et la clarté le ravissent, que son dédain pour la langue nationale. « Il la sait, mais il en fait rarement usage, » nous dit Bielfeld, un Allemand, lui aussi, quelque peu Français[2]. Les princes du sang, les grands seigneurs, les courtisans, « les honnêtes gens » parlaient français à Potsdam et à Berlin aussi bien qu'à Versailles; et quand le maître voulait honorer quelqu'un d'une marque particulière d'a-

---

1. Pollnitz, *Mémoires* (seconde édition, Londres, 1735), t. I, p. 75.
2. Bielfeld, *Lettres familières* (la Haye, 1763), t. II, p. 30. Lettre XLIX; à Breslau, le 15 d'août 1741. « Il savait assez d'allemand, raconte Macaulay, pour gronder ses domestiques ou pour donner le mot d'ordre à ses grenadiers; mais sa grammaire et sa prononciation étaient extrêmement défectueuses. Il avait de la peine à saisir le sens de la poésie allemande, quelque simple qu'elle fût. Un jour on lui lut une traduction de l'*Iphigénie* de Racine. Il tenait dans sa main l'original français, mais il fut forcé d'avouer que, même ainsi aidé, il ne pouvait pas comprendre la traduction. » Lord Macaulay, *Essais historiques et biographiques*, traduction de Guillaume Guizot. (Paris, Michel Lévy, 1862), deuxième série, p. 286. Frédéric écrivait à Maupertuis, à la date du 20 novembre 1752, nous ne savons à quel sujet : « Je n'entens pas assez l'alleman pour vous dire si la pièce que vous m'envoyez est bien traduite ou non... » Cabinet de M. Feuillet de Conches, *Lettres originales du grand Frédéric à Maupertuis*, n° 73. Du reste, il considérait l'allemand plutôt comme un jargon que comme une langue dans le sens élevé du mot. Ne disait-il pas à Voltaire, en 1737 : « qu'il ne restait d'autre ressource aux savants d'Allemagne que d'écrire dans des langues étrangères? »

mitié et d'estime, c'était en lui adressant une de ces épîtres en notre langue tant soit peu ternes, mais où ne faisaient défaut ni la philosophie, ni l'esprit, ni la malice. Tout cela explique, tout cela justifie l'étendue accordée dans ces études à cette période si brève mais si importante, mais si considérable dans la vie de l'auteur de la *Henriade* et de *Mahomet*.

Celui pour qui le roi se sentit le plus d'affection, après Jordan et Kaiserling, s'entend (mais ils n'étaient plus ni l'un ni l'autre à l'époque où Voltaire venait s'établir à Potsdam), envers le quel il se montra le plus généreux, ce fut le marquis d'Argens[1]. Fils aîné d'un procureur général au parlement d'Aix, dont il s'aliéna de bonne heure la tendresse par l'indépendance de son caractère autant que par des folies qu'il est juste de mettre sur le compte de l'âge, d'Argens eut la jeunesse la plus troublée, la plus accidentée : elle est tout un roman qu'il a pris soin de raconter lui même, et où rien ne manque, intrigues, voyages, aventures tragiques et galantes. Issu d'une famille parlementaire, destiné, dès en naissant, à être de robe, il ne cacha pas son antipathie pour une profession qui cadrait peu avec son amour du plaisir, sa haine de toute contrainte : il fallut bien, à la fin, céder à ses importunités, à ses instances, et le placer auprès d'un de ses parents dans le régiment de Toulouse où, durant deux années, sa conduite fut à l'abri de tous reproches. Mais l'heure des passions avait sonné ; et, désormais, les folies allaient succéder aux folies. Notre officier, dans un congé, à

---

1. Jean=Baptiste de Boyer, né le 24 juin 1704.

Aix, s'éprend d'une comédienne du nom de Sylvie, s'enfuit avec elle en Espagne où leur mariage se fût conclu, si l'intervention d'officieux et la diligence du père ne l'eussent empêché. D'Argens ne voulut pas survivre à un pareil coup. Il tenta de s'empoisonner. Heureusement, s'aperçut-on vite de cet acte de démence et parvint-on à le sauver en lui faisant avaler de l'huile, qui par des vomissements arrêta au passage le verre pilé qu'il avait absorbé. Ramené en France, il se vit enfermer par lettres de cachet dans la citadelle de Perpignan. Il y demeura six mois, au bout desquels son père se laissa fléchir. Il avait demandé lui-même à suivre M. d'Andrezel, intendant du Roussillon, qui venait d'être nommé à l'ambassade de Constantinople, et le procureur général donna son plein acquiescement, espérant sans doute que les voyages assagiraient ce naturel ardent et impétueux. On s'embarqua à Toulon pour Alger, où notre ministre avait à faire signer le renouvellement de la paix. D'Argens, durant ces pourparlers, poussait l'extravagance et le mépris du danger jusqu'à s'introduire chez une belle Algérienne que la surprise lui livra, et à se mettre dans le cas, comme il le dit, ou d'être Turc, ou d'être empalé[1]. Mais le péril l'enivrait, et on le verra, à Constantinople, aller au-devant d'une mort presque certaine pour le seul plaisir de satisfaire ses âpres instincts de curieux[2]. Ce séjour en Turquie ne fut pas, on le suppose bien, sans aventures; mais nous renverrons aux *Mémoires* de

---

1. Marquis d'Argens, *Mémoires* (Paris, 1807), p. 195.
2. Dieudonné Thiébault, *Souvenirs de vingt ans de séjour à Berlin* (Didot, 1860), t. II, p. 375, 376.

d'Argens, qui y fait le récit de ses équipées avec une visible complaisance. Il repartait du reste, six ou sept mois après, avec M. de Bonac que M. d'Andrezel était venu remplacer, et débarquait à Toulon au bout d'une traversée de vingt-sept jours, un peu soucieux sans doute sur ce que l'on déciderait de lui.

En effet, le procureur général au parlement d'Aix, qui n'avait pas vu sans chagrin son aîné renoncer aux traditions de la famille et laisser la magistrature pour les armes, le pressa tellement que d'Argens, dont les affaires étaient loin d'être bonnes, dut se résigner à se faire recevoir avocat; et, peu de temps après, on lui achetait une charge, qui était un acheminement indispensable à celle qui lui reviendrait un jour. Il se mit résolûment à l'œuvre et eut des succès au barreau, qui lui inspirèrent du goût pour son métier. La dissipation ne lui avait pas permis jusque-là de se livrer à des occupations sérieuses; il se découvrit, avec un grand amour, une rare facilité pour les sciences. « Je résolus même de m'y adonner entièrement; romans, historiettes, tout fut banni de mon cabinet. Locke succéda à madame de Villedieu, Gassendi et Rohault à *Clélie* et à l'*Astrée;* j'appris, pour me dissiper dans mes moments de loisir, la musique, et à peindre; et dans dix-huit mois de temps, je me rendis assez savant pour n'avoir plus besoin de maîtres de la province. J'ai depuis poussé la peinture beaucoup plus loin, et j'ai fait un voyage en Italie pour m'y perfectionner le plus qu'il m'a été possible[1]. »

---

1. Marquis d'Argens, *Mémoires* (Paris, 1807), p. 233, 234.

Mais d'Argens, comme il en fait l'aveu, était né pour être le jouet perpétuel des caprices de l'amour et de la fortune, et il allait bientôt retomber dans une succession d'aventures dans le menu détail desquelles nous n'avons pas à entrer, et prendre en horreur une profession qu'il ne croyait convenir qu'à un pédant. Cependant, à un séjour qu'il fit à Paris, son amour pour l'étude lui revint ; une partie de sa journée s'écoulait dans son cabinet ou dans l'atelier de Case, professeur de l'Académie de peinture, avec lequel il s'était lié à un précédent voyage. Un gain inespéré de six mille livres à la roulette de l'hôtel de Gèvres lui permettait de réaliser un rêve caressé depuis longtemps; il partait, trois jours après, pour Rome où il comptait bien repaître ses yeux des chefs-d'œuvre entassés à tous les coins de la Ville éternelle.

Dès le lendemain de son arrivée, il se fit présenter au cardinal de Polignac, qui le retint à dîner. Mais il ne perdait pas de vue le but réel de son excursion en Italie.

Je passai trois mois à Rome, uniquement occupé à voir tous les jours de nouvelles beautés : j'étais plongé dans la peinture et dans la musique; j'avais oublié qu'il y eût des femmes dans le monde, et je fusse parti de Rome sans y avoir pensé, si le chevalier de Chassé, avec qui j'étais logé dans la même auberge, ne m'eût fait connaître une jeune fille, bonne musicienne, chez laquelle il allait souvent. Nous y faisions de petits concerts : elle avait la voix fort belle, les yeux vifs, les façons tendres et engageantes, ainsi que toutes les Italiennes [1].

L'inflammable marquis ne tarda pas à s'éprendre de la jeune Italienne, qui, de son côté, partagea vite les

1, Marquis d'Argens, *Mémoires* (Paris, 1807), p. 271.

sentiments qu'elle inspirait, et il s'ensuivit des relations destinées à une durée fort bornée, et que devaient raccourcir encore l'inconstance et la légèreté françaises. Au bout de six semaines, d'Argens, très-refroidi, devenait amoureux d'une autre jeune fille, qui demeurait à deux pas de l'auberge où il allait manger. Ninesina n'apprit pas sans grand courroux la perfidie de son amant, et, après s'être convaincue de l'impossibilité de le ramener, elle ne songea plus qu'à en tirer vengeance. Celui-ci avait l'habitude de prendre le frais, tous les soirs, vers onze heures, sur le mont de la Trinité, une promenade voisine de la place d'Espagne. Une nuit, deux spadassins fondent sur lui, le poignard levé; il n'a que le temps de dégaîner et de s'adosser, pour n'être pas tourné, contre la porte de la Vigne-Médicis. Sur ces entrefaites surviennent deux Français, qui mettent aussitôt l'épée à la main et se disposent à charger les assaillants. L'un de ces auxiliaires dépêchés par le hasard était ce chevalier de Chassé, auquel d'Argens était redevable de la connaissance de Ninesina; il est, à sa grande surprise, interpellé par une voix bien connue, celle de sa maîtresse. Elle et Ninesina étaient venues là sous ce déguisement pour punir un traître, et l'apparition seule des amis du marquis avait pu entraver leur dessein. « J'ai manqué mon coup cette fois, s'écrie l'amante délaissée; mais je réussirai mieux une autre. ». Et les deux amazones se retirèrent au même instant, laissant l'infidèle dans un étonnement voisin de la stupéfaction. Le chevalier chercha à apaiser ces ressentiments, il voulut négocier. Carestina, l'amie, se fit fort d'obtenir le pardon du marquis s'il promettait d'aimer Ninesina de bonne foi. Mais c'était un engagement que d'Argens ne se sentait pas d'humeur à tenir. Il préféra déguerpir de Rome, sans prendre congé, dès le surlendemain. « Je m'embarquai pour aller à Livourne, dit-il plaisamment, et ne fus pas tranquille que je n'eusse perdu de vue le dôme de Saint-Pierre. »

Une circonstance fortuite vint en aide à d'Argens, qui, en dépit des succès qu'il avait obtenus, se sentait une vocation tout autre que celle du magistrat. Le procès du père Girard et de la Cadière, qui eut lieu vers ce temps, avait mis en ébullition toutes les têtes et séparé la province en deux camps. On ne saurait se faire une idée du déchaînement des deux partis; et l'on vit, en pleine séance, un conseiller menacer son collègue de coups de bâton. Personne ne se retira de cette interminable et scandaleuse affaire, sans quelque éclaboussure, et le procureur général au parlement d'Aix n'en fut pas plus exempt que les autres. D'Argens travailla si bien à mettre en relief les désagréments inhérents à la profession de robin, qu'il arracha à son père le consentement de le laisser entrer au service. Il obtint du duc de Boufflers la lieutenance dans sa compagnie colonelle et partit aussitôt pour Lille. Nous ne suivrons pas d'Argens dans sa carrière militaire, d'ailleurs si vite close. Il assista au siége de Kehl, dont il devait emporter un petit souvenir. « J'étais détaché de piquet ce jour-là, et je m'amusais à voir tirer des bombes d'une de nos batteries. Un éclat qui revint pensa me couper le pouce : heureusement, j'en fus quitte pour une meurtrissure assez considérable. » Encore moins chanceux l'année suivante (1734), il était culbuté par son cheval, à deux lieues de Worms, et cette malencontreuse chute le mettait à jamais hors d'état de continuer le service. Qu'allait-il faire? Il ne voyait guère d'autre issue à sa situation qu'un établissement, et il écrivit à ses parents qu'il leur serait obligé d'y penser sérieusement. Mais il trouva de ce côté peu d'encouragement. « Ma mère me répondit qu'elle ne s'opposait point à mon mariage, mais que mon père ni elle ne pouvaient me rien donner; que, n'étant pas d'humeur à planter des choux dans leurs terres, il leur fallait du bien pour vivre à la ville, ainsi qu'il convenait au rang que mon père y occupait; que, désormais, elle ne pouvait plus me donner que la moitié de la pension qu'on me faisait. Cette lettre me résolut entièrement à quitter le monde [1]... » Sans existence présente comme sans avenir, car il se savait deshérité au profit de son cadet, d'Argens, réduit à battre monnaie, se jeta dans les bras des libraires de Hollande pour lesquels il se mit à écrire sous le manteau une foule de petits livres, qui l'aidaient à vivre. C'est ainsi que parurent, en une même année, les *Mémoires de la comtesse de Mirol*, les *Mémoires de mademoiselle Mainville*, les *Mémoires du marquis de Mirmon*, les *Mémoires du marquis de Vandrille*, le *Mentor cavalier*, qui, tous, à défaut de qualités éminentes, témoignaient d'une grande fécondité et de plus de connaissances que n'en comportent communément ces publications éphémères. Mais le marquis ne devait pas

---

1. Marquis d'Argens, *Mémoires* (Paris, 1807), p. 330, 331.

demeurer perpétuellement enfermé dans ce cercle étroit et frivole ; et les *Lettres juives*, qui paraissaient chez Paupie, en 1738, le révélaient brillamment à cette société discoureuse, frondeuse, sceptique, qui les dévora. On ne les lit plus guère de nos jours, pas plus que les *Lettres chinoises*, les *Lettres cabalistiques*, la *Philosophie du bon sens;* cependant on ne pourrait refuser à leur auteur un vaste savoir, un esprit retors et des qualités notables d'écrivain polémiste. Ces publications eurent un succès prodigieux ; leur côté satirique et antireligieux seul leur eût valu des lecteurs, et le scandale qu'elles soulevèrent n'eut pas moins de part à leur fortune que l'érudition qu'on y rencontre.

On a prétendu que Frédéric, encore prince héréditaire, séduit par cette liberté, cette audace de la pensée, ébloui par ce déploiement de citations, de documents, de textes, auxquels l'écrivain faisait dire ce qu'il voulait, lui aurait témoigné l'envie de se l'attacher ; mais que d'Argens, qui savait quel terrible père et quel terrible roi était Frédéric-Guillaume, aurait répondu par un refus motivé aux offres brillantes dont il était l'objet : « Daignez considérer, monseigneur, que pour me rendre auprès de vous, il faudrait passer bien près de trois bataillons de garde qui sont à Potsdam ; le puis-je sans danger, moi qui ai cinq pieds sept pouces, et qui suis assez bien fait de ma personne [1] ? » Cela était au moins spécieux, et Frédéric, ajoute-t-on, lui en eût si peu gardé rancune qu'à son avénement au trône, il lui eût écrit : « Ne craignez plus

---

[1]. Thiébault, *Souvenirs de vingt ans de séjour à Berlin* (Didot, 1860), t. II, p. 377.

les bataillons des gardes, mon cher marquis ; venez les braver dans Potsdam. » Rien ne s'est retrouvé, et pour cause, de cet échange épistolaire. Et c'est là une de ces histoires que Thiébault a racontées, comme beaucoup d'autres, sur la foi des traités. On voit, par sa correspondance même, au contraire, qu'avant de songer à attirer le marquis près de lui, Frédéric voulut savoir à quoi s'en tenir sur la solidité de son caractère. « Marquez-moi, écrivait-il à Jordan, de son quartier général de Selowitz, quel est le marquis d'Argens, s'il a cet esprit inquiet et volage de sa nation, s'il plaît, en un mot, si Jordan l'approuve [1]. » D'Argens, précisément alors, s'attachait à la cour de Würtemberg, comme il nous l'apprend quelque part. « Je passai à Stuttgard ; j'eus l'honneur d'y être présenté à S. A. S. Mme la duchesse, qui pour lors étoit tutrice des trois princes ses fils. Cette princesse avoit beaucoup d'esprit, elle aimoit les lettres et ceux qui les cultivoient ; elle m'accorda sa protection, et j'entrai à son service en qualité de chambellan [2]. »

D'Argens eût souhaité figurer auprès de cette petite cour avec un titre qui le relevât davantage, et, sur sa demande, Frédéric lui envoyait des lettres de créance comme chargé de ses affaires. « Si jamais, lui écrivait le roi à ce propos, vous trouvez de votre convenance de vous retirer, vos affaires dans le Würtemberg finies,

---

1. *Œuvres de Frédéric le Grand* (Berlin, Preuss.), t. XVII, p. 156. Lettre de Frédéric à Jordan ; quartier de Selowitz, 19 mai 1741 (et non le 19 mars 1742, comme elle est datée par erreur).

2. Marquis d'Argens, *Histoire de l'Esprit humain* ou *Mémoires secrets et universels de la République des lettres* (Berlin, 1768), t. XII, p. 378, 379.

à Berlin, vous y serez toujours le bienvenu, et j'aurai soin alors de vous accommoder de la pension annuelle de mille florins[1]. » Ces offres étaient séduisantes, et la petite cour de Stuttgard et ses princes, à la longue, devaient avoir tort dans l'esprit du gentilhomme provençal, qui ne demandera plus qu'une occasion pour changer de pays et de maîtres. La duchesse fait un voyage à Berlin et mène le marquis avec elle. L'on s'arrête, en passant, à Bayreuth, ce qui nous vaut un portrait de la duchesse par la margrave qui est loin de la traiter en amie.

> Nous comptions partir dans huit jours, lorsque la duchesse de Wirtemberg s'avisa de venir à Bareuth. Cette princesse, très-fameuse du mauvais côté, alloit à Berlin, pour voir ses fils dont elle avoit confié l'éducation au roi... Je trouvai cette princesse assez bien conservée ; ses traits sont beaux, mais son teint est passé et fort jaune ; elle a un flux de bouche qui oblige au silence tous ceux auxquels elle parle ; sa voix est si glapissante et si forte qu'elle écorche les oreilles ; elle a de l'esprit et s'énonce bien ; ses manières sont engageantes pour ceux qu'elle veut gagner, et très-libres avec les hommes. Sa façon de penser et d'agir offre un grand contraste de hauteur et de bassesse. Ses galanteries l'avoient si fort décriée que sa visite ne me fit aucun plaisir[1].....

En dépit des années, la bonne princesse a su conserver un cœur tendre et trop tendre, et Thiébault raconte encore que d'Argens, effrayé de la vivacité de ses sentiments, ne trouva d'autre moyen d'échapper

---

1. *Mémoires de Frédérique-Sophie Wilhelmine de Prusse*, margrave de Bareuth (Paris, 1811), t. II, p. 335, 350. Voir, par contre, le portrait tout flatteur, que nous fait de la princesse le baron de Bielfeld, dans ses *Lettres familières* (la Haye, 1763), t. II, p. 107 à 113. Lettre LVII.

au danger qu'en sautant par la fenêtre de l'hôtel de *la Ville de Paris*, rue des Frères, où ils étaient descendus. Mais Frédéric ne l'aurait pas entendu ainsi : soit malice, soit égards pour la princesse sa parente, il prétendit que celui-ci demeurât auprès de sa souveraine qu'il dut ramener à Stuttgard, quand elle songea à prendre congé du roi. Notez que le roi était alors à Olmütz et témoignait ses regrets de ne pas se trouver à Berlin [1]. Remarquons, en outre, que la duchesse, à laquelle les occasions n'avaient pas dû manquer, s'y prenait un peu tard pour forcer son chambellan; mais, si nous devons ranger cela au rang des contes, il y a quelque chose de réel sous ce faux. Il est à croire que le marquis était, pour ses péchés, plus avancé qu'on ne le suppose ici. Un beau jour, une dispute éclate entre eux, on se querelle, on se sépare; un raccommodement a lieu sans dissiper toute amertume. D'Argens se met à écrire une comédie sur *l'Embarras de la cour* [2] à laquelle la princesse riposte par une épigramme de huit vers [3]. Il eût bien voulu profiter de cela pour ne pas retourner à Stuttgard, mais Frédéric (et c'est la seule chose vraie de l'anecdote racontée par Thiébault), exigea que le chambellan fît sa paix et reprît ses fonctions auprès de sa maîtresse, quitte à revenir ensuite en Prusse. « Il partit, il y a trois jours, mandait Jordan au roi, en jurant contre les bienséances qui lui font

---

1. *OEuvres de Frédéric le Grand* (Berlin, Preuss.), t. XIX, p. 3, 4. Lettre de Frédéric à d'Argens; Olmutz, 31 janvier 1742.
2. *Ibid.*, t, XVII, p. 179. Lettre de Jordan à Frédéric; Berlin, 14 avril 1742.
3. *Ibid.*, t. XVII, p. 203. Lettre de Jordan à Frédéric; Berlin, 8 mai 1742.

faire cent milles d'Allemagne fort inutilement[1]. » Le marquis, après un stage d'un mois employé à faire perdre le souvenir de démarches qui avaient déplu[2], fut récompensé de ses soumissions par la permission de prendre son vol vers Berlin.

Frédéric le reçut à bras ouverts. Il l'appelait tous les jours pour dîner avec lui, et ils passaient ensemble des heures délicieuses dans la plus attrayante familiarité. Mais, dans leurs entretiens, il était question de tout, sauf du solide, sauf de l'existence même de d'Argens qui, établi tant bien que mal dans une auberge de la ville, attendait impatiemment que l'on fixât son sort. Thiébault raconte encore que celui-ci, piqué au vif de cette affectation à garder le silence sur le chapitre des appointements, aurait décoché *ab irato* un petit billet qui ressemblait fort à un ultimatum[3]. Rien, au contraire, de plus digne, de plus respectueux que la lettre de d'Argens, où il aborde cette question délicate mais pour lui capitale.

Sire, oserai-je prendre la liberté de faire ressouvenir Votre Majesté qu'il y a environ huit mois qu'elle eut la bonté de me promettre que lorsque je me retirerais à Berlin, elle m'accor-

---

[1]. *Œuvres de Frédéric le Grand* (Berlin, Preuss.), t. XVII, p. 205. Lettre de Jordan à Frédéric; Berlin, 12 mai 1842.

[2]. *Ibid.*, t. XIX, p. 5. Lettre d'Argens à Frédéric; Stuttgard, 12 juin 174?.

[3]. Voici ce prétendu billet : « Sire, depuis six semaines que j'ai l'honneur d'être auprès de Votre Majesté, ma bourse souffre un blocus si rigoureux, que si vous, qui vous entendez aussi bien à secourir les villes qu'à les prendre, ne venez promptement à son secours, je serai obligé de capituler, et de repasser le Rhin dans la huitaine. » Thiébault, *Souvenirs de vingt ans de séjour à Berlin* (Didot, 1860), t. II, p. 378.

derait une pension de mille florins ? Si vous trouvez, Sire, cette pension trop considérable, vous pouvez la réduire à ce qu'il vous plaira, et je serai toujours très-content. Ce n'est pas l'appât des bienfaits qui m'a amené à Berlin, mais la satisfaction de vivre sous un prince qui permet aux hommes de penser, et qui pense bien lui-même.

Je supplie donc V. M. de vouloir me faire instruire de ce qu'elle voudra bien résoudre à mon sujet, puisque sa réponse doit régler l'étendue de ma dépense, et qu'il convient plus à un homme de lettres qu'à qui que ce soit de fuir le dérangement. De quelque manière que V. M. décide sur la pension que je lui demande, je serai toujours très-satisfait, et ne m'accordât-elle jamais aucune grâce, je serai également content d'avoir fait un voyage qui m'a procuré le bonheur de voir un prince véritablement digne de commander aux hommes [1].

Cela est bien différent de ton et ne ressemble en rien à l'impertinente sommation qu'on lui prête. Frédéric répondit de la façon la plus obligeante, et renouvela ses promesses, tout en demandant quelque répit. « Quant à la pension dont je vous ai parlé, vous prendrez seulement patience jusqu'à l'année prochaine, car à présent, mes affaires de finance sont encore un peu dérangées, et il me faudra quelques mois pour les rétablir dans un ordre convenable [2]. » Quelque dérangées qu'elles fussent, il est difficile d'admettre que cela allât jusqu'à empêcher d'assurer, dès le présent, l'existence du pauvre d'Argens qui comptait sans doute sur toute autre chose qu'un ajournement. A la fin de décembre, sa pension était encore à régler, et notre marquis ayant cru devoir rafraîchir la mé-

---

1. *OEuvres de Frédéric le Grand* (Berlin, Preuss.), t. XIX, p. 7, 8. Lettre de d'Argens à Frédéric ; Berlin, 1ᵉʳ août 1742.

2. *Ibid.*, t. XIX, p. 8. Lettre de Frédéric à d'Argens ; Charlottembourg, 1ᵉʳ août 1742.

moire du maître, celui-ci lui répondait qu'il n'avait rien à craindre à l'égard de son établissement et qu'il s'en reposât sur sa parole [1]. Frédéric finira par s'exécuter et lui donnera la clef de chambellan avec les appointements attachés à ces fonctions. Il le nommera, en outre, directeur de la classe des belles-lettres de son académie et joindra à ce titre un emploi autrement délicat, celui de recruter des artistes pour son théâtre et de traiter avec eux de leurs modiques émoluments : car, si Frédéric veut avoir des comédiens et des danseuses, nous savons à quel taux, et il est plaisant de le voir débattre leurs chétifs honoraires. Ses lettres à d'Argens à ce sujet sont des plus curieuses, et nous y renverrons. Signalons aussi les billets de même espèce adressés au baron de Schweertz [2], au comte de Ziérolin-Lilgeneau et à Pollnitz. Tantôt il prétendra que les répétitions doivent être gratis, par dessus le marché, « pour le roi de Prusse, » ce qui lui attirera cette réponse de son maître de ballet : « Les choristes et les comparses ne viennent jamais au théâtre qu'on ne les paye [3]. » Tantôt il s'indignera qu'un fournisseur n'attende pas la représentation pour donner son mémoire : « Dites au sieur Cori, écrit-il à Pollnitz, qu'il est bien affamé pour me présenter à

---

1. *OEuvres de Frédéric le Grand* (Berlin, Preuss.), t. XIX, p. 8, 9. Lettre de Frédéric à d'Argens ; Berlin, 27 décembre 1742.

2. Ajoutons le baron de Bielfeld à cette liste de directeurs des menus plaisirs. « ... Dans les intervalles de l'absence ou des maladies fréquentes de Mr le baron de Sweërts, je me trouve encore chargé de la direction des théâtres. » Bielfeld, *Lettres familières* (la Haye, 1763), t. II, p. 254. Lettre LXXIV ; octobre 1747.

3. Blaze de Bury, *le Chevalier de Chasot* (Paris, Lévy, 1862), p. 265. Ordre de cabinet, à Pollnitz ; Potsdam, le 25 septembre 1771.

présent un compte pour un opéra qui ne doit pas encore avoir lieu [1]. » Tantôt enfin, il terminera un billet où il prêche la « meilleure économie » à propos d'un ouvrage nouveau, par ce post-scriptum : « Faites des amours à bon marché, car à mon âge on ne les paye plus cher [2]. »

Pour en revenir à d'Argens, Frédéric aimait son esprit, son érudition, et affectionnait sa personne; l'on a remarqué, qu'après Voltaire, c'est à lui qu'il a adressé le plus de lettres [3]. Avec les années tout cela tournera à l'aigre; mais, à l'heure où nous sommes, d'Argens était en pleine faveur, comme le démontre cette lettre inédite, dont nous avons extrait déjà un fragment relatif à Thiéiot, et dans laquelle éclate la reconnaissance enthousiaste du marquis.

Vous aures apris que le roy m'a fait pressent d'une très jolie maison de campagne à cent pas de *Sans-Souci* et à deux cent pas de *Potsdam*. Cette maison avoit apartenu à Son Altesse Royale le Malgrave Guillaume, qui fut tué devant Prague. Le roy a eu encor la bonté de me faire expédier un arest du Grand Consistoire (c'est notre Conseil d'État), en vertu du quel je puis vendre, donner, laisser à mes héritiers la ditte maison qu'il m'avoit donnée *comme une marque de son amitié toute particulière*. Ce sont les propres termes. Depuis quelques jours, il m'a envoié ches moy du velours sizelé pour faire un canapé et les fauteuils d'un apartement. Il me fait bâtir actuellement deux ailes à ma maison. Et ce qui vaut autant que tout cella, il me dit il y a deux mois ces propres paroles : *Mon cher mar-*

---

1. Blaze de Bury, *le Chevalier de Chasot* (Paris, Lévy, 1862), p. 256. Lettre de Frédéric à Pollnitz; à Potsdam, ce 20 juillet 1767.
2. *Ibid.*, p. 257. Lettre de Frédéric à Pollnitz; à Potsdam, 22 septembre.
3. *OEuvres de Frédéric le Grand* (Berlin, Preuss.), t. XIX, p. x, Avertissement.

quis, votre père vous a déshérité, et moi je veux réparer peu à peu ce qu'il a fait; j'ai donc résolu de vous donner quatre mille livres de pension de plus, et j'ai pris des arrangemens pour qu'à la première occasion vous aiés encor cette pension sur la Silésie. Aussi j'espère que dès le premier bénéfice considérable qui vaquera en Silésie, mon afaire sera terminée; je puis vous protester que je serois le plus ingrat des hommes si je ne regardois pas le roy mon maître comme mon Dieu tutélaire, et je puis vous assurer que je donnerois pour luy jusqu'à la dernière goute de mon sang [1].

Ce fut après souper que Frédéric remit à son chambellan le contrat qui le faisait propriétaire de ce petit domaine. On se doute bien que le lendemain, dès l'aube, le marquis fut sur pied pour visiter sa nouvelle maison, malgré sa paresse invétérée, peu préparé d'ailleurs à l'espèce de surprise qui l'y attendait.

Il parcourt le jardin, examine les appartements, trouve tout charmant et d'un bon goût. Il entre dans le salon, qui était beau et garni de peintures; mais quel fut son étonnement, lorsqu'au lieu de paysages et de marines, il vit dans cette galerie les scènes les plus plaisantes et les anecdotes les plus comiques de sa vie. Ici, le marquis, en officier, se trouvait au siége de Philisbourg, et témoignait de la poltronnerie; là, il était aux genoux de sa belle comédienne; plus loin, son père le déshéritait. Un autre tableau le représentait à Constantinople; dans un autre, on voyait un chirurgien occupé à lui faire une opération que ses aventures galantes avaient rendue nécessaire; ailleurs, des religieuses, pendant la nuit, le tiraient dans une corbeille par la fenêtre de leur couvent; dans tous ces tableaux, le marquis reconnaissable était représenté dans des attitudes comiques.

Ce spectacle auquel il ne s'attendait pas, le mit dans une colère furieuse; il examina bien tout, et ensuite envoya cher-

---

[1]. Bibliothèque de l'Arsenal. Manuscrits, B. L. F., 359. *Portefeuille de Bachaumont.* Mélanges, correspondances. Lettre de d'Argens à Bachaumont.

cher un barbouilleur, et fit tout effacer. Le roi, instruit de cette scène, s'en amusa beaucoup; il la racontait à tous ceux qui voulaient l'entendre [1].

Disons, sans garantir ou infirmer l'historiette, que ces sortes de farces, souvent d'une convenance douteuse, étaient fort du goût de Frédéric qui les poussait parfois au delà de la limite permise [2]. D'Argens prêtait le flanc aux plaisanteries par des petitesses d'esprit assez étranges chez un philosophe, par des manies, des façons d'être particulières que l'âge ne fit que développer et accroître. Il était crédule comme un enfant, superstitieux à un degré inexplicable. L'idée de la mort le jetait dans des effrois qu'il ne pouvait cacher, et qui donnaient lieu à des persécutions, des moqueries, des mystifications dont il ne se montrait pas toujours la victime résignée mais qu'il fallait bien subir. Un jour qu'il gardait la chambre par l'appréhension d'un catarrhe, on lui apporte un ordre de Frédéric qui le mandait sur le champ près de lui. Il s'habille, il arrive; mais il est absorbé, il écoute et répond à peine.

1. D'Argens, *Mémoires* (Paris, 1807), p. 61, 62, 63. Notice hisorique sur le marquis d'Argens.
2. Ce n'est pas le seul trait de ce genre qu'on puisse citer. Durant une absence de Voltaire, le roi de Prusse fait tapisser de nouveau la chambre du poëte. L'étoffe de la tenture est jaune comme l'Envie, quelques fleurs emblématiques de la Haine et de la Trahison s'y étalent. Le long du mur grimpent des singes; c'est, autre part, un écureuil; autre part encore, un paon qui fait la roue à côté d'un perroquet qui caquette. Les siéges, les meubles sont recouverts de sujets des fables de La Fontaine qui peuvent se prêter à l'allusion. La malice n'a rien oublié ni rien omis. Telle était, telle est cette chambre, dont l'installation a été, à ce qu'il paraît, complétement respectée. Blaze de Bury, *le Chevalier de Chasot* (Lévy, 1862), p. 209, 210.

Ses yeux se portent par hasard sur ses jambes, il est frappé de la grosseur de l'une d'elles ; et, dès lors, malgré tout son respect pour son auguste interlocuteur, son attention est si manifestement ailleurs que le roi, piqué de ne pas lui arracher une parole, le renvoie en lui disant ironiquement d'aller se soigner. Le pauvre marquis pensait n'en avoir que trop besoin. Il rentre et épouvante tout son monde par sa mine dévastée. Mais le vieux Lapierre, qui le savait par cœur, avait deviné les causes du chagrin de son maître : il eut bientôt fait de le rassurer et de le guérir. De fondation le marquis portait cinq paires de bas. Dans son empressement à se rendre à l'appel du roi, il avait mis huit bas à la jambe droite, et n'en avait passé que deux à la jambe gauche : de là l'enflure de la droite[1]. Ce Lapierre[2], comme certaines soubrettes des comédies de Molière, représentait au logis le sang-froid, la raison et la logique ; il était homme de bon conseil, et son flegme inaltérable venait souvent en aide au philosophe. Il nous serait aisé à cet égard de multiplier les exemples, si l'on pouvait tout citer. La crainte exagérée de la mort est une faiblesse ; bien peu de gens toutefois sont ou assez malheureux ou assez stoïques pour en envisager l'approche sans un secret effroi ; aussi

---

1. Dieudonné Thiébault, *Souvenirs de vingt ans de séjour à Berlin* (Didot, 1860), t. II, p. 389. D'Argens était une sorte de garde-meuble ambulant. Pour échapper aux atteintes du froid, son ennemi mortel, il poussait la précaution jusqu'à porter plusieurs robes de chambre les unes sur les autres, et couvrir sa tête de deux bonnets, celui de dessus en coton et celui de dessous en laine. Nicolaï, *Anekdoten von König Friedrich II von Preussen und von einigen Personen die um ihn waren* (Berlin, 1790), premier cahier, p. 13.

2. Nicolaï l'appelle Jean. Le nom ne fait que peu à l'affaire.

'excuserait-on sans trop de difficulté chez d'Argens, si c'eût été là son unique travers. Mais il avait toutes les superstitions étroites, toutes les pusillanimités du peuple. La rencontre imprévue d'une troupe de pourceaux, l'aspect seul de gens vêtus de noir lui donnaient le frisson; on ne l'eût pas fait asseoir pour des trésors à une table où il y aurait eu treize convives, et il n'eût rien entrepris d'important et de personnel un vendredi.

Je l'ai vu à un repas où j'étais à côté de lui, raconte Thiébault, prendre mon couteau et ma fourchette, qui par hasard étaient croisés, et les remettre sur des lignes parallèles; et comme je lui témoignais ma surprise de lui voir prendre ce soin, me dire : « Je sais bien que cela n'y fait rien, mais ils seront aussi bien comme e les place. » Sa nièce, madame de la Canorgue, m'a raconté que, dans le temps qu'il travaillait à son long ouvrage sur *Esprit humain,* il lui arriva un soir de se trouver si bien disposé et si heureusement inspiré, qu'il ne fut pas possible de lui aire quitter son bureau avant minuit; et qu'il vint souper très-content de lui-même, et fort gai, quoique son gigot se fût desséché devant le feu à l'attendre; mais que s'étant rappelé, en se mettant à table, que c'était le premier vendredi du mois, il était allé à l'instant même jeter au feu tout ce qu'il avait écrit dans la journée.

Cela eût prêté à rire dans l'homme le plus simple. Chez l'auteur des *Lettres juives* et de la *Philosophie du bon sens,* ces petitesses, ces pratiques ridicules, ces inconcevables folies étaient si étranges, si peu d'accord avec un scepticisme devant lequel bien peu de croyances trouvaient grâce, que l'indulgence n'eût pas paru obligatoire, sans la parfaite bonhomie et la complète candeur du philosophe. Heureusement, dans le milieu où il vivait, il n'avait affaire qu'à gens de son église, qui étaient plus intéressés à cacher qu'à relever ces inconséquences. Mais l'unité de foi ne le sauvait pas toujours des railleries qu'il fallait bien supporter, parce qu'elles venaient de haut, et que d'ailleurs elles étaient méritées.

Le jeune prince Guillaume de Brunswick, ajoute Thiébault, en me parlant du silence respectueux dans lequel il se renfermait à la table du roi, son oncle, me disait que, seulement lorsque la conversation paraissait languir, il avait soin de pousser quelque plat devant celui des convives qui semblait vouloir en prendre, mais de le pousser de manière à renverser une salière; sur quoi le roi ne manquait pas de s'écrier : « Ah! mon neveu, qu'avez-vous fait? Prenez garde que le marquis ne s'en aperçoive! Eh! vite, vite! jetez une pincée de sel au feu! jetez-en une autre par-dessus votre épaule gauche, mais en riant. » Et voilà comment, me disait ce jeune prince, il ranime la conversation pour au moins un quart d'heure [1].

Cet antagonisme entre les préjugés invétérés de l'éducation et un esprit d'examen et de négation, qui prétendait ne rien laisser debout de ce qui ne satisfaisait point la raison pure, n'est pas un phénomène sans analogie à cette époque, et le marquis n'est pas le seul exemple, à la cour même de Frédéric, de cette flagrante inconséquence entre les habitudes et les principes. Dans un voyage où il avait Maupertuis pour compagnon de lit, d'Argens aperçoit l'auteur de la *Vénus physique* se mettant à genoux et se préparant à dire ses prières du soir. « Maupertuis, que faites-vous? s'écrie-t-il. — Mon ami, nous sommes seuls, répondit le président de l'Académie de Berlin. » La Mettrie, La

---

1. Dieudonné Thiébault, *Souvenirs de vingt ans de séjour à Berlin* (Didot, 1860), t. II, p. 390.

Mettrie lui-même, dont la philosophie bravait le ciel, n'était pas exempt de ces sortes de défaillances, et tout son aplomb, assure-t-on, n'était pas à l'épreuve du grondement et des éclats de la foudre[1].

L'auteur de la *Philosophie du bon sens* sentait l'humiliation de ces perpétuelles défaites, et son impuissance à se débarrasser de ces honteuses entraves ne faisait qu'aviver sa haine contre toutes les croyances, auxquelles il reprochait amèrement de n'avoir d'autre but que d'égarer et de tromper les hommes. Il ne leur pardonnait point la domination tenace des premières impressions qu'elles exerçaient sur sa maturité et qu'elles devaient exercer sur le reste de sa vie. Et si telle ne fut pas l'unique cause de la guerre à outrance qu'il ne cessa de faire aux religions, à celle surtout dans laquelle il était né, son acharnement à s'attaquer à toute superstition ou à ce qu'il estimait l'être, trouvait son plus actif aliment dans ces retours pénibles sur lui-même et les dures épreuves que lui attiraient des faiblesses à peine excusables dans un enfant.

D'Argens depuis longtemps s'était fait un intérieur selon ses goûts et son humeur, et dont il était difficile de le sortir. Amoureux, toute sa vie, des filles de théâtre, il devait finir par s'acoquiner avec quelque comédienne. Mais si c'était son inévitable destinée, disons qu'il eût pu tomber plus mal. Voici comment il raconte son mariage, et les raisons qu'il donne d'une décision qui scandalisa plus qu'elle n'étonna sans doute les amis et les familiers du marquis.

1. Dieudonné Thiébault, *Souvenirs de vingt ans de séjour à Berlin* (Didot, 1860), t. II, p. 391, 427.

A mon retour à Berlin [1] je formai le dessein, quoique au milieu de la cour, de prendre un genre de vie qui m'éloignât du tumulte du monde, et qui fût plus conforme au caractère d'un homme de lettres. J'épousai une femme qui pût par ses connaissances me rendre heureux dans l'intérieur de ma maison. Je ne songeai ni aux richesses ni à la naissance; le bon caractère, la douceur et les talens de l'esprit déterminèrent seuls mon choix, et quelque disproportionné qu'il parût à mon état, le consentement d'un roi philosophe, à qui la vertu et l'esprit paroissent es plus grands avantages, justifia ce choix, qui a fait et fait encore le bonheur de ma vie. Je trouve tous les jours dans madame d'Argens, un ami sensé, un homme de lettres instruit, un artiste éclairé, et une femme complaisante. Les bontés du roi n'ont jamais été diminuées, j'écris ceci dans son palais de Sans-Souci, où il m'a donné un appartement; j'ai l'honneur de lui faire ma cour une partie du jour, et je ne remarque jamais en lui qu'un conquérant qui oublie ses victoires, qu'un roi qui ne se souvient pas de l'être avec ceux qu'il honore de sa société, et qu'un philosophe complaisant qui excuse toujours les foiblesses humaines, quand elles ne blessent pas la probité [2].

Il existait, à Berlin, une famille d'acteurs depuis longtemps attachée au théâtre de cette ville et qui s'était fait estimer par l'honnêteté de ses mœurs. Mme Cochois, que les mauvais plaisants appelaient la reine mère, avait deux filles et un fils. Ce dernier, très-amusant dans les rôles d'arlequin, passa en Russie où il mourut de nostalgie, malgré des succès qui eussent dû l'y acclimater. L'aînée des filles, Babet, était comédienne au Théâtre français, la seconde, qui se nommait Marianne, première danseuse à l'Opéra.

---

1. Frédéric l'avait envoyé à l'armée de Flandres faire compliment au roi de France sur la victoire de Lawfeld.

2. Marquis d'Argens, *Histoire de l'Esprit humain* ou *Mémoires secrets et universels de la République des lettres* (Berlin, 1768), t. XII, p. 381.

Toutes deux, fort bien élevées par leur mère, sans rigorisme déplacé, avec beaucoup de naturel et de tact, avaient su conquérir une considération qu'on n'accordait pas alors aux comédiennes. D'Argens, fou de spectacle, mêlé aux artistes par goût comme par devoir, une fois introduit dans cet intérieur, n'en bougea plus. Il y était venu avec l'idée d'y chercher un délassement qui fît diversion à ses études, loin de penser qu'il y pût trouver autre chose qu'un aimable intermède à ses occupations favorites.

Laissons là Marianne, avec laquelle nous n'avons rien à démêler. Babet, si sa sœur avait la plus jolie figure, était presque laide; elle rachetait, en revanche, son peu de beauté par beaucoup d'esprit et de raison, du savoir, l'amour de l'étude et de rares facultés. Le marquis, frappé de ces riches dons, encouragé d'ailleurs par la bonne volonté, par l'envie d'acquérir de cette fille sérieuse et intelligente, se mit en tête de lui apprendre tout ce qu'il savait et s'y employa avec une ardeur que seconda merveilleusement son écolière. Il était philosophe, il fallait que Babet le devînt aussi. « Vous avez de l'imagination, de la pénétration ; vous avez même de la constance, chose si nécessaire à ceux qui veulent s'instruire, et si rare chez les dames. Pourquoi ne feriez-vous pas valoir des talens aussi précieux ? On vous a persuadé que le tems que vous emploierez à des études, qu'on vous dit être ennuyeuses, est un tems perdu, et moy je vous assure que la philosophie que je veux vous apprendre, sert d'amusement à votre âge, tient lieu d'ami, de compagnon dans un âge plus mûr, et de consolateur dans la vieillesse ¹. » Et mademoiselle Cochois de répondre intrépidement : « Eh ! pourquoy craindrois-je de devenir entièrement philosophe ? Vous devez bien vous défier de vous-même, si vous ne pensez pas que vos leçons m'ont guérie d'une erreur qui n'est que trop ordinaire à mon sexe. »

Sur cela, l'on se précipite, tête baissée et sans broncher, dans les pierreux et obscurs sentiers de la métaphysique. Chemin faisant, il arrive au maître de conter des douceurs à l'écolière qui l'en relève assez lestement. « Les réflexions que vous m'avez engagée à faire sur ce que vous me disiez, n'ont fait encore qu'augmenter en moy cette haine pour tout ce qui peut nous ravir la liberté. Je suis persuadée que vous vous étiez flatté du contraire. Les hommes se figurent qu'il est impossible que les femmes pensent au plaisir d'être aimées, sans qu'elles succombent à la tentation. Si vous avez conçu de moy-même une idée aussi peu équitable, vous avez eu tort ². » Mais ce ne devait pas être là son dernier mot. D'Argens s'appliqua à cultiver et orner ce génie facile et malléable, et à l'initier à toutes les branches des connaissances humaines. Il était musicien, il était peintre ; il lui apprit la musique et lui enseigna la peinture. Elle sut l'allemand, l'italien, le latin, un peu de grec. Sa complaisance ne s'arrêta qu'à l'hébreu, dont l'alphabet la rebuta. D'Argens faisait des livres, elle en fit avec lui. C'était, en un mot, un mariage in-

---

1. *Lettres philosophiques et critiques*, par Mademoiselle Co***, avec les réponses de Monsieur d'Arg*** (la Haye, 1744), p. 3. Lettre I.

2. *Ibid.*, p. 37, 38, Lettre V.

tellectuel qui devait, lorsqu'on s'y décida, justifier une union dont l'inégalité était compensée par les grâces de l'esprit, la solidité et le charme du caractère, tout un cortége de connaissances et de talents peu communs chez une femme.

L'auteur des *Lettres juives* épousa mademoiselle Cochois, le 21 janvier 1749. Il nous dit que le consentement d'un roi philosophe, « à qui la vertu et l'esprit paroissent les plus grands avantages, » légitima son choix. Cela contrarie sensiblement la tradition, qui, du reste, elle aussi, a ses côtés inexacts, car elle recule ce mariage en pleine guerre de Sept ans, et va jusqu'à prétendre que Frédéric l'ignorait encore à la paix de 1763, c'est-à-dire quatorze ans après la perpétration de ces noces occultes[1]. Nous n'en sommes pas moins disposé à croire que d'Argens se dispensa de solliciter un agrément qu'il n'eût pas obtenu, et que, la cérémonie faite, il s'écoula quelque temps sans qu'on osât se déclarer. Les amis s'assemblèrent, la question fut débattue, longuement discutée. Enfin, il fut arrêté que la marquise, vêtue avec une recherche élégante, irait se promener dans les jardins de Sans-Souci, à l'heure où le roi avait l'habitude de s'y mon-

---

1. Ce mariage était si peu un secret, il était si bien avoué, que nous lisons dans une lettre, que nous aurons occasion de citer plus bas, du comédien Desormes, le camarade de mademoiselle Cochois, datée du 5 février 1751 : « Il vit ici (le marquis) avec une épouse charmante, qui rassemble en elle toutes les grâces de son sexe, toute la solidité du nôtre, et tous les talens du cabinet et de la société. Elle possède la musique ; elle peint supérieurement ; elle sçait le grec et le latin ; elle fait des vers françois très-délicats... » Fréron, *Lettres sur quelques écrits de ce tems* (Nancy, 1753), t. X, p. 109.

trer, que Milord Maréchal, qui accompagnait régulièrement Frédéric dans sa promenade, la saluerait de loin, ce qui amènerait cette question inévitable : « Quelle est cette dame[1] ? » et que milord répondrait alors le plus naturellement du monde : « La marquise d'Argens. » Restait à savoir comment le roi le prendrait. Il se fâcha, en effet, tempêta, fulmina, déclara qu'il ferait casser le mariage. Mais, après ce premier transport, il s'apaisa, et pensa que ce qu'il y avait de mieux à faire était d'accepter les faits accomplis[2].

En définitive, d'Argens était fort heureux de s'être associé un être doux, aimable, complaisant, se mêlant à ses travaux, charmant sa solitude par les talents qu'il lui devait, se pliant à toutes ses manies et à toutes ses faiblesses. Ses faiblesses, nous les connaissons. Quant à ses manies, elles consistaient à vivre au rebours des autres, à s'emprisonner dans son intérieur, à ne se coucher qu'à trois heures du matin pour ne se lever que fort tard dans la journée, s'il se levait[3]; car, à la moindre apparence de malaise, il s'obstinait à ne pas quitter les draps. Le philosophe de Sans-Souci était souvent réduit à inventer les plus étranges stratagèmes pour l'en déloger, et l'on raconte, à cet égard, les tours les plus saugrenus, où le souverain ne disparaissait que trop derrière le pasquin et le bouffon.

1. La vraisemblance manque à tout cela. Qu'avait cette question de tellement inévitable? Frédéric connaissait trop mademoiselle Cochois pour ne pas la reconnaître, en dépit d'une toilette plus soignée.
2. Dieudonné Thiébault, *Souvenirs de vingt ans de séjour à Berlin* (Didot, 1860), t. II, p. 395.
3. Baron de Bielfeld, *Lettres familières* (la Haye, 1763), t. II, p. 114, 115. Lettre LVIII; à Berlin, le 12 avril 1743.

Pour ton duvet, qui sent la pourriture,
Et tes vieux draps aussi crasseux qu'usés,
Et tes rideaux, déchirés et percés,
Et tes coussins avec la couverture,
Ton bon patron quitterait, je l'assûre,
Bibliothèque, amis, biens et parents,
Pour végéter entre tes draps puants [1].

D'Argens, quelles que soient les réserves qu'on puisse faire, est un érudit, un lettré, un savant; il appartient à une école, triste école peut-être, mais avec laquelle il faut compter. Il procède de Bayle, dont il est le disciple, dont il est le successeur et le continuateur, mais non l'égal. Si l'on ne lit plus guère son maître, quelques rares curieux s'aventurent seuls dans la lecture de ces publications, dont l'esprit de parti et de système les dégoûte vite, et son œuvre est, depuis longtemps, ensevelie dans le plus complet oubli. Nous avons cité, à propos de faiblesses communes, le nom de La Mettrie; il y aurait, toutefois, une souveraine injustice à accoupler ces deux hommes. La Mettrie, enfant perdu de la philosophie, esprit excessif, mais plus fou, plus délirant, plus aviné qu'excessif, ne relève que de lui-même. S'il n'a rien créé, rien inventé, s'il n'est pas scientifiquement sans ancêtres, son audace lui est propre, ainsi que cette inquiétude, ce besoin de mouvement, d'agitation, de dispute, de paradoxe, d'énormités, qui font de cet excentrique un combattant sans mandat et sans consigne, et n'ayant point de mot d'ordre; un guerroyant isolé que la philosophie scep-

---

[1]. OEuvres de *Frédéric le Grand* (Berlin, Preuss.), t. XIII, p. 47 à 49. Épître au lit du marquis d'Argens; 17 février 1754.

tique, ne voudra point reconnaître et repoussera avec une sainte horreur comme un dissolu, un impudent, un bouffon[1]. C'était être plus difficile que le roi de Prusse, qui ne laissa pas de s'accommoder fort de l'étrange philosophe, auquel il tolérait un franc parler et des licences qu'il n'eût pas soufferts à d'autres. Mais, au début de son règne, Frédéric, si ligaturé, si comprimé jusque-là, fut tellement enivré de liberté, qu'il la voulut pleine et entière pour les autres comme pour lui-même, malgré les risques auxquels allait être exposée la majesté du souverain. La Mettrie arriva pendant cette première phase d'enthousiasme où Frédéric prétendait n'avoir que des amis dans ses courtisans; dix ans plus tard, il se fût fait chasser au débotté. Quoi qu'il en soit, c'est là une physionomie à reproduire, et que nous essayerons de retracer dans sa sincérité. Elle est un témoignage expressif de la bigarrure de la société intime du prince, qui recrutera un peu son monde à l'aventure et n'apportera pas toujours dans ses choix et ses préférences, du moins au commencement, un discernement et un jugement à l'abri de toute critique.

Julien Offray de La Mettrie naquit, le 25 décembre 1709, à Saint-Malo, la patrie de Maupertuis et de l'abbé Trublet. Il fit ses humanités au collége de Coutances et sa rhétorique à Caen, où il remporta tous les prix; après quoi son père, en homme positif, n'estimant pas de carrière plus sûre que l'état ecclésiastique, l'envoya suivre le cours de logique au Plessis,

---

[1]. Diderot, *Essai sur les règnes de Claude et de Néron* (Londres, 1782), t. II, p. 31.

sous M. Cordier. Le maître était janséniste, l'élève le devint à son tour si bel et si bien, qu'il composa un ouvrage qui eut vogue dans le parti, à ce qu'assure son royal biographe, nous ne savons sur quelles autorités. Ce que nous pouvons affirmer c'est que ce livre a complétement disparu, et nous ajouterons qu'il y a peu d'apparence qu'il ait jamais existé. Cette ferveur n'était que de l'effervescence, un besoin d'émotion et de surexcitation qui n'a rien de commun avec la vocation, dont le caractère est d'attendre tout du temps, de se développer et de grandir avec lui. Il serait assez piquant, toutefois, que l'auteur de l'*Homme machine* eût passé par le jansénisme pour arriver à l'athéisme. La Mettrie revint alors dans son pays, avec la perspective d'un lointain canonicat. Fort probablement ne se fût-il pas borné à être un médiocre prêtre ou un prêtre anacréontique comme Chaulieu et Grécourt, et eût-il mis le feu aux poudres, là comme dans la profession qu'il finit par embrasser sur le conseil d'un médecin malouin appelé Hunauld. Il fallait obtenir du père la permission de courir des chances nouvelles. Mais, à en croire le roi de Prusse, tout bien considéré, celui-ci, convaincu que les remèdes du médecin rapportaient plus que les absolutions du prêtre, donna son plein acquiescement ; et La Mettrie put se livrer, à corps perdu, à l'anatomie, disséquer sans relâche durant deux hivers, et, finalement, conquérir à Reims, en 1728, le bonnet de docteur en médecine. Cinq ans plus tard, il prenait un parti qui, à cette date, a bien son mérite : il quittait sa Bretagne pour aller étudier à Leyde sous Boerhaave, et traduisait, dans ses moments de loisir, l'*Aphrodisiacus*, auquel il joignait une dissertation de son cru sur les maladies vénériennes, dont Astruc eut occasion de relever diverses méprises dans son grand ouvrage *De morbis veneris*. La Mettrie glissait, à son tour, dans son *Traité du Vertige*, une lettre à celui-ci, où il se défendait avec modération et politesse : la valeur et l'autorité d'Astruc lui imposaient, et il cherchait à le gagner par des éloges et des respects[1]. Ce n'était pas, en effet, un mince personnage que ce docteur de Montpellier que la faculté de Paris s'adjoignit en passant par-dessus toutes les règles, qui soutenait sa thèse sans président et substituait aux examens de rigueur une dissertation sur son art. Mais les coquetteries du jeune savant n'eurent pas le succès qu'il en attendait. Astruc, dans une nouvelle édition de son livre (1740), bien que lui reconnaissant un esprit orné, de la littérature, une élocution brillante, lui reprochait une précipitation mortelle à toute spéculation scientifique, et finissait par lui citer assez incongrûment cet adage du vieux temps, à savoir, qu'une chienne, pour se trop hâter, fait des petits chiens aveugles[2]. Cependant, La Mettrie ne dit mot : il rentra sa colère, mais bien résolu à saisir, quelque chauve qu'elle pût être, l'occasion de se venger de l'insolent Esculape.

Il resta à Saint-Malo jusqu'à la mort de son ami et maître Hunauld, une tête chaude comme lui. Morand, le chirurgien des invalides, et le docteur Sidobre le

---

1. *Saint Cosme vengé* (Strasbourg, 1744), p. 35, 36.
2. *De morbis veneris* (1740), t. II, p. 1125. « Nam verum illud verbum est, vulgo quod dici solet : *canem festinantem, cæcos parere catulos.*

placèrent auprès du duc de Grammont, qui lui obtenait presque aussitôt le brevet de médecin aux gardes; et il assistait en cette qualité, à la bataille de Dettingen, au siége de Fribourg, et à Fontenoi où il perdait son protecteur frappé d'un boulet de canon au fort du combat :

> Grammont, qui signalait sa noble impatience,
> Grammont dans l'Élysée emporte la douleur
> D'ignorer en mourant si son maître est vainqueur [1].

Nous citerons une anecdote qui peint bien la légèreté et l'étourderie du médecin des gardes. C'était au siège de Fribourg : étant à la table d'un des généraux, sans doute à celle de M. de Grammont, il s'avisa de dire, sans se préoccuper des oreilles qui pouvaient recueillir ses propos, qu'il arrivait à lui et à ses confrères de faire des expériences de remèdes sur les domestiques. A quelque temps de là, un palefrenier tombe malade : on envoie chercher le médecin des gardes; mais il est reçu à coups de fourche par les domestiques de la maison [2]. Durant cette campagne de Fribourg, La Mettrie fut attaqué d'une fièvre chaude, dont il réchappa. C'était déjà quelque chose; mais il devait retirer les plus grands enseignements de cette fièvre, qui, comme on va le voir, était loin de ressembler à celle de la princesse Uranie.

> Une maladie est pour un philosophe une école de physique. Il crut s'apercevoir que la faculté de penser n'était qu'une suite de l'organisation de la machine, et que le dérangement

---

1. Voltaire, *OEuvres complètes* (Beuchot), t. XII, p. 130, 131. Poëme de Fontenoi.
2. Duc de Luynes, *Mémoires*, t. XI, p. 311.

des ressorts influait considérablement sur cette partie de nous-même que les métaphysiciens appellent l'âme. Rempli de ces idées pendant sa convalescence, il porta hardiment le flambeau de l'expérience dans les ténèbres de la métaphysique ; il tenta d'expliquer, à l'aide de l'anatomie, la texture déliée de l'entendement, et il ne trouva que de la mécanique où d'autres avaient supposé une essence supérieure à la matière. Il fit imprimer ses conjectures philosophiques, sous le titre d'*Histoire naturelle de l'âme*. L'aumônier du régiment sonna le tocsin contre lui, et d'abord tous les dévots crièrent[1].

La Mettrie quitta alors le régiment des gardes, contraint et forcé, disent les uns, de son plein gré, à ce qu'il prétend; d'ailleurs regretté des officiers de son corps qui devaient s'accommoder d'un compère d'une gaieté imperturbable, que rien n'était capable de contenir, et qui, un jour de carnaval, se présentait en domino au chevet de son malade[2]. Il fut alors nommé médecin en chef des hôpitaux militaires de Lille, Gand, Bruxelles, Anvers et Worms, et employa les loisirs que lui laissaient ses fonctions à se recruter de nouveaux et implacables ennemis.

La *Politique du médecin de Machiavel, ou le Chemin de la fortune ouvert aux médecins*, par le docteur Fum-ho-ham (sans date, mais qui est de 1746[3]), remplissait merveilleusement le but qu'il voulait at-

---

1. *OEuvres de Frédéric le Grand* (Berlin, Preuss.), t, VII, p. 42. Éloge de La Mettrie.
2. *Ouvrage de Pénélope ou le Machiavel en médecine* (Berlin, 1750). Suppl. avec clef, p. 27.
3. In-12 de xxviii et 64 pages (Amsterdam, frères Bernard). La Mettrie l'a presque en totalité fait entrer dans l'*Ouvrage de Pénélope ou le Machiavel en médecine* (Berlin et Genève, 1748), 2 vol. in-12, auxquels, comme on vient de l'indiquer, il a joint un supplément avec clef (Berlin, 1750), in-12.

teindre, et l'ouvrage fut condamné, par arrêt du parlement du 9 juillet, à être lacéré et brûlé par l'exécuteur de la haute justice. C'était là un succès; aussi La Mettrie publiait-il, l'année suivante, sous le titre de *la Faculté vengée*, une comédie satirique où tout le corps médical était attaqué avec la dernière violence. Chaque médecin avait son sobriquet approprié, autant que faire se pouvait, à l'homme et à ses ridicules. Bouillac y était désigné par celui de *Sot-en-cour*, Bourdelin par celui de *Boudineau*. Procope s'appelait *Bavaroise* en souvenir de son père le cafetier; et Sidobre, auquel il avait dû pourtant d'être placé auprès du duc de Grammont, *Muscadin*. Sidobre était fort recherché, à ce qu'il paraît, dans sa toilette et faisait de la médecine en petit-maître, comme cela ressort de ce bout de dialogue avec Pluton :

Pluton : Vous avez l'air vous-même d'un grand seigneur, on diroit que vous auriez fait la fortune d'un intendant. Le beau linge! les superbes dentelles! le beau blond! Je n'ai jamais vu de plus belles perruques! Le beau diamant! et le magnifique bec-à-corbin!

Muscadin : Je suis tout or, jusqu'à mes boucles et mon plat à barbe. Je porte en hiver des chemises de coton fin [1]...

Au moins, est-ce là un trait de mœurs. Sidobre n'était pas le seul original que renfermât alors la Faculté, dont plus d'un membre était sorti de la gravité traditionnelle pour tomber en l'excès opposé. Ce devait être même un des signes du temps, et, quelques an-

---

1. *La Faculté vengée*, comédie en trois actes, par M***, docteur régent de la Faculté de Paris (Paris, Quillau, 1747), p. 146, acte II, scène VIII.

nées plus tard, Lorry aura tous les ridicules que Poinsinet donne à son *Médecin du cercle*. Mais La Mettrie est autrement dur envers Astruc, qu'il appelle *Savantasse*, et auquel il prête ce terrible aveu : « Je fais des livres avec d'autres livres, comme avec de l'argent on gagne de l'argent. Je n'imagine rien ; je ne pense point ; mais je sais ce que tous les autres ont pensé ; je sais tout excepté la médecine[1]. » Le pamphet entier n'est qu'un chapelet d'invectives contre la Faculté, en général, et chacun de ses membres en particulier, car il ne fait guère d'exceptions. La Mettrie s'est donné à lui-même le nom de *Chat-huant*. Il eût pu se dispenser, d'ailleurs, de ces frais d'invention, puisqu'à la fin du volume il place le véritable nom à côté du sobriquet. Ce petit livre n'est pas commun, il semble avoir échappé au dernier éditeur de l'*Homme machine*, M. Assézat, et nous le signalons ici plutôt comme une curiosité bibliographique que comme une satire de quelque valeur. La Mettrie n'était pas seulement un gros garçon plein de gaieté ; il avait le coup de marteau, cela soit dit à sa décharge. Il frappe à tort et à travers, comme les enfants, pour le plaisir de casser, et il ne s'épargnera pas lui-même. Il ne respectera ni lui ni les siens, et fera parfois d'étranges plaisanteries comme est celle-ci, entre mille : Pluton a prononcé un arrêt d'exil contre Chat-huant. « Vous devez être content, lui dit-il, votre femme[2] ne vous suivra pas dans votre exil. C'est l'ordre que je donne. » Et Chat-huant de

---

1. *La Faculté vengée*, p. 98, acte III, scène II.
2. Il avait épousé Louise-Charlotte Dréauno, dont il n'eut qu'une fille, bien qu'il adresse ses conseils à un prétendu fils dans sa *Politique du médecin de Machiavel*.

répliquer : « Tant il est vrai qu'à quelque chose malheur est bon ! ma foi vive Pluton, et vive son jugement ! combien je vois de maris qui voudroient être exilés à pareil prix[1] ! »

La Mettrie en était arrivé à ses fins : il avait ameuté contre lui les prêtres et les médecins, qui ne rirent pas, ces derniers, de ses plaisanteries d'aussi bon cœur qu'on pourrait le croire, et il jugea prudent de s'éloigner. Il se retira au Saz de Gand, où on le prit pour un espion ; mais, comme rien ne confirmait ces premiers soupçons, on se borna à le prier de choisir un autre lieu de résidence. Il se dirigea alors vers Leyde, où il vécut des secours de M. du Chayla. Ce fut dans cette ville qu'il écrivit son *Homme machine*. « Cet ouvrage, nous dit son panégyriste, qui devait déplaire à des gens qui par état sont ennemis déclarés du progrès de la raison humaine, révolta tous les prêtres de Leyde contre l'auteur : calvinistes, catholiques et luthériens oublièrent en ce moment que la consubstantiation, le libre arbitre, la messe des morts et l'infaillibilité du pape les divisaient ; ils se réunirent tous pour persécuter un philosophe, qui avait de plus le malheur d'être Français, dans un temps où cette monarchie faisait une guerre heureuse à Leurs Hautes Puissances[2]. » Cette coalition contre un seul homme

---

1. *La Faculté vengée* (Paris, 1747), p. 182, acte III, scène x. Ce n'est pas le premier pamphlet de ce genre contre la médecine et les médecins et écrit sous forme dramatique. Un docteur liégeois, appelé de Lille, avait fait paraître, en 1732, contre le docteur Procope, la *Bavaroise* de La Mettrie, une manière de comédie en trois actes, imprimée à Liége, sous le titre de : *Le Docteur Fagotin*.

2. *OEuvres de Frédéric le Grand* (Berlin, Preuss.), t. VII, p. 26. Éloge de La Mettrie.

s'explique suffisamment, sans qu'il soit besoin d'y mêler les haines de peuple à peuple. Un Français réfugié ou poursuivi dans son pays était toujours favorablement accueilli dans les Provinces-Unies, en haine précisément de la France, et ce ne fut pas sa qualité de Français qui attira sur l'auteur de l'*Homme machine* l'indignation et les colères des prêtres de toutes les confessions. Quoi qu'il en soit, l'orage qu'il avait provoqué était des plus menaçants. Sa perte était décidée, et la fuite était le seul parti qui lui restât. Il lui fallait un guide sûr; ce fut un libraire de Leyde qui lui en servit. Cette retraite ne s'effectua, ni sans fatigue, ni sans dangers même; ils cheminaient à pied, la nuit, sans asile, sans aliments, sans autre auxiliaire qu'une gaieté imperturbable [1].

Nous n'avons pas à faire l'analyse de ce livre qui était un défi jeté, non-seulement à toutes les croyances mais à toutes les branches de la philosophie spiritualiste. D'Holbach et Diderot même renieront La Mettrie comme un des leurs, et ce dernier ne verra en lui qu'un paillasse et un fou. Rien ne pouvait, en effet, déconsidérer plus gravement la libre pensée que ces œuvres de délire où tout était bafoué, jusqu'aux plus simples notions de morale. Le marquis d'Argens, qui avait dû vivre avec lui en bons rapports apparents, à la cour de leur commun maître, ne lui pardonne pas, pour son compte, le mal qu'il a fait à la philosophie.

---

1. Fréron, *Lettres sur quelques écrits de ce tems* (Nancy, 1753), t. X, p. 105, 106. Lettre de M. Desormes, premier comédien du roi de Prusse, au sujet du célèbre La Mettrie.

La Mettrie, s'écrie-t-il avec indignation, n'est pas un épicurien. Et l'on a tort de le reprocher avec tant d'aigreur aux philosophes. Cet homme ressemble aux sectateurs d'Épicure, comme le père Malagrida ressemble aux ministres d'État de la cour de Portugal.

Après avoir démontré combien la saine morale d'un sage est éloignée de celle d'un fou, qui en a voulu prendre le masque, je prouverai que non-seulement La Mettrie ne doit pas nuire aux philosophes, mais qu'il n'a pu se nuire à lui-même parce qu'il étoit fou au pied de la lettre : il n'y avoit aucune idée, quelque fausse et quelque extravagante, qui se présentât à son esprit, qu'il ne suivît [1]...

La preuve que d'Argens donne à l'appui est un des épisodes qui peignent le mieux, en effet, ce cerveau détraqué, qu'aucune considération, qu'aucune convenance n'eussent touché. L'*Homme machine* parut sans nom d'auteur, publié par un éditeur de Leyde, Élie Luzac, qui prétendit ignorer qui le lui avait adressé, et en combattit même plus tard les idées dans un écrit de sa façon, intitulé l'*Homme plus que machine*. En tête du manuscrit se trouvait une dédicace à Haller, que cet austère savant considéra comme le plus sanglant des outrages. « C'est la nécessité de me cacher, nous dit La Mettrie, qui m'a fait imaginer la dédicace à M. Haller. Je sens que c'est une double extravagance de dédier amicalement un livre aussi hardi que l'*Homme machine* à un savant que je n'ai jamais vu, et que cinquante ans n'ont pu délivrer de tous les préjugés de l'enfance ; mais je ne croyois pas que mon style m'eût trahi [2]. » L'on n'ignora pas longtemps, en effet,

---

1. Marquis d'Argens, *Ocellus Lucanus* (Utrecht, 1762), p. 242, 243.

2. La Mettrie, *OEuvres philosophiques*. Discours préliminaire.

quel était l'auteur de ce petit traité matérialiste, et Haller ne tarda pas à savoir à qui il était redevable de cette compromettante politesse. Ce dernier envoya tout aussitôt à l'éditeur de la *Bibliothèque raisonnée* un formel désaveu de l'amitié et des principes de La Mettrie, que le libraire ne jugea pas à propos d'insérer. Il fallait pourtant désabuser le public; et l'honorable professeur de l'université de Gœttingue s'adressa alors au *Journal des Savants*, qui ne fit pas difficulté d'imprimer sa déclaration dans ses feuilles. Dans le cas de La Mettrie, il y avait le côté charge, le côté « gamin, » comme on dirait de nos jours, et cela se pardonne aisément en France, où la plaisanterie et la drôlerie sont les produits et les fruits du sol. Il va sans dire que les mêmes choses, qui eussent fait sourire chez nous un grave savant, devaient prendre les proportions d'un attentat partout ailleurs. Haller était ou se crut déshonoré. Il était de toute urgence que l'on sût qu'il n'avait rien de commun avec cet impudent se targuant de son amitié pour l'envelopper dans la réprobation que son livre ne pouvait que lui attirer de la part de tout honnête homme et de tout chrétien.

L'auteur anonyme de l'*Homme machine* m'ayant dédié cet ouvrage également dangereux et peu fondé, je crois devoir à *Dieu*, à la religion et à moi-même la présente déclaration, que je prie messieurs les auteurs du *Journal des Savants* d'insérer dans leur ouvrage. Je désavoue ce livre comme entièrement opposé à mes sentiments. Je regarde sa dédicace comme un affront plus cruel que tous ceux que l'auteur anonyme a faits à tant d'honnêtes gens, et je prie le public d'être assuré que je n'ai jamais eu de liaison, de connaissance, de correspondance, ni d'amitié, avec l'auteur de l'*Homme machine*, et que je regarderois comme le plus grand des malheurs toute conformité d'opinions avec lui [1].

Le désaveu s'adressait à l'auteur anonyme, qui, en somme, se l'était attiré par une licence d'un goût plus qu'équivoque. Les choses en fussent restées là, si notre La Mettrie eut été capable de quelque mesure et de quelque retenue. Ah! on le désavoue! ah! on rejette son amitié comme une honte et un opprobre! Eh bien! il apprendra à tout l'univers que le vertueux Haller est tout à la fois un athée et un homme sans mœurs; et, pour y arriver il composera le roman le plus insensé, le plus extravagant, le plus absurde, non pas qu'il veuille et qu'il pense être cru, mais par ce besoin de la moquerie, du persiflage, de la farce qu'il poussera, tant qu'il vivra, au delà de tout excès.

Citons, malgré sa longueur, ce passage qui sera un échantillon plus que suffisant de ce dont La Mettrie était capable, lorsqu'il était en verve de drôlerie et de bonne humeur.

Il n'y a pas, raconte-t-il avec le plus imperturbable aplomb, usqu'aux dames de l'université de Gœttingue, chez qui notre professeur se montre aussi brillant que profond philosophe. Je me souviendrai toute ma vie du dernier et singulier souper de filles que nous fîmes ensemble, La ***, H *** et moi. La *** m'y mena; il a toujours aimé le beau sexe, et d'ailleurs, sectateur d'un maître charmant, il se faisoit un plaisir de le suivre partout, jusque en ces lieux où la volupté règne, sans senti-

---

1. *Journal des Savants*, mai 1749, p. 300 et 301. Lettre de M. Haller, conseiller aulique, médecin du corps de S. M. Britannique, et professeur ordinaire de l'Université de Gœttingue, membre du Conseil souverain de la République de Berne, à Messieurs du *Journal des Savants*; à Gœttingue, le 12 de mars 1749.

mens à la vérité, mais aussi sans contrainte. Le célèbre docteur présidoit à une table ornée par les nymphes du dieu des jardins, avec cette plaisante gravité de magister de village, que vous lui connoissez. Il fut d'abord question de l'existence de Dieu par les merveilles de la nature ; j'avois sous ma main deux de ces preuves-là ; et nos p... se regorgeoient croiant que c'étoient des leurs qu'on parloit : mais quel fut leur étonnement quand elles entendirent *leur gros* (comme elles l'appellent) philosopher, et se livrer à des réflections aussi bien placées que celles de Trimalcion sur la mort.

Hélas ! disoit H***, *plus on devine la nature, et plus son auteur disparoît ; le fil auquel tenoit jadis son existence, s'exténue de jour en jour, il se brule au flambeau de la physique, qui n'éclaire que l'incrédulité. On a beau dire, faire, calculer même des XXX ; ils ne prouveroient pas davantage, fussent-ils algébriquement multipliés à l'infini. En effet dans l'infinie combinaison du mouvement et des choses, combien de fois les dez du hasard n'ont-ils pas pu produire tout ce qui vous paroît si marqué au coin d'une intelligence, que nos yeux n'imaginent ou croient voir, que parce qu'ils sont miopes et bornés. Telle fut aussi l'opinion du père de l'ancienne philosophie, Épicure, que Lucrèce prit pour son Dieu, n'en connoissant point d'autre. Quels génies, mes enfans quels puissans génies que ces anciens ! Ils ont tout connu, jusqu'aux globes organiques de Buffon, qui n'est qu'un nouvel Anaxogoras. Voiez Lucrèce, voiez la savante préface dont j'ai orné la traduction allemande de l'Histoire naturelle de cet auteur françois, dont je fais cependant assez de cas.*

Ensuite entassant tous ces argumens rebattus, resacés, ou plutôt refutés cent fois : *S'il y avoit une providence*, ajoutoit notre incrédule amphitrion, *les méchants seroient punis, les bons récompensés, les Mœurs n'auroient pas été condamnées au feu, dans un païs où l'on se pique d'en avoir ; l'Homme machine n'auroit pas fait fortune, Boindin seroit mort et Bacouill cassé. Je ne sais pas au reste comment sont gouvernés les autres mondes (s'il y en a) ; mais il me paroît que celui-ci seroit fort mal sans la férule des juges et des loix. Le mérite encore, dans l'hypothèse du Tien, comme parlent les Préadamites chinois, seroit autrement pensionné ; les hommes utiles seroient mieux payés que des faiseurs de cabrioles ou d'agréables marionettes*, poursuivit-il en regardant nos sœurs, qui pensèrent se fâcher ; *et, pour tout dire en un mot, moi Haller, moi, qui ai tant de lecture, je le de-*

mande aux plus éclairés : pourquoi n'ai-je de réputation qu'en Allemagne ? Donc tout est hazard, donc rien n'est conduit, donc rien n'est gouverné. » Voyez si l'on peut juger des auteurs par leurs ouvrages ! qui eût cru celui-ci un épicurien si déterminé, en voyant ce qu'il a si politiquement inséré çà et là dans ses écrits[1] ?

La plaisanterie, poussée à cet excès, n'est plus de la plaisanterie. Tandis que La Mettrie se frottait les mains et s'applaudissait de ce tour d'écolier, sa victime s'estimait déjà la fable de tous les honnêtes gens, un objet de mépris et d'exécration pour les hommes sincères et candides qui croient encore plus à la méchanceté qu'au mensonge, et ne sauraient admettre qu'il y ait au monde des âmes assez noires pour inventer un pareil tissu d'horreurs. L'on ne vit pas sous le poids de semblables charges. Haller s'adresse, éperdu, à Maupertuis; le président d'une académie dont des engagements antérieurs l'avaient seuls empêché de faire partie; il énumère ses griefs dans une lettre éplorée, où il croit devoir se défendre des absurdités qu'on lui prête.

Vous me direz que c'est un *persiflage*, un badinage qui ne doit pas porter coup, parce que le faux en saute aux yeux; que l'auteur ne croit rien de ce qu'il dit, et qu'il a laissé à chaque page de quoi empêcher le lecteur de se tromper à mon désavantage. Mais il y a toujours eu des *Bayles*, il y aura toujours des collecteurs d'anecdotes, qui trouvent leur compte à les rendre les plus piquantes et les plus contraires qu'il se puisse au caractère dont un auteur a fait profession. Quelle contradiction que d'écrire pour la religion, dans le temps même qu'avec un *Démétrius*[2] je prêcherois l'athéisme dans des compagnies si peu assortissant au ton général de ma vie...

1. Le marquis d'Argens, *Ocellus Lucanus* (Utrecht, 1762), p. 243.
2. Pseudonyme que prend La Mettrie pour l'*Ouvrage de Pénélope*.

J'en appelle à vous, monsieur, puis-je ne pas souhaiter de désarmer un ennemi aussi dangereux, du moins par ses intentions? puis-je mépriser assez mon caractère pour ne pas le défendre quand il est mis de niveau avec les hypocrites et les scélérats?

Mon silence même auroit un air de conviction, et contre un ami qui sent tout le faux de la satire, il y a dix hommes estimables qui, comme vous, monsieur, ne me connaissent pas personnellement, et dont l'estime est le présent le plus précieux de la Providence [1].

En pareil cas, l'excès de précaution est excusable, et Bartolo ne fera, plus tard, que buriner une vérité vieille comme le monde. Le vénérable Haller se met donc à prendre une à une chaque assertion du pamphlétaire et à en démontrer le néant; et il résulte manifestement de cette recherche minutieuse qu'il n'a ni vu ni connu La Mettrie, et n'a pu conséquemment, entre autres énormités qui lui sont attribuées, faire avec lui la débauche chez des filles.

Quelque idée qu'aient bien des gens d'esprit sur les mœurs, la mienne a toujours été qu'elles doivent assortir nos discours; et quand j'aurois voulu penser moins régulièrement, ma santé toujours faible, et traversée par de grandes maladies, m'auroit rappelé les idées de sobriété qui ont formé le plan de ma vie. Je l'ai passée presque entièrement dans la solitude que m'imposoient mes occupations et le soin de ma santé... Il est cruel assurément de m'attribuer des soupers en *filles,* comme il les appelle. Mon âge, le nombre de mes enfants, le contraste qu'une débauche publique feroit avec les mœurs et le ton de la ville de Gœttingue, petite ville où rien ne se cacheroit, la profession que j'ai toujours faite d'une vie réglée, l'état de ma santé nouvellement affaiblie, comme vous ne l'ignorez pas, monsieur, par

---

[1]. Assézat, *Singularités philosophiques : l'Homme machine* (Paris, 1865), p. 164, 165, 166. Lettre de M. Haller à M. de Maupertuis; Gœttingue, le 10 novembre 1751.

une maladie dangereuse, tout concourt à former une contradiction avec le conte de notre auteur, qui lui fera autant de démentis qu'il y a de citoyens ou d'étudiants à notre université. Seroit-il permis, monsieur, d'attribuer à un homme des mœurs si contraires aux siennes et de fouler aux pieds les droits sacrés de la vérité? Le bien public souffre-t-il des gens qui passent leur vie à peindre ceux qu'ils trouvent bon de haïr, de toutes les couleurs que puisse leur prêter une imagination échauffée?

Si Haller était médecin, naturaliste, philosophe, il était également poëte; et La Mettrie ne respecte pas plus le poëte que le philosophe, qu'il entache, l'un et l'autre, d'athéisme et de matérialisme. Haller a donc à défendre ses vers comme sa prose; qu'osera-t-on incriminer? Sont-ce ses *Réflexions sur la religion et la superstition*, ou ses vers sur l'*Origine du mal?* Mais il a eu vingt ans, lui aussi, il a été amoureux, il a chanté l'amour; et l'austère savant croit devoir, sinon faire amende honorable, du moins donner des explications sur cette phase plus humaine de sa vie. « Il est plus nécessaire, ajoute-t-il, de me défendre sur ma Doris, dont M. de La Mettrie a fait une espèce de paraphrase[1]. Si une déclaration d'amour me rendoit ridicule à mon âge, elle étoit excusable dans un homme de vingt ans qui chante sa maîtresse, quatre à cinq mois avant son mariage[2]. » Pauvre bonhomme de savant, tout prêt à demander les circonstances atténuantes, parce qu'il a aimé tout comme un autre, parce que son cœur a battu en tout bien et tout honneur à la vue d'une jolie fille,

---

1. Au début de l'*Art de jouir*. La Mettrie, *OEuvres philosophiques* (Berlin, 1796), t. III, p. 206, 207, 208.

2. Le petit poëme de *Doris* est de 1730. *Poésies de M. Haller*, traduites de l'allemand (Berne, 1760), t. I, p. 104 à 109.

sa fiancée! Quelque indignation qu'inspire le procédé de La Mettrie, il est difficile de garder son sérieux devant la candeur helvétique du grave professeur de Gœttingue. Maupertuis, qui était assez Français, quoique savant, pour rire sous cape de cette pudeur quasi virginale, fit de son mieux pour payer en belles paroles un homme hors de lui. Lorsqu'il écrivit cette étrange lettre, Haller ne soupçonnait pas que celui qui l'avait si incongrûment mêlé à ses dévergondages de plume, expirerait, le lendemain même, victime de son intempérance et de sa folie, comme on le verra plus tard. La réponse de l'auteur de la *Vénus physique* est à citer; elle est une biographie du défunt, et les détails dans lesquels il entre ne sont pas sans intérêt. Il fallait d'abord calmer le vertueux professeur, et c'est par quoi il commence.

J'ai reçu, monsieur, la lettre que vous m'avez fait l'honneur de m'écrire, et n'avois pas attendu jusque-là à être indigné de l'écrit dont vous vous plaignez. Vous faites trop d'honneur à de pareils ouvrages, si vous croyez qu'ils puissent porter atteinte à votre réputation; mais vous faites tort au caractère de La Mettrie, si vous pensez qu'il ait mis, dans ce qu'il a écrit, le degré de méchanceté qui y paroît. Ceci est un paradoxe pour tous ceux qui ne l'ont pas connu personnellement : mais la vérité me force à l'avancer. Il est mort, et s'il vivoit encore, il vous feroit toutes les réparations que vous pourriez souhaiter, avec autant de facilité qu'il a écrit contre vous. Il m'a juré cent fois qu'il n'écriroit jamais rien de contraire à la religion ni aux mœurs, et bientôt après reparaissoit quelque ouvrage de la nature de ceux dont nous nous plaignons.

Vous avez raison de dire que je le connois mieux que vous. Nous sommes de la même ville. Cette raison seule auroit suffi pour que je lui voulusse du bien. Je ne me cache pas de l'avoir servi du peu de crédit que j'avois en France. Il n'a pu s'y soutenir dans un assez bon poste que ses amis lui avoient fait

obtenir ; et par des ouvrages inconsidérés s'étant exclu de sa
patrie, il se retira en Hollande, où le mécontentement de ses
parens et de ceux qui l'avoient jusque-là protégé, le laissèrent
longtemps dans un état déplorable. Un roi qui pardonne les
fautes, et qui met en valeur les talents, voulut le connaître et
m'ordonna de lui écrire de venir. Je reçus l'ordre sans l'avoir
prévu : je l'exécutai, et La Mettrie fut bientôt ici [1].

Peu de temps après j'eus, le chagrin de voir la licence de sa
plume augmenter de jour en jour... Il fesoit des livres sans
dessein, sans s'embarrasser de leur sort et quelquefois sans
savoir ce qu'ils contenoient. Il en a fait sur les matières les plus
difficiles sans avoir réfléchi, ni raisonné. Il a écrit contre tout
le monde, et auroit servi ses plus cruels ennemis. Il a excusé
les mœurs les plus effrénées, ayant presque toutes les vertus
sociales. Enfin, il trompoit le public d'une manière tout opposée
à celle dont on le trompe d'ordinaire. Je sais combien tout ce
que je vous dis est peu croyable ; mais il n'en est pas moins
vrai : et l'on commençoit à en être si persuadé ici, qu'il y étoit
aimé de tous ceux qui le connaissoient.

Tout ceci, monsieur, ne seroit point une réparation, s'il vous
avoit fait quelque tort ; mais, ses plaisanteries ne pouvoient pas
plus vous en faire qu'elles n'en ont fait aux vérités qu'il a atta-
quées. Ce n'est donc que pour défendre son cœur, rejeter ses
autes sur son jugement et vous faire connaître l'homme. Tout
e monde sait qu'il ne vous a jamais vu, ni connu ; il me l'a dit
cent fois. Il ne vous avoit mis dans ses ouvrages que parce
que vous étiez célèbre, et que les esprits qui couloient au hasard
dans son cerveau avoient rencontré les syllabes de votre nom.

Cette réponse ne satisfit point ; et les amis de Haller,
au dire de ceux de Maupertuis, ne pardonnèrent pas
à ce dernier cette indulgence pour l'agresseur et ce

---

1. Quand La Mettrie arriva en Prusse, Frédéric était absent, et ce
fut Maupertuis qui se chargea d'introduire le survenant auprès des
amis du roi. « Voicy M. de La Mettrie, mon cher amy, que je ne puis
conduire moy-même à Potsdam, écrivait-il à Algarotti, mais pour
qui je vous demande vos bons offices... » Étienne Charavay, *Catalogue
d'autographes*, du 22 décembre 1769, p. 10, n° 95. Lettre de Maupertuis à Algarotti ; mercredy.

déni de justice à l'égard de l'offensé[1]. Voltaire n'en est pas plus content, mais pour d'autres motifs : « La réponse grave de Maupertuis, écrivait-il à Frédéric, n'était pas ce qu'il fallait. C'était bien le cas d'imiter Swift, qui persuadait à l'astrologue Palridge qu'il était mort. Persuader un vieux médecin qu'il avait fait des leçons au b..... eût été une plaisanterie à faire mourir de rire[2]. » La lettre de Maupertuis, en tous cas, est curieuse : c'est le bruit, le scandale que cause l'apparition de l'*Homme machine*, qui intéressent Frédéric ; La Mettrie est un homme à pendre, c'est assez pour qu'il le veuille avoir, et qu'il lui fasse des avances qui ne pouvaient manquer d'être bien accueillies. Maupertuis reçut l'ordre de lui écrire, « sans l'avoir prévu ; » et voilà cet autre natif de Saint-Malo introduit, établi à la cour de Frédéric. « Le titre de philosophe et de malheureux fut suffisant pour procurer à M. de La Mettrie un asile en Prusse, avec une pension du roi[3]. » Telles sont les raisons qu'allègue son auguste biographe. Convenons que Frédéric eût été et moins

---

1. « M. de Haller n'a pas paru satisfait de cette réponse à sa lettre, et ses amis, dans les libelles qu'ils ont publiés contre M. de Maupertuis, en ont parlé comme d'un nouvel outrage que M. de Haller auroit reçu... » *OEuvres complètes de Maupertuis* (1768), t. III, p. 343. Lettre de Maupertuis à Haller ; Berlin, ce 25 novembre 1751. On trouve aussi des indications de ce mécontentement et de ces reproches dans une lettre de Mérian à Euler, *Lettre concernant le jugement de l'Académie*, p. 52, et dans l'*Examen des Droits de l'Académie et de la conduite de ses membres*, p. 108, 109. « Tout le monde sait de même comment M. de Maupertuis en a usé avec l'illustre M. de Haller... »

2. Voltaire, *OEuvres complètes* (Beuchot), t. LVI, p. 174. Lettre de Voltaire à Frédéric ; à Potsdam, le 5 septembre 1752.

3. *OEuvres de Frédéric le Grand* (Berlin, Preuss.), t. VII, p. 26.

pitoyable et moins empressé à recueillir cet étrange philosophe, si La Mettrie n'eût pas été un révolté de la science. Le roi de Prusse, jusqu'à la fin, sera un libre penseur, et sa correspondance avec Voltaire et surtout d'Alembert prouve qu'il ne renia pas ses dieux ; mais, après cette première ardeur, ce premier enivrement, l'apaisement succédera à l'enthousiasme, et l'on ne se laissera plus prendre, comme dans ces beaux temps de ferveur, à l'étiquette du sac. Encore un coup, La Mettrie eut la rare chance d'arriver en cette phase égalitaire où le titre de philosophe flattait plus que le titre de monarque. Voltaire donnera à Frédéric de « l'humanité ; » mais avec ce tact, cette prudence du courtisan qui sait jusqu'où il peut aller. La Mettrie n'a pas, lui, de ces précautions. Il n'eût pas été d'ailleurs dans sa nature de se contenir même pour un peu. « En tout temps, nous dit Thiébault, il se jetait et se couchait sur les canapés. Quand il faisait chaud, il ôtait son col, déboutonnait sa veste et jetait sa perruque sur le parquet. En un mot, La Mettrie agissait en tout avec Frédéric comme envers un camarade [1]. »

Qu'on n'essaye pas de nous donner La Mettrie pour un esprit philosophique. C'est un garçon de belle humeur [2], qui prend ses habitudes pour des convictions,

---

1. Dieudonné Thiébault, *Souvenirs de vingt ans de séjour à Berlin* (Didot, 1860), t. II, p. 426. — « ... il jetoit tout à coup sa perruque par terre, et on l'a vu plusieurs fois se déshabiller, et se mettre presque tout nud au milieu d'une compagnie qui rioit de sa folie, comme elle auroit fait de celle d'un insensé renfermé aux Petites-Maisons. » D'Argens, *Ocellus Lucanus* (Utrecht, 1762), p. 248.

2. « On raconte que La Mettrie passant devant la maison d'un épicier, il entendit dire que c'étoit la maison d'un matérialiste : on

son horreur de toute gêne pour une indépendance philosophique; un virtuose plein de verve dont les paradoxes insensés devaient faire fortune à la dernière heure du repas. Convenons-en, pourtant, bien que d'Argens les lui refuse, il a de la lecture, des connaissances, de l'acquit, et ses études médicales seront l'inépuisable arsenal où il empruntera ses arguments contre Dieu, contre l'âme, au profit du néant. En somme, il avait réussi au delà de toute vraisemblance. Frédéric ne pouvait se passer de lui et lui passait tout; l'auteur de l'*Homme machine* était de tous ses soupers, et Dieu sait quelles thèses se soutenaient là au choc des verres [1].

appelle de ce nom en Allemagne tous ceux qui vendent des épices et des denrées étrangères. La Mettrie demanda à voir sur-le-champ le matérialiste; il entra, il l'embrassa avec transport, en le félicitant de ce qu'il étoit matérialiste. » Denina, *La Prusse littéraire sous Frédéric II* (Berlin, 1770), t. III, p. 26. Cela ne justifie-t-il pas bien le titre de bouffon que lui donne Diderot?

1. Comme échantillon des étranges saillies de La Mettrie et de ce qu'il osait se permettre avec le roi, qui le trouvait bon, nous renverrons à une paraphrase allégorique des membres et de l'estomac, que Nicolaï tenait de d'Argens, et à une anecdote de chaise percée, que le lecteur nous dispensera de rappeler ici. Nicolaï, *Anekdoten von König Friedrich II von Preussen und von einigen Personen die um ihn waren* (Berlin, 1790), cinquième cahier, p. 197 à 201.

II

LE CHEVALIER DE CHASOT. — DARGET. — GEORGE KEITH.
LORD TYRCONNEL. — POLLNITZ.

Poursuivons nos portraits. L'on connaît déjà Maupertuis par ses relations avec Voltaire, et il ne sera bientôt que trop question de lui pour son repos. Nous laisserons donc de côté, pour l'instant, cette curieuse figure, et nous passerons aux autres concertants français des réunions de Potsdam et de Sans-Souci. Celui qui va suivre, lui aussi, a sa physionomie à part. Si ce n'est ni un savant comme d'Argens, ni un écervelé comme La Mettrie, ni un important comme Maupertuis, c'est un type pourtant, un représentant très-avouable, très-distingué du gentilhomme français au dix-huitième siècle. Le chevalier François-Egmont de Chasot, né à Caen, le 18 février 1716, après avoir fait ses études aux jésuites de Rouen, avait commencé dans le corps des cadets son apprentissage militaire. A dix-huit ans, il servait en qualité de lieutenant à l'armée du Rhin, sous le maréchal de Berwick, et ne demandait qu'une occasion de se signaler, quand une occasion d'un autre genre vint inopinément briser une carrière à peine commencée. Laissons-le raconter lui-même la circonstance fâcheuse qui fut la pierre d'achoppement de sa fortune, si tant est qu'avec de la conduite, de la valeur, de la supériorité même, il eût pu conquérir une situation analogue à celle qu'il allait obtenir en Prusse.

Je n'ai jamais été querelleur, et je suis ressorti d'une école de six cents cadets où il y avait chaque semaine quelques tués ou blessés, sans avoir eu la moindre mauvaise affaire; cependant je ne pus échapper à la mauvaise humeur des Parisiens ferrailleurs, ni soutenir plus longtemps les airs d'arrogance d'un fat à talons rouges, parent éloigné du duc de Boufflers. Il fallut donc se battre encore et laisser mon dangereux adversaire étendu sur la place [1].

Le régiment de Bourbonnais, où servait Chasot, appartenait au duc de Boufflers, ce qui était une circonstance aggravante pour le jeune lieutenant. En tous cas, son affaire était mauvaise, et il ne lui restait d'autre moyen de sauver sa tête que de prendre le large au plus vite. Il ne se crut en sûreté qu'après avoir franchi les avant-postes du prince Eugène où il fut bien accueilli. Mais il ne pouvait avoir l'idée d'accepter du service chez les Impériaux en pleine guerre avec la France. Le prince royal de Prusse était aussi sur le Rhin; Chasot sollicita une audience du futur conquérant de la Silésie, qui ne la lui fit pas attendre.

Un jour le prince Frédéric dit à M. de Brender : « Si vous avez le temps demain, amenez-moi ce jeune Français. » Le lendemain mon mentor m'ayant fait seller un de ses chevaux, je l'accompagnai chez le prince, qui nous reçut dans sa tente,

---

[1]. Blaze de Bury, *Le chevalier de Chasot* (Michel Lévy, 1862), p. 5.

derrière laquelle il avait fait creuser, à trois ou quatre pieds de profondeur, une grande salle à manger. Son Altesse royale, après deux heures d'entretien et après m'avoir fait cent questions, nous congédia et m'ordonna en la quittant de revenir souvent la voir.

Quelques jours après, Chasot était à la table du prince, quand on vint le prévenir que le général en chef de l'armée française, M. d'Asfeld, lui renvoyait ses trois chevaux. Le prince Eugène, qui était présent et de bonne humeur, dit : « Il faut vendre ces chevaux-là qui ne parlent pas l'allemand. » Sur cela, le prince de Lichtenstein mit un prix aux chevaux qui furent vendus trois fois au-dessus de leur valeur. « Le prince d'Orange, l'un des convives, lui dit un peu bas : « Monsieur, il n'y a rien de tel que de vendre ses che- « vaux à des gens qui ont bien dîné ! » Mais cette remarque du prince, si nous ne nous trompons, est tout un raffinement. Les acquéreurs nous semblent avoir fait sciemment une mauvaise affaire, et les fumées du vin n'y avaient été pour rien. Tout petit que soit le fait, il est caractéristique et peint une époque.

Le chevalier avait plu, et les galanteries du prince royal le posèrent, dès la première heure, en intime et en favori. Chaque jour, un palefrenier lui amenait, de la part de Son Altesse, un cheval de main pour se rendre auprès de lui et l'escorter dans ses promenades. Il fut de toutes les parties et de toutes les fêtes, avec Brandt, les époux Kanneberg, le jeune Grumbkow, le capitaine Kalnein, surtout Jordan et Keiserling, ces deux amis du cœur. Le baron de Bielfeld, qui eut occasion de rencontrer Chasot à Rheinsberg et de tâter l'homme, le juge comme un officier d'avenir et de la plus grande espérance. « Il a, nous dit-il, un esprit vif, une humeur gaie, des talens agréables, et si je ne me trompe, beaucoup de dispositions à devenir un jour un général habile, si jamais il est employé dans le militaire, comme je le suppose [1]. » En attendant les prouesses, les actions d'éclat, Chasot payait son écot en belle humeur, en talents d'agrément. Mais Frédéric ne semble pas avoir de lui une idée moins favorable que Bielfeld. A cette date d'enthousiasme juvénile, tout séduit, tout attire, on se passionne pour les choses de l'intelligence, les belles-lettres, la poésie; on rêve la renommée, la gloire dans toutes les carrières; on voudrait cueillir toutes les palmes. Si l'on fait de mauvaises rimes qu'on dépêche à Voltaire et que Voltaire déclare excellentes, l'on a encore d'autres visées, l'on a dévoré tous ces romans de chevalerie dont l'héroïsme est bien capable de bouleverser une tête de dix-huit ans. La tête de Frédéric était plus forte que celle du héros de la Manche, et nous le verrons s'attaquer à de tout autres ennemis que des moulins à vent; mais, répétons-le, cet esprit si froid, si railleur, si pratique, eut son heure de fermentation, durant laquelle l'imagination, plus qu'une raison très-nette, eut voix au chapitre. Dans sa solitude de Rheinsberg, dévoré par une soif d'activité sans emploi, il s'avisera de fonder une sorte d'association militaire qui ne devait être composée que de douze membres, ayant pour grand maître le général Fouqué. La devise de la nouvelle chevalerie

---

[1]. Baron de Bielfeld, *Lettres familières* (la Haye, 1763), t. I, p. 67, 68. Lettre VIII; à Rheinsberg, le 30 octobre 1739.

est celle du preux des preux : « Sans peur et sans reproche. » Par une modestie, dont il faut reconnaître le bon goût, Frédéric n'avait voulu être qu'un simple initié. Il avait affilié au nouvel ordre ses deux frères Guillaume et Henri de Prusse, ainsi que le duc de Brunswick - Bevern. Parmi ceux des membres qui n'étaient pas sortis du sang des dieux, figuraient Keiserling et Chasot. Là, chacun avait son nom mystique, et, dans le chapitre, Frédéric n'était plus Frédéric, c'était *le constant*, Fouqué s'appelait *le chaste*, un troisième prenait le surnom de *sobre*, un quatrième celui de *gaillard*, et ainsi de tous. Les lettres que chaque initié s'adressait, portaient l'empreinte d'un cachet sur lequel était gravée cette légende : « Vivent les Sans-Quartier[1] ! » On regrette de n'avoir pas plus de détails. Cet essai de chevalerie, si peu qu'on en sache, n'aide pas médiocrement à expliquer ce Frédéric des premières années si différent de ce qu'il sera plus tard, ardent, généreux, donnant du front dans tout ce qui offre une apparence de grandeur, et qui, au risque d'attirer sur sa tête le plus violent orage, se faisait recevoir maçon, dans une mauvaise auberge, durant la foire de Brunswick[2].

Quoi qu'il en soit, Chasot jouissait de l'estime, de l'amitié, de la confiance du prince royal, et il vivait au jour le jour, sans situation officielle, mais après

---

1. Blaze de Bury, *Le chevalier de Chasot* (Michel Lévy, 1862), p. 36, 37. — Thomas Campbell, *Frederick the great, his court and times* (London, 1844), vol. I, p. 283, 284.

2. Baron de Bielfeld, *Lettres familières* (la Haye, 1763), t. I, p. 26, 27. Lettre IV ; à Brunswick, le 24 d'août 1738.

tout, satisfait du présent et comptant sur un avenir brillant, lorsque la Prusse changerait de maître. Ce grand événement, que ne laissait que trop pressentir la santé délabrée de Frédéric-Guillaume, allait être la date d'une ère nouvelle, et pour ce petit royaume sablonneux, mal configuré, sans frontières réelles, qui ne devait rien à la nature, et pour celui qui était appelé à le gouverner. L'heure de la rêverie et du roman est passée; et si, dans Frédéric, l'homme de lettres tient bon, l'homme d'affaires, l'homme pratique, le grand roi se révèlent aussitôt, non pourtant sans tâtonnements et sans écoles. La mort de l'empereur Charles VI ouvrait le champ à toutes les espérances et à toutes les ambitions, et le nouveau roi ne fut pas le dernier à comprendre quel rôle pouvait jouer un prince intelligent, énergique, aventureux, avec de bonnes troupes et des coffres bien remplis. « Cette mort dérange toutes mes idées pacifiques, écrivait alors Frédéric à Voltaire, et je crois qu'il s'agira, au mois de juin, plutôt de poudre à canon, de soldats, de tranchées que d'actrices, de ballets et de théâtre [1]. » Mais tout cela devait enchanter Chasot, qui appelait de ses vœux l'occasion de se signaler. Cette occasion, sa bonne étoile la lui envoyait, et plus décisive qu'il n'eût osé l'espérer. C'était à Molwitz [2]. L'aile gauche prussienne avait été sabrée et dispersée par les Autrichiens, tout présageait une déroute inévitable. Frédéric se voit enveloppé. L'officier qui commandait l'escadron ennemi, s'adressant

---

1. Voltaire, *OEuvres complètes* (Beuchot), t. LIV, p. 234. Lettre de Frédéric à Voltaire; Remusberg, le 26 octobre 1740.
2. 11 avril 1741.

au petit noyau de fidèles au milieu duquel il savait le prince, s'écrie : « Le roi ! messieurs, où est le roi ? » — « Vous demandez le roi, le voici ! » riposte Chasot qui se précipite au-devant de l'officier, avec lequel il engage un combat à outrance. C'est à qui fera de son mieux et se multipliera devant des assaillants dont le nombre croissait à chaque instant. Chasot frappe d'estoc et de taille, porte des coups terribles, est atteint lui-même sans lâcher prise, sans paraître s'apercevoir du sang qu'il perd. Il était à bout de forces, couvert de blessures, il allait succomber, quand on lui vint en aide. Le roi, dégagé et tout à sa reconnaissance, le déclare, le proclame son sauveur. Cette action d'éclat valut à Chasot, avec l'ordre pour le Mérite, le grade de major du régiment de Bayreuth. Mais il ne devait pas en demeurer là : il sauvait le bagage du roi à la bataille de Czaslau, livrée le 17 mai 1742 [1]; et trois ans après, en juin 1745, à la journée de Hohenfriedberg, il méritait d'être signalé par son maître comme l'un des mieux faisants d'une armée où les vaillants ne manquaient pas. Frédéric a dit de cette bataille : « action inouïe dans l'histoire et dont le succès est dû aux généraux Gesler et Schmettau, au colonel Schwerin, et au brave major Chasot, dont la valeur et la conduite se sont fait connaître dans trois batailles également [2]. »

---

1. Voltaire, *OEuvres complètes* (Beuchot), t. LIV, p. 605. Lettre de Voltaire à Maupertuis; à Brunswick, le 16 octobre 1743.

2. C'est probablement à la bataille de Friedberg qu'il faut reporter l'anecdote suivante, que raconte Thiébault : « M. de Chasot, Français réfugié, et alors officier supérieur, avait eu des ordres précis relativement aux opérations qu'il devait faire pendant le combat avec le corps qu'il commandait; mais il s'en écarta, par un mouvement

Ainsi s'exprimera le souverain, mais l'ami ne sera pas moins reconnaissant ; il chantera Chasot et ses prouesses dans son *Palladion :*

> Muse, dis-moi comment en ces moments
> Chasot brilla, faisant voler les têtes...

Les mêmes causes qui avaient brisé la carrière du chevalier en France devaient également compromettre son avenir en Prusse. A l'en croire pourtant, en Prusse comme en France, il fut la victime d'une fatalité qu'il eût neutralisée, si une extrême réserve, la plus louable modération, eussent suffi pour le mettre hors d'atteinte. Les bontés du roi, la distinction dont il était l'objet, avaient fait des jaloux, un entre autres, le major Stanislas de Bronickouski, Polonais de nation, comme lui des dragons de Bayreuth, fort brave aussi, mais fier de ses avantages physiques, de sa vigueur et de sa haute stature. Cet officier, dont le renom de duelliste était des mieux établis, avait une

---

qu'il fit si à propos qu'il contribua essentiellement à la victoire. Quand, après la bataille, il se présenta au roi, ainsi que les généraux, Frédéric lui dit très-gravement : « Monsieur de Chasot, il faut que « je vous fasse trancher la tête, ou que je vous embrasse. » Et il l'embrassa. » Dieudonné Thiébault, *Souvenirs de vingt ans de séjour à Berlin* (Didot, 1860), t. II, p. 181. A cette bataille, Chasot eût enlevé soixante à soixante-dix drapeaux à l'ennemi. « Le roi de Prusse alla au-devant de lui, nous dit M. de Luynes, qui tenait ces détails de Chasot même, l'embrassa et lui donna mille marques de bonté. On pourroit croire qu'il auroit joint quelque récompense; mais ce n'est point son usage. » Duc de Luynes, *Mémoires*, t. XI, p. 381; février 1752. Cependant il demanda au chevalier ce qu'il pouvait faire pour lui. Chasot, pour toute récompense, pria le roi de Prusse de vouloir bien honorer de sa protection son frère, l'abbé de Chasot, afin de lui faire obtenir un bénéfice du roi de France.

particulière antipathie pour tout ce qui tenait de près ou de loin à la France, et l'on conçoit que ce n'eût pas été en faveur de Chasot qu'il se fût départi de ses sentiments de violente hostilité. Celui-ci, quelle que fût son envie de corriger les rodomontades du personnage, évita, autant que faire se put, tout ce qui était capable d'amener entre eux un conflit. Mais ce n'était pas l'affaire du major, qui avait résolu d'en finir avec le *marquis français*, comme il appelait Chasot. A la suite de provocations grossières, le chevalier dut prendre son parti, et promettre à cet ogre qu'il ne perdrait rien pour attendre. Cela avait lieu durant un « picnic » où avaient été conviées les dames du régiment.

Je rentrais pour lui faire compagnie, raconte Chasot, lorsqu'en me demandant si j'étais sorti pour commander mon cercueil, il me porta, à un pas de la porte que j'avais fermée, et sans me laisser le temps de me mettre en garde, un coup de sabre à la tête qui m'atteignit à la tempe droite, et fendit d'outre en outre mon chapeau, garni d'un point d'espagne très-fort en argent, ce qui diminua la force de ce coup mortel. Je tirai mon sabre, et bientôt le combat fut à mon avantage. Après avoir d'un coup de sabre emporté l'*éguillette* et parsemé la salle des lambeaux de son uniforme, je n'ambitionnais que la satisfaction de désarmer un homme plus grand et qui se croyait plus fort que moi. Je lui avais déjà fait faire le tour de la salle jusqu'auprès d'un fourneau où je voulus lui arracher le sabre de la main ; mais le pied me glissa et je reçus un coup de pointe dans le bras droit qui perça jusqu'à l'os. La douleur que j'en ressentis m'anima trop contre mon adversaire, auquel j'eus le malheur d'enlever le crâne d'un coup de sabre contre la porte où j'avais reçu ma première blessure, et où il tomba roide [1].

1. Blaze de Bury, *Le chevalier de Chasot* (Michel Lévy, 1862), p. 60, 61.

Le roi envisagea cette affaire comme un coup monté, en haine de l'élément étranger de ses armées, et fulmina contre « les messieurs qui se mêlaient de faire de l'opposition. » Et qu'était donc Chasot, sinon une recrue levée dans un pays dont Frédéric parlait la langue mieux que la sienne propre, mais qui n'était pas la Prusse? Frédéric devait d'ailleurs s'être fait renseigner sur les particularités d'une rencontre que Chasot n'avait pas cherchée, et son amitié pour le vainqueur ne semblait pas être un motif de se montrer rigoureux et même injuste envers un officier qui lui avait sauvé la vie. Le chevalier fut, à sa demande, traduit devant un conseil de guerre, qui l'acquitta à l'unanimité, ce qui n'empêcha pas le prince, auquel on porta la sentence, de l'apostiller de cette phrase laconique : « Un an de forteresse à Spandau. » C'était dur. Il fallut, toutefois, se soumettre, et, après avoir consacré deux mois à soigner ses blessures, prendre le chemin de Spandau. Il y entra en triomphateur. Le prince royal de Prusse, dont le régiment tenait précisément garnison dans la ville, voulut lui faire escorte, le remettre lui-même au commandant de la forteresse, et il ne le quitta qu'après lui avoir donné l'assurance de pourvoir abondamment à sa table. Mais cette captivité n'alla pas au delà de quelques semaines. Frédéric avait fait le roi ; au fond, il ne pouvait que savoir bon gré à Chasot de ne s'être pas laissé sabrer par ce bravache polonais. Le chevalier eut ordre de se rendre à Potsdam, où la glace fut vite rompue. Le prince s'arrangeait trop de l'esprit, de l'humeur gaie et franche du major pour lui garder rancune dans une circonstance où ses sévérités avaient frappé à faux; il lui tendit les bras et lui rouvrit son intimité comme par le passé. A part l'amabilité pétillante du commerce, Chasot avait un rare mérite à ses yeux. C'était un flûtiste distingué et non moins obstiné[1], que son voisinage, toutefois, eût voulu voir à tous les diables, s'il fallait prendre à la lettre ces vers de Frédéric :

> Pour Chasot, qui, dans son réduit,
> En damné, travaille sa flûte,
> Qui fait enrager, jour et nuit,
> Tous ses voisins, qu'il persécute,
> D'un instrument tendre et charmant
> Il tire des sons de trompette [2].

La flûte fut la grande passion de Frédéric, et ce n'était pas une médiocre habileté que d'être en état de faire la partie de ce virtuose enragé, qui, toutefois, faute de mieux, se résignait à prendre pour second, le prince héréditaire de Strélitz, un mince instrumentiste devant le seigneur. Chasot donne de curieux détails sur les concerts du roi de Prusse, et on nous permettra d'ajouter ce dernier emprunt à ceux que nous avons déjà faits.

Quelqu'un demande : en quoi consistait donc cette musique si vantée? Cette musique, où j'ai assisté, depuis l'année 1734, à Ruppin, où le roi avait son régiment comme prince royal; à Rheinsberg, où la princesse et toute la cour se trouvaient, enfin en campagne, dans la tente du roi, ensuite à Breslau et partout où Sa Majesté passait la nuit; cette musique a toujours

---

1. Le maître de chapelle Hertel a écrit une *Théorie de la musique pour servir à l'usage de M. le chevalier de Chasot.*
2. *OEuvres de Frédéric le Grand* (Berlin, Preuss.), t. XVII, p. 61. Lettre de Frédéric à Jordan.

été composée des meilleurs musiciens de l'Europe. Le roi savait les règles de la composition et excellait sur la flûte traversière. Le matin, il composait lui-même sur le clavecin, pendant qu'on le frisait, tous les solos qu'il jouait ensuite en perfection sur la flûte... A Potsdam, le concert journalier se tenait dans un cabinet de vingt-quatre pieds de diamètre, un peu arrondi, dans les angles, de seize pieds jusqu'à la corniche, le tout en boiserie, avec de beaux compartiments magnifiquement dorés; une très-belle cheminée de marbre incarnat d'Égypte, et au milieu un superbe et très-grand lustre de cristal. Ce concert consistait en un seul premier et un second violon, (rarement le double) une basse de viole, un violoncelle, et pour clavecin un forte-piano de Silbermann, une flûte ou deux quand le roi jouait des trios avec Quantz. Un ou deux *castrati* et de temps à autre une des meilleures chanteuses de l'Opéra recevaient ordre et une voiture du roi pour son voyage de Potsdam. L'on n'entendait dans ces concerts que des voix ou des flûtes; tous les autres instruments n'étaient que pour l'accompagnement [1].

La margrave de Bayreuth [2], le baron de Bielfeld viennent confirmer ou compléter ces détails. Ce dernier, qui s'était trouvé avec Chasot, au séjour que firent en octobre 1739 Frédéric et la princesse royale à Rheinsberg, nous parle avec enthousiasme de ces solennités musicales, où c'était une grâce aussi rare qu'ambitionnée de se voir admis.

Les soirées, nous dit-il, sont consacrées à la musique. Le prince a concert dans son appartement, où personne n'entre qu'il n'y soit appelé, et c'est une faveur bien marquée qu'une pareille invitation. Il y exécute ordinairement une sonate et un concert pour la flûte, instrument dont il joue dans la plus

---

1. Blaze de Bury, *Le chevalier de Chasot* (Michel Lévy, 1862); p. 111 à 114.
2. *Mémoires de Frédérique-Sophie-Willemine de Prusse, margrave de Bareith* (Paris, 1811), t. II; p. 326, 327.

grande perfection[1]. Il a l'embouchure admirable, beaucoup d'agilité dans les doigts, et un grand fond de musique. Il compose lui-même ses sonates. J'ai eu l'honneur de me trouver plus d'une fois derrière lui dans le tems qu'il jouoit, et j'ai été enchanté de son goût, surtout pour l'*adagio*[2]. C'est une création continuelle de nouvelles idées[3].

Chasot partageait son temps entre son régiment et la cour, « quoique la règle soit d'être toujours à sa troupe[4]. » A la cour, c'était pour le chevalier des jours filés d'or et de soie, où les heures s'écoulaient comme des instants. Il aimait un peu plus les femmes que ne les aimait son maître, et se livrait avec emportement

---

[1]. La flûte était le seul instrument que souffrît Frédéric à ses concerts; les autres n'étaient que pour accompagner, ce qui avait fait dire plaisamment à un musicien de sa chapelle : « Si vous croyez que e roi aime la musique, vous vous trompez; il n'aime que la flûte; et encore n'aime-t-il que la sienne. » Fetis, *Biographie universelle des musiciens* (Didot, 1862), t. III, p. 328. Castile-Blaze fait honneur du propos à Sébastien Bach. *Revue de Paris* (29 septembre 1833), t. LIV, p. 288.

[2]. Burney, dans le voyage musical qu'il fit en Allemagne longtemps après, put assister à l'un de ces concerts; il donne les mêmes éloges au talent de virtuose de Frédéric. « Le concert commença, nous dit-il, par un *concerto* de flûte, dans lequel S. M. exécuta les parties récitantes, les *solo* avec une grande précision. Son embouchure est nette et égale, son doigté brillant, et son goût pur et simple. J'ai été aussi également charmé de la propreté de son exécution dans l'*allegro* que de son expression ou du sentiment qu'il met dans l'*adagio*. Elle surpasse en plusieurs de ces points essentiels tout ce que j'avais encore entendu d'amateurs et de nombre de professeurs. » Burney, *the present state of music in Germany the netherlands, and united provinces* (London, 1773), vol. 11, p. 151, 152.

[3]. Baron de Bielfeld, *Lettres familières* (la Haye, 1763), t. I, p. 79. Lettre VIII; à Rheinsberg, le 30 octobre 1739. — Nicolaï, *Anekdoten von König Friedrich II von Preussen und von einigen Personen die um ihn waren* (Berlin, 1790), second cahier, p. 247.

[4]. Duc de Luynes, *Mémoires*, t. XI, p. 380, 382, février 1752.

à son penchant pour elles ; ce qui, entre autres admonestations, lui attira de celui-ci une longue épître, sur la *Modération dans l'amour :*

Ne pensez pas Chasot, vous que l'amour possede [1]...

Avec l'affection et la confiance de Frédéric, un traitement dont il eût pu se contenter, si l'argent ne lui eût pas fondu dans les mains, on se demande ce qu'il pouvait désirer. Voltaire écrivait à Maupertuis, en 1743 : « Chasot, ce Chasot que vous avez vu maudissant la destinée, doit la bénir ; il est major, et a un grand escadron qui lui vaut seize mille livres au moins par an. » Il est peu question de Chasot dans la correspondance du poëte, qui se brouillera avec lui, comme on verra, au sujet de son procès. Ils se recontraient pourtant à la table et dans l'intimité du roi de Prusse, qui, s'il fallait en croire Wagnière, confia Voltaire au chevalier, durant une excursion que fit le premier chez divers petits princes allemands.

Il demanda un jour au roi la permission d'aller dans différentes cours d'Allemagne. Ce monarque chargea le général comte de *Chasot* [2], de l'accompagner, de lui rende compte de tout ce que dirait et ferait le voyageur, et lui donna ordre de payer tous les frais de voyage. Passant dans une ville, on lui présenta un *album*, en le priant d'y écrire quelque chose. Le dernier voyageur y avait mis ces mots suivis de son nom : *Si Deus pro nobis, quis contra nos?* M. *de Voltaire* écrivit dessous : *les gros bataillons prussiens.* VOLTAIRE.

1. *OEuvres de Frédéric le Grand* (Berlin, Preuss.), t, X, p. 187-193 ; à Potsdam, 27 septembre 1749.

2. Longchamp débute par deux erreurs. Chasot, qui ne fut jamais comte, se retira de Prusse avec le grade de lieutenant-colonel et non de général.

A leur retour, le comte *de Chasot* présenta au roi la note des déboursés. Le premier article portait un somme assez forte *pour lavemens au savon, à deux kreutsers chacun, pris* par M. de Voltaire *pendant les deux mois de notre voyage.* — *Comment diable!* s'écria le roi, *quel compte d'apothicaire me présentez-vous là?* — *Sire*, reprit M. de Chasot, *je n'en rabattrai pas un denier à Votre Majesté, car mon compte est de la plus grande exactitude*[1].

L'histoire de ces lavements au savon est curieuse, et ce singulier débat entre Frédéric et le chevalier des plus comiques. Par malheur, nous ne trouvons pas, dans la vie de Voltaire, à cette époque, deux mois disponibles et qui puissent être attribués à des visites aux landgraves et aux margraves allemands. Il faudrait que cela se fût passé entre l'arrivée de Voltaire en Prusse et le départ de Chasot pour la France, entre la dernière moitié de juin 1750 et la fin d'octobre 1751 ; et, tout ce temps, Voltaire n'aura quitté Potsdam que pour Berlin, où, comme on le verra, des affaires assez maussades le retiendront, bien malgré lui. Que d'anecdotes et d'aventures de ce genre racontées, colportées, acceptées sans y trop regarder, pour ce qu'elles ont de piquant ou de malicieux ! La malveillance en aura inventé plus d'une; mais, tout aussi souvent, c'est à la légèreté, au manque de critique et de réflexion des historiens qu'il faut s'en prendre. L'on a entendu et l'on répète ; la chronique est plaisante, cela suffit pour la reproduire ; et, à la longue, les fables les plus impossibles se trouvent si bien accréditées, que ce n'est pas sans quelque péril que l'on cherche à en prouver l'absurdité et le ridicule.

1. Longchamp et Wagnière, *Mémoires sur Voltaire* (Paris, 1826), t. I, p. 35, 36. Additions au *Commentaire historique*.

Parmi les Français dont Frédéric s'entourait, l'on aurait grand tort de ne pas citer Darget, quoiqu'il ne fût pas des soupers du prince et se trouvât à la cour de Berlin sur un pied quelque peu subalterne. Darget, lui aussi, représentera dignement la France à l'étranger, et ne la compromettra point, comme ce sera le fait de plus illustres. Il avait suivi, en qualité de secrétaire, notre ambassadeur, le marquis de Valori, ce gros Valori, le seul personnage diplomatique avec lequel le roi de Prusse se déboutonnât parfois. Valori accompagnait le prince dans ses campagnes, assistait à ses triomphes et partageait sa mauvaise comme sa bonne fortune. En 1745, dans une halte, son logement lui avait été assigné à l'un des faubourgs de Jaromitz. Un corps de Pandours, au petit matin, envahit brusquement le campement et se met en devoir d'enlever M. l'ambassadeur. Comme Chasot, Darget songe à sauver son maître en se sacrifiant. Il ne fera pas le coup de sabre, mais ses moyens, pour être plus pacifiques, n'en arriveront pas moins au but. Il était dans une pièce voisine de celle de Valori : il endosse sa robe de chambre, est pris pour le marquis et emmené comme tel par le chef du détachement, le lieutenant-colonel Franquini. « Vous êtes bien M. de Valori, ministre de France auprès du roi de Prusse ? lui demanda le général autrichien auquel on s'empressa de le conduire. — Non, monsieur le général, je ne suis que son secrétaire. — Et comment donc avez vous osé déclarer que vous étiez M. de Valori ? — Je l'ai osé, parce que je le devais, » répondit-il [1].

1. Dieudonné Thiébault, *Souvenirs de vingt ans de séjour à Berlin* (Didot; 1860), t. II, p. 1777. — Valori, *Mémoires* (Paris; 1820);

Cet acte de dévouement, ce courage, cette présence d'esprit dont l'opportunité n'était pas le moindre mérite, frappèrent Frédéric, qui plus tard les chantera et les éternisera dans son poëme burlesque, le *Palladion*[1]. Il s'était empressé de le faire échanger; M. de Valori, auquel il témoigna l'envie de se l'attacher, consentit de bonne grâce à cet arrangement, et Darget passa de l'emploi de secrétaire du ministre de France aux fonctions de lecteur et de secrétaire du roi de Prusse. C'était là, sinon une grande charge, du moins un poste de choix qui exigeait un homme auquel on pût se fier. Frédéric le traita dès lors en confident et en ami, comme on peut s'en convaincre par ses lettres à ce fidèle serviteur. Darget, de son côté, sent ce qu'il doit à son maître, et son dévouement est au niveau des bontés dont il est l'objet et de l'estime dont on l'honore. « Je reçois avec bien de la sensibilité, écrivait-il à M. de Bachaumont, le compliment que vous voulez bien me faire, monsieur, sur le bonheur d'approcher un grand prince que nous voyons, le marquis d'Argens et moi, plus en déshabillé que tous autres, et qui ne nous en est que plus admirable. C'est un génie prodigieux; si jamais je cessois d'être son domestique, j'en dirois des choses bien bonnes et bien vrayes, qui aujourd'huy seroient peut-être regardées comme le langage de la flatterie [2]... »

t. I, p. 241 à 245. — *Gazette de Berlin*, 11 septembre 1745. Lettre facétieuse, datée du camp de Semonitz, le 4 septembre. — Voltaire, *OEuvres complètes* (Beuchot), t. LV, p. 295. Lettre de Frédéric à Voltaire; à Sans-Souci, le 25 juillet 1749.

1. *OEuvres de Frédéric le Grand* (Berlin, Preuss.), t. XI, p. IX à XIV, et 155 à 271.

2. Bibliothèque de l'Arsenal. Manuscrits, B. L. F., 359. *Porte-*

On sait l'effet d'un mot rapide comme échappé des lèvres de celui que son service attache incessamment auprès du souverain ou du premier ministre : les princes du sang faisaient des courbettes à Bontemps ; Barjac, le valet de chambre du cardinal de Fleuri, était un personnage avec qui il fallait compter, qui entrait dans toutes les grandes affaires, et avait plus d'influence que Louis XV, auquel, il est vrai, il semblait plaisant de ne rien pouvoir. Darget, qui était mieux qu'un valet, à cause même de son excessive réserve, était écouté ; le philosophe de Sans-Souci ne craignait pas de penser tout haut devant lui et de prendre son avis. On a la mesure de ce que peut Darget, à l'occasion, dans la lettre même que nous venons de citer et où il parle en homme qui a l'oreille du maître. Il s'agit de l'auteur de l'*Épître à Manon*. « M. d'Arnaud, dit-il, a été un peu fâché contre moi sur quelques semonces que je luy ay faites et dont il vous aura peut-être porté ses plaintes ; nous avons fait la paix, il sera à nous tant qu'il y voudra être... »

Voltaire, dès la première minute, avec sa prestesse de flair, sentit l'urgence d'avoir pour lui le lecteur du roi, et il n'est pas de politesses, d'amabilités, de tendresses qu'il ne lui témoigne. Frédéric ne regarde pas, d'ordinaire, à prendre la plume, et un de ses délassements les plus vifs est d'écrire à l'auteur de la *Henriade* ; mais trop souvent le loisir manque, les affaires commandent, et c'est alors Darget qui le remplace. C'était en 1749 : le poëte, comme toujours, se retran-

feuille de Bachaumont. Mélanges, correspondances, f. 136. Lettre de Darget à Bachaumont ; à Berlin, le 4 janvier 1749. (Déjà citée.)

chait dans son état de maladie, et prétextait la dureté et l'inclémence du climat pour ajourner son voyage aux calendes grecques. Mais le roi, qui ne se payait pas de pareilles raisons, lui dépêche une douzaine de certificats en faveur du ciel de Berlin, tous signés de grands docteurs, tels que Maupertuis, d'Argens, Algarotti et Darget [1]. Celui de Darget était en vers [2]. On ne pouvait cependant en pareille matière avoir moins d'autorité que ce dernier qui, à cette époque même, se plaignait fort du dérangement de sa santé. Quoi qu'il en soit, le lecteur et l'écrivain étaient dans les meilleurs termes ; et lorsqu'il avait été question de donner Fréron pour successeur à d'Arnaud, c'est à Darget que Voltaire s'était adressé pour empêcher cette négociation d'aboutir. Dans sa querelle avec Baculard, l'appui de Darget ne laissait pas de lui être également d'un puissant secours [3]. Mais, loin de nier les bons offices, l'auteur de *Mérope*, les proclame avec une coquette exagération, avec une poétique gratitude, auxquelles l'on ne pouvait être insensible. Il finissait une épître à Darget par les quatre vers suivants :

Adieu, monsieur le secrétaire,
Soyez toujours mon tendre appui :

---

1. Voltaire, *OEuvres complètes* (Beuchot), t. LV, p. 28. Lettre de Frédéric à Voltaire ; le 10 juin 1749.
2. *Ibid.*, t. LV, p. 288, 289.
3. Darget écrivait, en 1750, à Frédéric : « ... Je ne le dissimule pas à V. M., je fais les vœux les plus vifs pour que M. de Voltaire lui reste, parce que je n'imagine personne dans le monde plus nécessaire à sa vie privée et à ses occupations. » *OEuvres de Frédéric le Grand* (Berlin, Preuss.), t. XX, p. 31. Lettre de Darget à Frédéric ; Stettin, 7 septembre 1750.

Si Frédéric ne m'aimait guère,
Songez que vous pairez pour lui [1].

L'Italie était alors représentée auprès de Frédéric par un Vénitien, tout charmant, tout aimable, qui avait trouvé l'art de plaire sans le demander au traité de Moncrif; car Michelessi et l'abbé Bastiana ne viendront à Berlin que plus tard. Avec des facultés rares, l'amour et la curiosité des sciences, une organisation de poëte, le don des élégances, plus, avouons-le, que du naturel, Algarotti était né pour faire son chemin dans le monde, non en forçant son admiration et le domptant, mais par les grâces, la séduction, une onction tout italienne. S'il était possédé, lui aussi, du démon de la gloire, son ambition était si discrète, il s'y était si bien pris pour ne coudoyer et ne déranger personne, qu'il se trouva arrivé avant que les envieux eussent eu le temps de soupçonner qu'il existât. Sans trop de scepticisme, l'on eût pu taxer d'un peu de banalité cette bienveillance universelle. Mais cette sorte d'habileté n'était-elle pas fort excusable, au sein d'une société composée de rivaux et d'ennemis, d'indifférents tout au moins, avec lesquels il est prudent de se tenir sur une perpétuelle défensive! Maupertuis, son ami, disait de lui : « Si votre habit s'attache à celui du C. A., il en coupera un morceau pour conserver le sien [2]. » Avancer qu'il eût, dans un commun

1. Voltaire, OEuvres complètes (Beuchot), t. XIII, p. 204. Épître à M. Darget; 9 mars 1751.
2. Formey, Souvenirs d'un Citoyen (Berlin, 1789), t. I, p. 185.—L'abbé Denina, la Prusse littéraire sous Frédéric II (Berlin, 1790), t. I, p. 199.

péril, pour séparer son sort du vôtre, coupé son propre vêtement, nous semblerait être déjà plus dans la vraisemblance de ce caractère modéré, placide, qui pouvait n'avoir pas tout l'élan et la flamme auxquels il eût voulu faire croire, mais dont la personnalité, en tous cas, devait être complétement inoffensive; et, pour son compte, Maupertuis était-il bien sûr de n'avoir pas un égoïsme autrement envahissant, autrement agressif? Les occasions où l'on a besoin du dévouement d'un ami ne se présentent, et c'est fort heureux, qu'une fois peut-être dans la vie; mais un besoin qui se fait sentir à toutes les heures, c'est la sérénité, l'aménité du caractère, la facilité, la flexibilité de l'humeur. Ce sont là les vertus d'Algarotti; vertus innées, vertus acquises, peu nous importe? Mais il les réunit au degré le plus éminent : il est l'homme sociable, l'homme du monde par excellence, comme Fontenelle, son contemporain et son modèle.

C'est aussi, comme Fontenelle, un savant bel esprit, qui va à la science par de petits chemins fleuris, et en semant le plus de fleurs sur ses pas et sur les pas de celles qui consentent à le suivre. Les femmes du dix-septième siècle se sont toutes passionnées pour Descartes et ses tourbillons; mais Descartes a fait son temps : c'est le tour de Newton, et la partie est gagnée pour ce dernier, en dépit d'une académie des sciences retardataire et routinière, si la plus belle moitié du genre humain s'enrôle sous ses bannières. *Il Newtonianismo per le donne* procède de la *Pluralité des mondes* par sa forme galante, sa rhétorique, son style, ses airs précieux. Certes, ce n'est pas la meilleure manière de traiter de semblables matières, quel que soit le lecteur auquel on s'adresse ; et, tout portés, tout sympathiques que soient les châtelains de Cirey pour le *Cygne de Padoue*, comme Voltaire appelle Algarotti, ils ont l'un et l'autre un goût trop sûr pour admettre sincèrement de tels compromis. La marquise du Chatelet écrivait à Richelieu, à ce propos :

> Les *Dialogues* d'Algarotti sont pleins d'esprit et de connaissance. Il en a fait une partie ici (à Cirey), et ce sont eux qui ont été l'occasion du livre de M. de V*** [1]. Je vous avoue cependant que je n'aime pas ce style là en matière de philosophie, et l'amour d'un amant, qui décroît en raison du quarré du tems et du cube de la distance, me paroit difficile à digérer ; mais en tout, c'est l'ouvrage d'un homme de beaucoup d'esprit et qui est maître de sa matière... S'il est à Toulouse, je vous en félicite. C'est un des hommes que j'aye jamais connus, le plus aimable, le plus instruit et le plus doux à vivre [2]...

Algarotti avait, en effet, passé six semaines de l'automne de 1736 à Cirey[3], et c'est en souvenir de ce séjour et d'études communes (car déjà la marquise, comme elle le dit, *newtonianisait* tant bien que mal) que le jeune Vénitien mettait en tête de ses *Dialogues* le portrait d'Émilie. Voltaire, qui ne lui marchande pas les éloges, n'est pas, au fond, d'un autre avis que madame du Châtelet ; et c'est presque dans les mêmes termes qu'il s'explique sur le compte de cette hybride composition.

1. *Éléments de la philosophie de Newton.*
2. *Lettres de Voltaire et de sa célèbre amie* (Genève, 1782), p. 55, 56. Lettre de madame du Chatelet à Richelieu ; du 17 février 1737.
3. Voltaire, *OEuvres complètes* (Beuchot), t. LII, p. 271, 314. Lettres de Voltaire à Thieriot, 5 septembre, et à Berger, 10 octobre 1736.

J'ai lu le livre de M. Algarotti. Il y a, comme de raison, plus de tours et de pensées que de vérités. Je crois qu'il réussira en italien, mais je doute qu'en français « l'amour d'un amant qui décroît en raison du cube de la distance de sa maîtresse, et du carré de l'absence, » plaise aux esprits bien faits qui ont été choqués de « la beauté blonde du soleil » et de la « beauté brune de la lune » dans le livre des *Mondes* [1].

Frédéric, qui s'était laissé prendre à ces ornements extérieurs, déclare Algarotti un tout autre homme que Maupertuis, ce qui n'était vrai ni pour les connaissances, ni pour l'esprit, encore que Maupertuis, le Jupiter tonnant de l'Académie de Berlin, n'ait conservé de nos jours que bien peu de son importance et de son prestige [2]. Lors de la double expédition relative aux recherches sur la forme de la terre, Algarotti, enthousiaste comme on l'est à vingt-trois ans [3], épris de la grandeur du but et jaloux de s'associer à une telle entreprise, annonce qu'il sera du voyage. Voltaire, qui le croyait déjà parti ou bien près de l'être, lui disait, dans une épître à la glorification de ces argonautes dont l'ambition avait une autre portée que la conquête d'une Toison d'or :

> Vous allez donc aussi, sous le ciel des frimas,
> Porter, en grelottant, la lyre et le compas,
> Et, sur des monts glacés, traçant des parallèles,
> Faire entendre aux Lapons vos chansons immortelles [4]...

1. Voltaire, *OEuvres complètes* (Beuchot.), t. LIII, p. 133. Lettre de Voltaire à Maupertuis; Cirey-Kittis, 22 mai 1738.
2. Frédéric écrivait à Jordan, de Wésel, 2 septembre 1740 : « Maupertuis est arrivé; joli garçon, aimable en compagnie; cependant de cent piques inférieur à Algarotti. » *OEuvres de Frédéric le Grand* (Berlin, Preuss.), t. XVII, p. 67.
3. Algarotti était né à Venise, le 11 décembre 1712.
4. Voltaire, *OEuvres complètes* (Beuchot), t. XIII, p. 118. Épître au comte Algarotti; le 15 octobre 1735.

Mais, en dernier ressort, Algarotti jugea que l'expédition se pouvait faire sans lui et renonça finalement à en partager les fatigues. Sur l'invitation du prince royal, il se rendait en 1739 avec lord Baltimore, à Rheinsberg, pour voir Frédéric, que son amabilité, sa douceur, ses connaissances ravirent. Lorsque le prince alla recevoir l'hommage à Konigsberg, le monarque et le fils du négociant de Venise [1] étaient tête à tête dans la même voiture [2], et c'était sur l'épaule d'Algarotti que sommeillait le roi [3]. Mais si l'auteur du *Newtonianisme pour les dames* ne dédaignait ni les distinctions ni les honneurs, en véritable Italien qu'il était, il chérissait encore plus son indépendance et le doux *farniente*. Il voulait bien être l'ami du prince; mais toute chaîne l'effrayait, et lui était en horreur. Frédéric, de son côté, n'est pas roi pour rien : il prétend que l'on ne s'éloigne pas, même pour un peu; il veut vous avoir sous la main à toute heure, et n'accorde pas le moindre congé sans bouderie et sans humeur. Deux ans plus tard, il écrivait à Algarotti, que ces servitudes avaient plus effarouché qu'ébloui : « Apparemment que vous avez oublié toutes les offres que je vous ai faites, à tant de différentes reprises, de vous faire un établissement solide dans lequel vous auriez eu lieu d'être content de ma générosité. Mais le mépris que vous faisiez d'une nation trop sotte pour avoir le bonheur de vous posséder, vous a fait constamment refuser tous

---

1. Frédéric conférait le titre de comte à Algarotti le 20 décembre 1740.
2. Formey, *Souvenirs d'un Citoyen* (Berlin, 1789), t. II, p. 215.
3. Valory, *Mémoires* (Paris, 1820), t. I, p. 91.

les avantages que j'avais intention de vous faire ; de façon que c'est à vos propres refus que vous avez lieu de vous en prendre, si votre intérêt n'a pas trouvé son compte à Berlin [1]... » Mais le roi lui garda son amitié et il le nommait, en 1747, chambellan et chevalier de l'ordre pour le mérite [2], en dépit des infidélités de l'éclectique Vénitien qui, quelque temps auparavant, s'était laissé faire « conseiller de guerre » par le roi de Pologne ; ce qui, sans nul doute, mieux qu'autre chose au monde, accusait les idées pacifiques de la cour de Dresde [3]. Les mécontentements, l'humeur ne pouvaient tenir devant cette inaltérable placidité, qui semblait distiller le miel. Ses moindres droits n'en étaient pas moins sauvegardés ; il les eût à la première alarme défendus par une fuite soudaine. « Le comte *Algarotti*, nous dit Formey, s'est toujours soutenu à la cour de Prusse par une conduite sage et par cette politique qui fait le fort de sa nation, mais qui étoit exempte de toute fausseté. Sa personne étoit aimable et spirituelle. Il m'a donné des marques d'estime et d'affection qui ne se sont pas démenties, et il est le seul des savans et en même temps courtisans d'alors à qui je puisse rendre ce témoignage [4]. »

1. *Œuvres de Frédéric le Grand* (Berlin, Preuss.), t. XVIII, p. 53. Lettre de Frédéric à Algarotti ; Postdam, 10 août 1742.
2. Il était revenu à Berlin vers la moitié de mars ; il fut créé chambellan le 11 avril ; et, le 2 mai, les gazettes annonçaient que le roi lui avait conféré l'ordre du Mérite.
3. Voltaire, *OEuvres complètes* (Beuchot), t. XIII, p. 171. *Épître à M. le comte Algarotti*, qui était alors à la cour de Saxe, et que le roi de Pologne avait fait son conseiller de guerre ; à Paris, le 21 février 1747.
4. Formey, *Souvenirs d'un Citoyen* (Berlin, 1789), t. II, p. 216.

L'Angleterre ne laissait pas d'être représentée également à Potsdam et à Sans-Souci, par les frères Keith, deux Écossais jacobites, accueillis à bras ouverts en Prusse, et que l'on eût décapités à Londres. Non content de les traiter avec la plus grande considération, Frédéric, peut-être pour piquer le roi Georges qu'il ne pouvait souffrir, nommait celui des deux qu'on appelait Milord *Maréchal* [1], son envoyé extraordinaire près la cour de France, en août 1751. « Vous verrez, écrivait à ce propos Voltaire à sa nièce, une assez jolie petite Turque qu'il emmène avec lui; on la prit au siége d'Oczakow, et on en fit présent à notre Écossais, qui paraît n'en avoir pas trop besoin. C'est une fort bonne musulmane. Son maître lui laisse toute liberté de conscience. Il a dans son équipage une espèce de valet de chambre tartare, qui a l'honneur d'être païen; pour lui, il est, je crois, anglican, ou à peu près. Tout cela forme un assez plaisant assemblage qui prouve que les hommes pourraient très-bien vivre ensemble, en pensant différemment. Que dites-vous de la destinée qui envoie un Irlandais ministre de France à Berlin, et un Écossais ministre de Berlin à Paris? Cela a l'air d'une plaisanterie [2]. »

Cet Anglais d'Irlande, auquel le poëte fait allusion, était aussi un de ces émigrés que la France s'était attachés par les bienfaits et les charges, et pour lesquels elle avait fini par devenir une patrie. Lord Tyrconnel

---

1. George Keith, grand maréchal d'Écosse, dont il est tant question dans les *Confessions* de Rousseau.
2. Voltaire, *OEuvres complètes* (Beuchot). t. LV, p. 640. Lettre de Voltaire à madame Denis; à Potsdam, le 24 août 1751.

était tout un type. Son originalité, son épicurisme tant soit peu brutal, avaient réussi auprès de Frédéric, et qui, plus est, auprès de Voltaire. « Pour milord Tyrconnel, c'est un digne Anglais. Son rôle est d'être à table. Il a le discours serré et caustique, je ne sais quoi de franc que les Anglais ont, et que les gens de son métier n'ont guère [1]. Le tout fait un composé qui plaît [2]. » Toute la biographie du personnage est dans ce portrait et dans quelques lignes, en guise d'oraison funèbre, que nous aurons occasion de citer plus loin, lors de la mort de ce voluptueux qui était passé au pourceau d'Épicure.

Finissons par un Allemand. Sauf les princes, que leur parenté faisait les habitués obligés de ces réunions, où d'ailleurs ils ne se montraient que discrètement, Frédéric, à cette époque du moins, n'admettait guère d'Allemands, et encore moins de Prussiens, à ces soupers philosophiques où ils eussent détonné. Frédéric aimait son peuple, on peut dire qu'il l'a créé; mais c'était un père que son affection n'aveuglait pas et qui n'exagérait point les qualités de ses enfants. L'Allemand, dont il va être ici question, était une de ces natures cosmopolites qui n'ont d'autre

---

1. Qu'entend par là Voltaire? Lord Tyrconnel faisait son métier sans en avoir l'air; et il existe un tableau de la cour de Berlin envoyé par lui à Versailles, où la reconnaissance pour les bontés qu'on lui témoigne ne l'empêche pas d'être sincère et même sévère. Ce piquant document a été publié dans le *Journal de l'Institut historique* (août 1836), t. V, p. 13 et suiv. Il s'y rencontre des additions de son successeur, le chevalier de La Touche, dans les papiers duquel il a été trouvé, additions auxquelles nous ne laisserons pas de faire quelques emprunts.

2. Voltaire, *OEuvres complètes* (Beuchot), t. LV, p. 542. Lettre de Voltaire à madame Denis; à Berlin, le 12 janvier 1751.

patrie que le lieu où elles peuvent satisfaire le plus amplement à leurs instincts de vie large, de dépenses et de luxe, gens sans scrupules embarrassants, prêts à tout entreprendre, plus désireux de crédit que d'estime, courtisans retors, qui savent bien que l'important est de se rendre indispensables.

Issu d'une des meilleures familles de Franconie, le baron de Pollnitz[1], avec de l'esprit, de l'instruction, une rare souplesse de caractère, était fait pour arriver à tous les emplois, si une prodigalité inouïe, une vie désordonnée n'eussent compromis, annihilé ces avantages de la naissance et de la fortune. Bien des incidents avaient traversé son existence suffisamment agitée; bien des événements avaient remué, bouleversé le monde, auxquels sans doute il n'avait assisté que de sa fenêtre, en simple curieux, mais en curieux intelligent, observateur et sagace. Tout cela faisait du baron une gazette aussi attachante qu'instructive. Sa jeunesse se passa à visiter les différentes cours de l'Europe, sur lesquelles il nous a laissé des bavardages qui se lisent, bien qu'ils ne renferment aucune révélation d'importance. Il vint pour la première fois à Paris, en 1712, et y fut des mieux accueillis par la princesse Palatine, ravie d'avoir à médire de la France avec un Allemand. Elle le saluait, du plus loin qu'elle l'apercevait, d'un « *Ah! bonjour, mein Landsmann* (mon pays)! » et, s'il était une journée sans la venir voir, elle envoyait savoir si le *Landsmann* était malade. Elle voulut le présenter elle-même à Louis XIV qui fit

---

1. Charles-Louis de Pollnitz, né en 1692.

à son protégé un accueil si bienveillant que les courtisans s'en émurent.

Plusieurs seigneurs, qui avoient vu à *Versailles* de quelle façon le roi avoit eu la bonté de me recevoir, s'empressèrent de me faire honnêteté. M. le duc de D.... (Duras), premier gentilhomme de la chambre, eut pour moi des attentions qu'il me seroit difficile d'oublier. J'avois fait la connaissance de ce seigneur à *Versailles ;* il m'avoit abordé avec toute la politesse possible, dans la grande gallerie, le lendemain que j'avois été présenté à S. M., et il m'avoit dit que je devois être content de l'accueil que le roi m'avoit fait et encore plus de ce qu'il avoit dit lorsque je me fus retiré, que de tous les étrangers qui lui avoient été présentés, personne ne l'avoit salué de meilleure grâce et d'un air moins embarrassé, que le Margrave d'*Anspach* et moi. Ce même duc me proposa d'entrer au service de France, et me promit même de me faire recevoir colonel, si je voulois me faire catholique. Je le remerciai des offres obligeantes qu'il me faisoit, et je l'assurai que l'intérêt ne me feroit jamais changer de religion. J'étois encore rempli des préjugés des protestans contre les catholiques... [1].

Le baron ne devait, plus tard, que trop secouer ces préjugés gothiques. Ses voyages à Paris sont innombrables. Il y vient pour ses plaisirs, pour se mettre dans les mains de La Péronie, et parce qu'aussi Paris était le lieu où les gens gênés dans leurs affaires trouvaient encore le mieux à vivre. Nous l'y voyons, au commencement de la Régence, faisant sa cour au duc d'Orléans, comptant beaucoup sur la protection de Madame, et menant une existence dissipée, fort peu en rapport avec ses revenus. Il tombe malade, est pris de la jaunisse et se voit à deux doigts de la mort. L'abbé

---

[1]. Baron de Pollnitz, *Nouveaux mémoires*, (Francfort, 1738), t. I, p. 223.

d'Asfeld entame alors sa conversion, et rencontre en lui un homme des mieux disposé et se disant, comme le grand Henri, que Paris valait bien une messe. L'abbé, toutefois, qui se sentait peut-être au-dessous d'une telle besogne, en laissa le fardeau au père Denis, un carme déchaussé, dont le triomphe fut complet.

> Quelques conférences avec le bon père achevèrent ce que l'abbé d'*Asfeld* avoit commencé, de façon que peu de tems après je fis publiquement ma profession foi entre les mains du *P. Denis*, dans l'église de son couvent, en présence d'un nombre infini de personnes de qualité. M. le marquis d'*Asfeld* et l'abbé son frère me servirent de témoins, et signèrent comme moi ma profession de foi. La cérémonie finie, je fus assailli de toutes parts d'embrassades de la part de quantité de personnes, dont les trois quarts m'étoient inconnues, mais qui par zèle de religion voulurent me faire connoître la joie qu'ils avoient de me voir reçu dans le sein de l'Église... [1]:

Cette détermination fut, comme cela se conçoit, tout autrement envisagée en Allemagne. Une bonne âme écrivait à Madame que son changement de religion n'avait rien qui dût surprendre, et que c'était une cérémonie qu'il avait déjà faite deux ou trois fois. Pollnitz se dit au-dessus de ces propos. On le calomniait, soit ; mais, en tous cas, l'on n'outrait point le chiffre des apostasies dont il donna dans la suite à ses contemporains l'assez peu édifiant spectacle.

Ce ne fut donc pas à Rome, ainsi que le dit Thiébault, qu'eut lieu son abjuration. Il est vrai qu'il y fit un voyage et qu'il est bien permis de croire que l'espoir

---

1. Baron de Pollnitz, *Nouveaux Mémoires* (Francfort, 1738), t. I, p. 328.

d'en toucher le prix ne fut pas complétement étranger à son déplacement, quoiqu'il s'en défende avec indignation, dans sa *Profession de foi*. « Quant à l'intérêt, je ne pense pas qu'on puisse dire qu'il ait eu aucune part à ma conversion. Ce que j'étois auprès du roi de Prusse, le rang que je tenois à sa cour, soit par ma naissance, soit par les emplois que j'avois, les biens que je possédois, la fortune dont je jouissois, tous ces avantages, comparés avec la situation où je suis présentement, doivent faire connoître que l'intérêt n'a pas été le motif qui m'a engagé à changer de religion. » Malheureusement pour Pollnitz, il ne faut que lire ses Mémoires, cette longue odyssée où il court incessamment après la fortune sans jamais l'atteindre, pour reconnaître le peu de solidité de pareils arguments.

Mais son abjuration n'avait pas porté tous les fruits qu'il en attendait, et sa situation était assez critique même. D'une façon ou d'autre, il lui fallait battre monnaie, et il ne trouva point de meilleur moyen qu'un mariage de raison. Il avait des engagements avec une vieille marquise fort tendre, malgré ses soixante et dix printemps, et dont les quatre-vingt mille livres de rente eussent merveilleusement relevé les affaires de notre galant. Le mariage était sur le point de se conclure, en dépit des obstacles que s'efforçaient d'y apporter deux fils, l'un et l'autre établis et qui n'envisageaient pas sans effroi un tel acte de folie, quand la dame, prise d'une indisposition sans gravité apparente, expirait dans ses bras, emportant avec elle tous ses projets de fortune et d'avenir[1]. Pollnitz, au désespoir, quitta

---

1. Baron de Poellnitz, *Mémoires* (Amsterdam, 1735), t. IV, p. 28

brusquement la France et passa en Hollande, avec l'écrin de la défunte, à ce que les méchants prétendirent.

Le baron s'éloignait pour un temps; il allait tâter le terrain à Vienne, à Dresde, à Madrid, en Prusse, et, l'épreuve faite, reprenait philosophiquement le chemin de Paris. Au moment où nous l'y voyons rentrer, l'écossais Law avait donné la fièvre au pays, l'on était en plein Système. Pollnitz, comme tout le monde, se précipita dans ce boueux pactole de la rue Quincampoix, qui roula un instant tout l'or de la France. « J'ai eu là, disait-il à Thiébault en lui montrant sa poche, quatorze cent mille francs bien comptés. » Ce n'était rien alors de gagner des millions; le tout était de s'arrêter, de réaliser, d'aborder le rivage qui semblait si près qu'on dédaignait de jeter l'ancre, et qui disparaissait comme un décor d'opéra, au moment où l'on s'y attendait le moins. Bref, Pollnitz eut foi au papier, s'entêta devant le discrédit qui commençait à l'atteindre, se crut fin en gardant des valeurs dont la dépression n'était sûrement que temporaire, et perdit tout. Mais ce fut là l'histoire des neuf dixièmes des agioteurs.

La fortune lui devait plus d'une revanche; au moins, en une circonstance capitale, le traita-t-elle en ami. Un jour, étant à dîner dans une auberge, à l'entrée d'Étampes, il est abordé par un étranger qui lui demande de le laisser s'asseoir à sa table. Le survenant avait de bonnes manières, il était bien

---

à 31. Pollnitz, dans ses *Nouveaux Mémoires* (t. I, p. 331 à 333), parle aussi d'une vieille coquette qu'il songe à épouser pour sa cassette, et avec laquelle il n'est pas plus heureux, en fin de compte.

vêtu, il montait un cheval superbe, auquel il avait dit qu'on donnât l'avoine sans ôter la selle, ce qui dénotait un homme pressé. Le baron eût pensé manquer de savoir-vivre en déclinant une offre qui, dans les mœurs du temps, n'était pas même une indiscrétion; il consentit de la meilleure grâce, et voici nos deux convives discourant, pérorant, se questionnant mutuellement sur le but de leur voyage et leurs propres affaires. Ils en étaient là, lorsqu'une fillette de dix ans vint chanter sous leur fenêtre le verset d'un ancien cantique. L'étranger semble se réveiller comme en sursaut, part sans prendre congé, vole à l'écurie, bride son cheval, l'enfourche et disparaît en jetant un ouis à l'hôtesse. Une année après environ, il n'était question dans tout Paris que de l'arrestation de Cartouche, que tout le monde voulut voir. La bonne compagnie se piqua d'aller relancer dans sa prison ce bandit fameux, sur lequel couraient tant de récits romanesques; et notre baron de faire comme elle. Mais quel ne fut pas l'étonnement de ce dernier en se trouvant face à face avec son convive d'Étampes! « Monsieur, lui dit Cartouche, qui l'avait reconnu, j'ai dîné avec vous à Étampes; un bout de cantique me força de vous quitter brusquement; la maréchaussée me poursuivait; sans cela, vous ne seriez pas rentré à Paris[1]. »

Après avoir infructueusement frappé à toutes les portes, essuyé des dégoûts de plus d'une nature, le baron comprit que c'était à Berlin qu'il avait le

---

1. Dieudonné Thiébault, *Souvenirs de vingt ans de séjour à Berlin* (Didot, 1860), t. I, p. 355.

plus de chances de trouver un établissement. Frédéric-Guillaume avait succédé à Frédéric Ier sur le trône de Prusse. Il s'agissait de plaire à ce prince fantasque, peu aimable, et qui avait de rudes instants. Mais la difficulté n'était pas insurmontable; le seul sérieux obstacle était la religion. Pollnitz n'était pas homme à se rebuter pour si peu : il abjura le catholicisme pour le culte du prince. La place de chambellan fut la récompense de cette apostasie. L'exercice de sa charge, en l'approchant à tout instant du maître, le mettait à même de conquérir, par sa gaieté, le tour original de son esprit, les bons contes qu'il avait glanés sur sa route et qu'il rapportait de ses voyages, un grand ascendant sur ce naturel féroce, mais qu'il n'était pas impossible d'apprivoiser. Frédéric-Guillaume, tout parcimonieux qu'il fût, dérogeait à ses habitudes d'économie en faveur de son chambellan, auquel il envoyait de fondation, à Noël, six mille reisdalers (22,400 fr. de notre monnaie). Tous les soirs, il s'enfermait dans un petit bâtiment isolé, qu'il appelait sa tabagie, au bout du jardin, sur les bords de la Sprée, avec un petit groupe d'amis, tous faits à son humeur, à ses caprices, à ses violences; et les heures se passaient à fumer [1], à boire, en bavardages et en commérages de toute espèce.

---

1. Pollnitz avait horreur de la pipe, et on se demande comment il put faire agréer sa perpétuelle abstention. Bien avant ce temps, se trouvant introduit dans la tabagie de Frédéric-Guillaume et voyant chacun, et le roi tout le premier, se mettre à fumer, il fut épouvanté à l'idée qu'il lui faudrait faire comme les autres. Heureusement, on ne songea point à lui présenter de pipe, et il en fut quitte pour la peur. *Nouveaux Mémoires* (Francfort, 1738), t. 1, p. 349.

Les meubles se réduisaient à une longue table de sapin ayant de chaque côté un banc du même bois : à un des bouts se trouvait placé, pour le roi, un fauteuil aussi grossier que le reste, et à l'autre bout un second fauteuil à peu près semblable, à cela près que le dossier en était surmonté de deux grandes oreilles de lièvre, symbole accrédité chez les Allemands pour désigner la légèreté et le peu de mérite des personnes. Ce dernier fauteuil était ainsi décoré parce qu'il était réservé à un ancien domestique admis dans cette société, où il servait de messager et de bouffon. C'est là que Guillaume se faisait raconter les anecdotes du jour, que lui-même faisait part de ce qu'il avait remarqué de curieux, et qu'on cherchait à le disposer selon les intérêts ou les passions des assistants ou de leurs amis. Sous ce dernier rapport, personne n'y était plus redoutable ou plus puissant que le baron de Pollnitz, non-seulement parce qu'il avait plus de crédit que personne, mais aussi parce qu'il était beaucoup plus adroit et non moins passionné [1].

Sous toute apparence, Pollnitz ne pouvait que perdre à un changement de règne, et il y avait une si grande différence entre les goûts, les mœurs, la manière de voir du père et du fils, que le favori de Guillaume n'avait guère chance d'être celui de Frédéric. Mais Pollnitz était homme de cour, il avait donné des preuves d'habileté sinon de moralité ; écarté ou conservé, il eût touché une pension que ses services lui avaient assurée : en le gardant, on bénéficiait des appointements de celui qui lui eût succédé. Mais cette dernière raison nous paraît bien machiavélique, et nous préférons admettre des considérations d'un autre ordre. Frédéric aimait l'esprit, et le baron en avait infiniment ; sa causerie, qui ne se recommandait pas par une excessive tendresse à l'égard du prochain, était

---

1. Dieudonné Thiébault, *Souvenirs de vingt ans de séjour à Berlin* Didot, 1860), t. I, p. 358, 359.

pleine de trait et de saillies. Il savait par cœur, comme on l'a dit plus haut, la chronique scandaleuse de Berlin et de toutes les cours de l'Europe, et la forme qu'il donnait à ces historiettes n'en atténuait pas le fond ; en un mot, il amusait le fils comme le père, et c'était autant qu'il en fallait pour être des soupers de Sans-Souci, où il se faisait écouter entre Voltaire et La Mettrie. Ajoutons que Frédéric, qui tenait à faire sentir son aiguillon et à le faire entrer même assez avant dans les chairs, avait fait de l'honnête baron son souffre-douleur. Il n'a pas d'illusions sur son compte et ne lui cache point sa pensée à cet égard. Ce sont autant de couleuvres qu'il faut avaler; et, quelquefois, la mesure est plus que comble, même pour un Pollnitz. Il y a des moments où celui-ci, à bout de patience, veut en finir, échapper à des ignominies qui se renouvellent à tout instant : il se dira moribond, il demandera son congé. Mais à ces velléités de révolte succède la réflexion. Que fera-t-il? où ira-t-il? Qui voudra de lui? Il entrevoit alors son imprudence dans ses terribles conséquences, et se hâte de supplier son maître d'oublier, devant son repentir, un instant de folie et d'égarement. C'est là où l'attend Frédéric, qui pardonne, mais non sans flageller le pauvre chambellan de sa raillerie impitoyable.

J'ai pris la résolution de vous accorder encore une fois votre grâce, le pardon et l'oubli de tout ce que vous avez commis, pourvu que vous vous soumettiez cordialement aux conditions suivantes :

1° Que je prétends faire publier par toute la ville de Berlin que personne ne doit s'émanciper de vous prêter quoi que ce soit, ni en argent, ni en marchandises, sous peine de cent ducats

2° Que je vous défends absolument de mettre le pied dans la maison d'un ministre étranger, ou d'avoir un commerce avec eux dans les autres maisons, ou de leur faire des rapports de ce qui pourra être dit à table ou dans la conversation ;

3° Que toutes les fois que vous serez admis à ma table, trouvant les autres convives en belle humeur, vous éviterez avec soin de prendre mal à propos le visage d'un cocu, et que vous chercherez plutôt de contribuer à soutenir et à augmenter la joie [1].

Ce persiflage était d'autant plus cruel, que Pollnitz ne pouvait le prendre pour des paroles en l'air. Lorsqu'il était à bout d'expédients, ce qui n'arrivait que trop souvent, le baron ne regardait pas aux moyens pour se créer des ressources, à l'étranger surtout, quand il obtenait quelque congé. Son nom, ses grands airs, le titre de chambellan de Sa Majesté prussienne étaient autant de facilités pour se livrer aux manœuvres les moins justifiables. Ainsi, à cette époque même, étant à Paris, il n'avait trouvé rien de mieux que de duper un marchand dont les plaintes parvinrent jusqu'à Frédéric. Il s'efforça bien de présenter les choses à sa façon, mais le roi le connaissait trop pour prendre le change. « J'ai reçu avec votre billet du 28 de ce mois, écrivait le prince à Podewills, la lettre apologétique par laquelle le baron de Pollnitz tâche de donner quelques tours à la vilaine pièce qu'il a jouée au marchand Martini, à Paris. Je sais ce que j'en dois croire; mais ayant pardonné audit Pollnitz les sottises passées qu'il a faites, je lui pardonnerai encore celle-là, à la

---

[1]. OEuvres de Frédéric le Grand (Berlin, Preuss.), t. XX, p. 78, 79. Lettre de Frédéric à Pollnitz; Berlin, 24 juillet 1744.

condition qu'il tâche de satisfaire ce marchand [1]... »

En somme, il s'arrange de son chambellan et ne le changerait pas pour un bon. Celui-ci, sans la considération des appointements, n'eût souhaité autre chose que se tenir à distance des coups de boutoir, et il saisissait le moindre prétexte pour se conquérir quelques jours de paix et de liberté. Mais encore un coup, que ce soit pour Pollnitz comme pour d'Argens, Algarotti, ou Voltaire, Frédéric n'entend jamais qu'on s'éloigne : il tient à son monde, à son entourage, et dans toute demande de congé il flaire un complot de le quitter. Il sentait donc que son joug pouvait être parfois dur, qu'il pouvait y avoir quelque chose de préférable à la position, si enviée à distance, d'ami du philosophe de Sans-Souci? « Il est difficile, en vérité, dit Macaulay avec une dureté trop justifiée, d'imaginer aucune raison, à moins que ce ne fût la rage de la faim, qui ait pu décider aucun homme à supporter cette misère d'être le compagnon du grand roi[2]. » Frédéric n'avait pas peur que Pollnitz lui échappât; mais il ne voulait pas, même pour un peu, se dessaisir de sa victime. Il allait partir, le baron se prétend malade et crie merci. « Voyant par votre lettre, lui répond le roi, que le mauvais état de votre santé vous empêche de me suivre, je veux bien vous laisser à Berlin pour vous remettre. Cependant, il me paraît que votre indisposition vous prend ordinairement quand je suis sur mon

---

1. *Œuvres de Frédéric le Grand* (Berlin, Preuss.), t. XXII, p. 80. Lettre de Frédéric au ministre d'État, comte de Podewills; Berlin, 30 janvier 1745.

2. Lord Macaulay, *Essais historiques et biographiques*, traduction de Guillaume Guizot (Paris, Lévy, 1862). Deuxième série, p. 322.

départ de Berlin. Ne pouvez-vous pas dire à votre maladie, ajoutait-il en finissant, d'avoir patience jusqu'à ce que je vais (j'aille) à Magdebourg [1]. »

Arrivons à l'anecdote la plus curieuse de la vie du baron. Si l'on ne se montrait pas plus généreux à son égard, ce n'est point qu'il ne se plaignît beaucoup ; il n'ouvrait pas la bouche qu'il ne fît allusion à sa pauvreté, à ses besoins. Un jour, Frédéric lui répondit avec un sérieux qui trompa cet homme si rusé pourtant qu'il n'eût pas demandé mieux de lui être agréable : aussi que n'était-il resté catholique ! on eût pu lui donner quelque canonicat. Dès le soir même, Pollnitz allait faire son abjuration, il était rentré dans le giron de Rome ! Cette histoire n'est que trop connue ; elle a été répétée de cent façons, mais plutôt comme une de ces fables plaisantes que l'on raconte ou que l'on écoute sans trop y croire [2]. Rien de plus réel, pourtant, comme en fait foi cette lettre de Frédéric, qui venait un peu tard renverser les châteaux en Espagne du baron.

...Avez-vous dû penser que j'aie jamais parlé sérieusement sur votre changement de religion, et convient-il, à soixante ans, de s'occuper de projets aussi chimériques et sujets à tant de travaux et d'inconvénients ? Car enfin, quand bien même, vous étant de nouveau soumis au joug de Rome, je serais dans la disposition de vous donner quelques commanderies, le pourrais-je avant qu'il y en eût de vacantes ? Tous les commandeurs

---

1. *OEuvres de Frédéric le Grand* (Berlin, Preuss.), t. XX, p. 82. Lettre de Frédéric à Pollnitz ; Potsdam, 2 juillet 1747.

2. Dieudonné Thiébault, *Souvenirs de vingt ans de séjour à Berlin* (Didot, 1860), t. I, p. 366. — Voltaire, *OEuvres complètes* (Beuchot), t. XL, p. 92. Mémoires pour servir à la vie de M. de Voltaire, écrits par lui-même.

de Silésie sont plus jeunes que vous, et d'ailleurs pourriez-vous, les posséder sans une dispense du grand-maître, ou, en suivant les statuts de l'ordre, sans aller courir les caravanes et faire le chevalier novice? Quelle carrière pour un barbon!... Je n'ai jamais parlé à Rottembourg de vous donner une pension de quatre cents écus, et vous l'aurez sans doute mal entendu. I n'y en a point de vacante pour les catholiques en Silésie, et si vous avez quelques vues sur la commanderie de Reichenbach, vous pouvez n'y plus songer; j'en ai disposé en faveur du comte de Falkenhayn. Revenez donc à vous-même. Je vous livre à vos réflexions, et vous laisse, sur la religion, entièrement le maître de votre conduite. Mais je ne veux pas que vous soyez persuadé que je n'en ai jamais parlé qu'en badinant; je n'aurais jamais pensé que vous eussiez pris la chose au sérieux, et que vous voulussiez ajouter à votre roman une épisode aussi singulière [1].

Quoi que dise Frédéric, pour qu'un homme aussi fin que Pollnitz se fût mépris à ce point, il avait fallu donner à cette fable quelque apparence. On l'avait fait parler, soit ; mais personne ne l'eût osé faire, sans son acquiescement au moins tacite; et ne fut-il que tacite? Le philosophe de Sans-Souci était impitoyable dans la plaisanterie ; il la poussait à l'extrême, sachant bien qu'il était le maître, tout en affectant de l'oublier. Voltaire n'était pas à l'abri de ses atteintes; toutefois, était-il une mesure qu'on n'eût pas dépassé sans péril avec ce maître en ironie, qui, lors même qu'il pliait l'échine, voulait qu'on sût que sa longanimité avait des bornes. Mais Pollnitz! Il n'avait ni l'indépendance que procure une situation assurée, ni celle que donne le caractère. Il était taillable et corvéable; c'était la seule utilité de ce bouffon, de cet « inutile » comme il se

---

[1]. *OEuvres de Frédéric le Grand* (Berlin, Preuss.), t. XX, p. 83. Lettre de Frédéric à Pollnitz; Potsdam, 28 février 1748.

désignait lui-même. A propos de la mort d'un de ses collègues, le chambellan Riedel, qui avait mille écus de pension « destinés de tous temps à l'entretien des inutiles de la cour, » il écrivait, en effet, au roi, qu'il espérait bien que Sa Majesté n'en changerait pas l'usage. « Et si, tel était son bon plaisir, ajoutait-il, je la supplie très-humblement, en qualité de premier et de plus ancien inutile de sa cour, de vouloir bien que je rentre dans la puissance de deux cents écus, dont j'ai été privé [1]. » Car, Frédéric, qui appliquait à tout son esprit économique, avait jugé que la meilleure et la plus effective preuve qu'il pouvait donner de son mécontentement, c'était de diminuer les appointements de ses serviteurs ; et ainsi avait-il procédé avec le baron, qui supportait malaisément cet amoindrissement infligé depuis sept ans dans ses revenus, et ne se lassait point d'adresser requêtes sur requêtes au prince qui lui répondait, en le turlupinant : « J'ai bien reçu votre lettre du 31 du mois dernier. J'entre véritablement dans votre situation ; mais je suis persuadé qu'à votre tour vous entrerez dans les miennes. La mortalité des bestiaux, le débordement des rivières, le dégât des ouragans dans les forêts, tous ces accidents réunis ne permettent pas de faire pour MM. mes chambellans ce que je voudrais. Prêtez-vous donc aux circonstances, et comptez au reste sur toute la bonne volonté que vous me connaissez pour vous [2]. » Là le persiflage n'est

---

1. *OEuvres de Frédéric le Grand* (Berlin, Preuss.), t. XX, p. 84. Lettre de Pollnitz à Frédéric ; Berlin, 13 septembre 1749.
2. *Ibid.*, t. XX, p. 85, 86. Lettre de Frédéric à Pollnitz ; Potsdam, 2 août 1751.

pas voilé. Non-seulement Frédéric ne cherche point à donner le change, mais il faut encore que l'on sente le mauvais vouloir, la détermination de n'accorder aucune faveur. En pareil cas, la raillerie est de trop. « Le temps est mauvais pour tous ceux auxquels je dois, répond-il une autre fois à son nécessiteux chambellan; mais je vous promets les dépouilles de la première église des jésuites que nous pillerons, et si jamais je vous vois la bourse remplie, je vous croirai rajeuni de vingt ans [1]. » Cette facétie, d'un goût plus qu'équivoque, ne parut pas convaincre Pollnitz, auquel on ne parlait que d'éventualités peu sérieuses. Mais le Salomon du Nord était entêté et tenace jusque dans ses plaisanteries; et on le voit, quelques jours après, revenir sur cette idée du sac d'une église de jésuites pour reconstituer une fortune à son chambellan.

... Quand j'aurai un pays, monsieur le baron, et que vous le saurez, vous pourrez vous adresser en toute liberté à moi pour le soulagement de votre vieillesse; mais à présent, vous, et s'il y en a de plus adroits dans le métier d'escroquer, je vous défie tous ensemble de vous refaire sur moi et sur ce qui dépend actuellement de moi. Une église de jésuites ne serait pas si mauvaise; vous n'en sentez pas toutes les conséquences. Il y a à Prague, certain tombeau de saint Népomucène très-capable de tenter votre piété, je ne dis pas pour l'argent dont il est fait, mais pour les reliques qu'il contient; il y a de plus un joli petit enfant d'or tout massif, voué et donné par l'impératrice-reine à la sainte et immaculée Vierge, et, comme vous savez que les enfants, ne sont pas des meubles d'une pucelle, la divine Mère de notre Seigneur pourrait peut-être facilement se laisser persuader à en favoriser votre humilité. Pensez-y

---

1. *OEuvres de Frédéric le Grand* (Berlin, Preuss.), t. XX, p. 89. Lettre de Frédéric à Pollnitz; Bettlern, 3 juin 1762.

bien, baron, ceci mérite de profondes réflexions : un enfant, tout d'or ! Que d'habits, que de meubles, que de repas il pourrait vous donner ! Que de dettes il pourrait acquitter ! que de créanciers il appaiserait ! Ce bel enfant d'or, baron, vous rajeunirait, et il me semblerait vous voir, le possédant, le visage sans rides, la démarche gaillarde, le dos droit comme une asperge, et l'imagination pétillante comme du vin de Champagne. C'est ce que je vous souhaite, ne pouvant que souhaiter [1].

Frédéric croyait à peu de choses, hors l'esprit et l'habileté. Il avait un profond mépris de l'espèce humaine, et il le fallait bien pour qu'il fût, avec ceux qui dépendaient de lui, tout à la fois si indulgent et si impitoyable. Son entourage ne l'honore point. Au lieu de jouer avec un Pollnitz comme le chat avec la souris, il eût été plus digne, puisqu'il ne l'estimait pas, de l'éloigner. En 1749, le roi de Prusse écrivait à Algarotti : « Voltaire vient de faire un tour qui est indigne. Il mériterait d'être fleurdelisé au Parnasse. C'est bien dommage qu'une âme aussi lâche soit unie à un aussi beau génie. Il a les gentillesses et les malices d'un singe. Je vous conterai ce que c'est, lorsque je vous reverrai ; cependant je ne ferai semblant de rien, car j'en ai besoin pour l'étude de l'élocution française. On peut apprendre de bonnes choses d'un scélérat. Je veux savoir son français ; que m'importe sa morale [2] ? » Nous avons vainement cherché, à cette date, quel tour indigne Voltaire pouvait avoir commis ; et, comme il s'agit de le fleurdeliser au Parnasse, nous supposons

---

[1]. *OEuvres de Frédéric le Grand* (Berlin, Preuss.), t. XX, p. 90. Lettre de Frédéric à Pollnitz ; Bettlern, 20 juin 1762.

[2]. *Ibid.*, t. XVIII, p. 65, 66. Lettres de Frédéric à Algarotti ; Potsdam, le 12 septembre 1749.

qu'il n'est question que de quelque méfait littéraire. La sévérité avec laquelle Voltaire est traité dans cette épitre au Cygne de Padoue ne saurait être prise à la lettre, sans qu'elle retombât de tout son poids sur celui qui s'entoure de gens qu'il aime si peu et qu'il juge si peu estimables. Mais nous n'aurons que trop occasion de le constater, ce qui manque à Frédéric, c'est le sens moral : son intérêt sauvegardé, tout lui est assez indifférent; et encore le mal a-t-il pour lui cela d'avantageux, qu'il s'en amuse. Ainsi, il mandera la fin de Pollnitz à l'auteur de *Mérope* de la façon suivante : « Le vieux Poellnitz est mort comme il a vécu, c'est-à-dire en friponnant encore la veille de son décès. Personne ne le regrettera que ses créanciers [1]. » Oraison funèbre trop méritée, mais qui avait peu de convenance dans la bouche et sous la plume de celui qui ne l'en admit pas moins jusqu'au dernier jour à sa table et dans son intimité. Et le citoyen de Genève a-t-il si grand tort, quand il dit, en parlant de Frédéric : « Je ne puis estimer ni aimer un homme sans principes, qui foule aux pieds tout droit des gens, qui ne croit point à la vertu, mais la regarde comme un leurre avec lequel on amuse les sots [2]. »

---

1. *OEuvres de Frédéric le Grand* (Berlin, Preuss.), t. XX, p. 13. Lettre de Frédéric à Voltaire; le 13 août 1775.
2. Techener, *Catalogue d'autographes de M. La Brouste*, le 6 mai 1867, p. 84, n° 591.

III

VOLTAIRE A L'APOGÉE DE SA FAVEUR. — SANS-SOUCI.
LES BONS SAXONS. — ABRAHAM HIRSCH.

Tel était le petit groupe de fidèles dont Frédéric était entouré, lorsque Voltaire arriva à Berlin, le vent en poupe, accueilli par le maître avec un empressement, des caresses, que devait copier, en les exagérant, une cour disciplinée comme un régiment et habituée de vieille date à un mot d'ordre qui n'en était pas moins formel pour n'avoir pas été formulé. Ce fut à qui, dès l'abord, lui ferait fête et lui témoignerait le plus d'égards. Les reines lui dirent, une fois pour toutes, que son couvert était mis chez elles. La reine-mère, à son grand chagrin, n'avait aucune influence, aucun crédit. Son fils l'indemnisait ou croyait 'indemniser en honneurs de ce qu'il lui refusait en puissance : elle avait sa cour; et tous les généraux, les hauts dignitaires, les ambassadeurs étrangers considéraient comme un devoir de lui rendre leurs hommages. Voltaire était trop courtisan pour y manquer. Il allait la voir, et lui communiquait les ouvrages qu'il avait sur le métier. « Il lui lut même, nous dit Formey, quelques chants de la *Pucelle*, qu'il prétendoit faire envisager à cette princesse comme une satire des abus de l'Église romaine. Je ne crois pas, ajoute-t-il, qu'elle ait pris le change; mais la bonne politique l'engageoit à de grands ménagements avec ce poëte, qui étoit dans le plus haut période de faveur[1]. »

La reine-mère n'avait, en somme, rien à envier à sa belle-fille, qui n'était épouse et reine que d'une façon purement nominale. On sait que Frédéric éprouva jusqu'à la fin pour celle-ci une répulsion qu'il prit trop peu soin de cacher. Bielfeld, qui vécut auprès d'elle, à Rheinsberg, à l'époque de son mariage, et qui la vit dans tout l'éclat de la jeunesse et de la beauté, nous fait d'elle le portrait le plus séduisant[2]. Mais le roi de Prusse n'oublia jamais qu'il avait été contraint et forcé, et, par la plus cruelle injustice, la rendit responsable d'arrangements qu'elle n'avait fait comme lui que subir. La pauvre princesse ne négligea rien pour vaincre cette indifférence outrageante. Mais le peu de penchant de Frédéric pour les femmes ne pouvait que l'affermir dans un éloignement qui ne cessera point. Élisabeth-Christine n'était pas sans connaissances. La Croze, qui avait donné des leçons de géographie et d'histoire à ses belles-sœurs, l'aidait dans le choix de ses lectures et lui indiquait ce qu'elle pouvait butiner sans inconvénient, dans le dictionnaire de Bayle. Cela fit dire alors que Frédéric et sa femme, à eux deux, savaient tout ce gros ouvrage

---

1. Formey, *Souvenirs d'un citoyen*, (Berlin, 1789), t. II, p. 6.
2. Baron de Bielfeld, *Lettres familières* (la Haye, 1763), t. I, p. 80, 81, 82. Lettre VIII; à Reinsberg, le 30 d'octobre 1739.

par cœur, parce que les articles que la princesse savait le mieux étaient ceux que son auguste époux lisait le moins. Elle s'amusait à traduire des livres d'édification, entre autres, la *Dame en solitude*, de Sturm, qu'elle ne donna pas à revoir, on s'en doute bien, à Voltaire, « dont la méchanceté et les vilainies, nous dit l'abbé Denina, la dégoûtoient autant que son esprit la charmoit [1]. » Si le dégoût était réel, on avait alors grand soin de n'en laisser rien percer, et le poëte ne cessa de lui faire sa cour, jusqu'à son départ de Prusse. Il est à croire, du reste, que son assiduité n'alla jamais jusqu'à être importune. On ne s'amusait guère au château de Schœnhausen, et la chère y était médiocre. La reine, soit qu'elle fût naturellement intéressée, soit qu'elle sentît le besoin d'une stricte économie, ne se ruinait pas en frais de représentation et en galas; et ceux qui avaient l'honneur de s'asseoir à sa table ne se trouvaient pas pour cela dispensés de souper chez eux. « Je me souviens, raconte Thiébault, qu'un soir, madame la maréchale de Schmettau, déjà attaquée de la longue maladie dont elle est morte, n'eut, pour sa part, de tout le souper de la reine, qu'une cerise confite, bien que Sa Majesté eût recommandé qu'on eût grand soin d'elle [2]. »

Voltaire était autrement empressé auprès des frères de Frédéric, qui, muselés par une discipline inflexible, saisissaient avidement toute occasion de se divertir.

---

1. L'abbé Denina, *la Prusse littéraire sous Frédéric II* (Berlin, 1790), t. II, p, 16, 17. — Christian Bartholomess, *Histoire philosophique de l'Académie de Prusse* (Paris, 1850), t. I, p. 243.

2. Dieudonné Thiébault, *Souvenirs de vingt ans de séjour à Berlin* (Didot, 1860), t. I, p. 193.

L'un de leurs passe-temps favoris était la comédie, la comédie jouée en famille par les princes et les princesses, et quelques courtisans privilégiés. Voltaire n'eut pas la peine de stimuler cette passion du théâtre qui, au dix-huitième siècle, est, en tous les pays, le délassement des honnêtes gens. A peine est-il arrivé, qu'on joue *Rome sauvée* dans la chambre de la princesse Amélie. Rien de merveilleux comme l'aisance et le sans-gêne du poëte avec ces princes qui sont ses premiers courtisans. Il est chez eux comme chez lui, comme à son théâtre de la rue Traversière; il se croit encore au milieu de sa troupe de Clermont, et maltraite ses interprètes avec des élans furibonds auxquels l'assemblée ne s'attendait guère.

...M. le marquis de Valory (c'est Collé qui parle) nous dit encore, qu'on lui avoit écrit de Prusse que *Rome sauvée* ou le *Catilina* de Voltaire y avoit assez bien réussi. Que ce dernier avoit fait beaucoup d'extravagances aux répétitions de sa pièce, surtout une, où la reine et les princesses étoient présentes. Pour lui composer un Sénat, on lui avoit habillé plusieurs tailleurs et ouvriers de l'Opéra; un de ses drôles-là, qui le voyoit se démener comme un possédé, ne pouvant s'empêcher de rire, Voltaire lui dit en colère : *Mais f....., vous n'êtes pas ici pour rire!* — *Prenez donc garde,* lui dit quelqu'un, *vous êtes là devant la reine !* — *Cela est vrai,* répondit-il, *je n'y ai pas pris garde; mais tout est carême-prenant* [1].

1. Collé, *Journal* (Paris, 1805), t. I, p. 387, janvier 1751. Duvernet raconte un peu différemment cette anecdote, qu'il dit tenir de Darget : au lieu de tailleurs et d'ouvriers de l'Opéra, ce sont des soldats plus familiarisés avec les évolutions du champ de manœuvre qu'avec celles du théâtre. Voltaire, qui faisait Cicéron, dépité de la gaucherie de ces braves gens, se serait écrié : « F., j'ai demandé des hommes et on m'envoie des Allemands ! » ce qui eût beaucoup fait rire l'auditoire. L'abbé Duvernet, *La Vie de Voltaire* (Genève, 1786),

Après *Rome sauvée* c'était *Jules César;* c'était ensuite *Zaïre* qui faisait verser des pleurs à Berlin aussi bien qu'à Paris, et dont l'exécution comblait de joie son auteur enivré. « Nous jouâmes hier *Zaïre*. Monseigneur le prince Henri se surpassa, monseigneur le prince royal prononça très-distinctement[1], monseigneur le prince Ferdinand adoucit sa voix, madame la princesse Amélie eut de la tendresse, et la reine fut enchantée[2]. » Il arrive bien de temps à autre que l'on sorte pour un peu de son répertoire. L'on s'attaque à *Andromaque*, et le poëte pardonne cette infidélité en faveur de Racine, son idole. « La princesse Amélie, mande-t-il à sa nièce, encore à propos de cette représentation, était Zaïre, et moi, le bonhomme Lusignan. Notre princesse joue bien mieux Hermione ; aussi est-ce un plus beau rôle. Madame Tyrconnell s'est très-honnêtement tirée d'Andromaque. Il n'y a guère d'actrices qui aient de plus beaux yeux[3]... » Mais c'est tout autre chose, quand on le quitte pour d'Arnaud, et même pour Gresset. « Monseigneur le prince Henri, écrit-il à la margrave de Bayreuth, joua hier *Sydney*,

---

p. 143. — *Galerie de l'ancienne cour* ou *Mémoires-Anecdotes pour servir à l'Histoire des règnes de Louis XIV et de Louis XV* (deuxième édition, 1789), t. IV, p. 70, 71.

1. Auguste Guillaume. « Il jouoit lui-même, nous dit Bielfeld, qui sans doute exagère un peu, les grands rôles comiques, avec un art et un naturel qui enlevoit tous les suffrages. » *Lettres familières*, (la Haye, 1763), t. II, p. 408, 409. Lettre XCVI ; à Hambourg, le 4 juillet 1758.

2. *Revue française* (1er novembre 1865), t. XII, p. 340. Lettre de Voltaire à la margrave de Bayreuth ; à Berlin, le 6 janvier 1751.

3. Voltaire, *Œuvres complètes* (Beuchot), t. LV, p. 542. Lettre de Voltaire à madame Denis ; Berlin, le 12 janvier 1751.

pour la clôture du carnaval. Il me semble que c'est mettre un habit de deuil un jour de gala. Voilà un étrange sujet de comédie pour un prince de dix-neuf ans. J'aimerais autant voir un enterrement que cette pièce. Mais monseigneur le prince Henri met tant de grâce dans tout ce qu'il récite et dans tout ce qu'il fait, qu'il m'a sauvé entièrement le dégoût et la tristesse de cet ouvrage[1]. » L'on s'était jeté avec rage dans ces exercices dramatiques qui faisaient oublier un instant cette vie de garnison et de caserne à laquelle les princes du sang n'étaient pas moins assujettis que le dernier sous-lieutenant de l'armée. Et Frédéric, écrivant à la même Margrave, pouvait lui mander, sans forcer la vérité, après l'avoir rassurée sur la santé de tout son monde : « Mes frères histrionnent[2]. »

Le roi de Prusse ne nous importe guère. C'est l'auteur de l'*Anti-Machiavel* et du *Palladion*, c'est l'ami de Voltaire, c'est le philosophe de Sans-Souci qui nous arrête, et dont nous avons à cœur d'étudier et de reproduire la physionomie. Il n'est pas inutile de rechercher l'origine de ce nom de *Sans-Souci* donné à sa jolie chartreuse qu'il avait d'abord appelée tantôt *la Vigne*, tantôt *Lusthaus*[3]. C'est au comte de Manteuffel que revient l'honneur de l'invention. Le comte avait, en Poméranie, une maison de plaisance peu importante,

---

1. *Revue française* (1er novembre 1865), t. XII, p. 340. Lettre de Voltaire à la margrave de Bayreuth; 30 janvier 1751.
2. *Œuvres de Frédéric le Grand* (Berlin, Preuss.), t. XXVII, p. 198, Lettre de Frédéric à la margrave de Bayreuth; ce 31 décembre 1751.
3. Manger, *Baugeschichte von Potsdam*, p. 36 et 46.

mais dont la situation l'avait séduit; sans doute y trouvait-il avec le calme l'oubli des ennuis et des tracasseries de cour, et fut-ce à ce titre qu'il la gratifia du nom souriant de Kummer-Frey[1]. L'appellation parut heureuse à Frédéric et digne d'un épicurien, et il fit alors inscrire en lettres d'or ces deux mots sur la façade de son château (1746). Ce sera vers 1749 qu'il commencera à dater ses lettres de *Sans-Souci* et à prendre le titre du *philosophe de Sans-Souci*[2]. Voltaire, dans une lettre à Darget, d'août 1750, lui donne les deux noms de « philosophe de la Vigne » et de « philosophe de Sans-Souci. » Mais le premier, disgracié par le maître, tombe vite en oubli et disparaît de la mémoire comme de la façade du palais [3]. Situé à une portée de canon de Potsdam, Sans-Souci, dans les desseins originels de Frédéric, n'avait dû être qu'un lieu de repos, qu'une halte dans une situation ravissante. Il est pittoresquement assis sur la crête d'une colline, au bas de laquelle coule la rivière de Havel. Le bâtiment principal est peu considérable et n'a qu'un rez-de-chaussée. Le toit à l'italienne est surmonté d'un dôme.

1. Formey, *Souvenirs d'un Citoyen* (Berlin, 1789), t. I, p. 43. — D'autres ont prétendu que Frédéric avait choisi ce nom, parce qu'il s'était fait arranger en secret un tombeau dans le jardin de Potsdam, et qu'il aimait à dire, en indiquant la place avec mystère : *Quand je serai là, je serai sans souci*. Christian Bartholmèss, *Histoire philosophique de l'Académie de Prusse* (Paris, 1850), t. I, p. 311.

2. *OEuvres de Frédéric le Grand* (Berlin, Preuss.), t. X, p. xiii-xiv, Avertissement de l'auteur.

3. Cependant ce premier nom ne laisse pas de reparaître; et, l'*Élégie à ma sœur*, pour la consoler de la perte de mademoiselle Herstfeld, est écrite « à Potsdam et à la Vigne, le 13 avril 1770. » *OEuvres de Frédéric le Grand* (Berlin Preuss.), t. XIII, p. 35.

Les deux ailes sont reliées au corps de logis par une galerie en colonnade, qui rappelle celle de Saint-Pierre, à Rome. L'élévation du terrain, l'aspect isolé du château lui donnent une physionomie particulière : « Et, quand on pense, nous dit assez précieusement un voyageur, qui y fut reçu par Frédéric, que ce petit palais, qui domine la plaine, est la demeure d'un héros, on se représente aisément le temple de la Gloire [1]. »

De la cour on pénètre dans un vestibule et, de là, dans un salon de forme ronde, revêtu de marbre antique et orné de deux niches, l'une abritant la Volupté, l'autre l'interprète poétique d'Épicure, deux compositions du statuaire Adam. Des colonnes de marbre de Carare entourent cette pièce dominée et éclairée par la coupole chargée de dorures qui lui sert de plafond [2]. A gauche, se trouve la salle à manger, garnie de quelques tableaux parmi lesquels on remarquait le portrait de Madame de Châteauroux, Cotillon Ier, pour nous servir de l'expression de Frédéric. Vient ensuite un petit salon où il y avait un clavecin, et où le roi prenait son café et demeurait quelques instants avant de rentrer chez lui. De là, on passait dans la chambre à coucher, grande, bien décorée, très-dorée, meublée en satin céladon. L'alcôve et la balustrade étaient fort riches, mais sans réelle utilité; car le prince couchait, près de la

---

1. Barrière, *Tableaux de genre et d'histoire* (Paris, Ponthieu, 1828), p. 324. Conversations du marquis de Bouillé avec Frédéric.
2. Mathieu OEsterreich, *Description de tout l'intérieur des deux palais de Sans-Souci et de ceux de Potsdam et Charlottenbourg* (Potsdam, 1773), p. 79.

cheminée, dans un lit que dissimulait un paravent.
C'était, du reste, un modeste lit de camp couvert d'un
vieux taffetas cramoisi, sur lequel venaient se vautrer
ses levrettes. On sait que Frédéric avait la passion des
chiens, et que, dans ses voyages et même en campagne,
il tenait toujours une petite levrette sous sa veste [1].
On a conservé à ce sanctuaire l'aspect qu'il avait encore, lorsque le vieux Fritz rendait sa grande âme. On
montre le fauteuil à bras sur lequel il expira, et le cous-
sinet de serge verte rempli de son, sur lequel il repo-
sait sa joue endolorie. La petite pendule, qu'il avait
l'habitude de remonter lui-même, et qui, selon la légende, s'arrêta au moment même de sa mort, le 17
août 1786, à deux heures vingt minutes après minuit,
est toujours là, sur la commode, où elle repose aussi
de son dernier sommeil.

Le cabinet, de forme ronde comme le salon, se
trouve à l'une des extrémités du bâtiment. Il est garni
d'une bibliothèque de bois de cèdre ornée de guir-
landes et de festons de bronze doré, et surmontée d'antiques de marbre blanc qui avaient appartenu jadis au
cardinal de Polignac. Le plafond est une composition
de Pesne, le peintre favori de Frédéric, et représente
Apollon. Les seuls meubles sont un pupitre tournant,
sur lequel est encore ouvert un in-folio, l'*Art de*

1. Dieudonné Thiébault, *Souvenirs de vingt ans de séjour à Berlin*
(Didot, 1860), t. I, p. 135, 136.
2. D'Argens le surprenait un jour assis par terre, ayant devant lui
une assiette pleine de fricassée, et donnant la pâtée à ses chiens avec
un bâton. Nicolaï, *Anekdotcn von Konig Friedrich II von Preussen und
von einigen Personen die um ihn waren* (Berlin, 1790). Premier
cahier, p. 45.

la guerre, et un bureau où l'on aperçoit deux cubes en verre, l'un servant d'encrier, l'autre de poudrière, et de grands ciseaux à papier. Si l'on peut juger d'un homme à l'inspection seule de sa bibliothèque, ces armoires qui recèlent non-seulement les livres favoris, mais à peu près toute la pâture intellectuelle du philosophe de Sans-Souci, sont une révélation. Chez ce prince allemand, pas un livre allemand. Les seuls ouvrages qui représentent l'antiquité grecque et latine sont des traductions françaises. Quoiqu'il arrive à Frédéric de hasarder de temps à autre quelque citation latine, ne prenez son érudition que pour ce qu'elle vaut, et n'attendez de lui sur les écrivains du siècle d'Auguste aucune appréciation sérieuse: il n'eût pas appelé Voltaire « le Virgile français, » s'il eût mieux connu Virgile. Cet ensemble est donc presque uniquement composé de nos classiques, en tête desquels, comme de raison, figure l'illustre auteur de la *Henriade*. Il serait intéressant de donner le détail des livres, d'ailleurs peu nombreux, au milieu desquels il vivait, et à qui il consacrait les trop courts instants qu'il pouvait dérober aux affaires. Mais cette enquête piquante nous est interdite, et il nous faut sortir par la porte ouvrant sur les parterres de l'esplanade qui règne le long du château. L'aspect est ravissant : à gauche, Potsdam ; à droite, une forêt de chênes et de hêtres ; en face, le jardin qui descend par six terrasses différentes, jusqu'à la rivière. Au bas, ce n'est plus qu'un vaste parterre avec fontaines, bassins, jets d'eau, cascades; vases, colonnes, obélisques, cabinets de treillages, labyrinthe, fabriques, toute l'ornementation tourmentée des parcs princiers du dix-huitième siècle[1]. Ne demandons pas au Salomon du Nord un autre goût que celui de son époque. Il voulut être le créateur de Sans-Souci, et cela si despotiquement que, lui et son architecte, le Français Léger, faillirent se prendre aux cheveux, et qu'à la suite d'une scène où ce dernier ne s'était pas montré moins entêté et moins emporté que le monarque, notre Vitruve se retira pour n'être pas accusé d'avoir, par une lâche condescendance, violé les règles les plus sommaires de son art [2]. Le roi de Prusse consultait, à l'occasion, une volumineuse collection de plans de bâtiments qu'il avait recueillie, et dans laquelle, depuis la grande époque architecturale de la Grèce jusqu'à nos jours, se trouvait groupé tout ce que chaque peuple pouvait présenter de chefs-d'œuvre. « C'est en étudiant ces modèles, nous dit Thiébault, qu'il déterminait ses choix, comme c'est à cette étude qu'il faut rapporter tous les bâtiments dont il a décoré Berlin et Potsdam [3]. » Mais on devine les résultats d'un pareil procédé, au double point de vue de l'art et de la distribution, et il n'est pas un bâtiment construit par Frédéric qui ne révèle le goût douteux ou inexpérimenté du maître.

Quoi qu'il en soit, Sans-Souci est l'objet des prédilections et des tendresses de Frédéric qui, aussitôt qu'il

---

1. Baron de Bielfeld, *Lettres familières* (la Haye, 1763), t. II, p. 338. Lettre LXXXV; à Potsdam, le 19 novembre 1754. — Le Rouge, *Jardins anglo-chinois de Sans-Souci* (traduit de l'allemand), 1775.

2. Le Grand-Commun, toutefois, a été élevé sur ses plans.

3. Dieudonné Thiébault, *Souvenirs de vingt ans de séjour à Berlin* (Didot, 1860), t. I, p. 137, 138, 139.

pourra disposer d'un instant, viendra s'y réfugier comme dans un asile de paix et de recueillement, où la porte ne s'ouvre qu'à la philosophie et à ses adeptes.

> Venez à Sans-Souci, c'est là que l'on peut être
> Son souverain, son roi, son véritable maître [1]...

A droite du vestibule, se trouvent les chambres des hôtes de Sans-Souci. Celle de Voltaire était au fond et avait une sortie sur la terrasse. La pendule est du temps; c'est, à ce qu'il paraît, un présent de madame de Pompadour au roi de Prusse. La table recouverte d'un velours bleu, que l'on aperçoit auprès, servait de bureau à l'auteur de *Zaïre* et de *Mérope*.

Le poëte, fort recherché à cette époque d'admiration et d'engouement sans limite, était le très-humble esclave d'une santé qui savait, quand il l'oubliait, rappeler à l'ordre ce valétudinaire, ce moribond en permanence, avec lequel, toutefois, les rentes viagères, celles qu'on lui faisait, étaient de si déplorables spéculations; et, quoi qu'il en eût, il lui fallait enrayer et déserter même la table de celui pour lequel il avait quitté parents, amis et patrie. « Ma santé est à peu près comme elle était à Paris; et quand j'ai la colique, j'envoie promener tous les rois de l'univers. J'ai renoncé à ces divins soupers, et je m'en trouve un peu mieux. J'ai une grande obligation au roi de Prusse; il m'a donné l'exemple de la sobriété [2]... » Mais cette retraite

---

[1]. *OEuvres de Frédéric le Grand* (Berlin, Preuss.), t. XI, p. 420. Épître VIII, à d'Argens.

[2]. Voltaire, *OEuvres complètes* (Beuchot), t. LV, p, 465. Lettre de Voltaire à Richelieu; août 1750.

ne pouvait être que momentanée. Frédéric, quelque liberté qu'il semble accorder à son hôte, se fût malaisément accommodé de son absence à « ces divins soupers » qui étaient le délassement et la récompense d'une journée utilement et glorieusement remplie. Voltaire l'eût compris, lors même qu'il eût été aussi sincère qu'il le prétend, dans ses appétits d'isolement et de solitude. Il se retrancha les dîners du roi : « Il y a trop de généraux et de princes, » dit-il avec une superbe impertinence; et il opta pour les soupers, qui étaient en plus petite compagnie, plus courts, plus gais et plus sains [1]. Cette vie qu'il mène auprès du Salomon du Nord est, du reste, le paradis des philosophes. « C'est César, c'est Marc-Aurèle, c'est Julien, c'est quelquefois l'abbé de Chaulieu, avec qui je soupe; c'est le charme de la retraite, c'est la liberté de la campagne, avec tous les petits agréments de la vie qu'un seigneur de château, qui est roi, peut procurer à ses très-humbles convives [2]. » Et que lui demande-t-on, qu'exige-t-on en échange de cette existence enchantée? « Ma fonction est de ne rien faire. Je jouis de mon loisir. Je donne une heure par jour au roi de Prusse pour arrondir un peu ses ouvrages de prose et de vers; je suis son grammairien, et point son chambellan. Le reste du jour est à moi, et la soirée finit par un souper agréable [3]. »

La réputation de ces soupers n'est plus à faire. Ils

---

1. Voltaire, *Œuvres complètes* (Beuchot), t. LV, p. 493. Lettre de Voltaire à madame Denis; Potsdam, le 13 octobre 1750.

2. *Ibid.*, t. LV, p. 500. Lettre de Voltaire au marquis de Thibouville; Potsdam, ce 24 octobre 1750.

3. *Ibid.*, t. LV, p. 503. Lettre de Voltaire à madame Denis; à Potsdam, le 28 octobre 1750.

étaient délicieux, en effet, et on s'imagine quelle petillante, quelle spirituelle, quelle inimitable causerie ce devait être. Frédéric savait attiser tout ce feu par la contradiction, qui était chez lui moins une tactique qu'un procédé naturel à son tempérament. « Le roi, dit Formey, aimait toujours à prendre la négative, quand on prenait l'affirmative, et réciproquement [1]. » Les entretiens roulaient sur des questions de morale, de philosophie et d'histoire. Mais quelle morale et quelle philosophie que celles que débitaient ces sceptiques et parfois ces cyniques! C'étaient des débauches, des orgies de paradoxes et de sophismes les plus étranges, les plus téméraires, d'où l'on devait sortir comme ivre. Quelle piteuse figure eussent fait, au milieu de ces damnés, ces honnêtes et vertueux savants allemands, sans usage du monde, sans cette souplesse d'esprit avec laquelle tout s'avance et se soutient!

Sulzer m'a souvent assuré, raconte Zimmermann, qu'il était mille fois plus agréable, plus piquant, d'entendre converser ensemble Voltaire, Algarotti et d'Argens, que de lire le livre le mieux écrit, le plus intéressant ; aussi ce philosophe équitable, ce bon patriote ne s'étonnait-il point qu'un savant allemand, lourd, gauche dans tout ce qu'il faisait et disait, parût bien sot au roi en comparaison de ces têtes vives et bouillantes ; il m'a assuré que le roi croyait qu'un bel esprit allemand était un être absolument imaginaire ; aussi, bien que l'on vît tous les jours s'accroître le nombre des beaux esprits allemands, l'on n'en vit jamais dans la salle de marbre de Sans-Souci... Ces soupers duraient si avant dans la nuit, que les domestiques qui servaient à table en contractaient des enflures aux jambes [2]...

1. Formey, *Souvenirs d'un citoyen* (Berlin, 1789), t. I, p. 126.
2. Zimmermann, *Ueber Friedrich den Grossen, und meine Unterredungen mit ihn Kurz vor seinem Tode* (Leipzig, 1788), p. 190, 191, 192.

Parfois, soit lassitude et satiété, soit dessein de les piquer (ce qui est tout aussi présumable), Frédéric livrait ses convives à eux-mêmes, pour souper bonnement en tête-à-tête avec un officier, M. de Balby, dont l'humeur lui plaisait. On prête à Voltaire, à l'égard de ces infidélités du prince, un quolibet qui ne méritait guère d'être relevé. « Que fait le roi ce soir? lui demandait-on. — Il *balbutie* [1]. » Il faut vraiment une grande bonne volonté pour trouver là autre chose qu'une saillie et pour en conclure que le poëte fût jaloux et envieux de la faveur intermittente accordée à ce brave homme [2].

Les picoteries se mêlent vite à ces enchantements et les impreignent d'amertume. Le ciel est toujours bleu : mais il s'y trouve déjà de ces points imperceptibles qu'un œil exercé ne remarque pas sans quelque appréhension. Dès le 6 novembre, Voltaire écrivait à sa nièce :

On sait donc à Paris, ma chère enfant, que nous avons joué à Potsdam la *Mort de César*, que le prince Henri est bon acteur, n'a point d'accent, est très-aimable, et qu'il y a ici du plaisir? Tout cela est vrai;... mais... Les soupers du roi sont délicieux, on y parle raison, esprit, science; la liberté y règne; il est l'âme de tout cela; point de mauvaise humeur, point de nuages,

1. Formey, *Souvenirs d'un citoyen* (Berlin, 1789), t. I, p. 237.
2. Ce M. de Balby, qui avait le grade de colonel, était un ingénieur distingué, auquel Frédéric confia notamment les travaux du port d'Emden (*Gazette de Hollande*, du 15 juin; *Gazette d'Utrecht*, du 19 octobre 1751). Thiébault, qui l'a particulièrement connu, nous dit que c'était « un homme aimable et de beaucoup d'esprit, qui fut en faveur jusqu'à l'époque du siége d'Olmutz : et qui, dans une demi-disgrâce, est mort fort vieux à Berlin. » *Souvenirs de vingt ans de séjour à Berlin* (Didot, 1860), t. I, p. 102.

du moins point d'orages. Ma vie est libre et occupée; mais...
mais... Opéra, comédies, carrousels, soupers à Sans-Souci,
manœuvres de guerre, concerts, études, lectures; mais...mais...
La ville de Berlin, grande, bien mieux percée que Paris, palais,
salles de spectacle, reines affables, princesses charmantes, filles
d'honneur belles et bien faites, la maison de madame de Tyrconnell toujours pleine, et souvent trop; mais... mais..., ma
chère enfant, le temps commence à se mettre à un beau froid[1].

Voltaire n'entend-il parler que des premières duretés de l'atmosphère berlinoise? Le froid est bien quelque chose pour un frileux de sa sorte; mais ce n'est
pas seulement le froid du dehors qui le saisit : c'est
aussi le froid des physionomies et des visages, ce sont
certains symptômes révélateurs, et qui sont bien faits
pour tenir sur le qui-vive un observateur intéressé. Il
va s'expliquer d'ailleurs sur ces réticences enigma-
tiques, et que l'on dut encore grossir rue Traversière
et dans le ménage d'Argental.

Puisque le courrier me donne le temps, je ne peux m'empêcher de vous donner la clef d'un de ces *mais*, de peur que
votre imagination ne fasse de fausses clefs; j'ai bien peur de
dire au roi de Prusse comme Jasmin : « Vous n'êtes pas trop
corrigé, mon maître. » J'avais vu une lettre touchante pathétique, et même fort chrétienne, que le roi avait daigné écrire
à Darget sur la mort de sa femme[2]. J'ai appris que le même
jour Sa Majesté avait fait une épigramme contre la défunte;
cela ne laisse pas de donner à penser. Nous sommes ici trois

1. Voltaire, *OEuvres complètes* (Beuchot), t. LV, p. 505, 506.
Lettre de Voltaire à madame Denis; à Potsdam, le 6 novembre 1750.
2. La femme de Darget était mademoiselle César, sœur du secrétaire du prince Henri. Elle mourut en couches. Thiébault, *Souvenirs de vingt ans de séjour à Berlin* (Didot, 1860), t. II, p. 177,
178.

ou quatre étrangers comme des moines dans une abbaye. Dieu veuille que le père abbé se contente de se moquer de nous[1] !

Frédéric était taquin, malin, et prenait plaisir à éperonner son monde. Peut-être joignait-il à ces légères imperfections des imperfections autrement graves : cette personnalité monstrueuse, inhérente aux conditions royales, une insouciance absolue, quoique voilée, sur tout ce qui n'était pas lui. Voltaire a cru démêler ces côtés menaçants, et les signale dans le secret de la parenté et de l'intimité. Il fallait bien pourtant en prendre son parti, quitte à laisser voir de temps à autre que l'on n'était pas soi-même sans coup de dent et sans coup de griffe. Mais quelle apparence que l'auteur de l'*Anti-Machiavel* poussât avec l'auteur de *Zaïre* les choses au delà d'une certaine malice? Frédéric avait plus besoin de Voltaire que Voltaire de Frédéric. Voltaire n'avait pas de devoirs à corriger, bien qu'il ne repoussât jamais un bon conseil venant d'un ami. Tout en travaillant aux *Mémoires de Brandebourg*, Frédéric songeait aux *Commentaires de César*, ce chef-d'œuvre d'un grand capitaine et d'un grand politique doublés d'un grand écrivain [2]. Il eût voulu laisser un monument pareil, irréprochable par le langage comme par le reste. Pour cette tâche de révision et de correction, Voltaire lui semblait indispensable ; mais, si ce dernier s'émancipait, s'il essayait pour un peu de substituer sa pensée à celle de l'historien,

---

1. Voltaire, *OEuvres complètes* (Beuchot), t. LV, p. 514, 515. Lettre de Voltaire à madame Denis; Potsdam, le 17 novembre 1750.
2. *Histoire de mon temps*, avant-propos. — *Mémoires de Brandebourg*, épître dédicatoire.

même dans un but de flatterie, l'on n'en tenait nul compte, et il en était pour ses observations.

Je corrige à présent la seconde édition que le roi de Prusse va faire de l'histoire de son pays. Un auteur connu comme celui-là peut dire ce qu'il veut sans sortir de sa patrie. Il use de ce droit dans toute son étendue. Figurez-vous que, pour avoir l'air plus impartial, il tombe sur son grand-père de toute ses forces. J'ai rabattu les coups, tant que j'ai pu. J'aime un peu ce grand-père, parce qu'il était magnifique, et qu'il a laissé de beaux monuments. J'ai eu bien de la peine à faire adoucir les termes dans lesquels le petit-fils reproche à son aïeul la vanité de s'être fait roi ; c'est une vanité dont ses descendants retirent des avantages assez solides, et le titre n'en est point du tout désagréable. Enfin je lui ai dit : C'est votre grand-père, ce n'est point le mien, faites-en tout ce que vous voudrez ; et je me suis réduit à éplucher des phrases. Tout cela amuse et rend la journée pleine [1]...

« Éplucher des phrases, » qu'est-ce que Voltaire pouvait prétendre de plus dans une telle besogne? Frédéric, là, comme dans l'*Anti-Machiavel*, avait le droit de tenir à ses idées, et les services que l'écrivain était à même de lui rendre n'étaient qu'un travail démondage et de polissage, auquel on se prêtait avec une affectation de malice moins réelle qu'on eût voulu le faire croire. Frédéric écrivait un jour à Darget : « Je vous renvoie mon *épître* corrigée en tous les points. J'ai laissé *harcela*, pour voir ce que Voltaire en pourra dire ; il faut lui laisser le plaisir de reprendre quelque chose [2]... » Était-ce simplement pour donner ce

---

1. Voltaire, OEuvres complètes (Beuchot), t. LV, p. 504. Lettre de Voltaire à madame Denis ; à Potsdam, le 28 octobre 1750.

2. OEuvres de Frédéric le Grand (Berlin, Preuss.), t. XX, p. 30. Lettre de Frédéric à Darget ; Potsdam, 1750.

petit divertissement à Voltaire ; et, avant tout, ne sentait-on pas l'utilité, la nécessité de pareils services ? Le poëte, en somme, eût passé tout aussi agréablement le temps qu'il consacrait à la révision des manuscrits royaux, à discourir avec son auguste ami sur tous les sujets, à effleurer toutes les thèses, à médire et à se moquer des absents et même des présents, ce qui n'était que trop le péché mignon de tous les deux. Et voilà ce qu'il eût été équitable de ne pas méconnaître.

Ce ne sont pas seulement les malices du « père abbé » qui préoccupent Voltaire. Dans cette même lettre du 6 novembre, nous relèverons une phrase qui a bien son importance et vient donner raison aux sceptiques qui ne croient pas à l'amitié entre grands hommes. Il s'agit de Maupertuis, si heureux, si enchanté naguère de l'arrivée du poëte à Berlin. La prédiction de mauvais augure de Buffon commençait à se réaliser, et l'auteur de *Mérope*, quinze jours à peine après cette prophétie, mandait à sa nièce : « Maupertuis n'a pas les ressorts bien liants; il prend mes dimensions durement avec son quart de cercle. On dit qu'il entre un peu d'envie dans ses problèmes [1]. » Ces accusations, à coup sûr, sont fondées sur des infiniment petits, mais les épines se font déjà sentir sous les roses [2]. Ce ridicule antagonisme avec un

1. Voltaire, *OEuvres complètes* (Beuchot), t. LV, p. 506. Lettre de Voltaire à madame Denis; à Potsdam, le 6 novembre 1750.
2. L'auteur de la Notice historique sur la Vie du marquis de Valori rapporte une anecdote qui serait significative, si elle était admissible à cette date. Un jour que Voltaire lisait devant le roi de Prusse le quatrième acte de *Mahomet*, Maupertuis semblait prendre à tâche d'interrompre la lecture par des remarques pointilleuses qui devaient faire cabrer son trop susceptible auteur. « Vous ne trouvez

d'Arnaud, qui ne manque ni d'amis, ni de partisans, ni d'admirateurs, ne laisse pas d'irriter sa fibre si sensible. On le lui sacrifie, mais cela n'a pas lieu de l'assentiment unanime. La famille royale témoignait à l'auteur du *Mauvais Riche* une amitié qui survécut à sa disgrâce; et l'on a retrouvé d'aimables lettres à lui adressées, bien des années après, par les princes Ferdinand et Henri de Prusse [1]. Voltaire, sans doute, était un hôte trop illustre pour qu'on ne se le disputât point, et il se prêtait de la meilleure grâce à un aussi flatteur empressement. Mais cet engouement avait ses écueils, et lui conquérait autant d'ennemis prêts à saper une faveur dont on ne jouissait pas d'ailleurs avec une humilité de chrétien, s'il faut en croire les commérages d'un homme que nous surprendrons plus d'une fois en flagrant délit d'exagération et de malveillance.

Pendant les hivers que V. passoit au château, nous dit Formey, on lui faisoit la cour comme à un favori déclaré. Princes maréchaux, ministres d'État, ministres étrangers, seigneurs du plus haut rang alloient à son audience ; et ils étoient reçus avec

donc pas mon Mahomet assez grand? s'écrie le poète. — Vous vous trompez, mon digne ami, repartit M. de Valori, qui était présent, il faut qu'il soit des plus grands, puisque voilà Maupertuis qui le toise. » Mais Valori quittait Berlin au mois d'avril 1750 pour n'y revenir qu'en mars 1756, et ne se trouva point en Prusse durant le séjour de deux ans et demi qu'y fit Voltaire. Donc, si l'anecdote est vraie, ce petit incident ne dut avoir lieu qu'au premier voyage de Berlin. Valori, *Mémoires* (Paris, 1820), t. I, p. 32, 42, 72.

1. Charavay aîné, *Catalogue d'autographes*, du lundi 3 février 1868 (Cabinet du docteur Michelin, de Provins), p. 7, nos 70, 71. Lettres de Ferdinand de Prusse à Baculard, Ruppin, 22 avril 1673; du même au même; Friédrichsfild, 18 septembre 1773 et 8 juillet 1775. — P. 9, nos 96, 97. Lettres du prince Henri de Prusse ; Rheinsberg, 27 octobre 1766 et 7 février 1767 ; Rheinsberg et Berlin, 1767 et 1769.

une hauteur assez dédaigneuse. Un grand prince avoit la complaisance de jouer aux échecs avec lui, et de lui laisser gagner les pistoles des enjeux. Quelquefois même la pistole disparoissoit avant la fin de la partie; on la cherchoit et on ne la trouvoit point [1].

Nous connaissons assez Voltaire pour savoir à quoi nous en tenir sur de pareilles accusations. L'on nous parle de sa hauteur dédaigneuse : nul n'était plus poli, plus charmant, plus caressant que Voltaire. Il était assez vain pour s'accommoder de ce concours de grands seigneurs, qui ne faisaient que copier le prince en le comblant d'égards, et trop adroit, trop sensé pour rebuter par une morgue et des dédains qu'il n'eut jamais même à l'égard du moindre homme de lettres. Quant à cette pistole qui disparaissait avant la fin de la partie, que l'on cherchait, que l'on ne trouvait point, et qui ne prenait pas d'autre chemin que le gousset de l'auteur de la *Henriade*, de bonne foi, à qui veut-on faire croire de pareilles inepties? Voltaire avait été joueur dans sa jeunesse, il avait été échaudé par le pharaon et le biribi; entre autres mésaventures de ce genre, on l'a vu, en son temps, accuser très-philosophiquement une perte de cent louis à Forges, selon sa louable coutume de faire tous les ans, nous dit-il, « quelque lessive au jeu [2]. » Il pouvait être un joueur nerveux; mais empocher régulièrement et par avances d'hoirie cette pistole, trop bien à sa portée pour qu'il ne comprît pas l'intention qui l'y avait placée! le moyen d'admettre cela?

1. Formey, *Souvenirs d'un Citoyen* (Berlin, 1789), t. I, p. 235.
2. Voltaire, *OEuvres complètes* (Beuchot), t. LI, p. 81. Lettre de Voltaire à madame de Bernières; septembre 1722 (août 1724).

Mais, puisque nous avons cité Formey, citons-le jusqu'au bout.

> Il est incroyable, ajoute-t-il, jusqu'où V. poussoit la lésine et l'escroquerie. Je n'en parlerois pas, si je n'en trouvois une occasion formelle dans les *Œuvres posthumes* de l'édition de Bâle. L'habit noir emprunté au négociant *Fromery* pour porter un deuil de cour, est la chose la plus plaisante. On n'osoit rien refuser à V. Le négociant prêta son habit, qui alloit bien pour la longueur, mais qui étoit trop large. V. le fit rétrécir, le renvoya, et quand Fr. voulut le remettre, il s'aperçut de la manœuvre. Les bougies qui devoient rester aux domestiques étoient confisquées au profit de V. C'étoit la fable de la ville, et le roi en étoit fort bien instruit : mais il prenoit l'homme tel qu'il étoit, et lui passoit des écarts comme attachés à la foiblesse humaine et abondamment compensés par ses rares talens[1].

Thiébaut, qui ne se trouvait pas, il est vrai, à Berlin, raconte cette histoire de l'habit noir d'une tout autre façon. Voltaire est invité à souper chez la reine-mère, il était arrivé le soir même de Potsdam avec le roi ; la cour était en deuil, le poëte n'avait pas de vêtement noir, et il ne pouvait s'asseoir à la table de la princesse que vêtu du costume de rigueur. Il était fort embarrassé et ne savait à quel saint se vouer, quand son domestique lui dit qu'il connaissait un brave négociant[2] qui se trouverait très-honoré de prêter pour quelques heures, à un homme comme M. de Voltaire, son habit noir des grands jours, celui avec le-

---

1. Formey, *Souvenirs d'un Citoyen* (Berlin, 1789), t. I, p. 236.
2. Fromery était libraire, à ce que nous apprend le factum servant de prologue au *Tantale en procès*, qui est la source très-peu sérieuse à laquelle Formey nous renvoie. *Supplément aux Œuvres posthumes* (Berlin, 1789), t. I, p. 337.

quel tout bon réformé va à la communion. En effet, le domestique revenait bientôt après avec l'habit. Il semblerait qu'il n'y avait plus qu'à l'endosser ; mais ce fut là que les vraies difficultés apparurent. Voltaire et Fromery étaient de même taille ; mais, si le premier avait la maigreur d'un squelette, le dernier avait ce superbe embonpoint d'un spéculateur dont les affaires sont loin de péricliter : le poëte eût flotté dans le vêtement du marchand. Qu'à cela ne tînt ; l'on ferait rentrer les coutures par un tailleur expéditif. Le valet court aussitôt chez un homme de l'art qui rapportait le costume assez prestement pour que Voltaire pût s'habiller et arriver à point. Seulement, ce dont le diligent tailleur n'eut garde de se vanter, au lieu de remployer, il avait coupé ce qu'il y avait de trop. Le lendemain, l'habit était rendu à son propriétaire, avec force remercîments.

Ce ne fut que quelque temps après, raconte Thiébault, lorsque le marchand voulut s'en servir pour ses actes de religion, qu'il se convainquit qu'il ne pouvait plus se servir pour communier de l'habit avec lequel Voltaire avait soupé ; il rit lui-même de cette aventure, et ne s'en plaignit point. Vingt ans après, il conservait encore cet habit par curiosité. Ceux qui ont voulu tirer de cette petite histoire des conséquences défavorables à Voltaire n'ont pas dit, ce qui pourtant est vrai, que le domestique ayant eu le soin de laisser ignorer la faute du tailleur à son maître, celui-ci n'a eu aucune part au léger tort qui fut fait à Fromery [1].

On laisse au lecteur impartial à apprécier où est la vraisemblance et à laquelle des deux narrations il faut

---

[1]. Dieudonné Thiébault, *Souvenirs de vingt ans de séjour à Berlin* (Didot, 1860), t. II, p. 554, 555.

accorder créance. La confiscation des bougies, que l'auteur des *Souvenirs d'un Citoyen* indique avec un laconisme perfide, a été également racontée par Thiébault, et d'une façon très-piquante. C'est une historiette qui fait le pendant au récit des contestations de Voltaire et d'Alliot, à la cour de Lorraine. Probablement Frédéric, qui ne les avait pas ignorées, trouva plaisant et profitable d'en faire une seconde édition à Potsdam et à Berlin. Selon des arrangements consentis des deux côtés, Voltaire, à part sa pension, à part le logement dans les maisons royales, à la suite du prince, était défrayé de tout : bois de chauffage, deux bougies par jour, tant de livres de sucre par mois, café, thé, chocolat et le reste. Il usait et se croyait en droit d'user largement d'une hospitalité qu'il n'avait acceptée qu'après bien des invitations et des prières. Il ne supposait pas qu'il y eût quelque indiscrétion à continuer sa vie de Paris, et à recevoir à sa table les nouveaux amis qu'il s'était faits. Formey, qui a amassé tant de fiel contre l'auteur de la *Henriade*, fut pourtant l'objet des avances les plus charmantes. Voltaire lui écrivait le 14 février 1751 : « Je vous demande en grâce, monsieur, de ne pas refuser aujourd'hui le petit dîner philosophique. Il faut absolument que nous mangions le rost du roi philosophe. Voyez si vous voulez que je vous envoye un carrosse à deux heures précises. » Le mois suivant, même invitation, et dans les mêmes termes. « Voulez-vous, monsieur, venir manger le rost du roi, aujourd'hui jeudi, philosophiquement, et chaudement, et doucement, à deux heures. Deux philosophes peuvent, sans être courtisans, dîner dans le palais d'un roi philosophe. Je prendrais même la liberté de vous envoyer un carrosse de Sa Majesté à deux heures précises. » Le poëte supposait, trop gratuitement peut-être, répondre aux intentions de son hôte couronné, en tenant bonne table et en faisant les honneurs du « rost du roi, » à des philosophes qui, pour être philosophes, n'en avaient pas moins bon appétit. Frédéric était fort bien informé de ce qui se passait à sa cour, il entrait dans les plus minces détails ; et ce « rost du roi, » offert à tout venant, dut particulièrement agacer la fibre de ce prince ménager et économe, qui ne voulait en aucun cas qu'on brûlât, comme on dit, la chandelle par les deux bouts.

Or, il arriva, qu'on ne remettait à M. de Voltaire que du sucre mal raffiné, du café mariné, du thé éventé, et du chocolat mal fabriqué. Il put bien soupçonner que Frédéric n'était pas si mal obéi sans le vouloir, et soit pour éclaircir ce doute, soit pour tout autre motif, il se plaignit de ces vilenies. « Ce que vous me dites, répondit le roi, me fait une peine infinie. Un homme comme vous traité chez moi de cette manière, tandis que l'on connaît mon amitié pour vous ! En vérité, cela est affreux ! Mais voilà les hommes : ce sont tous des canailles ! Cependant vous avez très-bien fait de m'en parler ; soyez assuré que je donnerai des ordres si positifs, qu'on se corrigera. » Quels que fussent les ordres que Frédéric donna, on ne se corrigea point, et Voltaire, plus indigné qu'auparavant, ne manqua pas de renouveler ses plaintes. « Il est affreux, répliqua le roi, que l'on m'obéisse si mal, mais vous savez les ordres que j'ai donnés ; que puis-je faire de plus ? Je ne ferai pas pendre ces canailles-là pour un morceau de sucre ou pour une pincée de mauvais thé ; ils le savent et se moquent de moi ! Ce qui me fait le plus de peine, c'est de voir M. de Voltaire distrait de ses idées sublimes pour de semblables misères. Ah ! n'employons pas à de si petites bagatelles les moments que nous pouvons donner aux muses et à l'amitié ! Allons, mon cher ami, vous pouvez vous passer de ces petites fournitures, elle vous occasionnent des soucis peu dignes de vous : eh bien ! n'en parlons plus ; je donnerai ordre qu'on les supprime. »

Cette conclusion étonna Voltaire, et par elle-même, et par la tournure que son royal ami sut y donner. « Ah ! se dit-il à lui-même, c'est donc ici *sauve ou gagne qui peut!* En ce cas, sauvons et gagnons ce que nous pourrons ! le pire, en ces rencontres est d'être dupe. » Ce fut ainsi, et dès cette époque, qu'il fit revendre en paquets les douze livres de bougies qu'on lui donnait par mois ; et que, pour s'éclairer chez-lui, il avait soin, tous les soirs, de revenir plusieurs fois dans son appartement sous différents prétextes, et de s'armer à chaque fois de l'une des plus grande bougies allumées dans les salles de l'appartement du roi, bougies qu'il ne rapportait pas, et dont il aurait pu dire au besoin : *C'est mon sucre et mon café*[1].

Le vieux comte de Nesselrode, lorsque parurent les *Souvenirs* de Thiébault, chercha à infirmer la véracité de l'anecdote. Il disait que des ordres avaient été donnés par le roi, pour que, chaque jour, Voltaire eût une table décente de six couverts, et que celui-ci avait la *malice* de prier huit ou dix personnes. On trouvait, ajoutait-il, de quoi manger ; mais les gens de l'office n'étant pas prévenus, il manquait toujours quelques articles, soit café, soit sucre, soit liqueurs, et Voltaire de s'égayer alors par des railleries et des épigrammes sur l'humeur parcimonieuse de son royal hôte. A l'en croire, la peau du lion eût laissé échapper les aiguillettes du pourpoint d'Harpagon. On conçoit que Nesselrode, qui fut longtemps attaché à Frédéric, prenne parti pour son maître contre le poëte ; mais nous ne pouvons qu'être de l'avis du fils de l'auteur

---

1. Dieudonné Thiébault, *Souvenirs de vingt ans de séjour à Berlin*, (Didot, 1860), t, II, p. 334, 335.

des *Souvenirs*, le baron Thiébault. Si ces malices, trop gratuitement prêtées à Voltaire par le vieux comte, eussent été aussi réelles qu'elles nous semblent problématiques, comment eussent-elles pu être ignorées de son père, durant les vingt années qu'il demeura en Prusse, à une époque où tout ce qui avait le moindre trait aux rapports du Salomon du Nord et du Virgile français était l'objet le plus palpitant, le plus actuel de toutes les conversations, à la cour comme à Berlin?

A ce moment, Voltaire était au comble de la faveur. Il venait de faire renvoyer d'Arnaud; on le savait au mieux avec le maître; on savait leur commerce presque continuel et d'une chambre à l'autre, quand ils avaient fait tant que de se quitter. Pour bien des gens c'était le plus puissant personnage du royaume; on se fût adressé à lui pour obtenir des grâces; les spéculateurs lui eussent sans hésiter fait la grosse part pour le gagner à leurs intérêts : que pouvait lui refuser le roi? Le poëte fut accusé de n'avoir pu résister à la tentation d'utiliser le crédit qu'on lui supposait auprès du prince. Ce n'est pas pourtant ce qu'il prétend; et il eût vécu en dehors de toute ambition et de toute intrigue. « Je ne me mêle ici que de mon métier de racommoder la prose et les vers du maître de la maison, assure-t-il à sa nièce. Algarotti me disait, il y a quelques temps, qu'il avait vu, à Dresde, un prêtre italien fort assidu à la cour. Vous noterez qu'à Dresde presque tout le monde est luthérien, hors le roi. On demandait à cet *abbate* ce qu'il faisait : *Io seno*, répondit-il, *il catolico di sua maèsta;* pour moi, je suis *il pedagogo di sua maèsta*. Je me flatte que, en me renfermant dans mes bornes, je vivrai tranquillement[1]. »

Cette situation exceptionnelle avait ses périls comme ses éblouissements, et nous voudrions pouvoir dire que l'auteur de la *Henriade* n'eut à se reprocher ni une imprudence ni une faute. L'on est malheureusement forcé de convenir qu'il donna largement prise à la malveillance, et que sa conduite fut plus légère, plus inconsidérée qu'il n'était permis à un homme de son âge, de sa condition et de sa valeur. C'est encore une étape douloureuse de sa vie dans le détail de laquelle il nous va falloir entrer, et qu'il est indispensable d'éclairer. Cette affaire du juif Hirsch est peu et mal connue, et nous essayerons, autant que cela nous sera possible, de retrouver la vérité dans cet écheveau de témoignages contradictoires, que les juges eux-mêmes ne nous semblent pas et n'ont pas semblé aux contemporains avoir démêlé de façon à ce que l'histoire n'ait, pour conclure, qu'à se reporter à leur arrêt.

L'Électeur de Saxe avait fondé, dans ses États, une banque connue sous le nom de la *Steuer*[2], qui, dès l'abord, avait émis une telle quantité de billets, qu'ils étaient forcément tombés à moins de la moitié de leur valeur. Après l'entrée du roi de Prusse dans la capitale saxonne, il fut stipulé, par un article spécial[3] du traité de Dresde qui mettait fin à la guerre de Silésie, que tout Prussien, porteur de ces effets, serait intégralement

---

1. Voltaire, *OEuvres complètes* (Beuchot), t. LV, p. 513, 514. Lettre de Voltaire à madame Denis; Potsdam, le 17 novembre 1750.
2. *Steuer* ne signifie pas autre chose que *Banque*.
3. Art. X de la paix de Dresde.

remboursé. Un engagement aussi imprudent, nous dit-on, devint bientôt la source d'un agiotage effréné aux dépens de la Saxe[1]. Il nous semble qu'en cela le roi Auguste ne fit que subir la loi inflexible du vainqueur. Les Prussiens achetaient à vil prix de ces billets en Hollande, et s'en faisaient rembourser ensuite la valeur intégrale. Le scandale et l'excès furent tels, que Frédéric, au bout de trois ans, cédant aux représentations trop justifiées de la cour de Dresde[2], se vit forcé de défendre l'admission absolue de ces bons en Prusse. L'ordonnance est du 8 mai 1748. Sans ces réclamations, il est à croire que Frédéric, d'ailleurs peu scrupuleux, eût fermé les yeux jusqu'à la fin sur cet agiotage tout au profit de ses sujets. Il est à penser également que, malgré les défenses, ces sortes d'affaires se continuaient, à la condition tacite, pour ceux qui les hasardaient, de s'y prendre avec assez d'adresse et de mystère pour ne fournir à la Saxe aucun prétexte de récrimination et de plaintes. C'est au moins ce que Voltaire semble s'être imaginé, et ce qui explique, sans les absoudre, des tentatives de spéculations occultes, qui non-seulement ne devaient pas aboutir mais allaient encore porter une sérieuse atteinte à son

---

1. Alphonse Jobez, *la France sous Louis XV* (Paris, Didier), t. IV, p. 388.
2. Toutes ces actions montaient à environ 1,500,000 livres. En exécution du traité, le roi de Pologne fit payer tout ce qui lui fut présenté, et ce ne fut qu'après en avoir remboursé pour plus de 4 millions qu'il se plaignit au roi de Prusse. Ces chiffres furent donnés au duc de Luynes, qui les consigne dans son journal, par le chevalier de Chasot, très au courant sur tout ce qui se passait alors à Berlin et particulièrement sur cette affaire. Luynes, *Mémoires*, t. XI, p. 382; janvier 1752.

repos, à sa faveur et à sa considération auprès du prince.

Le 23 novembre 1750, d'après le récit de la partie adverse, Voltaire mandait chez lui, à Potsdam, un banquier juif, du nom d'Abraham Hirsch (les écrivains contemporains l'appellent indifféremment Hirsch ou Hirschell), et lui proposait d'aller, pour son compte, à Dresde, lui acheter des billets de la *Steuer*, à trente-cinq pour cent de perte.

> Je répondis au dit sieur Voltaire, qu'un pareil commerce ne pouvoit manquer de déplaire au roi de Prusse ; sur quoi, il me protesta qu'il étoit trop prudent pour ne rien entreprendre sans le consentement de Sa Majesté ; qu'au contraire, si je m'acquittois bien de sa commission et lui procurois des billets à trente cinq pour cent de perte, je pourrois sûrement compter sur sa protection, et sur un titre extrêmement flatteur pour moi. De pareilles espérances me firent accepter une lettre de change de quarante mille livres sur Paris; une autre de quatre mille écus sur le juif *Ephraïm*, une autre de quatre mille quatre cents écus sur mon père. Enfin, suivant des conventions faites entre nous, je lui remis des diamans, qu'il garda pour sa sûreté de la somme de dix-huit mille quatre cent trente écus, qu'il venoit de me confier avant de partir pour Dresde [1].

Hirsch partit. Mais il n'était pas arrivé à Dresde, que les intentions du poëte n'étaient plus les mêmes ; un brusque revirement s'était opéré dans son esprit, et, la poste suivante, il faisait protester la lettre de change de quarante mille livres sur Paris, que Hirsch avait déjà négociée par M. Homan de Leipsick. Quel était le secret de ce changement inattendu? Voici l'interpréta-

---

1. *Supplément aux OEuvres posthumes de Frédéric II, roi de Prusse* (Berlin, 1789), t. I, p. 340. Exposé du procès.

tion que lui donne l'israélite. Éphraïm, sur lequel Abraham Hirsch avait accepté une lettre de change de quatre mille écus, très-connu plus tard comme fermier de la monnaie et avec qui Frédéric fabriquera si ténébreusement ses *tiers de Saxe* [1], ayant eu connaissance de ces manœuvres, s'était présenté, dès le lendemain du départ de son coreligionnaire, chez l'auteur de la *Henriade*, qu'il réussit à alarmer sur la moralité et la solidité de l'homme auquel il s'était inconsidérément livré. Hirsch vendait fréquemment des diamants à la cour de Dresde; était-il supposable qu'il compromît pour une affaire accidentelle, qui avait d'ailleurs ses périls des rapports fréquents et fructueux; et n'était-il pas bien plus à redouter d'être trahi que servi par une telle voie? L'argument, en tous cas, était de nature à faire impression. Fallait-il renoncer pour cela à une spéculation avantageuse et des plus praticables en des mains moins suspectes? C'eût été alors qu'Éphraïm eût offert au poëte de lui faire avoir pour trente mille écus de billets de la *Steuer*, sans rien prétendre que l'honneur de sa protection à la cour, « ce que le sieur Voltaire, ajoute Hirsch, ne refuse jamais à pareil prix. »

Voltaire, il est vrai, racontera bien différemment l'origine de ses rapports avec le juif. Ce n'est pas lui qui le mande à Potsdam, c'est Hirsch qui le vient trouver, lui offre des billets de la *Steuer*, et le sollicite publiquement d'en prendre « comme les autres [2]. »

1. Dieudonné Thiébault, *Souvenirs de vingt ans de séjour à Berlin* (Didot, 1860), t. II, p, 149.
2. Voltaire, OEuvres complètes (Beuchot), t. LV, p. 569. Lettre de Voltaire à Frédéric.

Voilà qui viendrait confirmer ce que nous disions plus haut, et l'on en pourrait conclure que, malgré les ordonnances, ce petit commerce ne laissait pas d'être suffisamment pratiqué. Voltaire était étranger : ou il était malade, ou il faisait des vers, ou il oubliait le reste du monde dans la société et l'entretien du moderne Marc-Aurèle; il ignorait de l'emprunt saxon jusqu'au nom, et soupçonnait encore moins et les tripotages iniques dont il était l'objet, et les défenses formelles faites à tout sujet du roi de spéculer sur les bons de la banque de Dresde. Mais, prudemment, il ira aux informations : dès le jour même, il consultait le sieur Kircheisen, sur la nature de ces effets, et, désormais édifié, il révoquait le lendemain (24 novembre) les lettres de change, défendant expressément à Hirsch de prendre pour lui un seul billet. « Tout cela est prouvé[1], » nous dit-il. Ce qui demeure le plus manifestement démontré, c'est la révocation des lettres de change, révocation nécessaire, sans doute, puisqu'elle était le renoncement à des tripotages condamnables, mais qui ne s'effectuait pas sans porter un préjudice sérieux au crédit de l'israélite. Hirsch n'apprit qu'à son retour le contre-ordre du poëte, et vint se plaindre à lui du tort infini que le protêt allait faire dans son commerce. Mais à quoi devaient servir ces lettres de change, si ce n'était à se pourvoir de bons saxons? Et Hirsch revenait les mains vides, sans avoir acheté le moindre billet de la *Steuer*. N'était-ce pas justifier les mesures préventives de Voltaire, puisqu'il ne connut qu'à

---

1. Voltaire, *OEuvres complètes* (Beuchot), t. LV, p. 549. Lettre de Voltaire à Darget; à Berlin, 18 janvier, au soir, 1751.

Berlin le protêt de ces mêmes lettres[1]? Cependant, il sentait que le poëte était intéressé à ne pas laisser ébruiter une négociation de ce genre, et il essaya de l'intimider, en menaçant de parler, quitte à se perdre tout le premier.

Là dessus, je lui dis que je ne pouvois laisser passer cette affaire sans me plaindre. Lui, pour m'apaiser, me dit qu'il me dédommageroit de tout, qu'il payeroit les frais du protêt et ceux de mon voyage. Quant à ma peine et à ma perte de temps, que je serois content ; qu'il vouloit commencer par m'acheter les brillans qu'il avoit eus à moi, pendant mon absence, les ayant déjà portés à Potsdam sur sa croix et sur son habit de théâtre. Effectivement, le jour de son arrivée à Berlin, il m'acheta pour trois mille écus de brillans, dont je lui rendis le surplus de la somme de quatre mille quatre cent trente écus, qu'il m'avoit assignés sur mon père. Nous nous donnâmes à cet égard réciproquement des quittances, comme quoi nous n'avions plus rien à prétendre l'un de l'autre, touchant ces brillans, la lettre protestée et le tort infini que cela me fait dans mon commerce mis à part. Trois jours après ce marché fini, *Voltaire* me demanda encore des bagues pour la valeur de deux mille écus, et me dit de revenir dans quelques jours. Dans cet intervalle, il envoya chez moi pour me prier de lui céder quelques meubles. Là dessus je lui envoyai un grand miroir, et je me rendis chez lui pour le prier de finir le dernier marché, ou de rendre mes diamans. Le sieur *Voltaire* enferma ce miroir dans

1. Des lambeaux de correspondance n'édifient qu'imparfaitement sur les procédés de Hirsch et les griefs de Voltaire. « Il ne falloit pas promettre à trente-cinq louis — et ensuitte dire trente; il ne falloit pas dire trente, et le lendemain vingt-cinq. Il falloit, au moins, en donner au prix courant, quand on étoit sur les lieux, ce qui étoit très-aisé. Il ne falloit pas négocier des lettres de change pour ne pas se pourvoir d'un seul diamant. — Il ne falloit pas dire : *J'ay eu de l'argent de vos lettres de change et je ne vous raporte rien, et je vous rendray votre argent quand vous ne serez pas ici.* Touttes les démarches que vous avez faittes sont des fautes. Tâchez de les réparer, et surtout ne promettez jamais que ce que vous pouvez tenir. » Ferdinand Klein, *Annalen der Gesetzgebung* (Berlin, Nicolaï, 1790), t. V, p. 259. 260.

son cabinet, en me disant qu'il ne me payeroit pas les derniers brillans ni le miroir; qu'il les garderoit pour le dédommager du marché trop précipité qu'il prétendoit avoir fait avec moi trois jours auparavant, quoique ces brillans de trois mille écus eussent été taxés par M. Reclam, avant le marché conclu. Il me tira par force en même temps une bague du doigt dans le château : son domestique, nommé *Picard*, étoit présent. Il me ferma la porte au nez, et me dit de m'aller plaindre où je voudrois. Le lendemain *Voltaire* vint chez un lieutenant-colonel au service du roi, le prit pour juge de cette affaire, et le pria de me faire venir chez lui. A peine fus-je entré que Voltaire, en présence du lieutenant-colonel, me poursuivit par toute la chambre, le poing sur la gorge, en me disant que j'étois un fripon, et que je ne savois pas à qui j'avois à faire; qu'il avoit un pouvoir en main de me faire mettre dans une basse fosse pour le reste de mes jours; mais que sa clémence d'ailleurs étoit encore ouverte à mes infamies, si je voulois reprendre les diamans que je lui avois vendus, et lui rendre les trois mille écus et tous les billets de sa main. Je lui répondis que cela ne se pouvoit pas, et qu'il n'auroit pas acheté les diamans, s'il n'y avoit pas trouvé son compte; je sortis de la chambre, pour aller porter mes plaintes à S. M... [1].

Tel est l'exposé que le juif Hirsch fait de ses relations et de ses démêlés avec Voltaire. Il va sans dire que, de toutes ces allégations, plus d'une devra crouler devant une instruction un peu sérieuse. Hirsch n'est pas précisément un honnête homme, comme on sera à même de le vérifier. L'honnêteté pour lui consiste à n'être pas convaincu d'imposture et de fraude, et non à se bien garder d'avancer le moindre fait mensonger. Cette assertion, relative à la bague de trois cents thalers arrachée de son propre doigt par Voltaire, en présence de Picard qui, comme l'affirme impudemment

---

[1]. *Supplément aux OEuvres posthumes de Frédéric II, roi de Prusse* (Berlin, 1789), t. I, p. 342, 343, 344, Exposé du procès.

l'israélite, fût, à différentes reprises, convenu du fait devant la commission même ; cette assertion, non-seulement devait demeurer sans preuves, mais encore être déclarée de tout point calomnieuse. « Quant à la spoliation et quant à la mise à la porte de la chambre, dont se plaignait le défendeur, il en a été débouté, parce que le témoin auquel il s'en rapporte, dépose que le demandeur a pris cette bague du consentement du défendeur[1]. » Ce ne sera pas l'unique fois, du reste, que Hirsch sera pris en flagrant délit de mauvaise foi et de mensonge. Cette rencontre chez un lieutenant-colonel, qui n'est pas nommé, et où l'auteur de *Mérope* eût poursuivi l'estimable Hirsch, « le poing sous la gorge, » en le traitant de fripon, est très-réelle ; Frédéric en parle dans une lettre à sa sœur, que nous citerons plus loin ; et ce lieutenant-colonel, témoin de l'aventure, l'a racontée au duc de Luynes, qui n'a eu garde de ne pas l'enregistrer dans ses Mémoires au jour le jour. « M. de Chasot[2] était, nous dit-il, à Berlin, dans le temps de l'affaire de M. de Voltaire ; il fut même pris pour juge entre lui et le juif ; mais la vivacité de M. de Voltaire détermina M. de Chasot à ne plus entendre parler de cette affaire[3]. » Fort probablement, le chevalier qui était vif, lui aussi, ne se borna point à abandonner à eux-mêmes les deux contendants, et s'exprima sur l'emportement du poëte avec une certaine aigreur. Du moins cette supposition est-elle plus que

---

1. Ferdinand Klein, *Annalen der Gesetzgebung* (Berlin, Nicolaï, 1790), t. V, p. 271. Rationes dicendi.
2. Chasot était lieutenant-colonel depuis 1750.
3. Duc de Luynes, *Mémoires*, t. XI, p. 382.

vraisemblable, et vient-elle éclairer ce passage d'une lettre de Voltaire à Frédéric jusqu'ici fort obscur : « J'ai eu le malheur d'être traité par Chasot comme le curé de Mecklembourg. On a dit alors que Votre Majesté ne souffrirait pas que je logeasse dans son palais de Berlin. Je n'ai pas proféré la moindre plainte contre Chasot. Je ne me plaindrai jamais de lui ni de quiconque a pu l'aigrir[1]... » Voltaire, comme on le voit, ne paraît pas se douter de ce qui a pu lui aliéner la bienveillance du chevalier ; en tous cas, il saura oublier un procédé injuste.

C'est le poëte qui entame le procès. Il faut convenir que, si bien des raisons étaient de nature à lui faire redouter une telle publicité, il y avait d'assez fortes sommes engagées et compromises peut-être. Tout, d'ailleurs, dans la conduite du juif autorisait et les appréhensions les plus sérieuses et les mesures de sûreté les plus énergiques, comme cela se trouve surabondamment démontré dans les considérants du jugement[2]. Mais Voltaire ne s'endormait pas, et, le 10 décembre, le conseiller aulique Bell remettait sa plainte, contre le juif « protégé » Abraham Hirsch, au grand chancelier qui, le 31 du même mois, ordonnait que les deux parties comparaîtraient, devant lui, le 4 janvier suivant (1751).

Mais c'est loin de suffire à Voltaire, qui s'inquiète, qui s'exalte à son ordinaire, et se met à écrire, en date

---

1. Voltaire, *OEuvres complètes* (Beuchot), t. LVI, p. 606. Lettre de Voltaire à Frédéric, ce mardi (1751).
2. Ferdinand Klein, *Annalen der Gesetzgebung* (Berlin, Nicolaï 1790), t. V, p. 264, 265. Rationes dicendi.

du 1ᵉʳ janvier, au ministre, M. de Bismarck, comme chef du tribunal suprême, pour solliciter l'arrestation d'Hirsch, qui fut, en effet, décrété le même jour. Toutefois, l'affaire étant déjà pendante devant le chancelier, l'israélite obtint que la poursuite ultérieure fût abandonnée ; mais l'arrestation n'en fut pas moins maintenue, et ne cessa que devant caution. Les juges, chargés par un ordre du roi de vider cet étrange débat, étaient le baron Cocceji, alors grand chancelier, le président de Jariges, et le conseiller intime Leuper. L'on se doute bien que la plainte du demandeur et *Exposé du procès*, tel que nous l'a laissé Hirsch, devaient se contredire en plus d'un point. D'après le récit du plaignant, c'est à la sollicitation du juif, et sur la promesse formelle d'une garantie suffisante, que le poëte consent à se dessaisir de ses fonds, dont il lui sera d'ailleurs tenu compte selon le cours. Mais les garanties obligées ne venant point, alarmé à juste titre, il s'était empressé d'écrire à Paris pour arrêter le payement des lettres de change. A cela le juif répond qu'il n'a rien demandé ni sollicité; il reconnaît avoir reçu des prêts et du papier sur Paris, mais à la requête de M. de Voltaire, pour lui avoir des bons saxons en baisse alors de trente-cinq pour cent. Et voilà ce dont ce dernier ne pouvait convenir sans se compromettre grièvement aux yeux du roi, et ce qu'il devra nier jusqu'à la fin, sans parvenir à tromper personne. « Je voudrais qu'il vît, écrivait-il à Darget, le soir même du jugement, combien il est absurde que j'aie envoyé cet homme à Dresde; combien il est ridicule que je lui aie jamais promis une charge de joailler de la couronne¹. » Mais les preuves morales étaient là, et les preuves matérielles également²; et, sur ce point, les juges, tout en voulant écarter une question qu'ils n'avaient pas à débattre, ne semblent pas douter de la sincérité du juif. Il existerait même, aux archives prussiennes, une relation du conseiller intime Leuper, dans laquelle ces projets d'agiotage sont positivement affirmés.

Le roi de Prusse avait senti la gravité de telles démarches de la part d'un favori, et quels nouveaux sujets de plaintes elles pouvaient donner à la cour de Saxe; et sa colère fut grande en apprenant que l'Apollon de la France était descendu de son empyrée pour tremper avec un juif dans ces tripotages. « Écrivez, dit-il furieux à Darget, que je veux que dans vingt-quatre heures il soit sorti de mes États. » Darget, tremblant, se fait répéter l'ordre; il laisse passer le premier emportement. « Sire, lui dit-il alors, vous l'avez appelé auprès de vous, la commission est sur le point de le juger. Si elle le trouve coupable, vous serez à temps de le renvoyer³. » Voltaire comprenait les embarras de la situation où il s'était mis, et était bien résolu à tout employer pour sortir de ce mauvais pas du mieux qu'il pourrait. Il écrivait au roi : « Je suis très-affligé d'avoir un procès; mais s'il n'y a pas d'autre moyen d'avoir justice; si Hirschell veut abuser de ma facilité

---

1. Voltaire, *OEuvres complètes* (Beuchot), t. LV, p. 546. Lettre de Voltaire à Darget; à Berlin, le 18 janvier, au soir, 1751.
2. Ferdinand Klein, *Annalen der Gesetzgebung* (Berlin, Nicolaï, 1790); t. V, p. 259, 260. Supplément au procès.
3. Duvernet, *la Vie de Voltaire* (Genève, 1786), p. 151.

pour me voler environ onze mille écus; si quelques conseillers ou avocats, ou M. de Kircheisen, ne peuvent être chargés de prévenir le procès et d'être arbitres; s'il faut que je plaide contre un juif que j'ai convaincu d'avoir agi contre sa signature, c'est un malheur qu'il faut soutenir comme bien d'autres; la vie en est semée. Je n'ai pas vécu jusqu'à présent sans savoir souffrir; mais le bonheur de vous admirer et de vous aimer est une consolation bien chère[1]. »

Mais qu'était-ce que cette consolation aussitôt que la présence réelle était interdite, et que le roi avait déclaré énergiquement que jusqu'au jugement il ne voulait avoir aucun rapport avec la partie d'Abraham Hirsch? Encore une fois, force était de sortir de là, le moins mal possible; et, quelle que fût la bonté de la cause, sans doute n'était-il pas inutile de recourir à ses amis. Formey était dans les meilleurs rapports avec le président de Jariges, un des juges; l'auteur de la *Henriade* va trouver le ministre du saint Évangile et lui demande de solliciter pour lui auprès du magistrat.

Je reçus la première visite de V. le 8 janvier 1751, l'après-midi[2]. J'avois chez moi une nombreuse société d'amis. V. traversa l'appartement sans regarder personne; et, me prenant par la main, me fit entrer dans un cabinet voisin. Il s'agissoit de son procès avec un juif; il m'en parla au long et avec la plus grande véhémence; après quoi, sachant que j'avois des liaisons

1. Voltaire, *OEuvres complètes* (Beuchot), t. LV, p. 536. Lettre de Voltaire à Frédéric, 1751.
2. La maison de Formey était située à la Behreustrasse. *Description des villes de Berlin et Potsdam*, trad. de l'allemand (Berlin, Nicolaï, 1769), p. 267.

intimes avec M. le président de *Jariges*, depuis chancelier, il me pria de lui parler de son affaire et de la recommander. Je lui répondis ce que je crus convenable; après traversant le premier poêle avec la même précipitation, il aperçut ma fille aînée, alors dans sa quatrième année, qui regardoit les diamans de sa croix de mérite : *brillantes bagatelles, mon enfant,* lui dit-il; puis il disparut [1].

Le poëte n'eut qu'à se louer, c'est à croire, des procédés de M. de Jariges; au moins ne parle-t-il de lui qu'en termes excellents. Et, le procès achevé, il ne laissera échapper aucune occasion de se rappeler à son souvenir. « Je vous supplie, écrivait-il à Formey, à la date du 30 avril, d'assurer M. de *Jariges* des sentiments que je conserverai toujours pour lui[2]; » et plus tard encore : « Je vous prie de faire souvenir de moi M. le président de *Jariges*, dont je révère les lumières et l'équité, et pour qui j'ai autant d'amitié que d'estime[3]. »

Voltaire niait et devait nier la destination que le juif attribuait, dans ses dépositions, aux fonds qui lui avaient été remis. Mais, si le juif mentait, quelles étaient les intentions du poëte, quel emploi comptait-il donner à son argent? Il répond qu'il avait dépêché Hirsch en Saxe pour une affaire de diamants et de fourrures, sans, toutefois, arriver à fournir aucune explication satisfaisante sur cette prétendue négociation. Dresde n'était pas d'ailleurs, comme le remarque

---

1. Formey, *Souvenirs d'un citoyen* (Berlin, 1789), t. I, p. 232, 233.
2. *Ibid.*, t. I, p. 238. Lettre de Voltaire à Formey; à Potsdam, 30 avril, si je ne me trompe.
3. *Ibid.*, t. I, p. 244 et 265.

judicieusement l'historien de cette étrange cause, le lieu le plus propre à des achats de fourrures et de bijoux[1]. Mais il fallait bien donner une raison, mauvaise ou bonne; et le poëte, acculé, ne sut en trouver de meilleure. Quant à l'attitude de l'israélite, elle est celle d'un coquin que les scrupules n'étouffent ni n'arrêtent, et très-disposé à profiter des avantages que lui offrent les légèretés et les imprudences de ceux avec qui il traite[2].

Ce qui fit grand bruit dans ce procès et jeta dans l'esprit de plus d'un des doutes fâcheux sur la parfaite loyauté de Voltaire, c'est surtout un écrit, à la date du 19 décembre[3], qui était un arrêté de compte relatif à la vente des bijoux. Hirsch nia d'abord effrontément que cela fût de lui; mais, lorsqu'il eut compris l'impossibilité d'aller contre une évidence aussi palpable et aussi brutale, il accorda que la signature et le mot « aprouvé » étaient de sa provenance; s'il ne les avait pas tout aussitôt reconnus, c'est que les falsifications qu'on avait fait subir au document l'avaient rendu à ses yeux méconnaissable. L'argument ne parut pas plausible aux juges, qui le condamnèrent,

---

1. Ferdinand Klein, *Annalen der Gesetzgebung* (Berlin, Nicolaï, 1790), t. V, p. 238.

2. Nous lisons ceci, dans une lettre de Voltaire à Frédéric, postérieure à ces débats, bien que de la même année : « Abraham Hirschell vient de jouer à Monseigneur le margrave Henri à peu près le même tour qu'à moi. Pardonnez, Sire, j'ai toujours cela sur le cœur, et je mourrais de douleur sans vos bontés. » Voltaire. *OEuvres complètes* (Beuchot), t. LV, p. 678. Lettre de Voltaire à Frédéric; à Berlin, le 14 (1751).

3. Il en existe un autre, daté du 24 du même mois, qui fut l'objet aussi de grandes difficultés.

ipso facto, à une amende de dix thalers[1]. Il accusait, en effet, Voltaire d'avoir apporté, après coup, des changements et même des additions qui modifiaient notablement et la forme et le fond de l'écrit. Ainsi, la première ligne, qui ne laisse guère d'espace entre elle et le haut du feuillet, eût été une œuvre de seconde main dans un but qu'il faut chercher. M. Ferdinand Klein qui n'est pas un ami de Voltaire, tout en nous disant que la conviction du rapporteur Leuper était défavorable à celui-ci, convient que l'on « ne comprend pas parfaitement ce qui put pousser le demandeur à se rendre coupable de cette falsification. » Ce n'est pas le seul point embarrassant et demeuré obscur; et, au nombre de ceux-là, il nous faut placer le reçu d'une somme de trois cent soixante-quatre thalers, que le même écrivain s'efforce d'expliquer par des hypothèses qui seraient en définitive à la décharge du poëte. « Il est donc probable qu'il y a au fond de tout cela quelque chose de concerté pour cacher le règlement des bons saxons. Voltaire, en altérant le titre de créance, n'a probablement pas eu l'intention d'en retirer un profit illicite; il n'a voulu, par la ligne qu'il a ajoutée, que rendre plus apparent encore ce que le reste du document ne lui semblait pas suffisamment exprimer[2]. »

Il y a à la cinquième ligne, un « taxables, » que l'on prétendit fait avec un « taxés, » et substitué dans le but présumable de corroborer d'autant la demande d'une estimation nouvelle des bijoux. Ce qui avait dé-

---

1. Ferdinand Klein, *Annalen der Gesetzgebung* (Berlin, Nicolaï, 1790), t. V, p. 243, 272.
2. *Ibid.*, t. V, p. 245.

terminé Voltaire, malgré tous les périls d'une enquête judiciaire, à actionner le juif, ç'avait été, comme on l'a dit, l'appréhension de ne jamais rentrer dans des valeurs qu'on ne se hâtait point, en tous cas, de rembourser, et dont le chiffre ne laissait pas d'être considérable. Mais ce n'était pas le seul grief qu'il crût avoir contre l'honnête israélite. Cette acquisition de diamants qui n'avait eu d'autre but que d'acheter le silence de Hirsch, s'était faite, de la part du poëte, avec une précipitation irréfléchie dont le marchand n'avait eu garde de ne pas abuser; du moins, est-ce ce que l'on ne réussit que trop aisément à lui persuader. Cinq metteurs en œuvre, auxquels il donna à estimer ces bijoux, en déclarèrent la valeur surfaite de près d'un tiers. Il est vrai que ces experts dépendaient d'Éphraïm, le rival et l'ennemi de Hirsch, et avaient bien pu servir les ressentiments de celui qui les faisait vivre. Hirsch, d'ailleurs, répliquait avec assez de fondement que ces bijoux avaient été antérieurement estimés par le joaillier Reklam (17 décembre), et vendus sur son évaluation ; et, conséquemment, que l'acquéreur n'avait pas à revenir sur une affaire où il avait rencontré toutes les garanties qu'il pouvait souhaiter. « Il est très-probable, dit encore M. Klein, qu'au début Voltaire, pour satisfaire Abraham Hirsch, qui avait fait pour lui le voyage de Dresde, et pour lui fermer la bouche sur l'affaire des bons saxons, avait acheté des bijoux dans des conditions avantageuses au défendeur. Plus tard, le demandeur se sera repenti de ce marché, et les insinuations d'autres personnes y auront peut-être contribué. En un mot, il préférait l'argent aux bijoux, et, pour atteindre son but plus sûrement, il est à supposer qu'il procéda à l'altération des écritures[1]. »

A tort ou à raison, Voltaire se croyait dupé : on lui avait dit et répété que les diamants lui avaient été vendus huit cents réaux au-dessus de leur valeur[2]; il ne faudrait pas le connaître pour n'être point convaincu que sa pensée constante dut être dès lors de faire rendre gorge à son voleur. Il s'estimait dans son droit, et peut-être trouva-t-il que tous les moyens étaient bons avec un juif. L'appréciation des experts fut loin de satisfaire le tribunal[3]; on parle de la rapidité avec laquelle la pièce incriminée fut écrite, et c'est la seule

---

1. Ferdinand Klein, *Annalen der Gesetzgebung* (Berlin, 1790), t. V, p. 347.

2. Voir la note que Voltaire a mise au bas de la pièce AA (*fac-similé*.)

3. Le *fac-similé* de la pièce dont il est question, et qui est toute la curiosité du procès, a été joint ici, de façon à ce que le lecteur pût se rendre compte des doutes auxquels il donna lieu; il était d'ailleurs indispensable de l'avoir sous les yeux pour comprendre l'argumentation des experts. « Que le mot « taxables, » nous dit-on, ait subi un changement, c'est ce que démontre le simple regard. La dernière syllabe porte les empreintes de ce changement. Dans le dernier *a*, le dernier et le plus épais des traits, paraît n'avoir été ajouté que postérieurement, et il est permis de penser qu'il y ait eu un *é* à sa place ; seulement l'accent au-dessus de l'*é* manque, et quoiqu'il semble que cet accent soit recouvert par *l*, cette lettre est trop éloignée de l'*é* pour qu'on puisse supposer que le trait au-dessus de *l* soit le reste de l'accent appartenant à *le*. Il n'est cependant pas impossible que Voltaire, dans la rapidité avec laquelle il avait jeté sur le papier cet écrit, ait mis l'accent à quelque distance de la lettre à laquelle il appartient. » Klein, *Annalen der Gesetzgebung*, t. V, p. 245, 246. On insista sur l'existence manifeste de deux encres ; c'est ce que le spécimen n'a point indiqué, et nous n'avons rien à dire à cet égard. Quant à ce second *a*, qui pouvait bien être un *e* dans l'origine, c'est ce que nous ne pouvons admettre, pas plus que l'existence d'un accent à la distance où il eût été relégué. Si l'on fait tant que de vouloir que Vol-

chose qui puisse expliquer son incohérence. Ces changements, Voltaire les eût faits après coup, à tête reposée, qu'il y eût mis sûrement plus de suite et de logique. Il entendait assez les affaires pour ne pas faire dire à Hirsch, « qu'il a vendu à M. de Voltaire, *par estimation et taxe*, les diamants *cy-dessous taxables :* » ce qui a été taxé n'est plus taxable, et voilà ce qui ne lui fût pas échappé dans le calme et le silence du cabinet. Ces additions, s'il les a faites, savons-nous dans quelles circonstances ; et si ce ne fut pas en présence et du consentement de Hirsch ? Pourquoi Hirsch, s'il eût été fort de sa vertu, eût-il nié ce qu'il devait en tout état de cause reconnaître comme bien à lui, sa signature et l' « aprouvé » qui l'accompagne ? L'embarras des juges ne se fait que trop sentir dans les motifs de l'arrêt.

… Le document du 19 décembre a pour lui la présomption, parce que le défendeur l'a signé, y a ajouté la date et le mot « aprouvé, » et que par cette signature il a accepté le *superscriptum* et que, nonobstant, il n'a pas eu honte de renier tout d'abord son écriture et de s'offrir *ad diffessionem juratam*… Mais, comme il résulte, néanmoins, quelques soupçons de ce fait que la première ligne est écrite avec des lettres plus petites que la suivante, que l'encre n'est pas tout à fait la même, et que surtout il y a discordance en ceci, lorsqu'il dit dans le document : « j'ai vendu par estimation et taxe, » tandis qu'il est dit ensuite :

taire ait ajouté quelque chose, que l'on dise (et cela nous paraîtra plus vraisemblable) qu'il a ajouté « taxables » en entier à la suite de « dessous. » Autrement, le tiré qui termine la ligne eût été beaucoup plus rapproché et eût rendu même impossible l'addition des trois lettres substituées au « taxés » originel. Sans doute, la plume semble avoir passé à deux fois sur *l* et *s* de « taxables ; » mais, à chaque pas, l'on rencontre de pareilles surcharges, entre autres, à la ligne 12, dans l'*o* et le second *t* du mot « portrait, » qu'on n'avait aucun motif d'altérer.

« cy dessous taxables ; » et plus loin encore, après que la valeur y a été ajoutée, « le tout estimé par moi et autres ; » que de plus, le mot « taxables » a subi visiblement une modification, ce qui rend incertain si la déclaration du juif que « taxés » a été changé en « taxables » est conforme à la vérité... Le demandeur a été à bon droit astreint *ad juramentum purgatorium*, pour lequel il s'est offert au besoin, dans son écrit de soumission du 13 janvier, où il demande à y être admis [1]...

Ainsi, l'on s'en remettait à la déclaration sous serment de Voltaire. Cette formalité remplie, il avait gain de cause, et les bijoux, selon ses prétentions, étaient soumis d'après leur valeur intrinsèque à l'estimation d'experts nommés d'office. Il ne pouvait être question de serment pour Abraham Hirsch, parce que, ayant menti devant le tribunal, sa parole était désormais sans valeur. Cette raison-là eût dû suffire, elle eût dû être la seule ; elle n'est pourtant qu'accessoire et confirmative. En Prusse, un juif n'était pas reçu au serment complémentaire (*Erfullungs-eyd*) contradictoirement avec des chrétiens [2]. Hirsch, comme on l'a vu, avait été arrêté à la requête du poëte et n'avait été relâché que sous caution ; il prétendait à des dommages et intérêts pour cette incarcération aussi arbitraire qu'injurieuse, sans détriment des frais occasionnés par le protêt des lettres de change ; mais le tribunal déclara que le défendeur, ayant donné lieu à ce que le demandeur requît le cautionnement, et au besoin l'arrestation préventive, il était pour ces causes débouté de sa requête. Pour faire naître un embarras de plus,

---

1. Ferdinand Klein, *Annalen der Gesetzgebung* (Berlin, 1790), t. V, p. 269, 270.
2. *Cod. Freid.*, partie III, titre 31, paragraphe 8.

Abraham avait déclaré les bijoux substitués ou changés; et il fut reçu, au cas où il persisterait dans sa prétention, à en fournir la preuve [1]. On sait déjà le peu d'accueil fait à cette accusation de vol de l'anneau que Hirsch avait au doigt et que le poëte lui aurait enlevé de force. Le témoin, à la bonne foi duquel il s'en était rapporté, avait déclaré que Voltaire ne l'avait pris que du consentement du défendeur. Le poëte était d'ailleurs physiquement incapable de venir à bout d'un pareil acte de violence à l'égard d'un homme plus jeune et assurément plus robuste, qui n'avait pour défendre sa bague qu'à fermer la main. Hirsch savait bien que l'affaire était bonne, même après l'abandon de l'anneau, et sans doute fut-ce de sa part une de ces résistances molles qui équivalent à un acquiescement. Les experts appelés pour vérifier sa signature, obtinrent de rémunération six thalers à sa charge, ce qui faisait, avec les dix thalers d'amende pour avoir renié son écriture, seize thalers qu'il eut à joindre à la moitié des frais, car les frais furent compensés « à cause de différentes circonstances douteuses » et du serment de purification qu'il restait à Voltaire à prêter.

1. Sur cela M. Ferdinand Klein fait cette remarque : « En ce qu regarde le point secondaire indiqué sous le n° 3, il est resté indécis si Voltaire s'est rendu coupable d'une substitution de bijoux, et, tant que ce point si désavantageux pour son honneur n'est pas résolu, il n'a pas lieu de se glorifier de la victoire. » *Annalen*, p. 251. Est-ce sérieux? et une assertion de Hirsch pouvait-elle avoir la moindre autorité, jusqu'à la preuve la plus évidente et la plus triomphante? Oublie-t-il que Hirsch s'est ôté tout droit à être cru sur parole? D'ailleurs, ce qui nous semble clore le débat, cette preuve, ne l'eût-il pas donnée, si cela eût été en son pouvoir?

Le jugement fut communiqué aux parties, le 18 février (1751)[1]. Le juif avait été débouté sur tous les points, sa mauvaise foi notoire était consacrée par les considérants de l'arrêt; Voltaire, enfin, obtenait gain de cause, à la condition de déclarer sous serment qu'il n'avait apporté après coup aucun changement à la pièce du 19 décembre. On a dit qu'il demanda sur quel livre on le lui ferait prêter; et lorsqu'on lui répondit que ce serait sur la Bible : « Comment, s'écria-t-il, sur ce livre écrit en si mauvais latin! Si c'était Homère ou Virgile, encore passe! » Il a pu se permettre cette pasquinade, bien qu'au fond il n'eût pas trop sujet de rire. Mais ce qui suit prouve combien il faut se méfier des historiens les plus honnêtes, quand ils ne savent les faits que sur des traditions déjà anciennes. « Lorsqu'on lui observa, ajoute Thiébault d'après la chronique du temps, que s'il répugnait à prêter le serment lui-même, on le déférerait au juif : quoi! reprit-il, vous voulez que je m'en rapporte à ce misérable qui a crucifié Notre-Seigneur[2]! » Ces mots n'ont pu être dits, par la meilleure raison et que nous connaissons, c'est que, ne s'en fût-il pas rendu indigne, le juif n'eût point été admis au serment davantage.

Ce serment, Voltaire était tout disposé à le prêter,

---

1. Jugement publié le 18 février 1751. « Ad instantiam » du défendeur en personne, et « in assistentiâ » de son « mandatarii » conseiller aulique Kroll, « in præsentiâ » de « l'advocati » Geyss « nomine » du conseiller aulique Bell, comme du « mandatarii » du demandeur. Klein, *Annalen*, t. V, p. 261 à 264.

2. Dieudonné Thiébault, *Souvenirs de vingt ans de séjour à Berlin* (Didot, 1860), t. II, p. 355. Tout ce que raconte l'auteur des *Souvenirs* sur le procès de Voltaire avec Hirsch est plus ou moins erroné et ne pourrait qu'égarer.

comme il semble résulter de la lettre suivante du grand chancelier au président de Jariges.

J'ai voulu prier MM. le président de Jariges et conseiller intime Leuper de mettre à exécution le reste du jugement dans l'affaire Voltaire ; car je me trouve très-indisposé, et je pense beaucoup mieux employer mon temps. M. de Voltaire a présenté un mémoire désesperé (*desperates*) portant :

« Je jure que ce qui m'a été imposé dans la sentence est vrai, et je prie maintenant de faire estimer les bijoux. »

J'ai renvoyé le mémoire afin qu'il le fasse signer par un avocat.

Berlin, le 20 février 1751.   COCCEJI.

Nous disions plus haut que Voltaire n'avait pas trop envie de rire. Sa situation, en effet, n'était rien moins que plaisante. Ce procès avait eu le retentissement le plus déplorable, non-seulement à Berlin mais encore en France, à la cour, où l'on était loin de lui avoir pardonné sa défection et sa fugue en Prusse. Nous lisons dans les *Mémoires du marquis d'Argenson*, à la date du 12 janvier : « Le roi a dit à son lever que *Voltaire* étoit chassé de Prusse pour avoir agioté sur la *Steuer*, sur des billets que Sa Majesté prussienne faisoit payer à de pauvres officiers. Voltaire en avoit acheté pour des sommes considérables et s'en étoit fait payer. Ce grand poëte est toujours à cheval sur le Parnasse et sur la rue Quincampoix [1]. » Si Louis XV était inexactement renseigné, ce qui demeurait véritable c'était le sérieux mécontentement de Frédéric, qui avait déclaré nettement qu'il ne le reverrait qu'après la conclusion du procès :

---

1. Marquis d'Argenson, *Mémoires* (Jannet), t. IV, p. 8, 9.

jusque-là, Voltaire était privé de la présence réelle.
« Frère Voltaire est ici en pénitence, écrit l'auteur de
la *Henriade* à la margrave de Bayreuth, il y a un
chien de procès avec un juif et, selon la loi de l'Ancien
Testament, il lui en coûtera encore pour avoir été
volé [1].. » Mais la margrave était déjà allée aux renseignements près de son frère, qui lui répondait par une
lettre foudroyante.

> Vous me demandez ce que c'est que le procès de Voltaire,
> avec un juif. C'est l'affaire d'un fripon qui veut tromper un
> filou. Il n'est pas permis qu'un homme de l'esprit de Voltaire
> en fasse un si indigne abus. L'affaire est entre les mains de la
> justice, et dans quelques jours nous apprendrons par la sentence qui est le plus grand fripon des deux parties. Voltaire s'est
> emporté; il a sauté au visage du juif; il s'en est fallu de peu qu'il
> n'ait dit des injures à M. de Cocceji; enfin il a tenu la conduite
> d'un fou. J'attends que cette affaire soit finie pour lui laver la
> tête et pour voir si, à l'âge de cinquante six ans, on ne pourra
> pas le rendre, sinon raisonnable, du moins moins fripon [2].

Frédéric s'en explique, et sur le même ton, dans une
seconde épître à sa sœur, à la date du 2 février. Ce ne
sont pas, du reste, les seuls renseignements qui arrivèrent à celle-ci à l'endroit de Voltaire et de son procès.
La spirituelle margrave avait des amis qui se chargeaient de l'édifier sur ce qui se passait à la cour de
Berlin et de la mettre au courant des petits scandales
et des commérages du moment. Pollnitz était de ces
derniers; et nous avons mis la main sur une lettre

1. *Revue française* (1er novembre 1865), t. XII, p. 340. Lettre de
Voltaire à la margrave de Bayreuth; 30 janvier 1751.
2. *OEuvres de Frédéric le Grand* (Berlin, Preuss.), t. XXVII,
p. 199, 200. Lettre de Frédéric à la margrave de Bayreuth; le
22 janvier 1752 (lisez : 1751).

autographe de l'étrange baron, où il entre dans les détails les plus piquants sur Voltaire, Cocceji, Algarotti, La Mettrie et Maupertuis. L'occasion ne saurait être meilleure pour donner un échantillon du tour épistolaire du personnage.

Votre Altesse roïale me demande des nouvelles de nos beaux esprits. Le chef de la bande est touiours exilé de la cour d'Auguste ; mais peut-être mieux traité dans sa disgrâce qu'Ovide dans sa faveur. Il continue d'être logé à Berlin au château, il est nourri, voituré déffraïé de tout, avec cela il a cinq mille écus de pension et iouit de la liberté de plaider contre israel, et de donner matière à bien des farces. Il ni a point de rimailleur qui n'exerce sa verve contre lui, lui même fait journellement quelque incartade. Il fut dernièrement trouver le Chancelier, auquel il dit qu'il venoit lui remettre des remarques qu'il avoit fait sur le Code de iustice que Son Excellence venoit de publier, et dans lequel il y avoit de grandes absurdités, particulièrement en ce qui regardoit les lettres de change. Le Chancelier témoigna lui savoir gré de ses remarques, lui promit d'en profiter pour l'avenir ; mais le pria de trouver bon que iusqu'au iugement de son procès les choses restassent sur l'ancien pied. Le poëte qui ne s'attendoit pas à être ainsi renvoïé, sortit fort en colère... moi qui suis comme les mineurs, qui ne peuvent point faire de lettre de change, ie n'ai point examiné l'article du Code qui en fait mention, et ie me suis contenté d'y trouver ce que personne n'ignoroit avant le Code, savoir que *l'autorité du père sur le fils cesse par la mort du père ou par la mort du fils.* C'est pourtant ce que M. le Chancelier nous a donné comme une pensée toute nouvelle[1]. Son fils, qui est ici dans les gardes, à qui ie fis remarquer il y a quelque tems cette absence de son père, me répondit plaisament que ie ne

---

1. Ce Code, traduit par Formey en français, sous le titre de *Code de Frédéric*, en un volume in-folio, n'était pas à l'abri de la censure des gens compétents, et laissait fort à désirer à beaucoup d'égards. « J'ai vu de très-habiles jurisconsultes, M. le président de Robeur, par exemple, critiquer amèrement plusieurs articles importants de ce Code, et même en démontrer l'inconvenance à Frédéric lui-même. » Dieudonné Thiébault, *Souvenirs de vingt ans de séjour à Berlin* (Didot, 1860), t. II, p. 95.

devois pas en être surpris puisque son père en composant le code prenoit le lait d'anesse. Ce jeune homme est plein d'esprit, et ne seroit pas indigne de faire sa cour à Votre Altesse roïale. La Mettrie qui l'instruit dans les mœurs et dans la religion, prétend qu'il a de la peine à modérer le feu de son imagination et assure qu'en peu il le réduira à avoir tous les vices des François sans en avoir les vertus [1]. Votre Altesse roïale daignera-t-elle me pardonner cette digression, ie m'écarte de mon but, ie voudrois l'amuser, et ie crains de l'ennuïer. Je viens au poëte, quelque hué et baffué qu'il soit, on commence à connoître que le juif a tort. On assure que tout sera jugé définitivement mercredi ou jeudi prochain, et que M. de Voltaire sortira de cette affaire couronné des mains de Thémis.

M. le comte Algarotti s'est enfin résolu de revenir à Potsdam. Les premiers iours il y a eu l'air d'un flagellé, on lui a parlé et il a commencé à balbutier, il ne tardera pas à reprendre son verbe. En attendant M. de Maupertuis tient le haut du pavé avec plus de modestie qu'on attendoit d'un homme, qui a été flaté de ce que M. Torres [2] lui a dit en pleine académie que la terre n'étoit pas assez grande pour contenir son mérite. Le marquis d'Argens file touiours auprès de son Omphale à Manton près de Monaco, il est touiours fort regretté et fort souhaité; mais ni sollicitations ni promesses ne peuvent ébranler sa philosophie. On dit pourtant qu'il pourra revenir vers la fonte des neiges, sans doute pour prêcher le carême. La Mettrie est tel que Votre Altesse roïale l'a laissé, désirant fort de lui faire sa cour. M. Darget est touiours mélancholique, fort attaché au roi et à son devoir, et dans ses heures de récréations il parle de se pendre [3]...

---

1. Il est à croire qu'avec de telles mœurs et de tels principes, le jeune Cocceji dut donner peu de satisfaction à son père, qui n'était pas heureux en fils. Un frère de celui-ci, ayant le titre de conseiller privé, désespérait, de son côté, ses parents en épousant, malgré eux, la fameuse Barberina, dont Frédéric avait été un instant amoureux, a-t-on dit. A l'époque même où nous sommes, le président poursuivait la nullité de ce mariage maisonnant. Voir, à ce sujet, la suite des fragments de mémoires sur Chasot, que nous avons déjà cités, p. 239, 251.

2. Peut-être le naturaliste Della Torre, qui était correspondant de Académie de Berlin.

3. *Lettre autographe du baron de Pollnitz* à la margrave de Bayreuth; à Potsdam, ce 13 février 1751.

Soit qu'elle soupçonnât quelque exagération dans les récits furibonds de Frédéric, et que des renseignements plus récents de Pollnitz eussent sensiblement allégé le poids des charges, soit que son admiration la prédisposât à beaucoup d'indulgence, la princesse, dans sa réponse à la lettre du poëte, est aimable, gracieuse, et se borne à plaisanter « frère Voltaire » sur son étrange aventure. « Vous me mandez des choses bien extraordinaires : Apollon est en procès avec un juif! Fi donc! Monsieur, cela est abominable. J'ai cherché dans toute la mythologie, et n'ai trouvé ombre de plaidoyer dans ce goût au Parnasse... J'espère que votre israélite aura porté la peine de sa fourberie, et que vous aurez l'esprit tranquille [1]. » Si la margrave ne paraissait pas attacher une sérieuse importance aux prétendues friponneries de l'auteur de *Zaïre*, la disgrâce, qui tenait celui-ci à distance de Potsdam, ne lui avait pas davantage fermé l'intimité des princes ; et c'est dans sa ettre même à « sœur Guillemette, » qu'il parle du *Sydney* de Gresset, joué chez le prince Henri, et à la représentation duquel il assistait, non sans répulsion pour cette pièce lugubre et maussade. Il fallait, en tous cas, dissiper dans l'esprit du maître l'impression fâcheuse que cette affaire encore à juger lui avait aissée. Il convient qu'il n'a que ce qu'il mérite, qu'il s'est conduit comme un enfant, comme un étourneau, comme une tête sans cervelle. Il n'en est pas à s'en repentir, à en faire son *meâ culpâ*, et donnerait tout pour ne s'être pas empêtré dans un méchant pro-

---

1. Voltaire, *OEuvres complètes* (Beuchot), t. LV, p. 565. Lettre de la margrave de Bayreuth; le 18 février 1751.

cès avec un méchant juif, auquel il n'y avait pas grand honneur à démontrer qu'il était un voleur.

Sire, eh bien ! Votre Majesté a raison, et la plus grande raison du monde ; et moi, à mon âge, j'ai un tort presque irréparable. Je ne me suis jamais corrigé de la maudite idée d'aller toujours en avant dans toutes les affaires, et quoique persuadé qu'il y a mille occasions où il faut savoir perdre et se taire, et quoique j'en eusse l'expérience, j'ai eu la rage de vouloir prouver que j'avais raison contre un homme avec lequel il n'est pas permis d'avoir raison. Comptez que je suis au désespoir, et que je n'ai jamais senti une douleur si profonde et si amère. Je me suis privé de gaieté de cœur du seul objet pour qui je suis venu, j'ai perdu des conférences qui m'éclairaient et qui me ranimaient, j'ai déplu au seul homme à qui je voulais plaire [1]...

Ces aveux sont sincères, ils doivent l'être ; au moins portent-ils sur celui de tous ses défauts qui sera le plus funeste à cet homme vain, passionné, se livrant aveuglément et follement à son premier mouvement. « Je ne me suis jamais corrigé de la maudite idée d'aller toujours en avant dans toutes les affaires ! » C'est lui qui le dit, au fort du dépit, et dans tout l'embarras que lui causent sa précipitation, ses imprudences, sa nature irritable et emportée. S'il ne spécifie rien, il nous serait aisé, à nous autres qui connaissons sa vie, de noter ces affaires auxquelles il fait allusion sans les nommer, et que, du reste, Frédéric saura rappeler dans la lettre froide et dure que nous allons reproduire.

---

1. Voltaire, *OEuvres complètes* (Beuchot), t. LV, p. 559, 560. Lettre de Voltaire à Frédéric.

IV

LESSING. — VOLTAIRE AU MARQUISAT. — MADAME DENIS.
DÉBUTS DE LEKAIN. — MORT DE LA METTRIE.

Voltaire avait obtenu un arrêt qui lui donnait gain de cause, mais avec une clause restrictive qui laissait tout en suspens. Il n'avait, il est vrai, qu'à prêter le serment qui lui était imposé, et nous avons vu qu'il y était tout préparé, si l'on ne veut pas considérer qu'il en avait parfaitement fait déjà l'équivalent dans sa lettre *désespérée* au grand chancelier. Cependant il n'eût pas demandé mieux que d'entrer en arrangements. « Je rouvre ma lettre, écrit-il à Darget, pour vous dire ce qui s'est passé après la condamnation du juif; car il faut instruire son ami de tout. J'ai voulu tout finir généreusement, et prévenir la prisée juridique des diamants, qui prendra du temps, et qui retardera le bonheur de me jeter aux pieds du roi. M. le comte de Rottembourg sait tout ce que je sacrifiais pour la paix, qui est préférable à des diamants. J'ignore par qui le juif est conseillé; mais il est plus absurde que jamais. On lui a fait entendre qu'il devait s'adresser au roi, et que le roi casserait lui-même l'arrêt donné par son grand chancelier. Adieu, mon cher ami, on ne peut terminer cette affaire que par la plus exacte justice, conformément à l'arrêt rendu. La discussion tiendra un peu de temps; c'est un malheur qu'il faut encore essuyer. Il faudra encore quinze jours pour accomplir toute justice[1]. » Hirsch, aussitôt qu'on avait paru disposé à traiter à l'amiable, avait jugé que l'on avait ses raisons d'en finir, et, poussé sans doute aussi par les ennemis que le poëte s'était faits, il se montra difficultueux et arrogant. « Quoique j'aie gagné ce procès, écrivait Voltaire au roi, je fais offrir à ce juif de reprendre pour deux mille écus les diamants qu'il m'a vendus trois mille, afin de pouvoir me retirer dans la maison que Votre Majesté permet que j'habite auprès de Potsdam. » Et, plus loin dans la même lettre, comme si, dans l'intervalle, on lui eût transmis la réponse de la partie adverse : « il refuse, tout condamné qu'il est, les mille écus que je lui offre de gagner[2]. »

Cette obstination de Hirsch ne pouvait être qu'une manœuvre pour obtenir des conditions meilleures. Pourtant, sur sa propre demande, les deux contendants sont appelés en conciliation devant le conseiller intime Ulrich, le 26 février 1751. L'israélite arrivait avec ses propositions qu'il fit connaître tout d'abord, et que Voltaire, « pour sortir tout d'un coup de l'affaire, » selon les termes mêmes du procès-verbal, accepta avec une facilité qui dénotait son impatience d'en finir. Les clauses furent consenties et exécutées séance te-

---

1. Voltaire, *OEuvres complètes* (Beuchot), t. LV, p. 555. Lettre de Voltaire à Darget; Berlin, ce 30 janvier 1751.
2. *Ibid.*, t. LV, p. 572, 574. Lettre de Voltaire à Frédéric; février.

nante. « Et tout cela a été terminé, porte l'acte allemand, avant que le sabbat eût commencé; » à la pleine satisfaction d'Abraham Hirsch, qui eût sans doute désiré perdre ainsi tous ses procès.

Si l'on songe, remarque M. Klein, un Prussien médiocrement l'ami, ne l'oublions pas, du poëte français, si l'on songe que le demandeur exigeait trois mille thalers en vertu des documents mentionnés, et qu'il n'en obtint comptant que deux mille par cet arrangement; si l'on songe, en outre, que les bijoux qu'on lui laisse ne valaient, d'après l'estimation qui en est faite dans la quittance précitée, que huit cent quarante thalers, il en résulte que Voltaire, qui n'avait pas l'habitude de sacrifier Plutus aux Muses, subit une perte d'environ mille thalers. Et il faut ajouter à cela, que les bijoux dont il restait muni devraient encore être cotés à un chiffre bien au-dessous, s'il était vrai, comme il le prétendait, que le défendeur en eût exagéré la valeur [1].

Tout cela ne serait rien ou serait peu de chose, si ces concessions tardives n'eussent prêté à plus d'une interprétation malveillante. Cependant, en cédant à sa propre impatience, Voltaire n'avait fait qu'obéir aux conseils des gens qu'il croyait le plus ses amis. « Tout le monde me disait ici : Envoyez fa... f..... ce juif généreusement, après l'avoir confondu. Je l'ai fait, et à présent on dit : Pourquoi vous êtes-vous accommodé ? Mon ami, j'en ai usé avec une générosité sans exemple dans l'*Ancien Testament. Mea me virtute insolvo* [2]. » Une lettre de Frédéric, qui lui parvenait deux jours auparavant, avait peut-être été pour beaucoup dans cette résolution d'en terminer à tout prix.

1. Ferdinand Klein, *Annalen der Gesetzgebung* (Berlin, 1790), t. V, p. 253, 254.
2. Voltaire, *OEuvres complètes* (Beuchot), t. LV, p. 561. Lettre de Voltaire à Darget; à Berlin, samedi soir, 1751.

J'ai été bien aise de vous recevoir chez moi, lui écrivait le roi; j'ai estimé votre esprit, vos talents, vos connaissances, et j'ai dû croire qu'un homme de votre âge, lassé de s'escrimer contre les auteurs et de s'exposer à l'orage, venait ici pour se réfugier comme en un port tranquille; mais vous avez d'abord, d'une façon assez singulière, exigé de moi de ne point prendre Fréron pour m'écrire des nouvelles. J'ai eu la faiblesse ou la complaisance de vous l'accorder, quoique ce n'était pas à vous de décider de ceux que je prendrais en service. D'Arnaud a eu des torts envers vous; un homme généreux les lui eût pardonnés : un homme vindicatif, poursuit ceux qu'il prend en haine. Enfin quoique d'Arnaud ne m'ait rien fait, c'est par rapport à vous qu'il est parti d'ici. Vous avez été chez le ministre de Russie lui parler d'affaires dont vous n'aviez pas à vous mêler, et l'on a cru que je vous en avais donné la commission. Vous vous êtes mêlé des affaires de madame de Bentenck sans que ce fût certainement de votre département. Vous avez la plus vilaine affaire du monde avec le juif. Vous avez fait un train affreux dans toute la ville. L'affaire des billets saxons est si bien connue en Saxe, qu'on m'en a porté de graves plaintes. Pour moi, j'ai conservé la paix dans ma maison jusqu'à votre arrivée, et je vous avertis que, si vous avez la passion d'intrigues et de cabales, vous vous êtes très-mal adressé. J'aime des gens doux et paisibles, qui ne mettent point dans leur conduite les passions violentes de la tragédie : en cas que vous puissiez vous résoudre à vivre en philosophe, je serai bien aise de vous voir; mais si vous vous abandonnez à toutes les fougues de vos passions, et que vous en vouliez à tout le monde, vous ne me ferez aucun plaisir de venir ici, et vous pouvez tout autant rester à Berlin[1].

Cette lettre est un résumé de tout ce que Frédéric avait depuis longtemps sur le cœur. Il avait un instant sérieusement songé à charger Fréron de sa correspondance et de ses affaires littéraires; mais, à la première nouvelle, Voltaire avait poussé les hauts cris, et il avait

---

1. Voltaire, *Œuvres complètes* (Beuchot), t. LV, p. 579, 580. Lettre de Frédéric à Voltaire; Potsdam, 24 février 1751.

fallu lui sacrifier Fréron, comme on lui avait sacrifié d'Arnaud bientôt après. Si l'on s'y était résigné, c'est qu'entre eux et Voltaire l'hésitation n'était pas possible ; mais, tout en cédant, l'on avait gardé rancune au poëte de son despotisme. Passons. Voilà que Voltaire est accusé d'être allé chez le ministre de Russie traiter d'affaires dont il n'avait nulle mission de se mêler. A cela, il répond que s'il a vu M. Gross, c'est qu'il l'avait beaucoup connu à Paris, lorsqu'il occupait la même position auprès du cabinet de Versailles ; et il n'était allé chez lui que pour le prier de lui faciliter l'arrivée d'un ballot de livres et de cartes géographiques. « C'est 'unique fois que je lui ai parlé, et l'unique ministre que j'aie vu, et je peux assurer Votre Majesté que je n'en verrai aucun en particulier[1]. » On sait jusqu'à quel point Frédéric tenait à ce que ses officiers n'eussent aucuns rapports avec les ambassadeurs des puissances ; et nous l'avons vu, entre autres prescriptions, enjoindre à Pollnitz de ne jamais mettre le pied dans la maison d'un ministre étranger[2]. Mais Voltaire n'était-il allé chez Gross que pour lui recommander un simple envoi de France? Wagnière, dans ses notes sur le *Commentaire historique*, semble faire allusion à cette démarche, dont l'objet eût été tout différent, et qui, en dépit des bonnes intentions du poëte, était de nature à indisposer fort un souverain aussi ombra-

---

1. Voltaire, *OEuvres complètes* (Beuchot), t. LV, p. 572, 573. Lettre de Voltaire à Frédéric ; sans date, mais classée à tort par Beuchot, qui eût dû la mettre à la suite de la lettre du roi de Prusse, à laquelle elle fait incontestablement réponse.
2. *Œuvres de Frédéric le Grand* (Berlin, Preuss.), t. XX, p. 78. Lettre de Frédéric à Pollnitz ; Berlin, 24 juillet 1744.

geux que le roi de Prusse[1]. Pour madame de Bentinck, que celui-ci appelait la *Signora errante ed amabile*, c'était une pauvre femme d'humeur assez fantasque, quelque peu inconsidérée mais excellente, qu'il avait prise en amitié et en pitié et qui plaidait contre son mari, Guillaume de Bentinck, un comte du Saint-Empire. Elle n'avait que trop besoin d'être protégée, et l'auteur de la *Henriade* n'avait pas cru mécontenter en remettant ses suppliques[2]; mais c'est ce qu'il ne referait plus, puisque cette tentative avait été envisagée

[1]. « Il arriva aussi alors que ce monarque, donnant un bal chez la reine, y fit inviter tous les ambassadeurs, excepté celui de l'impératrice de Russie, avec laquelle il cherchait à se brouiller. Ce ministre n'y parut pas. M. *de Voltaire*, apprenant qu'il n'avait pas reçu d'invitation, et ne sachant pas que ce fût l'effet d'un oubli volontaire, alla de lui-même le lendemain matin chez l'ambassadeur, pour le prier de ne pas faire de cette aventure une affaire d'État, lui disant que le roi en était sûrement bien fâché. Le ministre rendit compte de tout à sa souveraine, et confia sa lettre à un juif qui partait pour Pétersbourg. Elle tomba entre les mains du roi, qui, voyant la démarche que M. *de Voltaire* avait faite sans son ordre, se mit en fureur contre lui... » Longchamp et Wagnière, *Mémoires sur Voltaire* (Paris, 1826), t. I, p. 36. Additions au *Commentaire historique*. Les choses pourraient bien ne s'être pas passées tout à fait ainsi, et nous nous garderons bien de garantir le récit de l'honnête Wagnière. Gross était rappelé par sa cour, et il n'est pas impossible que la même difficulté qui s'était élevée en France à l'égard de l'audience de congé se fût présentée également en Prusse. Voltaire, qui n'avait pas à s'ingérer dans tout cela, pour complaire à un homme qu'il avait beaucoup connu, oublia, peut-être aussi, qu'il n'était à Berlin que l'hôte et l'ami de Frédéric. Duc de Luynes, *Mémoires*, t. VII, p. 380, août 1746.

[2]. Il avait fait plus encore, bien qu'il n'en parle point. Il est plus explicite dans une lettre à d'Argental où il lui recommande avec chaleur la pauvre comtesse, et où il convient qu'il l'a engagée à prendre pour arbitre lord Tyrconnel et le secrétaire d'État des affaires étrangères de Prusse. Voltaire, *Lettres inédites* (Didier, 1857), t. I, p. 212, 213. Lettre de Voltaire à d'Argental; 25 décembre 1751.

d'un mauvais œil. Loin de regimber devant ces récriminations offensantes, le poëte courbe le dos ; il a mérité à beaucoup d'égards, sinon sur tous les points, les duretés dont on l'accable, il se frappe la poitrine et convient de ses torts. Qu'on l'écrase maintenant, s'il peut être de la générosité du maître de frapper un serviteur humilié et repentant.

> Sire, écrit-il à Frédéric le lendemain de l'arrangement définitif, toutes choses mûrement considérées, j'ai fait une lourde faute d'avoir un procès contre un juif, et j'en demande bien pardon à Votre Majesté, à votre philosophie, et à votre bonté. J'étais piqué, j'avais la rage de prouver que j'avais été trompé. Je l'ai prouvé, et après avoir gagné ce malheureux procès, j'ai donné à ce maudit hébreu plus que je ne lui avais offert d'abord, pour reprendre ces maudits diamants, qui ne conviennent point à un homme de lettres. Tout cela n'empêche pas que je ne vous aie consacré ma vie. Faites de moi tout ce qu'il vous plaira. J'avais mandé à Son Altesse madame la Margrave de Bareith, que frère Voltaire était en pénitence. Ayez pitié de frère Voltaire [1]...

A cette épître soumise, humble, câline, d'amoureux en disgrâce, le roi de Prusse répondait, le jour suivant, par quelques lignes où, tout en consentant à le recevoir et à passer l'éponge sur le passé, il donnait une dernière leçon de prudence et de sagesse un peu brutale, à cet écervelé, à cette tête évaporée de cinquante-sept ans bien sonnés.

> Si vous voulez venir ici, vous en êtes le maître. Je n'y entends parler d'aucun procès, pas même du vôtre. Puisque vous l'avez

---

[1] Voltaire, *OEuvres complètes* (Beuchot), t. LV, p. 574, 575. Lettre de Voltaire à Frédéric, ce samedi. Cette lettre est indubitablement du 27 février, qui est un samedi et le lendemain de la transaction définitive avec Abraham Hirsch.

gagné, je vous en félicite, et je suis bien aise que cette vilaine affaire soit finie. J'espère que vous n'aurez plus de querelles ni avec le *Vieux* ni avec le *Nouveau Testament*; ces sortes de compromis sont flétrissants, et avec les talents du plus bel esprit de France, vous ne couvririez pas les taches que cette conduite imprimerait à la longue à votre réputation. Un libraire Gosse (Jore), un violon de l'Opéra, un juif joaillier, ce sont en vérité des gens, dont, dans aucune sorte d'affaires, les noms ne devraient se trouver à côté du vôtre. J'écris cette lettre avec le gros bon sens d'un Allemand, qui dit ce qu'il pense, sans employer de termes équivoques et de flasques adoucissements qui défigurent la vérité; c'est à vous d'en profiter [1].

Ainsi se termina ce triste démêlé avec le juif Hirsch, démêlé sur lequel on raconta, en France et en Europe [2], cent fables plus ou moins ridicules, mais qui, toutes ou peu s'en fallait, s'accordaient à faire jouer le plus méchant rôle à Voltaire. Cela donna lieu, entre autres plaisanteries à une comédie, *Tantale en procès*, insérée dans les *OEuvres posthumes de Frédéric II*, comme étant le fait du roi de Prusse [3]. Le poëte y était représenté sous le nom d'Angoule-Tout, le père Hirsch et son fils Abraham sous ceux d'Ismaïl et de Rabin. Rien de plus plat, de plus inepte que cette facétie, dont le véritable auteur était un certain Potier, bibliothécaire

---

1. Voltaire, *OEuvres complètes* (Beuchot), t. LV, p. 580. Lettre de Frédéric à Voltaire; Potsdam, du 28 février 1751.

2. Sauf quelques inexactitudes, les extraits de deux lettres écrites au marquis de Valori, l'une à la date du 26 janvier 1751 et l'autre à celle du 9 avril suivant, et reproduites par Collé, sont un historique assez circonstancié et assez fidèle de cet étrange procès. *Journal* (Paris, 1805), t. I, p. 355 à 359.

3. *OEuvres posthumes de Frédéric II* (Berlin, 1789), t. I, p. 348 et suiv. *Tantale en procès*, comédie.

du margrave Charles[1]. Mais enfin Voltaire y était bafoué, vilipendé; l'on pouvait être indulgent sur le reste. Si l'opinion fut loin de lui être favorable, des esprits calmes, sans parti pris, nous le représentent comme l'objet de l'exploitation de l'honnête israélite[2]. On sait désormais quelles accusations l'on peut porter contre l'auteur de la *Henriade*, qui, en fait d'agio et d'entreprises de finances, à l'exemple de son temps et de ses contemporains, avait peu de scrupules. Frédéric en avait-il beaucoup plus? Chaque société, chaque peuple a sa morale propre, selon ses besoins et ses intérêts; une morale fort élastique, qui permet, souffre tout au moins, ce que réprouve la morale absolue.

1. L'abbé Dénina, *la Prusse littéraire sous Frédéric II* (Berlin, 1791), t. III, p. 165, 166. Mérian écrivait, à cet égard, à Charles Bonnet : « Après la mort du roi, on publia dans ses œuvres une facétie intitulée *Tantale en procès*. Cette platitude n'était point de lui, mais d'un bouffon du margrave Charles, nommé Potier. Ce bouffon jouait le premier jour de chaque mois devant Son Altesse royale une soi-disant comédie de sa composition, où il faisait seul tous les rôles, et qui roulait sur les événements du temps. Celle-ci étant jouée lors du procès édifiant entre les deux juifs Hirsch et Voltaire (Mérian avait ses raisons de ne pas aimer le poëte), excita quelque attention, vu surtout que le poëte-bouffon contrefaisait à merveille la voix et les grimaces de Voltaire. On la lui fit répéter dans des maisons particulières pour de l'argent; et j'ai moi-même assisté à une représentation de cette farce. Comme il en donnait aussi des copies en se les faisant payer, elle sera parvenue de cette façon dans le portefeuille de M. Darget, dont les héritiers auront été bien aises de vendre toute leur provision littéraire sous un nom qui en renchérissait bien le prix. Il en sera de même de je ne sais combien de pièces mises sur le compte du roi Frédéric. » Lettre de Mérian à Bonnet (Manuscrits de la bibliothèque de Genève), reproduite par M. Sayous, dans le *Dix-huitième siècle à l'étranger* (Amyot, 1861), t. II, p. 244.

2. Longchamp et Wagnière, *Mémoires sur Voltaire* (Paris, 1826), t. II, p. 311. Lettre de M. Marschall, conseiller privé du roi de

Que de choses tolérées, pratiquées il y a cent ans, par les plus honnêtes gens, et qui seraient, à l'heure qu'il est, purement et simplement des actes de brigandages ! L'on parle des traitants ? Qui ne l'était pas, un peu plus un peu moins ? Qui ne trempait point dans ces tripotages insondables dont la seule pensée soulève de dégoût ? Est-ce que les grands seigneurs, est-ce que les généraux d'armée n'avaient pas leur part faite dans les soumissionnements des fournitures ? Est-ce qu'un renouvellement de bail de fermier général avait lieu sans d'énormes, de monstrueux pots-de-vin, toujours consentis par le financier, qui, en fin de compte, savait bien sur qui il aurait recours ? Voltaire est un enfant de la Régence, avec les financiers desquels il avait commencé sa fortune ; c'est un ami du maréchal de Richelieu, dont les pillages firent scandale à une époque cependant si accommodante en pareille matière. Le moyen qu'il ne considérât pas comme fort licites des spéculations que tout le monde se permettait, chacun dans le rayon de son activité et de son influence ? Il

Prusse, à l'abbé Danès, docteur en droit à Paris ; de Berlin, le 23 février 1751. Voici, du reste, ce qu'on lisait dans la *Gazette de Hollande* du 12 mars 1751 (n° XXI) : « De Berlin, le 2 mars. Comme plusieurs papiers publics ont parlé du procès de M^r. de Voltaire, chambellan et historiographe du roi, contre le juif Hirsch, on a cru devoir apprendre au public que ce procès vient d'être jugé définitivement en faveur de M^r. de Voltaire, et que ledit juif a été condamné en tous points, et mis à l'amende pour avoir voulu désavouer sa propre écriture : ce jugement paroit également équitable et agréable à ceux qui s'intéressent à la gloire des personnes qui se sont rendües aussi illustres au *Parnasse* et dans la république des lettres que l'a fait M^r. de Voltaire, qui se voit par cette sentence au-dessus de ce que la malignité et l'envie ont répandu contre lui par une fatalité attachée, ce semble, au mérite et aux talens supérieurs. »

était en Prusse : mais en Prusse l'on n'était ni plus austère ni plus intègre qu'en France; et Frédéric, après une longue et laborieuse enquête, convenait que les fournisseurs de ses armées, les gens d'affaires qu'il employait, n'étaient pas moins avides, moins âpres à la curée que partout autre part. Voltaire, se sentant protégé, crut pouvoir user de la faveur grande dont il jouissait, pour en tirer, au point de vue de sa fortune, le parti le plus avantageux. Bien que tout cela n'eût rien de fort louable, il serait sans doute rigoureux d'estimer la moralité de ces actes à la mesure de la conscience moderne. Ce n'est pas tout, il est vrai, et l'altération de la facture du juif aurait à coup sûr une autre gravité, s'il n'y avait pas à rechercher dans le fait les circonstances, le temps et le but. Devant l'incertitude du travail des experts, les magistrats n'osèrent se prononcer, et leur hésitation est déjà un blâme. Il est à observer, en définitive, que, dans le cours des débats, Abraham lui-même sembla accepter cette estimation nouvelle à laquelle le poëte attachait une si grande importance. Tout aboutit donc, en poussant à l'extrême, à une falsification sans doute injustifiable, mais qui n'était menaçante pour la partie adverse, qu'en cas de vente déloyale, puisqu'en toute hypothèse c'était l'arbitrage d'experts nommés d'office par les juges que souhaitait et requérait Voltaire.

L'auteur des *Lettres philosophiques,* durant son exil à Londres, s'était appliqué à l'étude de la langue anglaise; et, quoi qu'on ait dit, il la parlait et l'écrivait assez correctement. Il savait bien qu'il serait récompensé de sa peine par la lecture des penseurs et des poëtes et par la conversation des personnages considérables de ce grand pays. Mais pourquoi eût-il appris la langue allemande et quel profit eût-il tiré d'un travail aussi long qu'ingrat? « Je me trouve ici en France, écrivait-il au marquis de Thibouville, on ne parle que notre langue. L'allemand est pour les soldats et pour les chevaux ; il n'est nécessaire que pour la route [1]... » Il en dit autant à d'Argental : « N'allez pas croire que j'apprenne sérieusement la langue tudesque ; je me borne prudemment à savoir ce qu'il en faut pour parler à mes gens, à mes chevaux. Je ne suis pas d'un âge à entrer dans toutes les délicatesses de cette langue si douce et si harmonieuse; mais il faut savoir se faire entendre d'un postillon [2]. » On pardonnera cette irrévérence à l'égard d'une langue encore sans littérature et sans maîtres, pour laquelle Frédéric lui-même ne cachait ni son éloignement ni son mépris. Si nos poëtes, nos écrivains s'imposaient à la presque totalité de l'Allemagne, si la langue française était la seule qu'on parlât à Berlin, à la cour et parmi les honnêtes gens, ce n'était pas sans qu'il en coûtât au sentiment national, et qu'il ne s'élevât même de généreuses protestations. Dès 1722, Bodmer avait essayé avec Breitinger, comme lui de Zurich, de jouer le double rôle

---

1. Voltaire, *Œuvres complètes* (Beuchot), t. LV, p, 499. Lettre de Voltaire à Thibouville; à Potsdam, ce 24 novembre 1750.

2. *Ibid.*, t. LV, p, 522. Lettre de Voltaire à d'Argental; à Potsdam, le 28 novembre 1750. — Voltaire disait aussi, de la langue et des écrivains : « Qu'il leur souhaitait plus d'esprit et moins de consonnes, » Villemain, *Tableau de la Littérature au dix-huitième siècle* (Didier, 1852), t. III, p. 326. Lessing devait plus tard réaliser, à ses dépens, la moitié de ce souhait-là. Les consonnes, il est vrai, sont restées.

de libérateur et de réformateur; mais ces tentatives n'avaient abouti qu'à susciter des rivalités de personnes, une sorte de guerre civile entre les partisans de Bodmer et ceux du grammairien Gottsched, entre l'*École des Suisses* et les *Gottschediens ;* et il ne faudra guère moins de cinquante ans et les efforts infatigables d'un écrivain d'une tout autre trempe pour préparer et amener ce complet affranchissement, dont les trois premiers chants de la *Messiade*, parus dès 1748, dans les *Bremische Beyträge*, avaient été l'aurore.

Voltaire estimait qu'il saurait juste assez d'allemand aussitôt qu'il pourrait se faire comprendre d'un postillon; quelque chose de plus ne lui eût pas été nuisible et lui eût été même d'un grand secours, en une circonstance où il vaut toujours mieux faire ses propres affaires qu'en confier le soin à d'autres. Familiarisé, de vieille date, avec les routines et le langage de la chicane, le poëte avait rédigé ses mémoires contre Hirsch ainsi que les notes et les pièces propres à éclaircir cet obscur procès. Mais, à Berlin, Thémis rendait ses arrêts en allemand, et, pour être compris, il fallait que Voltaire parlât allemand à ses juges. Son secrétaire eut donc ordre de chercher un traducteur. Avant d'entrer à son service, Richier était professeur de langue française; il s'était lié avec un jeune Allemand, depuis peu de temps à Berlin, et les deux amis s'aidaient mutuellement dans l'étude de leurs idiomes respectifs. Le dernier, très-pauvre, très-dénué, habitait une très-petite chambrette, au second étage d'une très-petite maison, près du cimetière de Nicolaï, qu'il partageait même avec un compatriote du nom de Neumann[1]. Il était tout naturel que le secrétaire de Voltaire, qui savait l'état précaire de son ami, songeât à lui de préférence : l'offre, d'ailleurs, ne pouvait être que bien accueillie ; tout en assurant pour quelque temps son existence, elle satisfaisait l'un des désirs les plus ardents de celui-ci en l'introduisant auprès du célèbre écrivain. Ce jeune homme de vingt-deux ans, qui, plus tard, devait jouer un rôle si considérable dans la littérature de son pays, mais alors obscur et parfaitement inconnu, était Lessing. Pour nous, qui sommes au fait de la révolution littéraire dont il sera l'actif et passionné coryphée, n'y a-t-il pas quelque chose de providentiel dans le hasard étrange qui met en rapport ces deux hommes si différents par les idées, par les tendances et le but ; car, pour la trempe de l'esprit, l'analogie est frappante ?

Lessing est donc introduit chez l'auteur de la *Henriade*, alors installé au château royal, dans les appartements de la tour. Voltaire, qui avait plus d'une affaire, prit peu d'attention au modeste traducteur ; et, la besogne terminée, apparemment l'eût-il vite oublié sans une circonstance qui, durant quelques jours, le rappela nerveusement à la pensée du poëte. Lessing commença par le respect et l'admiration ; il savait que le *Siècle de Louis XIV* venait d'être achevé, il insista, pressa tellement, que Richier, cédant à ses importunités, lui confia pour la parcourir la première partie de l'ou-

---

[1]. Cette maison, qui porte aujourd'hui le n° 10, a été reconstruite depuis quelques années. La physionomie en a été conservée, dans un dessin qu'elle a fait graver, par une famille amie de Lessing, les David Friedlaender.

vrage, sans prévoir les terribles conséquences d'une indiscrétion qu'ils regardaient, l'un et l'autre, comme très-vénielle. Encore Lessing eût-il dû être plus circonspect; mais il eut la faiblesse d'admettre dans la confidence un ami qui ne sut pas se taire, et fit si bien que Voltaire apprit que son exemplaire courait les champs. On s'imagine aisément sa fureur, son agitation, presque son désespoir. Il appelle l'imprudent secrétaire, lui fait subir un long interrogatoire, auquel ce dernier répond du mieux qu'il peut. Malheureusement, Lessing avait quitté Berlin, et, qui pis est, emporté le *Siècle de Louis XIV* avec lui. « Alors, nous dit son historien, éclata la colère de Voltaire. Il accabla Richier des injures les plus basses, il l'accusa d'avoir volé l'ouvrage pour le faire traduire et même imprimer par Lessing. Il l'obligea à écrire sur le champ à son ami une lettre insultante dont il lui dictait les termes, lettre dans laquelle Richier lui redemandait le livre qu'il avait emporté; et puis il chassa le malheureux jeune homme de son service. » Cette lettre, qu'on nous dit si offensante, et qui avait au moins le droit d'être sévère, ne s'est pas retrouvée. En revanche, nous avons la réponse de Lessing à Richier, en lui retournant les feuilles qu'il lui avait si étourdiment emportées. Cette lettre est en français; elle s'adressait infiniment plus, en réalité, au poëte qu'au secrétaire. On ne sera pas fâché d'avoir du français de Lessing, et, quoique un peu longue, nous la reproduirons intégralement :

Vous me croyez donc coupable, monsieur, d'un tour des plus traîtres? et je vous parois assez méprisable pour me traiter comme un voleur, qui est hors d'atteinte? on ne lui parle raison, que parce que la force n'est pas de mise.

Voilà l'exemplaire dont il s'agit. Je n'ai jamais eu le dessein de le garder. Je vous l'aurois même renvoyé sans votre lettre, qui est la plus singulière du monde. Vous m'y donnez des vues, que je n'ai pas. Vous vous imaginez que je m'étois mis à traduire un livre, dont M. Henning a annoncé, il y a longtems, la traduction, comme étant déjà sous presse. Sachez, mon ami, qu'en fait des occupations littéraires, je n'aime pas à me rencontrer avec qui que ce soit. Au reste, j'ai la folle envie de bien traduire, et, pour bien traduire Mr. de Voltaire, je sais qu'il se faudroit donner au diable. C'est ce que je ne veux pas faire. — C'est un bon mot que je viens de dire : trouvez-le admirable, je vous prie ; il n'est pas de moi. — Mais, au fait, vous vous attendez à des excuses, et les voilà. J'ai pris sans votre permission avec moi, ce que vous ne m'aviez prêté qu'en cachette. J'ai abusé de votre confiance, j'en tombe d'accord. Mais est-ce ma faute si contre ma curiosité ma bonne foi n'est pas la plus forte? En partant de Berlin, j'avois encore à lire quatre feuilles. Mettez-vous à ma place, avant que de prononcer contre moi. Mr. de Voltaire pourquoi n'est-il pas un Limiers ou un autre compilateur, les ouvrages desquels on peut finir partout, parce qu'ils nous ennuyent partout? Vous dites dans votre lettre : Mr. de Voltaire ne manquera pas de reconnaître ce service, qu'il attend de votre probité. Par ma foi voilà autant pour le brodeur. Ce service est si mince et je m'en glorifierai si peu, que Mr. de Voltaire sera assez reconnaissant, s'il veut bien avoir la bonté de l'oublier. Il vous a fait beaucoup de reproches, que vous ne méritez pas? j'en suis au désespoir ; dites lui donc que nous sommes amis, et que ce n'est qu'un excès d'amitié qui vous a fait faire cette faute, si c'en est une de votre part. Voilà assez pour gagner les pardons d'un philosophe, etc. [1].

A défaut de la lettre de Voltaire, qui ne nous est pas parvenue, la réponse de Lessing à Richier nous édifie assez sur sa teneur pour que nous soyons en

---

1. Adolf Stahr, *Lessing. Sein Leben und Seine Werke.* (Berlin, 1864), p. 101.

droit de refuser à cette épître, plus éplorée qu'agressive, c'est à croire, le caractère insultant que lui attribue M. Stahr. Quant à Lessing, il le prend sur un ton léger et badin, qu'il peut penser très-français, mais qui n'est point ici à sa place. Il n'a pas prévu tout d'abord les suites de son étourderie; mais l'anxiété manifeste de l'auteur du *Siècle de Louis XIV* a dû suffire pour lui en faire sentir la gravité ; et n'eussent été que les conséquences qui en pouvaient résulter pour son ami, il eût dû regretter d'être la cause de tout cet émoi. Disons, en outre, qu'il ne se pressa pas trop de tranquilliser son monde; au moins, se passa-t-il un courrier sans qu'on entendît parler de lui. On connaît Voltaire, on sait quel chemin faisait son imagination en quelques heures, et jusqu'à quel degré d'exaltation pouvaient aller des craintes d'ailleurs très-fondées et très-légitimes, quoi qu'en dise l'auteur de la vie de Lessing. M. Stahr trouve étrange que Voltaire ne soit pas de prime abord convaincu de l'innocence de Richier. Eût-ce donc été la première infidélité de ce genre dont il eût eu à se plaindre de la part de serviteurs qu'il pensait scrupuleux et délicats? Est-ce que le prédécesseur même de Richier n'avait pas été chassé pour avoir livré au prince Henri une copie de la *Pucelle*[1]? Est-ce qu'enfin, quelques mois plus tard, madame Denis ne faisait pas, auprès du lieutenant de

---

1. « Ce grand flandrin de Tinois n'a pas résisté aux prières et aux présents du prince Henri, qui mourait d'envie d'avoir *Jeanne* et *Agnès* en sa possession. Il a transcrit le poëme, il a livré mon sérail au prince Henri pour quelques ducats. J'ai chassé Tinois; je l'ai renvoyé dans son pays. » Voltaire, *OEuvres complètes* (Beuchot), t. LV, p. 536. Lettre de Voltaire à madame Denis ; Berlin, le 3 janvier 1751.

police, des démarches pour recouvrer les manuscrits dérobés par notre Longchamp[1]? Voltaire ne simule pas des appréhensions qu'il n'a point; il n'est que trop réellement alarmé sur le sort de son livre; et, à notre sens, ce n'est pas sans cause. Sait-il même au juste où relancer le fugitif, dans le cas où il ne s'exécuterait pas de bonne grâce? L'adresse seule de la lettre qui va suivre prouve l'incertitude sur laquelle il est de la direction que Lessing a prise[2]. M. Stahr appelle l'inquiétude du poëte une inquiétude pusillanime; cela lui est facile à dire. A l'heure qu'il est, nous connaissons la nature honnête et droite de l'auteur de la *Dramaturgie*; nous conviendrons qu'il était parfaitement incapable du procédé le moins équivoque. Mais on ne peut pas faire un crime à Voltaire de n'avoir pas deviné tout cela dans ce jeune homme de vingt-deux ans, qui courait le monde avec son *Siècle*.

Quoi qu'il en soit, le poëte éperdu prendra lui-même la plume, et, quel que soit le fond de sa pensée, il saura ménager le coupable et lui laisser ouverte la voie du repentir, tout en lui faisant sentir la gravité de l'imprudence qu'il a commise :

On vous a déjà écrit, monsieur, pour vous prier de rendre l'exemplaire qu'on m'a dérobé, et qu'on a remis entre vos

---

[1]. Voltaire. *OEuvres complètes* (Beuchot), t. I, p. 368, 369, 370; avril et mai 1751. — Longchamp et Wagnière, *Mémoires sur Voltaire* (Paris, 1826), t. II, p. 345 à 349. Lettre de Longchamp à Voltaire; ce 30 mars 1852.

[2]. Voici l'adresse : « A Monsieur, Monsieur Lessing, candidat en médecine à Vittenberg. Et, s'il n'est pas à Vittenberg, renvoyez à Leipzig pour être remis à son père, ministre du St Évangile, à deux milles de Leipzig, qui saura sa demeure. »

mains. Je sais, qu'il ne pouvait être confié à un homme moins capable d'en abuser, et plus capable de le bien traduire. Mais comme j'ai depuis corrigé beaucoup cet ouvrage, et que j'y ai fait insérer plus de quarante cartons, vous me feriez un tort considérable de le traduire dans l'état où vous l'avez. Vous m'en feriez un beaucoup plus grand encore de souffrir qu'on imprimât le livre en français; vous ruineriez Mr. de Francheville, qui est un très-honnête homme, et qui est l'éditeur de cet ouvrage. Vous sentez qu'il serait obligé de porter ses plaintes au public et aux magistrats de Saxe. Rien ne pourrait vous nuire davantage et vous fermer plus irrévocablement le chemin de la fortune. Je serais très-affligé, si la moindre négligence de votre part, dans cette affaire, mettait Mr. de Francheville dans la cruelle nécessité de rendre ses plaintes publiques. Je vous prie donc, monsieur, de me renvoyer l'exemplaire qu'on vous a déjà redemandé en mon nom; c'est un vol qu'on m'a fait. Vous avez trop de probité pour ne pas réparer le tort que j'essuie. Je serais très-satisfait que non-seulement vous traduisiez le livre en allemand, mais que vous le fassiez paraître en italien, ainsi que vous l'avez dit au précepteur des enfants de Mr. de Schulembourg. Je vous renverrai l'ouvrage entier, avec tous les cartons et tous les renseignements nécessaires, et je récompenserai avec plaisir la bonne foi avec laquelle vous m'aurez rendu ce que je vous redemande. On sait malheureusement dans Berlin, que c'est mon secrétaire Richier qui a fait ce vol. Je ferai ce que je pourrai pour ne pas perdre le coupable; et je lui pardonnerai même en faveur de la restitution que j'attends de vous. Ayez la bonté de me faire tenir le paquet par les chariots de poste, et comptez sur ma reconnaissance, étant entièrement à vous [1].

Dans la position fausse où il s'était mis sans y songer, nous le voulons bien, Lessing était-il en droit d'attendre une lettre plus polie à la surface, si le fond de la pensée n'en perçait pas moins sous ces ménage-

[1]. Cette lettre a été reproduite par l'*Athenæum* de 1854, p. 875. M. Stahr ne donne pas de quantième; c'est que sans doute la lettre n'était pas datée. Le recueil français a date du 1ᵉʳ janvier 1750. C'est là une erreur manifeste, quant à l'année. Cette lettre est de l'année 1751.

ments. Ce jeune homme qui est aux prises avec les difficultés de la vie, aura entrevu un bénéfice assuré dans la traduction d'un livre qu'allait se disputer l'Europe ; s'il a emporté cet exemplaire, nul doute que ce ne soit pour le traduire. Encore une fois, Voltaire était dans la vraisemblance ; et il se croit si bien dans les mains de Lessing, que, pour l'amener à lui renvoyer l'ouvrage, il va jusqu'à prendre l'engagement de le lui retourner, quand cela se pourra sans léser les intérêts de M. de Francheville. Mais, qui nous assure que Lessing, un instant, n'ait pas eu l'idée de le traduire en allemand et même en italien ? Au moins, est-il difficile d'admettre que Voltaire ait inventé le propos tenu au précepteur des enfants de M. de Schulembourg ? Ce n'est pas à un tiers qu'il écrit et à qui il veuille imposer, c'est à Lessing lui-même, et dans une lettre qui ne s'adresse qu'à lui. A nos yeux, comme aux yeux de quiconque voudra envisager les choses sans passion, Lessing pouvait recevoir de celui qu'il avait si sérieusement inquiété des plaintes plus amères ; cette lettre, extérieurement polie et bienveillante, mais où la défiance et le soupçon n'étaient que trop apparents, ne lui en inspira pas moins un profond et implacable ressentiment contre l'auteur de la *Henriade*. Il se mit à griffonner, *ab irato*, une épître en latin, qui n'a pas été retrouvée, et dont il disait plus tard à Richier : « Que Voltaire ne l'aura certes pas affichée à la fenêtre. » Mais des injures ne changent rien au fond des choses et ne pouvaient qu'aggraver les torts. Ce qui rendra plus excusable un emportement, dont il avoue lui-même l'excès, c'est l'impression fâcheuse que son étourderie, bientôt éventée, laissa sur son compte. On répandit le bruit dans Berlin, que la fuite seule l'avait garanti de répressions méritées; et son ami Mylius lui mandait à Würtemberg : « Votre affaire avec Voltaire a fait une grande sensation. Vous êtes plus connu depuis votre départ, que vous ne l'étiez pendant votre séjour ici. » Le roi n'avait pas ignoré l'aventure; il en garda même un souvenir défavorable, qui ne se dissipa jamais dans son esprit prévenu. Et tout cela fit que Lessing voua au poëte français une haine éternelle que ne devaient pas assouvir quelques épigrammes plus ou moins acérées [1].

Retranchez de sa vie cette aventure regrettable, et son talent prenait peut-être une tout autre voie. Au

---

1. D'abord celle-ci, intitulée *Le Poëte avare* : « Vous demandez pourquoi Semire est un riche avare? Semire, le poëte? Lui que lit, que lira la postérité. — Parce que, d'après l'arrêt funeste du destin, chaque poëte est condamné à vivre dans l'indigence. » Après la mort de Lessing, on trouva, parmi ses papiers, une feuille sur laquelle on lisait, à l'occasion d'une fable de Phèdre : « La morale réelle est celle-ci, que c'est une affaire très-délicate de vider un différend où les deux parties sont reconnues fourbes. Ainsi, par exemple, dans le procès qu'avaient ici Voltaire et le juif Hirsch, il y a quelques années, on aurait fort bien pu dire au juif :

Tu non videris perdidisse quod petis!

et à Voltaire :

Te credo surripuisse, quod pulchre negas!

Et cette dernière épigramme publiée également dans les *OEuvres de Lessing*, t. I, p. 32, 33, à la fin de laquelle Lessing prétend avoir découvert pourquoi « le plus rusé juif de Berlin » n'est pas parvenu à tromper « le plus spirituel des spirituels de France. » — « Voulez-vous comprendre pourquoi la malice du juif n'a pas de succès? Écoutez cette réponse : M. de V*** était un plus grand roué que lui. » Il faut croire que tout cela perd beaucoup à la traduction. Adolf Stahr, *Lessing, Sein Leben und Seine Werke*. (Berlin, 1864), p. 99.

moins cela vient-il donner quelque apparence à ce paradoxe privilégié de Voltaire, la prépondérance des petits événements dans l'histoire. En tout état de cause, l'auteur de la *Dramaturgie*, esprit original et indépendant, ne pouvait que concourir au mouvement d'affranchissement qui était depuis longtemps dans les aspirations de chacun, mais qui attendait un homme. Ce qu'on peut ajouter, c'est que cette aversion personnelle contre un écrivain, le représentant le plus considérable des lettres françaises, ne devait que surexciter la verve de celui à qui il était donné de frapper les premiers coups. A ce point de vue, cette petite disgrâce si vivement ressentie n'eut que d'heureuses conséquences. Si les tragédies de Voltaire, prises à partie par Lessing, ne sont pas sorties de ces attaques, parfois vétilleuses, sans accrocs et sans blessures, que nous font à nous les tragédies de Voltaire? Nous applaudissons de grand cœur au succès d'efforts auxquels, en fin de compte, l'Allemagne et la littérature de tous les pays durent une pléiade de poëtes originaux qui avaient mieux à faire (et l'ont prouvé) que copier servilement nos écrivains et couler de pâles et ternes figures dans le moule déjà usé de nos tragédies. Voilà ce qui ne nous est nullement pénible à dire. Mais, par contre, nous étonnons-nous un peu de la dureté imméritée avec laquelle Voltaire est traité par le biographe de Lessing. Est-il donc indispensable que l'homme dont on écrit la vie ait partout et toujours inexorablement raison? Dans cette circonstance, Lessing se conduisit en étourdi de vingt-deux ans; il commit une faute dont, certes, il n'avait point envisagé la gravité, mais qu'il n'est pas juste de faire retomber sur Voltaire. La victime de sa légèreté (c'est M. Stahr qui nous l'apprend) se montra plus équitable. Richier ne parla jamais de son ancien maître qu'avec attachement et respect, expliquant et excusant la mesure de rigueur dont il avait été l'objet, et désapprouvant les attaques violentes dirigées par son ami dans la *Dramaturgie* de Hambourg. Cela n'est-il pas concluant, quoiqu'on semble attribuer sa mansuétude à l'esprit « français » de ce Français de Louvain[1] ?

Voltaire, s'il n'avait pas été sans reproches dans cette affaire des bons saxons, expia largement ses fautes par les angoisses et les humiliations qu'elles lui attirèrent. Il prétend, et c'est tout simple, que le juif n'était que le prête-nom des envieux et des ennemis que lui avait mérité l'amitié du maître, et qu'il était la victime d'un complot dont naturellement le but était de le faire chasser ignominieusement de Berlin. Tout en restreignant singulièrement l'accusation, nous croyons aux ennemis, nous croyons à leur bonne volonté de le perdre, et, partant, à ces manœuvres, à ces insinuations déguisées de courtisans qui n'attendent pas pour frapper l'adversaire, qu'il se soit relevé. Le moment était favorable, car Frédéric était outré. Il savait à quoi s'en tenir sur la moralité du juif ; mais il avait peine à

---

[1] Richier passa au service du prince Henri, à titre de bibliothécaire et conseiller des ordres (secrétaire des commandements); on le trouve, en 1768, en commerce suivi avec Lessing et les amis les plus intimes de celui-ci à Berlin, Nicolaï et Mendelssohn. *Lessing, Sein Leben und Seine Werke* (Berlin, 1864), p. 105. — Dieudonné Thiébault, *Souvenirs de vingt ans de séjour à Berlin* (Didot, 1860), t. I, p. 230.

pardonner à l'auteur de *Zaïre* des spéculations qui venaient confirmer les plaintes réitérées et trop légitimes de la cour de Dresde ; et ce fut la vraie cause de son attitude glacée. Voltaire, comprenant de son côté que ses rapports avec le philosophe de Sans-Souci se ressentiraient infailliblement dans les premiers moments de ces déplorables incidents, pensa que le mieux était de ne reprendre sa place à la table et dans l'intimité de Potsdam ou de la Vigne, qu'après avoir laissé le temps à l'irritation et à l'amertume de se dissiper. Il avait conservé auprès du prince un ami, un défenseur zélé qui ne lui rendit pas, dans ces tristes circonstances, de médiocres services. C'était Darget. Il le chargea de lui obtenir la permission de venir s'établir au Marquisat, pour y prendre le lait que La Mettrie et Codénius lui avaient conseillé avec les antiscorbutiques. Il était malade, et très-malade, il avait besoin de solitude et encore plus de repos. Sans doute, était-il alors intéressé à exagérer son état, et l'on conçoit que les gens qui lui eussent soutenu le contraire n'eussent pas été les bienvenus. Mais ce n'était jamais un compliment lui faire que le féliciter sur sa santé. Un jour, Formey, qui était avec lui en retard de politesses, va lui rendre visite. Il le trouve au lit, et lui demande ce qu'il a. « *J'ai quatre maladies mortelles*, me répondit-il, et il en fit l'énumération que j'ai oubliée. — *Vous avez pourtant l'œil fort bon.* — *Ne savez-vous donc pas* (en criant de toute sa force *que les scorbutiques meurent l'œil enflammé*[1] ? »

---

1. Formey. *Souvenirs d'un citoyen* (Berlin, 1789), t. I, p. 293.

Quoi qu'il en soit, il insiste auprès de Darget pour qu'on le laisse s'installer au Marquisat où il demande à rester jusqu'en mai. Il sera d'ailleurs aux portes de Potsdam et à deux pas de la Bibliothèque de Sans-Souci, où l'on ne trouvera pas mauvais qu'il aille fourrager à l'occasion. Cette résidence était cette même maison que Frédéric avait donnée d'une façon si charmante, deux ans auparavant, à d'Argens, « au marquis de Menton, » comme l'appelle le poëte, parce que ce dernier était alors à Menton avec sa femme. Mais Voltaire n'entend pas augmenter la dépense dont il est l'objet, et il réclame, comme une grâce, que la pension qui lui est si généreusement allouée soit suspendue tout durant son séjour dans cette solitude réparatrice.

Oui, mon cher ami, tâchez d'obtenir bien respectueusement, bien tendrement, que ma pension soit retranchée à compter depuis février jusqu'au temps de mon retour... Je n'ai que faire d'argent, mon cher ami, je veux de la campagne, du petit lait, de bon potage, des livres, votre société et les nouveaux ouvrages d'un grand homme qui a juré de ne me pas rendre malheureux. Ce que je lui demande adoucira tous mes maux ; qu'il dise seulement à M. Federsdorf qu'on ait soin de moi au Marquisat. J'ai des meubles que j'y ferai porter. J'ai presque tout ce qu'il me faut, hors un cuisinier et des carrosses... En un mot, il dépend du roi de me rendre à la vie. J'ai tout quitté pour lui, il ne peut me refuser ce que je lui demande. Il s'agit de rétablir ma santé pendant deux mois et demi au Marquisat et d'y vivre à ma fantaisie. Mais je veux absolument que la pension me soit retranchée pendant tout ce temps-là [1]...

Du reste, il s'arrangera du moindre coin, il lui faut si peu de place et il voudrait faire si peu de bruit :

---

1. Voltaire, *OEuvres complètes* (Beuchot), t. LV, p. 557. Lettre de Voltaire à Darget.

être oublié de toute la terre, à condition de vivre dans la pensée et le cœur de son auguste ami.

Vous m'avez mandé que je pouvais, avec la permission du roi, aller m'établir dans cette solitude. Il n'y a qu'une seule chose que je demanderai à votre amitié, c'est d'envoyer un laquais chez la concierge du marquis de Menton. Ce n'est pas vraiment dans le corps du logis du jardin, sur la rivière, que je veux demeurer ; c'est dans le poulailler. Il ne s'agit que de savoir s'il y a une chambre à cheminée, et une avec un poêle ; s'il y avait de quoi me faire rôtir une oie et de quoi mettre de la viande dans un pot : le concierge me fera de bon potage. J'ai un peu de vaisselle d'argent, un peu de linge, des tables, des fauteuils, et des lits ; avec cela on peut se mettre dans sa chartreuse. M. de Federsdorf pourra bien m'envoyer un carrosse pour venir à Potsdam ; d'ailleurs j'aurai dans peu quatre chevaux... Je serai aux ordres du roi, s'il veut quelque fois d'un homme qui ne s'est expatrié que pour lui ; et si la maladie cruelle qui me ronge ne me permet pas des soupers, elle me pourra permettre de le voir et de l'entendre dans les moments où il voudra continuer à me confier les fruits de cette raison qu'il habille des livrées de l'imagination. Puisqu'il est le Salomon du Nord, il est juste qu'on passe par dessus les neiges pour l'aller entendre [1].

Voltaire se trouvait établi au Marquisat, vers le sept ou le huit de mars. Son déménagement fut effectué par les mulets et les chevaux royaux qui transportèrent ses meubles « de passade » dans ce gîte également de passade, à quelques pas de Potsdam, mais encore trop éloigné pour que pareille retraite pût être longtemps du goût de tous les deux. Au reste, Frédéric, qui n'attendait que l'issue du procès avec Hirsch pour reprendre un commerce intime auquel il tenait encore plus que le poëte, lui avait conservé son appartement au

---

[1]. Voltaire, OEuvres complètes (Beuchot), t. LV, p. 554. Lettre de Voltaire à Darget ; à Berlin, ce 30 janvier, à minuit, 1751.

château ; et, tout malingre, tout mourant qu'il se dit, l'auteur de *Mahomet*, y couchait la majeure partie de la semaine. Il retrouvait après un trop long exil, à la table du prince, les Algarotti, les Maupertuis, et se mêlait au petit cercle, tenant son ventre à deux mains, souffrant, travaillant, soupant, espérant toujours un lendemain moins tourmenté de maux d'entrailles [1]. Frédéric semblait avoir oublié ses griefs ; il ne pouvait d'ailleurs se passer des avis, des corrections et des applaudissements du solitaire du Marquisat, auquel, à l'occasion, il dépêchait de petits billets, comme celui qui suit, pour le convier à de mystérieuses solennités. « Je viens d'accoucher de six jumeaux qui demandent d'être baptisés, au nom d'Apollon, aux eaux d'Hippocrène. La *Henriade* est priée pour marraine ; vous aurez la bonté de l'amener ce soir, à cinq heures, dans l'appartement du père. Darget-Lucine s'y trouvera, et l'imagination de l'*Homme machine* tiendra les nouveaux-nés sur les fonds [2]. » Ces six jumeaux étaient les six chants du poëme de l'*Art de la guerre*, que Frédéric venait de terminer, et dont la consécration devait se faire en présence de ses deux lecteurs, Darget et La Mettrie.

A l'en croire, Voltaire serait l'homme le plus libre, le plus fortuné, s'il avait une santé [3]. Frédéric et lui

---

1. Voltaire, *OEuvres complètes* (Beuchot), t. LV, p. 592. Lettre de Voltaire à D'Argental ; à Potsdam, le 27 avril 1751.
2. *Ibid.*, t. LV, p. 596. Lettre de Frédéric à Voltaire. L'auteur de *Mérope* répondait à cette invitation par trois stances, qui ont été recueillies, *OEuvres complètes* (Beuchot), t. XII, p. 532.
3. *Ibid.*, t. LV, p. 597. Lettre de Voltaire à Devaux ; à Potsdam, le 8 mai 1751.

étaient faits l'un pour l'autre. Comment en eût-il été autrement ? Tant de rapports, d'analogies les unissaient !
« Sire, vous avez des crampes, et moi aussi ; vous aimez la solitude, et moi aussi ; vous faites des vers et de la prose, et moi aussi ; vous prenez médecine, et moi aussi : de là je conclus que j'étais fait pour mourir aux pieds de Votre Majesté [1]. » Il se doutait bien que l'histoire du Juif était parvenue jusqu'à Paris, revue et commentée par la malveillance et la haine ; il savait que le bruit de sa disgrâce avait également circulé, et son plus grand souci était qu'on le crût des mieux en cour auprès de celui pour lequel il avait quitté patrie, famille, amis. Aussi n'écrit-il point en France, qu'il n'insiste sur une félicité qui lui semble un rêve. C'est une allégresse, ce sont des hymnes de reconnaissance dont l'exagération devait être suspecte. « Personne n'est logé dans son palais plus commodément que moi ; je suis servi par ses cuisiniers, j'ai une reine à droite, une reine à gauche, et je les vois très-rarement ; *Louis XIV* a la préférence. Point de gêne, point de devoir. Il faut que vous disiez cela, mon cher et respectable ami, afin que la bonne compagnie m'excuse, que les méchants soient un peu punis et que l'on sache comment nos belles lettres sont accueillies par un si grand monarque [2]. » Deux mois après, il mandait à madame du Deffand « J'ai choisi heureusement une assez agréable retraite ; mon pâté d'anguille ne

---

[1]. Voltaire, *OEuvres complètes* (Beuchot), t. LV, p, 599. Lettre de Voltaire à Frédéric.

[2]. *Ibid.*, t. LV, p. 601. Lettre de Voltaire à d'Argental; Potsdam, le 29 mai 1751.

vaut pas assurément vos ragoûts, mais il est fort bon. La vie est ici très-douce, très-libre et son égalité contribue à la santé ; et puis, figurez-vous combien il est plaisant d'être libre chez un roi, de penser, d'écrire, de dire tout ce qu'on veut. La gêne de l'âme m'a toujours paru un supplice. Savez-vous que vous étiez des esclaves à Sceaux et à Anet? Oui des esclaves en comparaison de la vraie liberté que l'on goûte à Potsdam, avec un roi qui a gagné cinq batailles ; et par-dessus tout cela, on mange des fraises, des pêches, des ananas au mois de janvier [1]... »

La fin de cette lettre se comprendrait moins, si l'on ne savait que ces détails ne pouvaient être indifférents pour madame du Deffand, à laquelle Voltaire, qui la connaissait bien, écrivait dans une lettre antérieure : « Conservez-vous, ne mangez point trop. » Bien qu'il vante les délices de Potsdam, en compagnie d'un roi « qui a gagné cinq batailles, » le poëte n'est pas tout à fait aussi libre, aussi tranquille, aussi dépourvu de soucis qu'il le proclame. Il a sa croix, lui aussi, et le fond de la coupe n'est pas toujours exempt d'amertume. Le départ de Frédéric pour Clèves l'a rendu à lui même, et il en profite pour donner la dernière main à son *Siècle*. Le travail le soutient, il le distrait d'appréhensions plus ou moins sérieuses, mais qui gâtent le bonheur présent. Les lettres qu'il reçoit de France ne contribuent pas peu à entretenir son agitation, ses regrets, ses angoisses. D'Argental ne s'est

---

1. Voltaire, *Œuvres complètes* (Beuchot), t. LV, p. 623, 624. Lettre de Voltaire à madame du Deffand ; à Potsdam, 20 juillet 1751.

laissé ni convaincre ni fléchir; le passé n'a déjà donné que trop raison à ses prévisions, et il n'augure pas mieux de l'avenir, malgré tout ce que son inconstant ami met en avant pour le rassurer et légitimer une détermination, que l'on a peine à lui pardonner. La lettre qui suit est curieuse, elle fait trop d'honneur à l'attachement des deux anges, et elle est trop dans le vrai de la situation pour que l'on n'en reproduise pas les parties les plus caractéristiques.

Vous savez combien votre départ m'a affligé; votre résolution de quitter ce pays-ci, m'a désespéré; j'ai été touché et piqué au dernier point; mais le dépit n'a pas duré, la douleur seule est restée. Je n'ai pas douté de vos remords; ils sont venus. Vous avez senti dans toute son étendue le regret d'avoir quitté la patrie la plus aimable, la société la plus douce, et les amis les plus tendres.

...Le roi, malgré ses torts, est encore la seule consolation que vous puissiez trouver dans le pays où vous êtes. Vous êtes entouré d'ennemis, d'envieux, de tracassiers. On se dispute, on s'arrache une faveur, une confiance, que personne ne possède véritablement. Le roi est une coquette qui, pour conserver plusieurs amants, n'en rend aucun heureux. Cette cour orageuse est cependant le seul endroit où vous puissiez vivre; hors de là il n'y a aucun être qui mérite que vous lui parliez. Enfin vous avez fui des ennemis que du moins vous ne voyiez pas, pour en trouver d'autres avec lesquels vous vivez sans cesse. Vous avez cherché la liberté, et vous vous êtes soumis à la contrainte la plus grande. Vous avez cru vous mettre à couvert de l'envie, et vous n'avez fait que vous approcher des envieux, et vous exposer à tous leurs traits [1].

Et Voltaire ne sentait que trop, au fond, la justesse de ces observations d'un ami, qui ne frappait avec

---

1. Voltaire, *OEuvres complètes* (Beuchot), t. LV, p. 629, 630. Lettre de d'Argental à Voltaire; à Paris, ce 6 août 1751.

cette dureté que dans l'espérance d'amener et de hâter
son retour. D'Argental met le doigt sur la plaie. Toute
honte bue, le poëte a raconté ses chagrins et les tracasseries de cette cour, où tous se disputent la faveur
du prince. En France, il y avait la cour et la ville :
était-on mécontent de la première, la seconde vous
offrait ses compensations. Mais, en Prusse, dans ce
sens intelligent et sociable, la ville n'existait pas ; et
c'est ce qu'un étranger, une personne qui connaissait
son Europe, constate également et non moins nettement, dans une lettre datée de Berlin même, en septembre 1752. « Si les bontés de son maître, mandait
le baron Scheffer à madame du Deffand au sujet de
Voltaire, ne lui tiennent pas lieu de tout, il me paraît
fort à plaindre ; car en vérité, hors le maître, ce pays-
ci ne peut pas retenir quelqu'un qui a connu la bonne
compagnie du pays où vous êtes[1]. »

Madame Denis, dont le séjour en Prusse ne faisait
pas les affaires, qui n'entendait pas sortir de France
et que toutes les promesses trompeuses de Voltaire
avaient exaspérée, décoche, de son côté, des épîtres médiocrement respectueuses, et lui signifie qu'elle renonce
absolument (son absence dût-elle se prolonger dix ans)
à surveiller ses intérêts à la Comédie française, contre
laquelle, du reste, elle avait des griefs personnels.
Elle eût voulu le fixer par quelque acquisition, pas trop
loin de Paris, notamment en Normandie ; et elle charge
l'ami Cideville de leur chercher une maison dans son

---

1. *Correspondance complète de madame du Deffand* (Plon, 1865),
t. I, p. 150. Lettre de Scheffer à madame du Deffand ; Berlin,
26 septembre 1752.

voisinage, où elle viendrait vivre avec l'*oncle*. « Cet oncle me tracasse toujours ; il m'avait promis d'être ici au mois de septembre, et il me parle actuellement du mois de janvier. Je me fâche tout de bon, et M. de Richelieu se met de la partie[1]. » C'était, comme on le voit, tout un complot de ses amis pour rappeler au bercail cette brebis égarée.

Malgré l'absence de l'auteur de *Zaïre*, l'hôtel de la rue Traversière était fort hanté ; on s'y amusait, on y jouait la comédie, on y faisait bonne chère, et Voltaire ne le trouvait pas mauvais, quoique dise Longchamp. Il adressait même à sa nièce tous les étrangers de marque qui se rendaient à Paris, ambassadeurs, grands seigneurs, savants, lui recommandant de les héberger de son mieux, ce qu'elle ne manquait pas de faire, avec un zèle parfois gênant pour celui qui en était l'objet. M. d'Hamon, envoyé de Prusse[2], fêté, choyé par elle avec plus de bonne volonté que de discrétion, se fût vite fatigué d'attentions auxquelles le charitable Longchamp attribue une arrière-pensée tout à fait menaçante : « M. *D'Amont* l'accompagnait aux spectacles, aux promenades. Elle lui donnait chaque jour quelques nouveaux convives, et c'étaient des gens choisis. Il y avait dans le nombre des hommes

---

1. Charavay aîné, l'*Amateur d'autographes* (1er décembre 1864), 3e année, p. 364. Lettre de madame Denis à Cideville ; 31 juillet 1751.

2. Voltaire avait donné des lettres pour ses amis et ses relations de Paris à l'envoyé de Prusse, qu'il appelait « son camarade en chambellanie ; » il est souvent question de lui dans sa correspondance de ce temps. Voir les *OEuvres complètes* (Beuchot), t. LV, p. 526, 537, 542, 553, 576, 609. — *Gazette d'Utrecht*, du vendredi 5 février 1751 (n° XI).

de lettres et des artistes distingués. Le soir, il y avait quelquefois un petit concert dans lequel elle chantait en s'accompagnant au clavecin. Il est très-probable que madame *Denis* avait imaginé que le chambellan prussien était le seul capable de lui faire oublier le marquis génois, et qu'elle n'aurait rien perdu au change si elle parvenait à s'en faire un courtisan assidu. Il est vrai que c'était aussi un jeune homme aimable et bien fait; mais les gens du Nord sont plus flegmatiques et plus froids que ceux du Midi; ils ne s'émeuvent pas facilement[1]. » Toujours au dire de Longchamp, M. d'Hamon, pour échapper à des prévenances dont il ne pouvait blâmer que l'excès, au bout de quinze jours, allégua l'incommodité de ne point avoir tous ses gens sous sa main, et préféra l'insuffisance de l'hôtel garni à des civilités et des raffinements qui se transformaient en assujettissements. Il fallait que cette gêne fut grande, en effet, ou que les bontés de madame Denis l'alarmassent fort pour le décider à sortir d'une maison dans laquelle il trouvait un abri sans bourse délier et où il était défrayé de tout; car M. l'Envoyé savait compter et ne devait pas être insensible aux avantages que lui offrait l'hospitalité de la rue Traversière. Son économie, sa lâdrerie étaient telles, qu'elles allaient jusqu'à compromettre le gouvernement qu'il représentait et qu'elles nécessitèrent son rappel. « On vante tant les poulardes de Paris, disait-il un jour au roi ; je vous jure, sire, que pendant mon

---

[1]. Longchamp et Wagnière, *Mémoires sur Voltaire* (Paris, 1826), t. II, p. 306, 307.

séjour dans cette ville je n'en ai jamais mangé de bonnes. — Je le crois, répliqua Frédéric, mais c'est que vous n'avez jamais voulu les payer. Vous avez eu grand soin de n'acheter que des poulets étiques ; je vous connais[1]. » Ne prenons pas trop au sérieux les insinuations d'un serviteur aliéné, dont on avait éventé et dérouté les manœuvres, sans pour cela concevoir une trop grande idée de la rigidité des mœurs de la dame. Le chevalier de Florian nous a laissé d'elle un croquis qui ne pouvait être malveillant, et la présente sous un jour qui n'est rien moins qu'austère.

J'aurais dû vous faire plus tôt, mon cher lecteur, le portrait de Dona Nisa, la sœur de ma tante[2]. C'était alors une femme de cinquante-cinq ans (en 1765), qui joignait à de l'esprit beaucoup de talens et une excessive bonté : elle poussait même cette dernière qualité jusqu'à la faiblesse. On lui reproche d'avoir été galante dans son jeune temps ; je le crois aisément, et cela doit être. Dona Nisa n'est heureuse qu'autant qu'elle est subjuguée ; son âme a tellement besoin d'être remplie, qu'elle aimerait plutôt une poupée que de ne rien aimer du tout. Généreuse et noble jusqu'à la profusion, jalouse du mérite des autres femmes, inconstante dans tous ses goûts et oubliant aussi vite les injures que les services[3].

C'est bien ainsi que nous nous la figurons par la correspondance de son oncle et les révélations de son entourage. Elle eut plus d'une affection. La façon

---

1. Dieudonné Thiébault, *Souvenirs de vingt ans de séjour à Berlin* (Didot, 1860), t. II, p. 117.
2. Madame de Fontaine avait épousé en secondes noces M. de Florian, l'oncle de l'aimable auteur de *Gonzalve de Cordoue* et d'*Estelle et Némorin*.
3. Florian, *La Jeunesse de Florian* ou *Mémoires d'un jeune Espagnol* (Paris, Renouard, 1820), p. 24.

dont Marmontel parle de ses relations avec elle donnerait à penser qu'elle eut au moins un faible pour lui, bien qu'il ne le dise point. Ce n'est là qu'un soupçon; mais nous savons, par des lettres fort tendres, qu'elle ne se piquait pas d'être un cœur de roc, et qu'elle ne désespérait, le cas échéant, que jusqu'à un certain point l'homme sensible qui la trouvait adorable. Comme on l'a dit déjà, madame Denis, après la mort de son mari, en 1744, avait quitté Lille et était venue s'établir rue du Bouloi, où elle tint sa maison, reçut les amis de son oncle, qui venait s'y oublier quelquefois, les courts instants de liberté que lui laissait l'absorbante châtelaine de Cirey. Une telle vie est incompatible avec la fidélité des regrets; il faut plus de concentration et de solitude à une douleur qui repousse toute consolation. Après avoir sincèrement et suffisamment pleuré son mari, madame Denis avait séché ses larmes, et pris son parti sur un malheur irréparable. Pourquoi eût-elle fermé la porte aux mille distractions qui s'offraient à elle? Un galant se présenta, et on lui sourit, tout en lui déclarant qu'il n'obtiendrait rien. C'était le protégé de l'oncle, c'était d'Arnaud. Le personnage était sentimental; il se prétendait fort amoureux, et on pouvait le croire à toutes les sottises qu'il débitait. Madame Denis avait dû aller passer l'automne de 1747 à Villier, dans sa famille, ce qui avait donné lieu à une petite correspondance qui nous est parvenue. Baculard se meurt d'ennui et d'amour, et il chante son martyr en vers et en prose. « Revenés donc, lui écrit-il, me rendre la vie que vous m'avés emportée, j'attends mon âme, je ne suis plus qu'un automate qui vivra, je ne dirai pas quand il plaira à Dieu, mais quand il vous plaira[1]. » Il l'appelle sa « chère petite maman, » et aussi « charmante mimi, » et finit sa lettre par lui souhaiter un bon estomac, d'excellentes digestions, de bons et longs soupers; toutes choses qui, au dix-huitième siècle, marchaient de pair avec l'amour. A ce poulet des plus tendres, la sensible madame Denis répondait de même encre, et, comme lui, en prose et en vers :

Votre lettre est charmante et malgré toute l'indiférence que vous me reprochez elle m'a fait un plaisir extrême, non-seulement je ne veux pas que vous mouriez pour me donner du plaisir, mais moi, je meure d'envie de vous voir et suis tout à fait fâchée de n'être point à Paris, je travaille fort peu et ne vois point ici les gens que j'aime. Le plan de ma comédie est fait à demeure et environ quatre vingt vers. C'est bien peu mais je n'ai pas un cardeure à moi eccepté le tems que je prans sur mon someile. Cela me désespère. Sans le *Sopha*[2] il y a quatre jours que je vous aurois écrit mais deux femmes qui ne l'avoient jamais lu me lont volé et ne font que de me le rendre. Votre jalousie me divertit. Je suis ici avec deux tentes trois cousines un oncle qui n'est pas le véritable, un frère, une sœur et un beau-frère et trois cousines. Il est plaisant qu'elle trouve à mordre sur de pareils sujets. Montigni[3] est venu passer deux jours

---

1. Étienne Charavay, l'*Amateur d'autographes* (Paris, 1869), 8ᵉ année (1ᵉʳ et 15 juin 1869), p. 173, 174. Lettre d'Arnaud à madame Denis. Cette lettre est sans date; mais comme il est question du séjour à Paris de d'Argens dans la réponse de madame Denis, l'hésitation n'est pas possible. Le marquis était arrivé à Paris le 12 août 1747, et s'y trouvait encore en novembre, comme nous l'apprend sa correspondance avec le roi de Prusse. *OEuvres de Frédéric le Grand* (Berlin, Preuss), t. XIX, p. 17 et 33. Il était descendu à l'*Hôtel de Strasbourg*, rue du Sépulcre, faubourg Saint-Germain.
2. Le roman de Crébillon fils.
3. Mignot de Montigny, son cousin germain, le fils de son oncle et tuteur, Mignot de Montigny, président trésorier de France. Probablement madame Denis se trouve là en pleine famille des Mignot.

ici, mais je n'ai pas eu en conscience la plus petite envie de lui plaire. Je ne connois plus que le plaisir de vous voir et de travailler.

> Oui les muses feront le charme de ma vie
> Je le scens je me livre à leurs divins transports
> Amour je te fuirai, mais s'il lui prent envie
> De me donner des fers de braver les efforts
> D'un cœur qui se deffent contre sa tiranie
> Qu'il choisisse ses traits ou je ne puis aimer
> Il peut sur le vulgaire à son gré s'essaier
> Enchainer la constance avec la perfidie
> Le mensonge et la fraude avec la vérité
> Je brave sa puissance et craint peu sa furie
> Non, mon cœur ne poura se donner qu'au génie
> Et je scens que c'est vous qui l'avez enchanté.

Pardonez moi si j'écris de mauvais vers aléxandrins dans une lettre mais comme je travaille continuclement à ma comédie je veux pendant quelque temps m'accoutumer à faire des vers de la même mesure affin de me fortifier et de ne point déranger mon petit serveau féminin.

Mon frère [1] a fait ici un sermon il doit le prêcher le jour de la Tousaint cela nous divertira. A propos de sermon, comment va votre tragédie [2]. Si vous n'y travaillez pas je croirai que vous ne m'aimez plus du tout. Écrivez-moi sçavez vous qu'il y aura du comique dans ma comédie Dieu veuile que je fasse rire, pourvu que ce ne soit pas à mes dépens, avez vous fait, quel qu'arrangemens avec vos libraires vous scavez combien je m'intéresse a tout ce qui vous touche. Le marquis d'Argences est il à Paris. Je voudrois bien y être moi, mais je me trouve obligée de soutenir la gageure parceque je suis ici au milieu de ma famille adieu, écrivez moi et contez sur ma plus tendre amitié [3].

---

1. Alexandre-Jean, celui qui fut abbé de Scellières, et transportera à son abbaye les restes du patriarche de Ferney.
2. *La Saint-Barthélemy*. Quant à madame Denis, c'est de la *Coquette punie* dont elle veut parler.
3. Charavay aîné, *Catalogue d'autographes* (cabinet de M. Dürner), du mercredi 8 décembre 1869, p. 2, n° 4. Lettre de madame Denis à d'Arnaud; 16 octobre.

Cette lettre n'est pas décourageante, et, bien que, dans un autre poulet, elle lui dise : « Je vous aime de tout mon cœur mais je ne veux pas avoir d'amant[1], » nous n'oserions assurer que l'éloquent Baculard ne fût venu à bout des scrupules de madame Denis. Les deux amants craignaient-ils que le poëte ne se doutât de quelque chose, et d'Arnaud, tout le premier, éprouvait-il quelque gêne à se trouver chez sa maîtresse en présence de l'oncle? « J'ai bien de la peine à croire, mon cœur, lui écrivait celle-ci, que Voltaire vienne souper ce soir ici; il sera engagé avec cette femme (madame du Châtelet), mais je ne peut pas me dispencer de le lui proposer le marquis d'Argences y venant, qui est son ami. Adieu : je sans, si Dieu ne m'aide, que je vous aimerai à la folie. »

Présentement, nous la voyons entêtée du marquis de Ximenès (le marquis de Chimenès, comme l'appelle Voltaire), un original, dont l'existence, ainsi que celle de son ami, le comte de Lauraguais, s'est prolongée jusqu'en pleine Restauration. C'était, avant tout, un écervelé, un inconsistant, entassant folie sur folie, affectant l'étrangeté des idées et préférant être absurde que ressembler à tout le monde. M. d'Autrep disait de lui : « C'est un homme qui aime mieux la pluie que le beau temps, et qui, entendant chanter le rossignol, dit : Ah! la vilaine bête[2]! » Ses débuts promettaient au moins un brillant officier; et, dans une note du *Poëme*

---

1. Charavay aîné, *Catalogue d'autographes* (cabinet de M. Durner), du mercredi 8 décembre 1869, p. 2, n° 4. Lettre de madame Denis à d'Arnaud; ce vendredi, à 3 heures après midi.

2. Chamfort. *OEuvres* (Lecou, 1852), p. 39.

de Fontenoi, Voltaire nous dit qu'il eut son cheval tué sous lui en reformant une brigade[1]. Mais la mort de son père lui ayant mis la bride sur le cou, il quitta l'armée, en 1746, pour se mêler à la vie littéraire. Il était jeune, avait un beau nom ; ses extravagances, ses succès de coulisses l'avaient mis à la mode, et il n'est pas étonnant qu'il eût donné dans l'œil de madame Denis, qui le trouvait fort à son goût, quelque mal qu'elle ait dit de lui plus tard. Leur intimité alla assez loin pour rendre vraisemblables des projets de mariage. « Je ne crois pas que ma nièce épouse le marquis de Chimenès, écrit Voltaire à Darget, en janvier 1751 ; mais tout Paris le dit, et tout peut arriver[2]. » Plus d'un an après, précisément à l'heure où nous sommes, la question était encore pendante, et le poëte mandait au même Darget : « J'aurais plus besoin d'avoir ma nièce auprès de moi que de la marier au marquis de Chimènes. Si elle prend ce parti, ce que je ne crois pas, je vais sur le champ demander mademoiselle Tetian en mariage. Nous aurons un apothicaire pour maître d'hôtel, et je lui donnerai de la rhubarbe et du séné pour présent de noces. » Le mariage ne se fit pas pourtant, et madame Denis ne s'exprimera, dans la suite, sur le compte du marquis, que de la façon la plus outrageante.

Si l'acharnement des rivaux et des envieux avait été une des causes déterminantes de la fugue de Voltaire

---

1. Voltaire, *OEuvres complètes* (Beuchot), t. XII, p. 135. *Poëme de Fontenoi.*

2. *Ibid.*, t. LV, p. 538. Lettre de Voltaire à Darget; Berlin, 4 janvier 1751.

en Prusse, les choses étaient bien changées depuis. Le public avait senti la perte qu'il avait faite et commençait à regretter un coup de tête si fatal à ses plaisirs. Les puissances elles-mêmes s'étaient associées à ce revirement de l'opinion, et ce qui le prouvait mieux que tout le reste, c'est que ce terrible *Mahomet*, que le ministre avait dû jadis interrompre, malgré son succès, à la troisième représentation, avait vu lever l'interdit dont il était frappé. Nous savons que Crébillon avait refusé son approbation. On voulut, cette fois encore, soumettre la pièce à sa révision, mais il répondit assez sensément que les mêmes raisons qui l'avaient empêché de l'approuver, en 1742, subsistaient toujours, et que, d'ailleurs, il ne voyait pas que son attache fût si nécessaire, puisque *Mahomet* avait été joué trois fois et qu'il avait été retiré sans avoir été ouvertement défendu. On chercha donc un autre censeur à la tragédie, et le choix se porta sur d'Alembert, dont l'approbation, cela va de source, ne se fit pas attendre. « M. d'Argental et M. l'abbé Chauvelin, nous dit Collé, ont remué ciel et terre pour qu'on la reprît; ils sont plus fanatiques de Voltaire que Seïde ne l'est de Mahomet [1]... »

Mahomet reparut, le jeudi 30 septembre, devant

---

1. Collé, *Journal* (Paris, 1805), t. I, p. 438, décembre 1751. Aussi ces deux amis dévoués et résolus sont-ils l'objet des attaques et des plaisanteries les plus plates. Chauvelin, qui n'avait guère plus de trois pieds de haut, est traité de sapajou dans une épigramme attribuée au Roi ; et d'Argental est désigné sous le sobriquet de frère Nicaise dans une sorte d'annonce qui courut tout Paris sans trop le devoir à ce qu'elle avait de spirituel. Clément, *Les Cinq années littéraires* ou *Nouvelles littéraires* des années 1748-1752 (la Haye, 1754), t. III, p. 204, 205, 206 ; Paris, 1er octobre 1751.

une chambrée des plus complètes et acclamé avec un enthousiasme réparateur. Ce fut Lekain qui joua le rôle de Seïde. Nous avons assisté à ses commencements à l'hôtel de Clermont et chez Voltaire. Quelque temps encore, et en attendant que de plus vastes scènes lui fussent ouvertes, il s'était fait applaudir « en bourgeoisie » selon son expression, et s'était conquis des protecteurs et des prôneurs. Il venait de se marier (28 juillet 1750) avec mademoiselle Sirot qu'il devait, malgré une vocation médiocre, imposer à la comédie six ans après [1], lorsqu'il obtint un ordre de début pour le 17 septembre dans le rôle de Titus, de la tragédie de *Brutus*. Lekain avait contre lui les traits les moins avantageux. « C'est un jeune homme de 23 à 24 ans [2], qui n'est point mal fait, mais dont le visage est hideux, et l'air passablement ignoble, » nous dit Collé, qui, du reste, ne lui trouve guère plus de talent que de figure [3]. Il avait surtout d'énormes sourcils qui lui donnaient une expression sombre et farouche [4]. Il fallut à Lekain tout son génie et plus d'une année de lutte et d'efforts, pour faire oublier ou accepter son aspect disgracieux et sans distinction. Collé, tout en lui refusant l'émotion, lui reconnaît d'assez beaux gestes, « quelque sorte d'intelligence, » et une certaine habileté à varier ses tons. « Mais, je le répète, je

1. Jal, *Dictionnaire critique de biographie et d'histoire* (Plon, 1867), p. 305.
2. Lekain n'avait, en réalité, que vingt ans et demi, étant né le 31 mars 1729.
3. Collé, *Journal* (Paris, 1805), t. I, p. 285, 286.
4. Madame Vigée-Lebrun, *Souvenirs* (Charpentier, 1869), t. I, p. 28.

ne lui crois point d'entrailles. Il ne m'a point ému dans ce rôle de Titus, qui n'est pas un rôle des moins vifs et des moins pathétiques qui soient au théâtre. Il m'a laissé froid, donc il a tort; et ce sont de ces sortes de torts dont on ne revient point... » Lekain en revint pourtant, et Collé est bien forcé de modifier son premier arrêt; il est vrai qu'il fera plus d'une réserve. « Mais jamais *ce monstre à voix humaine* ne m'a remué que désagréablement; il ne me paroissoit placé que dans les rôles où il faut être horrible, comme dans l'orphelin de la Chine. » Quoi qu'il en soit, Lekain, qui n'avait rencontré que de la bienveillance jusque-là, trouva un accueil bien différent auprès du public et de quelques uns de ses camarades, d'une femme surtout, connue cependant pour la générosité et l'élévation de ses sentiments. « Le Théâtre-François, nous dit-il, me fut interdit depuis le 11 novembre de cette année (1750) jusqu'au 21 février de l'année suivante, par la caballe infâme de mademoiselle *Clairon* qui avoit menacé la cour et la ville de sa retraite, si l'on ne me congédioit; cependant un petit nombre de femmes puissantes, quoiqu'honnêtes, eut tellement pitié de mon malheureux sort, que, malgré les menaces et les cris injurieux de mon adversaire, M. le duc de Gesvres me donna un ordre pour débuter une seconde fois à la ville et à la cour [1]. » Et il s'efforçait, depuis huit mois, d'apprivoiser son auditoire, quand il fut chargé du rôle de Seïde. Mieux eût valu sans doute lui confier celui de Mahomet qu'il avait joué trois fois

---

1. Bibliothèque impériale. Manuscrits. F. R. 12532. *Journal de Lekain*, t. I, p. 5.

sur le théâtre de la rue Traversière et sur le théâtre du prince de Conti, au Temple ; mais les chefs d'emploi n'étaient pas gens à se dessaisir, et La Noue n'eût pas cédé de bonne grâce un rôle dans lequel il s'était en quelque sorte incarné. L'auteur de *Dupuis et Desronais*, qui a consacré un long passage à la pièce, ne nous dit rien de l'interprète ; mais ce silence est à l'avantage de Lekain, qui impressionna vivement la salle entière par la force de son jeu, et aida puissamment au succès de ce drame terrible.

Revenons au poëte. Les circonstances n'étaient-elles pas des plus propices pour un retour? Dans son désir de reconquérir Voltaire, d'Argental use de tous les moyens de persuasion, voire d'intimidation. C'est au nom des intérêts de sa gloire qu'il l'adjure de rompre avec la coquette de Potsdam et de Sans-Souci, qui ne saurait lui tenir lieu de tout ce qu'il lui a sacrifié. Qui veillera aux répétitions de cette *Rome sauvée*, l'objet des prédilections du poëte? Qui prendra sur soi d'indiquer la note aux comédiens, de se substituer à la pensée, aux intentions de l'auteur? « Il est impossible de la donner sans vous; il y a une perfection à mettre à la pièce que vous n'apercevrez que quand vous verrez les choses de plus près ; et les acteurs ne sauraient la bien jouer sans vos avis. Vous rendrez les bons excellents, et les médiocres supportables. Il est sûr que, réflexions faites, nous ne nous chargerons jamais, vous absent, de donner un ouvrage dont le succès sans vous peut être incertain, qui est assuré lorsque vous y serez... » Mais les coquetteries, les câlineries avaient repris de plus belle entre l'auteur de la *Henriade* et le Salomon du Nord.

On se disait des mots tendres, et l'on feignait un abandon et une sécurité que l'on ne pouvait plus avoir. Si Frédéric soumettait à son reviseur ses moindres ébauches, Voltaire n'eût rien voulu publier sans avoir l'avis et l'approbation de cet esprit si sûr et si délicat. « Je demande en grâce à Votre Majesté, lui écrivait-il, de lire ma *Rome*. Votre gloire est intéressée à ne laisser sortir de Potsdam que des ouvrages qui soient dignes du Mars-Apollon qui consacre cette retraite à la postérité. Sire, il faut, sauf votre respect, que vous et moi, pardon du vous et du moi, nous ne fassions que du bon, ou que nous mourrions à la peine[1]. » Si ces chatteries ne font que dissimuler imparfaitement la contrainte qui règne au fond des cœurs, au moins indiquent-elles la volonté, chez Voltaire, de ne pas déserter le champ de bataille et de demeurer, coûte que coûte. Aux amis, à la nièce, l'on objectera que le *Siècle de Louis XIV* est sous presse à Berlin et une nouvelle édition des œuvres en préparation à Dresde; le moment serait mal choisi pour entreprendre un voyage qui n'est que différé[2]. Ce ne sont là que des prétextes; malgré les dégoûts, on s'obstine. Après tout, l'on est le conseiller et l'ami d'un grand roi; et cela vaut cent fois mieux, en dépit des picoteries, des coups de griffe, que plier l'échine à Versailles et retrouver à Paris la même animosité, les mêmes haines, les mêmes persécutions; car d'Argental avait beau dire, tout cela ne s'était apaisé

---

1. Voltaire, *OEuvres complètes* (Beuchot), t. LV, p. 637. Lettre de Voltaire à Frédéric.
2. *Ibid.*, t. LV, p. 644. Lettre de Voltaire à d'Argental; à Berlin, le 28 août 1751.

qu'à la condition qu'il demeurerait éloigné. Mais bientôt certains indices, certaines révélations viendront jeter le poëte dans une inquiétude et des perplexités qui avaient bien leur raison d'être, comme on en pourra juger.

Voltaire, dont les relations étaient tendues avec plus d'un, avait aussi ses amis. L'esprit, la folie de La Mettrie, cette impertubable gaieté avaient trouvé grâce devant lui ; et, s'il fait, à l'occasion, bon marché de son jugement et de sa raison, il le proclame d'agréable et d'amusante humeur, et lui témoigne de l'affection. Il le chante et le persifle en vers, mais de façon à flatter plus qu'à blesser l'auteur du *Machiavel en médecine,* qui n'était intraitable qu'à l'égard de ses confrères.

>Je ne suis point inquiété
>Si notre joyeux La Mettrie
>Perd quelquefois cette santé
>Qui rend sa face si fleurie ;
>Quelque peu de gloutonnerie
>Avec beaucoup de volupté
>Sont les deux emplois de sa vie.
>Il se conduit comme il écrit ;
>A la nature il s'abandonne,
>Et chez lui le plaisir guérit
>Tous les maux que le plaisir donne.
>Muses, Grâces, tendres Amours,
>Avec lui finit votre règne !

Et La Mettrie de répondre :

>Moi, je suis fort inquiété
>Quand des auteurs le plus illustre,
>A peine à son douzième lustre,
>Jouit d'une faible santé ;
>Je crains que de ses heureux jours
>Le flambeau brillant ne s'éteigne.

Mais pourquoi faut-il que je craigne
La mort pour qui vivra toujours ;
Pour qui, dans sa douleur profonde,
Le plus célèbre roi du monde
Fera dresser à Sans-Souci
Un monument éternel comme lui [1] ?

Cet intrépide viveur, qui eût dansé sur un volcan, qui semblait si fort s'accommoder de la table et de la familiarité du philosophe de Sans-Souci, a son ver rongeur, tout comme un autre : c'est le mal du pays. Il se meurt d'envie de revoir la France, et il supplie secrètement Voltaire d'engager le duc de Richelieu à à lui faciliter son retour [2]. Cette négociation, dont se charge le poëte, délie la langue à La Mettrie et amène plus d'une confidence. Il n'était pas d'ailleurs malaisé de le faire parler, et Voltaire en sut bientôt beaucoup plus qu'il n'en eût voulu apprendre.

Ce La Mettrie, mande-t-il à sa nièce, est un homme sans conséquence, qui cause familièrement avec le roi, après la lecture. Il me parle avec confiance ; il m'a juré que, en parlant au roi, ces jours passés, de ma prétendue faveur et de la petite

---

1. Aszésat, *L'Homme machine*, par La Mettrie (Paris, 1865), p. xx, xxi. — Ce ne sont pas, du reste, les seuls vers que Voltaire lui ait adressés ; on peut citer encore ceux qui débutent ainsi :

Allez, courez, joyeux lecteur,
Et le verre à la main, coiffé d'une serviette.....

Voltaire, *OEuvres complètes* (Beuchot), t. LV, p. 615. Lettre de Voltaire à La Mettrie ; à Potsdam.

2. « Il demande s'il peut revenir en France, s'il peut y passer une année sans être recherché... Je vous supplie, Monseigneur, de vouloir bien me mander si *le vin de Hongrie se gâte sur mer* : s'il ne se gâte pas, La Mettrie partira ; s'il se gâte, La Mettrie restera... » Voltaire, *OEuvres complètes* (Beuchot), t. LV, p. 472. Lettre de Voltaire à Richelieu ; août 1750.

jalousie qu'elle excite, le roi lui aurait répondu : « J'aurai besoin de lui encore un an tout au plus; on presse l'orange, et on en jette l'écorce. »

Je me suis fait répéter ces douces paroles; j'ai redoublé mes interrogatoires; il a redoublé ses serments. Le croirez-vous? dois-je le croire? cela est-il possible? Quoi! après seize ans de bontés, d'offres, de promesses; après la lettre [1] qu'il a voulu que vous gardassiez comme un gage inviolable de sa parole !...

Vous imaginez bien quelles réflexions, quel retour, quel embarras, et, pour tout dire, quel chagrin l'aveu de La Mettrie fait naître. Vous allez me dire : partez; mais moi je ne peux pas dire : partons. Quand on a commencé quelque chose, il faut le finir; et j'ai deux éditions sur les bras, et des engagements pris pour quelques mois [2]. Je suis en presse de tous les côtés. Que faire? Ignorer que La Mettrie m'ait parlé, ne me confier qu'à vous, tout oublier, et attendre [3]...

Aussi, à dater de ce jour, Voltaire n'aura plus ni sécurité, ni confiance. L'épée de Damoclès sera incessamment suspendue sur sa tête. Il n'en fera pas moins la bouche en cœur, il n'en soupera pas moins gaiement avec les amis du roi, il n'en sera que plus caressant et plus tendre. Mais cette diable d'*écorce* ne lui laisse pas un moment de trêve, il a beau se dire, beau se répéter que c'était là un propos sans conséquence, peut-être inventé par cet écervelé qui en avait fabriqué bien d'autres, rien n'y fait. « Je rêve toujours à l'*écorce*

1. Celle du 23 août 1750.
2. La première édition du *Siècle de Louis XIV*, qui s'imprimait à Berlin, comme on l'a dit plus haut, et la nouvelle édition de ses Œuvres, que le libraire Walther publia à Dresde, en 1752, en sept volumes in-12.
3. Voltaire, *Œuvres complètes* (Beuchot), t. LV. p. 658, 659, 660. Lettre de Voltaire à madame Denis; à Berlin, le 2 septembre 1751. — t. XL, p. 87, 88. Mémoires pour servir à la vie de M. de Voltaire, écrits par lui-même.

d'orange, écrit-il à sa nièce, six semaines après cette maudite confidence... Celui qui tombait du haut d'un clocher, ajoutait-il, et qui, se trouvant fort mollement dans l'air, disait : *bon, pourvu que cela dure*, me ressemblait assez [1]. » Il voulait douter et s'y employait de son mieux : il espérait, un jour ou l'autre, faire convenir La Mettrie qu'il l'avait pris pour dupe ; il le tournait et retournait de cent façons, sans arracher le moindre mot qui ressemblât à un désaveu. Cet espoir d'ailleurs, ne tardait pas à lui échapper.

Si Voltaire, si Frédéric, et par prudence et par régime, ne se départaient pas l'un et l'autre de cette sobriété stricte qui est le secret des longues existences, il s'en fallait beaucoup qu'ils donnassent le ton aux autres tenants des soupers de Potsdam et de Sans-Souci. La Mettrie, lord Tyrconnel, entre autres, étaient de vrais pourceaux d'Épicure, se gorgeant avec une sorte d'emportement et de frénésie. Milord était depuis longtemps dans le plus piteux état ; et Voltaire, dans quelques-unes de ses lettres, le dit presque aussi malade, presqu'aussi moribond que lui même, ce qui, à son sens, est beaucoup dire. Un jour, il envoie prier La Mettrie de le venir trouver pour le guérir ou l'amuser. Celui-ci arrivait chez son malade, au moment où madame Tyrconnel se mettait à table. Il s'assied, mange, boit, plaisante, disserte, lutte de verve et d'appétit avec tous les convives. C'était au mieux, quoiqu'il en eût jusqu'au menton, quand on vint à servir un pâté d'aigle « déguisé en faisan, » envoyé du Nord, bien farci de mau-

---

1. Voltaire, *OEuvres complètes* (Beuchot), t. LV, p. 682, 683. Lettre de Voltaire à madame Denis ; à Potsdam, le 29 octobre 1751.

vais lard, nous dit Voltaire, de hachis de porc et de gingembre. Notre La Mettrie engloutit tout le pâté [1]. On devine ce qu'il en résulta. « Il prit la fièvre, raconte d'Argens ; le chirurgien lui conseilla de prendre l'émétique : « Non dit-il, je veux accoutumer l'indigestion à « la saignée, et démentir tous les raisonnements des « médecins allemands. » Il se fit donc saigner, quelque chose que pût lui dire le chirurgien ; quatre heures après la fièvre redoubla, et devint inflammatoire : toute la nourriture, qui étoit dans l'estomac, aïant passé aisément dans le sang, par la facilité que la saignée lui en avoit donnée. Il vécut encore trois jours dans le délire, et mourut dans la maison de l'envoïé de France plutôt plaint que regretté des gens qui l'avoient connu [2]. » Il avait prié lord Tyrconnel de le faire en-

1. Voltaire, *OEuvres complètes*, t. LV, p. 688, 689. Lettre de Voltaire à madame Denis; à Potsdam, le 14 novembre 1751.
2. Marquis d'Argens, *Ocellus Lucanus* (Utrecht, 1762), p. 248. — L'abbé Denina, *La Prusse littéraire sous Frédéric II* (Berlin, 1791), t. III, p. 26, 27. — *OEuvres de Frédéric le Grand* (Berlin, Preuss.), t. XXVII, p. 203. Lettre de Frédéric à la margrave de Bayreuth ; le 21 novembre 1751. — Au lieu de trois jours, le comédien Désormes, qui prétend avoir été le témoin de la dernière extravagance de ce fou incorrigible, dit vingt jours ; mais c'est incontestablement là une méprise du compositeur. « Il vivoit, raconte-t-il, depuis trois ans, heureux, aimé et estimé, également cher à la cour et à la ville, lorsqu'il fut attaqué de la maladie qui l'a mis au tombeau. Nous avions dîné ensemble chez milord Tyrconel. Il y avoit un pâté garni de truffes, dont il mangea prodigieusement. Au sortir de table, il se sentit l'estomach chargé, et me proposa une partie de billard, que j'acceptai, et qu'il ne put achever. Il se trouva mal, et on le mit au lit chez milord Tyrconel. Il appeloit tous les médecins des empoisonneurs ; il n'a pas voulu sans doute faire exception ; car il s'est empoisonné lui-même. Il s'est fait saigner huit fois et a pris des bains pour une indigestion. Il est mort après vingt jours de maladie, le 11 novembre 1751, à trois heures du matin, âgé de quarante-trois

terrer dans son jardin, mais on ne crut pas devoir souscrire à ce souhait. « Son corps enflé et gros comme un tonneau a été porté, bon gré, mal gré, dans l'église catholique, où il est tout étonné d'être. » On se demanda comment il était mort : était-ce en médecin ou en chrétien ? Ses derniers moments avaient-ils été le démenti de sa vie sceptique et matérialiste ; en un mot, selon une expression familière à la margrave de Bayreuth, avait-il fait le plongeon [1] ? Sabatier de Castres prétend qu'il voulut constater son repentir par des preuves non équivoques [2]. Il reste démontré que ce gourmand mourut en philosophe [3]. « *J'en suis bien aise*, nous a dit le roi, *pour le repos de son âme*. Nous nous sommes mis à rire et lui aussi [4]. » C'était bien pour l'intimité ; pour le public la note devait être différente.

---

ans. Il a quitté la vie à peu près comme un bon acteur quitte le théâtre, sans autre regret que celui de perdre le plaisir d'y briller et d'être applaudi... » Fréron, *Lettres sur quelques écrits de ce temps* (Nancy, 1753). Lettre de M. Désormes, premier comédien du roi de Prusse, au sujet du célèbre La Mettrie.

1. Formey, *Souvenirs d'un Citoyen* (Berlin, 1789), t. II, p. 362.
2. Sabatier de Castres, *Les trois siècles* (Amsterdam, 1775), t. III, p. 78.
3. Le chapelain de Tyrconnel, un prêtre irlandais, le père Mac-Mahon, stimulé par quelques personnes, pénétra près du lit du malade, au chevet duquel il s'assit, attendant une occasion de le rappeler à des sentiments plus chrétiens. La Mettrie, dans un de ses accès, s'était écrié : « Jésus-Marie ! » Le chapelain, saisissant ce moment, lui dit : « Ah ! vous voilà enfin retourné à ces noms consolateurs ! — Mon père, répondit le moribond, ce n'est qu'une façon de parler. » Il expirait quelques minutes après. Nicolaï, *anekdoten von Konig Friedrich II von Preussen und von enigen Personen die um ihn waren* (Berlin, 1790), premier cahier, p. 20. — Thomas Carlyle, *History of Friedrich II of Prussia* (Leipzig, 1864), vol. IX, p. 92, 93.
4. Voltaire, *Œuvres complètes* (Beuchot), t. LV, p. 697. Lettre de Voltaire à madame Denis ; à Potsdam, le 24 décembre 1751.

V

LE SIÈCLE DE LOUIS XIV. — ORTHOGRAPHE DE VOLTAIRE.
LA BEAUMELLE A BERLIN.

Frédéric, qui aura le malheur de survivre à tous ses amis, se donnait le soulagement, quand il en perdait un, de composer son éloge, qu'il faisait lire ensuite dans son académie parfois aussi embarrassée qu'honorée de pareilles communications. L'homme de lettres, s'il ne prédominait point, marchait au moins de pair avec le roi, et l'auteur de l'*Anti-Machiavel* ne laissait point échapper une occasion de faire des vers ou de la rhétorique. Ces éloges étaient-ils en effet autre chose que de la rhétorique, et qu'est-ce, sinon un mélange de déclamation et de persiflage que ces dernières phrases de l'éloge de l'auteur de l'*Homme machine?* « La nature l'avait fait orateur et philosophe, mais un présent plus précieux encore qu'il reçut d'elle fut une âme pure et un cœur serviable. Tous ceux auxquels les pieuses injures des théologiens n'en imposent pas regrettent en M. La Mettrie un honnête homme et un savant médecin [1]. » Qu'entendait Fré-

1. *OEuvres de Frédéric le Grand* (Berlin, Preuss.), t. VII, p. 27.

déric par une âme pure ? Son portrait par Voltaire a le mérite de la précision et nous rend certes mieux l'original. « Aviez-vous entendu parler, écrit-il à d'Argental, d'un médecin nommé La Mettrie, brave athée, gourmand célèbre, ennemi des médecins, jeune, vigoureux, brillant, regorgeant de santé ? Il va secourir milord Tyrconnel, qui se mourait ; notre Irlandais lui fait manger tout un pâté de faisan, et le malade tue son médecin. Astruc en rira, s'il peut rire [1]. » Ces trois lignes peignent notre homme de la tête aux pieds, sans le louer, sans le diffamer ; et il n'est pas mal d'y revenir après avoir lu cette pièce d'éloquence, dont la communication, dit Formey, fut écoutée d'un air morne [2]. C'était en effet, un véritable outrage à la morale publique ; et ce scandale fut senti par tous les gens, qui, sans être rigoristes, ne pensaient pas qu'un souverain, quelque absolu qu'il fût, eût le droit de réhabiliter un homme dont le mérite à ses yeux était de n'avoir cru qu'à la matière et d'avoir agi en conséquence [3]. « Il est fort triste, mande Voltaire à Richelieu, qu'on ait lu son éloge à l'Académie, *écrit de main de maître*. Tous ceux qui sont attachés à ce maître en gémissent. Il semble que la folie de La Mettrie soit une maladie épidémique qui

---

1. Voltaire, *OEuvres complètes* (Beuchot), t. LV, p. 688. Lettre de Voltaire à d'Argental ; Potsdam, le 13 novembre 1751.
2. Formey, *Souvenirs d'un Citoyen* (Berlin, 1789), t. I, p. 118.
3. Tous les pasteurs de Berlin, tous les ministres du culte furent consternés ; les épicuriens même (et l'Académie en recelait bien quelques-uns) furent loin d'applaudir à cette étrange fantaisie du philosophe de Sans-Souci, et l'aimable et spirituel Gotter disait à ce propos : « Trop est trop, et vouloir traiter la vertu de *nomen inane*, c'est détruire tous les liens de la société humaine. Il vaudrait mieux alors, pour notre sûreté et satisfaction, être brute et brouter l'herbe ! »

se soit communiquée. Cela fera grand tort à l'écrivain ; mais avec cent cinquante mille hommes, on se moque de tout, et on brave les jugements des hommes [1]. » Et, pour couronner l'œuvre, Frédéric eût donné six cents livres de pension à une « fille de joie » que La Mettrie avait amenée de Paris, après avoir abandonné femme et enfants [2]. C'est encore Voltaire qui nous dit cela, mais à une date où il serait imprudent de le croire sur sa parole, aussitôt qu'il est question de ce Marc-Aurèle d'autrefois qui s'est changé en Denis le Tyran et en « Luc ».

Le poëte ne pardonnait pas à l'auteur de l'*Homme machine* d'être parti sans l'avoir sorti d'angoisses, par oui ou par non. « J'aurais voulu demander à La Métrie, à l'article de la mort, des nouvelles de l'*écorce d'orange*. Cette belle âme, sur le point de paraître devant Dieu, n'aurait pu mentir. Il y a grande apparence qu'il avait dit vrai. C'était le plus fou des hommes, mais c'était le plus ingénu... » Et comment allier ces noirceurs avec

---

[1]. Voltaire, *OEuvres complètes* (Beuchot), t. LVI, p. 14. Lettre de Voltaire à Richelieu ; à Berlin, le 27 janvier 1752. Une chose à remarquer et que l'on remarqua, c'est que Voltaire n'assista pas à la séance où l'éloge fut lu, quoiqu'il eût écrit qu'il « avait disposé son corps cacochyme à ne lui pas refuser le service, et à grimper à l'Académie ; » il s'en excusa, tantôt sur ce qu'il s'était trompé de jour, tantôt sur ce qu'il n'avait pas été convoqué. Quant à Frédéric, il ne fut pas sans s'apercevoir du blâme respectueux qu'il s'était attiré de la part des personnes les moins austères. « Si j'ai loué La Mettrie, disait-il, ç'a été pour épargner cette besogne au secrétaire perpétuel. » A la bonne heure, et Formey dut lui en être fort reconnaissant, bien qu'il n'y paraisse guère. Christian Bartholmèss, *Histoire philosophique de l'Académie de Prusse* (Paris, 1850), t. I, p. 273.

[2]. *Ibid.*, t. XL, p. 88, 89. Mémoires pour servir à la vie de M. de Voltaire, écrits par lui-même. Il n'avait eu qu'une fille de sa femme, comme on l'a dit plus haut, p. 36.

le langage affectueux, les doux propos de la coquette royale? « Il me disait hier, devant d'Argens, qu'il m'aurait donné une province pour m'avoir auprès de lui ; cela ne ressemble pas à l'*écorce d'orange*. Apparemment qu'il n'a pas promis de province au chevalier de Chasot. Je suis très-sûr qu'il ne reviendra point. Il est fort mécontent, et il a d'ailleurs des affaires plus agréables[1]... »

Nous parlions plus haut de phrases de rhétorique ; si Frédéric surfait sur l'estime et la vénération que lui inspire La Mettrie, ses regrets furent sincères. La Mettrie était encore celui qui l'amusait le plus de tous ceux qui l'entouraient. C'était, en définitive, un concertiste de moins, et sa mort parut être le signal de désertions successives qui finiront par faire le vide autour du philosophe de Sans-Souci. Voltaire disait vrai à l'égard de Chasot. Chasot s'en allait pour ne plus revenir. Depuis longtemps les relations étaient tendues entre le roi et ce dernier. Frédéric avait de durs moments avec ceux qu'il affectionnait le plus ; et ses sévérités et ses rudesses ne devaient être que plus sensibles pour les intimes qu'il avait habitués à ne voir que l'hôte et l'ami dans le maître et le souverain. Si le chevalier eut à essuyer des dégoûts, il serait peu équitable de prétendre qu'il ne se les fût attirés d'aucune sorte. Chasot, dont nous avons indiqué la nature chevaleresque, l'intrépidité, le dévouement, l'esprit, avait les défauts inhérents à ses qualités ; il était joueur, débauché, prodigue, répandant l'argent

---

1. Voltaire, *OEuvres complètes* (Beuchot), t. LV, p. 697. Lettre de Voltaire à madame Denis ; à Potsdam, le 24 décembre 1751.

sans compter, et par conséquent souvent réduit aux expédients. Le chevalier longtemps usa et abusa de la bourse de Frédéric, qui finit par se lasser de ces saignées trop fréquentes et fit le sourd à de nouveaux emprunts. Chasot ne supporta pas ces refus sans amertume, il souffrit dans son amour-propre, et n'eut ni la force ni la prudence de renfermer son chagrin. Il ne cachait pas son sentiment sur le peu de générosité du roi et s'en expliquait avec une franchise qui n'avait d'égale que le peu de convenance et de retenue de ses paroles. « Je ne sais, disait-il, quel malheureux guignon poursuit le roi; mais ce guignon se reproduit dans tout ce que Sa Majesté entreprend et ordonne. Toujours ses vues sont bonnes, ses plans sont sages, réfléchis et justes, et toujours le succès est nul ou très-imparfait, et pourquoi ? Toujours pour la même cause: parce qu'il manque un louis à l'exécution ! Un louis de plus, et tout irait à merveille ! Son guignon veut que partout il retienne ce maudit louis, et tout se fait mal[1]. » Cela peut être piquant; mais on se demande à quoi est-ce applicable, et quelles entreprises ont avorté par faute de cet infiniment petit qui ne pouvait être arraché à la sordide avarice du roi. Sans doute Frédéric était avare, sans doute son économie fut mesquine et parfois digne d'un autre nom, quand elle alla jusqu'à ne rétribuer ni les travaux commandés ni les services rendus. Mais il faut convenir aussi qu'il avait quelque chose de mieux et de plus urgent que de donner sa Prusse naissante à ronger à des courtisans insa-

---

1. Dieudonné Thiébault, *Souvenirs de vingt ans de séjour à Berlin* (Didot, 1860), t. II, p. 181.

tiables, qui l'eussent dévorée sans en être plus riches.

Chasot avait sauvé la vie au prince, il lui avait témoigné le dévouement le plus absolu, cela méritait bien qu'on lui vînt en aide dans les moments trop fréquents où les eaux étaient basses. Ses mécomptes à cet égard furent cruels, et il est à croire que ses propos revinrent au roi qui en fut justement blessé, et résolut de faire ressentir le poids de sa colère au coupable. Au moins, à une grande revue (mai 1751), Frédéric profitait-il de la circonstance la plus futile pour chercher querelle au chevalier et le traiter, à la tête de son régiment, avec une inqualifiable dureté [1]. Chasot n'oublia pas l'insulte et songea dès lors à se retirer. Mais le roi de Prusse ne se prêtait point à de telles séparations ; et ce ne fut qu'en novembre que le chevalier sollicita et obtint la permission de faire un voyage en France, afin de réparer sa santé délabrée [2]. « Pour le major Chasot, qui a dû vous rendre une lettre, écrivait Voltaire à sa nièce, il s'était emmaillotté la tête et avait feint une grosse maladie pour avoir la permission d'aller à Paris. Il se porte bien celui-là, et si bien qu'il ne reviendra plus. Il avait pris son parti depuis longtemps [3]. » Mais Chasot avait plus d'un motif de ménager le roi, qui eût pu s'opposer notamment à ce qu'il entrât en possession des legs que lui avait tout récemment faits la vieille duchesse de Strélitz [4].

1. Blaze de Bury, *Le chevalier de Chasot* (Paris, 1862), p. 124.
2. Il se retirait du service de Prusse le 17 février 1752.
3. Voltaire, *OEuvres complètes* (Beuchot), t. LV, p. 688. Lettre de Voltaire à Madame Denis ; à Potsdam, le 14 novembre 1751.
4. Nous lisons cette note de M. de Latouche, notre envoyé en

Il n'eût, du reste, tenu qu'à Frédéric, avec quelque complaisance, de boucher les trous, de remplir les vides, et même de grossir le nombre de son entourage. « On voit de loin les objets bien autrement qu'ils ne sont, disait Voltaire. Je reçois des lettres de moines qui veulent quitter leur couvent pour venir auprès du roi de Prusse, parce qu'ils ont fait quatre vers français. Des gens que je n'ai jamais connus m'écrivent : « Comme vous êtes l'ami du roi de Prusse, je « vous prie de faire ma fortune... » Ici encore, l'amertume se fait jour, et le poëte ne se préoccupe pas trop de la laisser déborder. Il faut dire qu'alors il était en butte à plus d'un ennui, à part l'*écorce d'orange*. Son édition du *Siècle de Louis XIV* n'était pas achevée, qu'il apprenait que des contrefaçons s'en faisaient à Francfort-sur-l'Oder et à Breslau. Il supplie Frédéric

Prusse. « Le major de Chasot, qui a joui pendant dix-huit ans de la plus haute faveur à Potsdam, s'est brouillé avec son maître parce que les bontés de la vieille duchesse de Strelitz l'ont mis en état de se passer des bienfaits du roi de Prusse; mais il semble que le maître et l'ancien favori cherchent à se rapprocher. Celui-ci sent la nécessité où il se trouvera de recourir à la protection de ce prince pour conserver tout ce qu'il a reçu de sa vieille duchesse, et le monarque craint que cet officier, dont il connoit la valeur et le talent pour la guerre, ne passe à quelque service étranger, et craint surtout que ce soit à celui de l'impératrice de Russie, qui lui a fait offrir, l'année passée, le grade de général-major avec un régiment de dragons, par le prince de Galitzin, ministre de Russie à Hambourg. » *Journal de l'Institut historique* (IIIe année, août 1836), t. V, p. 29. Tableau de la cour de Berlin envoyé à Versailles par M. T. (Tyrconnel), avec des additions du chevalier de Latouche. — Sans revenir en Prusse, Chasot, ne donna pas à son ancien maître le chagrin de le voir passer au service de l'impératrice de Russie; le sénat de Lubeck l'élut pour gouverneur de la ville, et il accepta avec joie une situation honorable où il pourrait continuer et achever ses jours dans la paix et l'abondance.

de faire arrêter le libraire de Francfort et saisir les voitures qui porteraient immanquablement les exemplaires à Leipsick. Malheureusement, sans qu'il s'en doutât, le moment était mal choisi ; l'un des favoris du prince, le comte de Rothembourg venait d'expirer. Son premier soin, lorsqu'il l'apprit, fut de s'excuser d'importuner le roi de ses affaires, sous le coup d'une affliction que partageaient tous ceux qui avaient connu et aimé le défunt ; et Voltaire était si bien de ce nombre qu'il avait compté sur le comte pour être son exécuteur testamentaire [1]. Quelque fin et défiant que l'on soit, l'on ne peut tout prévoir ; et ceux auxquels on a cru pouvoir le plus se fier sont ceux-là qui vous renient et vous desservent sous le manteau, au moment où ils vous sourient et vous font fête. Le défunt, lui aussi, n'était pas un ami sûr, s'il faut en croire l'auteur de la *Henriade*. « Nous avons su, après la mort du comte de Rothembourg, qu'il ne nous épargnait pas toujours dans les petites conférences qu'il avait avec Sa Majesté. C'est là l'étiquette des cours ; on y dit du mal de son prochain aux rois, quand ce ne serait que pour les amuser [2]. »

Les réclamations de Voltaire à l'égard de son *Siècle*

---

1. Voltaire, *OEuvres complètes* (Beuchot), t. LVI, p. 10. Lettre de Voltaire à Frédéric.

2. *Ibid.*, t. LVI, p. 11. Lettre de Voltaire à madame Denis ; à Berlin, le 18 janvier 1752. Ce comte de Rothembourg avait, à l'égard de Voltaire, de plus anciens torts que ne se le figurait celui-ci, car c'était lui qui, d'après les ordres, il est vrai, de Frédéric, faisait tenir à l'évêque de Mirepoix un lambeau de lettre et des vers où le théatin était fort mal traité, dans le but plus que machiavélique de fermer au poëte tout retour en France. Voir notre deuxième volume, p. 386, 387.

étaient légitimes. L'on réussit, toutefois, à persuader au roi que c'étaient là de nouvelles chiffonneries de cet esprit inquiet et brouillon, qui ne pouvait demeurer en paix et sans tracasseries. Et c'est ce que Frédéric fit sentir à son chambellan et d'une façon assez explicite même pour que le bruit courût d'une disgrâce et d'une rupture. Voltaire, éperonné par ces humiliations, adresse au philosophe de Sans-Souci un billet très-ferme, où il se plaint de l'injustice qu'il subit, et en appelle à son équité et à sa bonté pour réparer le mal que lui font dans le public ces désobligeantes rumeurs.

> L'ouvrage est à moi, comme l'*Histoire de Brandebourg* est à votre Majesté, permettez-moi l'insolence de la comparaison. Quel démêlé, quelle discussion puis-je avoir pour une chose qui m'appartient, et qui est entre mes mains? Que deviendrai-je, sire, si une calomnie si peu vraisemblable est écoutée?...
>
> Vous savez qu'un mot de votre bouche est un coup mortel. Tout le monde dit, chez la reine-mère, que je suis dans votre disgrâce. Un tel état décourage et flétrit l'âme, et la crainte de déplaire ôte tous les moyens de plaire. Daignez me rassurer contre la défiance de moi-même, et ayez du moins pitié d'un homme que vous avez promis de rendre heureux [1].

C'était, comme on l'a dit plus haut, le conseiller aulique Francheville, un Français réfugié [2], qui s'était chargé de l'édition du *Siècle de Louis XIV*. Pour éviter toutes difficultés, Voltaire ne s'était pas nommé. Cette réserve, il en convient lui-même, avait peu de mérite,

---

1. Voltaire, *OEuvres complètes* (Beuchot), t. LVI, p. 19, 20. Lettre de Voltaire à Frédéric; le 30 janvier 1752.

2. Joseph du Fresne de Francheville, né en 1704, un élève, comme Voltaire, du père Pirée.

car c'était le secret de la comédie. « On sait assez, dans l'Europe, que j'en suis l'auteur, mais je ne veux pas m'exposer à ce qu'on peut essuyer, en France, de désagréable, quand on dit la vérité. » Quelles que fussent les imperfections d'un texte qu'il corrigera, transformera et complétera incessamment, cette première édition fut enlevée en quelques jours ; et, pour donner une idée du débit du livre, nous ajouterons qu'il en parut huit éditions en moins de huit mois [1]. Il mandait à Walther, qu'il était bien décidé à ne point envoyer d'exemplaires en France. Cela signifiait sans doute qu'il n'en paraîtrait pas dans le commerce ; car il n'était pas homme à se priver du plaisir d'en adresser aux amis qu'il avait à la cour et à la ville. En effet, il en dépêcha à Richelieu, aux deux d'Argenson, à madame du Deffand, et au président Hénault dont il provoquait les observations, l'opinion et les critiques. Nous avons une lettre de ce dernier qui est curieuse, et d'un ami qui se pique avant tout d'indépendance dans ses jugements.

> Voltaire, écrit-il au comte d'Argenson, m'a envoyé son livre en me priant de lui envoyer des critiques, c'est-à-dire des louanges. J'ai beaucoup hésité à lui écrire, parce que je crains de le contre dire, et que d'un autre côté je voudrois bien que son ouvrage fût de façon à être admis dans ce pays-ci, et qu'il l'y ramenât. C'est le plus bel esprit de ce siècle, qui fait honneur à la France, et qui perdra son talent quand il aura cessé d'y habiter ; mais c'est un fou, que la jalousie en a banni. Je l'ai entendu toute sa vie déclamer contre le siècle, de ce que l'on

---

[1]. Quérard, *Bibliographie voltairienne* (Didot, 1842), p. 80, n° 391. Signalons deux traductions allemandes imprimées, l'une à Francfort, l'autre à Leipsick, et qui paraissaient en juin de la même année.

ne faisoit rien pour les hommes célèbres. On en récompense un que sa vieillesse met hors de pair, et dont les talens restoient sans récompense sans madame de *Pompadour*, et Crébillon fait sur lui l'effet que *Cassini* a fait sur *Maupertuis*. Tel qu'il est pourtant, il faudroit, s'il étoit possible, le mettre à portée de revenir, et cet ouvrage en pourroit être l'occasion. C'est ce qui m'a déterminé à lui envoyer des remarques sur le premier tôme dont vous trouverez ici une copie... [1].

Le président fait tort à l'auteur du *Siècle*, en prétendant qu'il n'attendait de lui que des louanges. Voltaire ne recule pas devant la critique, et elle est la bien accueillie, quand ce n'est pas la malveillance qui la dicte ; et c'est ce dont Formey convient tout le premier [2]. Nous n'avons pas les remarques de l'auteur de l'*Abrégé chronologique;* mais nous avons la réponse du poëte, qui n'est pas celle d'un homme froissé, tant s'en faut. Il discute et donne ses motifs, ce qui n'est que trop légitime. Hénault, tout en louant le travail, lui fait un reproche que la postérité a maintenu ; c'est le peu d'étendue accordé à la liste raisonnée des personnages célèbres qu'il faisait figurer à la suite de son *Siècle*. Du reste, ce fut l'opinion de la plupart de ceux qui lurent l'ouvrage alors. « MM. de Meinières et de Foncemagne, écrit d'Argental à son ami, admirent le *Siècle de Louis XIV;* mais les observations du second tombent principalement sur le catalogue des écrivains. En effet, cette partie n'est ni assez méditée, ni assez exacte [3]. » Mais c'est moins à lui qu'aux

1. Marquis d'Argenson, *Mémoires* (Jannet), t. V, p. 44, 45. Lettre du président Hénault au comte d'Argenson ; Paris, 31 décembre 1751.
2. Formey, *Souvenirs d'un Citoyen* (Berlin, 1789), t. I, p. 250.
3. Charavay, *Catalogue d'autographes*, du 7 avril 1864, p. 4, n° 22. Lettre de d'Argental à Voltaire ; Paris, 19 mars 1752.

circonstances qu'on doit s'en prendre. Cette partie de l'ouvrage eût été plus détaillée, plus ample, si l'auteur se fût trouvé à Paris. « C'était mon principal objet, dit-il ; mais que puis-je à Berlin [1] ? »

Quand l'existence de cette liste fut connue dans Paris, on se préoccupa, on s'inquiéta de la façon dont étaient habillés les morts de la veille et peut-être aussi les vivants. Peu d'exemplaires avaient dû pénétrer, et les privilégiés ne les communiquaient qu'avec réserve. Fontenelle, qui n'était pas de ces derniers, s'informa comment M. de Voltaire l'avait traité. L'ami auquel il s'adressait lui répondit, qu'à tout prendre, l'article était favorable ; qu'il y avait pourtant quelques restrictions aux éloges ; qu'au reste, il était le seul homme vivant que l'auteur eût mis dans ce catalogue : « Cela me suffit, interrompit M. de Fontenelle, et quelque chose qu'ait pu dire ensuite M. de Voltaire, je suis content [2]. »

L'ouvrage émerveilla les contemporains qui n'avaient, il est vrai, à lui opposer que le père de Limiers, La Martinière et Larrei. L'aîné des d'Argenson, particulièrement, est dans le ravissement. « Oh ! le livre admirable ! que d'esprit et de génie ! quel choix de grandes choses ! Que cela est vu de haut et en grand ! quel style noble et élevé ! Peu de fautes, et beaucoup de grandes vérités.

1. Voltaire, OEuvres complètes (Beuchot), t. LVI, p. 5. Lettre de Voltaire au président Hénault ; à Berlin, le 8 janvier 1752.
2. Almanach littéraire ou Étrennes d'Apollon (1777), p. 89, 90. Fontenelliana. Faisons remarquer, toutefois, que Voltaire ne parle pas de Fontenelle dans l'édition de Berlin (Henning, 1752), et que ce n'est que dans la seconde, donnée à Leipsick, également en 1752, que figure pour la première fois l'auteur de la Pluralité des Mondes.

Voltaire sait tout, parle de tout en expert [1]. » Veut-on le jugement d'un homme de goût, d'un esprit éclairé et distingué, d'un Anglais illustre, d'ailleurs sympathique à la France, la patrie qu'il eût adoptée s'il nous était donné de choisir notre berceau ?

Voltaire, écrivait lord Chesterfied à son fils, m'a envoyé de Berlin son histoire du *Siècle de Louis XIV*, elle est arrivée à propos ; mylord Bolingbroke m'avoit justement appris comment on doit lire l'histoire, Voltaire me fait voir comment on doit l'écrire... C'est l'histoire de l'esprit humain, écrite par un homme de génie pour l'usage des gens d'esprit... Il me dit tout ce que je souhaite de savoir, et rien de plus ; ses réflexions sont courtes, justes, et en produisent d'autres dans ses lecteurs. Exempt de préjugés religieux, philosophiques, politiques, et nationaux plus qu'aucun historien que j'aye jamais lû, il rapporte tous les faits avec autant de vérité et d'impartialité que les bienséances, qu'on doit toujours observer, le lui permettent... Il y a deux affectations puériles, dont je souhaiterois que ce livre eût été exempt : l'une est une subversion totale de l'orthographe françoise anciennement établie ; l'autre est qu'il n'y a pas une seule lettre capitale dans tout le livre, excepté au commencement d'un paragraphe. Je vois avec déplaisir Rome, Paris, la France, Cæsar, Henri IV, etc., en lettres minuscules, et je ne conçois pas qu'il y ait aucune raison de retrancher de ces mots les capitales, malgré un long usage. C'est une affectation au-dessous de Voltaire [2]....

Cette absence de capitales caractérise fâcheusement, en effet, l'édition de Berlin, et le spirituel Anglais n'a pas tort d'être choqué d'une bizarrerie que rien ne légitime, et qui ne se retrouve dans aucun autre ouvrage du poëte, auquel nous ne saurions nous ré-

---

1. Marquis d'Argenson, *Mémoires* (Jannet), t. V, p. 147.
2. Lord Chesterfield, *Lettres à son fils Stanhope* (Amsterdam, 1777), t. III, p. 337, 338, 340 ; Londres, ce 13 avril 1752.

soudre à l'attribuer, bien qu'il soit tout aussi difficile d'admettre que cela se soit fait sans son concours, puisque l'ouvrage s'imprimait à sa porte. Cette étrangeté disparaissait, après tout, dans les éditions subséquentes, qui, toutefois, ne devaient pas donner satisfaction sur l'autre point à lord Chesterfield. C'est au *Siècle de Louis XIV* qu'il faut faire remonter l'application définitive de ce qu'on est convenu d'appeler l'orthographe de Voltaire [1]. L'auteur de *Mérope* avait toujours été blessé de cette incohérence entre la manière d'écrire et celle de prononcer; incohérence aussi grotesque qu'illogique dans notre poésie surtout, où la rime donnait à tout instant un démenti à l'orthographe. Dans son intimité, force était de se soumettre à une réforme qui lui paraissait dictée par le simple bon sens, et toute étourderie, tout oubli à cet égard étaient relevés vertement à Cirey. Madame de Grafigny mandait à son ami Devaux, en 1738 : « Elle parle (la marquise du Châtelet) extrêmement vite, et comme je parle quand je fais la *Française*. Tu vois que je corrige ce mot-là ; ce serait un solécisme ici de l'écrire autrement [2]. » Mais, deux ans auparavant, on lisait dans l'Avertissement de *Zaïre*, de l'édition de 1736 : « On a imprimé *français* par un *a*, et on en usera ainsi dans la nouvelle édition de la *Henriade* [3]. Il faut en tout se conformer à l'usage, et écrire autant qu'on peut comme on prononce ; il serait ridi-

---

[1]. Collini, *Mon séjour auprès de Voltaire* (Paris, 1807), p. 31.

[2]. Madame de Grafigny, *Vie privée de Voltaire et de madame du Châtelet* (Paris, 1820), p. 4.

[3]. Il n'existe aucune édition de la *Henriade*, jusqu'au *Siècle de Louis XIV*, avec la nouvelle orthographe.

cule de dire en vers les *François* et les *Anglois*, puisque en prose tout le monde prononce *français*[1]. » Il ne se lassera pas de soutenir cette thèse en toute occurrence et à tout propos, et s'efforcera de gagner à sa cause les Pères de l'Église, de la langue et de la grammaire. « Ne serais-je point, dit-il à l'abbé d'Olivet, un de ces téméraires que vous accusez de vouloir changer l'orthographe ? J'avoue qu'étant très-dévoué à saint François, j'ai voulu le distinguer des *Français*; j'avoue que j'écris *Danois* et *Anglais* : il m'a toujours semblé qu'on doit écrire comme on parle, pourvu que l'on ne choque pas trop l'usage, pourvu que l'on conserve les lettres qui font sentir l'étymologie et la vraie signification du mot[2]. »

Pourquoi cette ardeur, cette passion de réforme ? Charles Nodier, qui aime peu Voltaire, n'est pas en peine d'en dénicher la cause. « Cette orthographe a, en effet, dit-il, l'incontestable avantage de vieillir notablement les anciennes éditions de Racine et de Corneille, et de frapper d'avance leurs éditions à venir, si l'on ose en faire, du ridicule d'une orthographe surannée[3]. » Cette orthographe, après tout, n'est pas de Voltaire. L'année même de la naissance d'Arouet, Réné Milleran publiait une grammaire où, entre autres principes, cette nouveauté semble figurer[4]; mais il n'eut pas

---

1. Voltaire, *OEuvres complètes* (Beuchot), t. III, p. 158.
2. *Ibid.*, t. LXIII, p. 535. Lettre de Voltaire à l'abbé d'Olivet; à Ferney, 5 janvier 1767.
3. Techener, *Bulletin du Bibliophile* (mars 1843). VIe série, p. 112.
4. Voici le titre tant soit peu verbeux de l'ouvrage de Réné Milleran : « *Les deux Grammaires fransaizes*, l'ordinaire d'aprezant et la plus nouvelle qu'on puisse faire sans altérer ni changer les mots,

l'autorité de la faire accepter, malgré le rare génie que lui accorde le poëte Linières :

> Cet homme en sa grammaire étale
> Autant de savoir que Varron ;
> Et dans ses lettres [1] il égale
> Balzac, Voiture et Cicéron.

Voltaire, qui, nous l'avons dit plus d'une fois, est surtout un vulgarisateur, prend son bien et le nôtre où il le trouve ; il sait forcer la routine à s'effacer devant la logique, et de pareils services sont assez importants pour qu'on ne le chicane point sur la priorité d'une idée déjà vieille (Nodier en convient) du temps de Milleran. Si Voltaire ne cite pas Milleran, dont il peut en définitive n'avoir pas connu l'œuvre gothique, il se borne à patronner une innovation qu'il juge utile, et ne prétend à rien de plus. Il parle en cent endroits, et dans ses préfaces, et dans sa correspondance, et dans le *Dictionnaire philosophique*, et dans ses remarques sur le *Cid*, de cette réforme, sans réclamer d'aucune sorte l'honneur de la découverte. Mais Nodier, eût bien fait d'exhumer plus tôt le brave grammairien, si

---

par le moyen d'une nouvelle ortographe si juste et si facile, qu'on peut aprendre la bôté et la pureté de la prononciation en moins de tans qu'il ne fot pour lire cet ouvrage, par la diférance des karactères qui sont osi bien dans le cors des règles que dans leurs exanples, ce qui est d'ôtant plus particulier qu'elles sont très faciles et incontestables, la prononciation étant la partie la plus essentielle de toutes les langues. » *Marseille* (Brébion, 1694), 2 part. en un in-12, avec un portrait de l'auteur, tiré à la sanguine.

1. Son premier *Recueil de lettres*, qui a complétement disparu n'eut pas moins de trois éditions. Il donna ensuite : *Nouvelles lettres familières de messieurs de l'Académie françoise* (Amsterdam, 1705).

complétement oublié que ses œuvres sont à l'heure qu'il est introuvables ; il eût sorti d'embarras les gens à scrupules qui, tout en applaudissant intérieurement au côté pratique de la réforme, s'obstinaient à maintenir l'ancienne orthographe, en haine de l'abominable auteur de tant de livres abominables[1].

Hélas! le succès s'affirmait à peine, que Voltaire et son *Siècle* étaient l'un et l'autre atteints par un de ces brigandages littéraires, inouïs jusque là, dont l'impudence était bien faite pour exalter un tempérament plus flegmatique que celui de l'historien de Louis XIV. Mais, avant d'entrer dans le détail des procédés de La Beaumelle, il est indispensable de raconter ce qu'était La Beaumelle, d'où il venait, ce qu'il songeait faire à Berlin, et comment s'attisa, entre deux hommes également violents, une haine que la mort seule pourra désormais éteindre.

Laurent Angliviel (Voltaire s'amusait à l'appeler Langlevieux) de La Beaumelle[2] était né à Valleraugue (Gard), le 28 janvier 1726, d'une famille appartenant à la bourgeoisie protestante. Son enfance

---

1. On vit les religieuses de Sainte-Marie d'En-Haut, de Grenoble, dont le pensionnat était fréquenté par les jeunes filles des meilleures familles, s'acharner, en pleine Restauration, contre un changement consacré depuis plus de soixante-dix ans, parce qu'il avait été introduit dans l'orthographe par l'*infâme* Voltaire. Nous devons ce renseignement à un magistrat distingué, qui, dans sa jeunesse, était fort au courant de ce qui se passait dans cette patrie de Condillac, de Mably et de Barnave.

2. Ce nom n'était pas le sien. C'était le nom qu'un de ses oncles maternels avait adopté pour se distinguer des autres personnes de sa famille. Michel Nicolas, *Notice sur la vie et les écrits de Laurent Angliviel de La Beaumelle* (Paris, Cherbuliez, 1852), p. 3.

et sa jeunesse fussent demeurées obscures, sans Voltaire, qui nous donne sur ses commencements et sur sa vie de collége les renseignements les plus curieux, (nous nous garderons bien de dire les plus authentiques), dans une addition au mot *quisquis* du *Dictionnaire philosophique*, recueillie par Decroix, mais que Voltaire, pour une cause ou pour une autre, garda dans ses papiers sans la publier.

Feu M. d'Avéjan, évêque d'Alais, y fonda un collége de vingt cinq bourses pour vingt cinq jeunes gens, fils de père ou de mère protestants, afin de les faire élever dans la religion catholique. N... Angliviel a été de ce nombre. Il était fils d'un soldat irlandais qui s'était marié à Valrogues (lisez : Valleraugue), gros bourg du diocèse d'Alais avec une protestante; et voilà pourquoi son fils, qu'il avait laissé orphelin en bas âge, fut du nombre de ces vingt cinq, M. l'évêque ne voulant pas lui laisser sucer avec le lait les erreurs de sa mère. Il fit de bonnes études dans ce collége alors très-bien composé. Il se distingua par quelques prix qu'il eut, et plus encore par de petites friponneries. M. Puech en était alors principal. C'était de son nom qu'étaient signées les petites marques de distinction qu'on donne aux écoliers et qu'on appelle *exemptions*. M. Puech en avait signé à la fois plusieurs mains; la feuille en contenait soixante quatre; le sieur Angliviel en vola quelques mains, et les vendit aux écoliers à deux ou trois sous la pièce. Ces mains de papier étant épuisées, et ce commerce étant très-lucratif, ledit sieur en vola d'autres ou les acheta chez l'imprimeur. La signature de M. Puech y manquait; ce ne fut pas un obstacle; elle fut si parfaitement imitée que M. Puech lui-même y fut trompé, et le trafic alla son train. Cette adresse inspira de nouvelles idées audit Angliviel. Il se servit de cette signature pour avoir chez le nommé Portalier, pâtissier, de quoi déjeuner avec friandise durant un certain temps. Cela fut enfin découvert, et Angliviel qui venait de finir sa rhétorique, fut chassé honteusement du collége, quoiqu'il dût y rester encore deux ans. C'était en 1744 ou 1745, je ne peux assigner l'époque précise. Alors Angliviel fit entendre à sa mère protestante, que c'était parce qu'il avait paru faire sa première communion à la catholique, malgré lui, qu'on l'avait renvoyé. La mère pénétrée d'un zèle pour le calvinisme que la persécution échauffait encore dans ce temps-là, lui fournit les moyens de s'expatrier et d'aller à Genève où il pourrait devenir ministre du saint Évangile. Angliviel partit ; mais comme il se croyait déjà quelque chose, il s'imagina que le gouvernement avait les yeux ouverts sur lui, vu le lieu, l'objet et le genre de son éducation ; et conséquemment il prit le nom de La Beaumelle pour se dérober à des recherches qu'on n'avait pas envie de faire [1].

Tout cela a un ton d'autorité qui s'impose. Voltaire qui, à coup sûr, n'alla aux renseignements sur le compte de La Beaumelle que lorsqu'il y fut intéressé par la guerre à outrance que lui faisait celui-ci, ne dit pas de quelle source lui vinrent ces détails biographiques. Il faut convenir que, si ces anecdotes de collége sont de pure invention, elles ont un notable cachet de vérité et que, n'étaient le ressentiment implacable du poëte et le peu de concordance de certaines dates et de certains faits avec des témoignages aussi absolus que le sont des actes d'état-civil, on n'oserait émettre le moindre doute sur des assertions tellement circonstanciées, qu'elles semblent porter avec elles leur conviction. Cependant, si tout n'est pas mensonge ou erreur, nous sommes obligés de convenir, après révision, que bien des inexactitudes capitales viennent saper par la base ce petit récit qui, fût-il vrai dans toutes ses parties, ne dépose pas d'une façon aussi définitive qu'on affecte de le croire contre le jeune Angliviel. L'on n'aime pas ces

---

1. Voltaire, *OEuvres complètes* (Beuchot), t. XXXII, p. 81 à 84. Dictionnaire philosophique, au mot : *quisquis*.

sortes d'habiletés dans un enfant; mais les incidents, mais le but peuvent pallier ou aggraver les torts, et nous ne voudrions voir ici qu'un écolier friand, qui, par son industrie, trouvait le moyen de fournir à ses déjeuners et de les rendre plus abondants. Sans doute, si l'on assigne comme terme de ces manœuvres blâmables les années 1744 ou 1745, Angliviel n'eût pas eu moins alors de dix-huit à dix-neuf ans. Mais on semble hésiter sur la date précise, et, à cette époque, celui-ci n'était plus au collège; car il quitta la France à la fin de 1745, après avoir essayé, durant un temps plus ou moins long, du commerce auquel, il est vrai, il renonça bientôt. Arrivons aux faits erronés. Le père de La Beaumelle n'était ni Irlandais de nation, ni soldat, ni catholique; il était négociant de profession et protestant de religion. Sa mère, Suzanne d'Arnal, ne pouvait, par ferveur de secte, avoir envoyé son fils dans la ville de Calvin, par une raison trop concluante : elle était morte dès 1729. En revanche, Angliviel père mourut beaucoup plus tard, six ans après les événements que nous allons raconter, en 1757. Cette confusion de personnes n'infirmerait pas d'une manière absolue l'historiette du collège d'Alais, et il serait peut-être permis d'admettre que tout n'en est pas inventé. Au fond, que nous importe? Ce qui serait, à coup sûr, moins indifférent, ce serait la conduite équivoque que la même chronique attribue à La Beaumelle, durant son séjour en Suisse.

A Genève, Angliviel se lia avec M. Bauclare, qui en était alors bibliothécaire. Mademoiselle Bauclare, sa nièce, avait une petite société de veillée dans la cour du collège. La Beaumelle y fut admis; et dans une conversation de femmes, il eut de quoi savoir la chronique scandaleuse de Genève : c'était plus qu'il n'en fallait pour alimenter sa malignité naturelle ; mais il fallait, avant tout, se faire un nom. Voici comment il s'y prit. M. de la Visclède, secrétaire perpétuel de l'académie de Marseille, venait de faire une *Ode sur la mort*, qui avait été couronnée aux jeux floraux; il ne s'était point fait connaître. La Beaumelle s'en procura une copie; il la fit imprimer en placard et en in-8, chez Duvillard, la dédia à M. Lullin, alors professeur d'histoire ecclésiastique, et jouit de la gloire d'être à vingt et un ans environ, auteur d'une ode où il y avait de bonnes strophes. Cette célébrité lui plût; mais il fallait se donner le plaisir de la satire [1]. En conséquence, d'après ce qu'il avait recueilli des médisances féminines, il composa un catalogue de livres dans lequel il déchira tout Genève. Je ne me souviens que d'un article, et le voici : *Le mauvais Ménage, opera-comique; par Monsieur et madame Gallatin*. Tous les autres étaient dans ce goût. Cela fut su, il fut honni, s'intrigua, alla en Danemark, etc., etc.

Ces faits sont tellement précis, les noms propres si nettement indiqués, aussi bien que les méchants tours qu'on lui attribue, qu'il n'y a guère moyen de croire que tout cela soit de pure invention. Mais laissons ces commérages, dont nous faisons moins difficulté d'admettre la malveillance. Après un séjour de dix-huit mois, La Beaumelle quittait Genève et passait en Danemark, où il débarquait, le 15 avril 1747. Il y avait été appelé par le baron de Gram, qui lui remit l'éducation et la direction de son jeune fils. Dès son arrivée à Co-

---

1. « *Nota.* — Il logeait à Genève, chez M. Giraudeau l'aîné, auteur de *La Banque rendue facile*, etc. Il y brouilla et perdit tout ; il y traduisit le Catéchisme théologique de M. Ostervald ; il y fit quelques fragments satiriques, qui furent insérés dans le *Mercure suisse* : je ne peux me rappeler l'année, ni le mois ; mais il en est un qui a pour épigraphe ces deux vers de M. de Voltaire, avec un hémistiche gâté :

Courons après la gloire, amis, l'ambition
Est du cœur des humains la grande passion. »

penhague, il créait un recueil hebdomadaire : la *Spectatrice danoise* ou l'*Aspasie moderne*, dont naturellement il devait être le coopérateur le plus actif et le plus fécond. Signalons encore un ouvrage allégorique qui, sous une forme légère, avait les visées les plus sérieuses, l'*Asiatique tolérant*, traité à l'usage de Zeokinézul, *roi des Kofirans*. Trois années s'étaient écoulées. L'éducation de son élève était sans doute terminée ; redevenu libre, il se mit en tête de fonder, à Copenhague, une chaire de langue et de littérature françaises. Le projet méritait d'être encouragé ; le roi donna son approbation, et la chaire fut ouverte le 20 mars 1750. « La Beaumelle en fut nommé professeur, sans l'avoir sollicité, nous dit un de ses biographes, et par la protection du grand-maréchal comte de Moltke, qui faisait grand cas de ses talents [1]. » A la bonne heure, et nous reconnaissons là la modestie de La Beaumelle qui, cependant, n'eût pas laissé de se trouver fort étonné si cette place, qu'il ne sollicita point, eût été donnée à quelque autre qui l'eût demandée. Mais il fallait obtenir l'autorisation du ministre de France, et il dut faire un voyage à Paris, où il demeura huit mois. Ce fut durant ce séjour qu'il acheta, nous est-il dit, de Racine fils, un recueil manuscrit de la correspondance de Madame de Maintenon. Nous pourrions à cet occasion citer une lettre du poëte de la *Grâce*, qui nous fixerait sur la ponctualité aussi bien que sur la conscience historique de La Beau-

---

1. Michel Nicolas, *Notice sur la vie et les écrits de La Beaumelle* (Paris, Cherbuliez, 1852), p. 6.

melle [1]. De retour à Copenhague, ce dernier ouvrait son cours par une harangue d'apparat qu'il débitait comme étant son œuvre propre et qui doit être restituée à Méhégan, qui la revendiquait plus tard [2]. Cela dénote au moins un esprit plus impatient de célébrité que scrupuleux outre mesure, et qui ne regardait point au choix des moyens. Tel il sera, tel nous le verrons; et nous n'aurons pas besoin des assertions passionnées de Voltaire pour reconnaître, dans l'auteur futur des *Mémoires de madame de Maintenon*, une de ces natures audacieuses, sans moralité, comptant sur une verve intarissable, une somme réelle de connaissances, et cette faveur toujours acquise à quiconque injurie et outrage un grand nom depuis trop de temps applaudi et acclamé.

La dernière année de son séjour à Copenhague, il publiait *Mes Pensées* ou *Qu'en dira-t-on*[2] ? œuvre, à coup sûr, plus déclamatoire que profonde, où l'écrivain s'érige en moraliste et en politique de haut vol, donnant la leçon aux rois comme aux peuples; livre décousu, sans lien, sans suite [3], mais vivant, mais tenant sans

---

1. Racine écrivait, à propos de ces lettres : « ... M. de La Beaumelle ne m'a pas même envoyé un exemplaire, quoiqu'elles lui aient rapporté bien au delà des 200 louis qu'il m'a payé (à ce qu'il dit) pour mon manuscrit... » Laverdet, *Catalogue d'autographes*, du samedi 11 mai 1861, p. 116, n° 1026. Lettre de Racine fils à M***; Paris, 26 janvier 1753.

2. Méhégan, *Tableau de l'Histoire moderne* (Paris, 1778), t. II, p. vij, Avertissement.

3. La Beaumelle donne une étrange raison du décousu de son livre : « Toutes ces réflexions sont détachées, parce qu'il n'est pas permis aux gens sujets aux migraines de penser de suite. » *Mes Pensées* (Copenhague, 1751), p. 406.

cesse en éveil par la surprise, l'imprévu du trait, un style nerveux, coloré, incisif, qui n'est, cela va sans dire, ni plus sage ni plus retenu que l'idée qu'il habille ; ébauche et débauche d'un homme de beaucoup d'esprit et de beaucoup de talent même, dont ce n'était que le premier mot. « Plus de la moitié en est excellente, note d'Argenson, un quart médiocre, l'autre quart rempli de pensées fausses. Dans le bon, on trouve ce trait : Heureux l'état dont le roi n'auroit point de maîtresse, pourvu qu'il n'eût pas de confesseur[1] ! » Mais à qui donner cet étrange livre? Le marquis n'hésite qu'entre Montesquieu et Voltaire ; ou peut-être Diderot. « Il a, nous dit de son côté l'abbé de Voisenon, composé un ouvrage divisé en chapitres sur différents sujets ; il y en a un ou deux qu'on croiroit du président Montesquieu, et beaucoup plus qu'on soupçonneroit d'être de son laquais[2]. » Tout compte fait, La Beaumelle n'a pas trop à se plaindre.

Dans sa hâte de sortir de son obscurité, tout lui eût été bon, tout lui eût été propre. « En Danemark, nous dit un écrivain connu par d'intéressantes études sur les cours du Nord, on le vit échanger des lettres publiques sur les plus graves sujets de controverse religieuse avec Holberg, qui faisait figure non-seulement comme poëte dramatique, mais encore comme professeur d'université fort bien renté, et aussi comme théologien. Le recueil des lettres de ce dernier a

---

1. Marquis d'Argenson, *Mémoires* (Jannet), t. IV, p. 70, 71; 20 janvier 1752. — T. V, p. 128.
2. L'abbé de Voisenon, *OEuvres complètes* (Paris, 1781), t. IV, p. 156.

conservé les traces de ces discussions, où La Beaumelle faisait profession d'une certaine liberté de pensée [1]. » Il songeait, en même temps à publier une collection complète de nos classiques; et il s'adressa dans ce but à Voltaire dont il réclamait l'appui. « Il m'écrivit de Copenhague, de la part du roi de Danemark, pour une prétendue édition, *ad usum Delfini Danemarki*, des auteurs classiques français. Il datait sa lettre du palais du roi. Je le pris pour un grave personnage, d'autant plus qu'il avait prêché; mais, quinze jours après, mon prédicateur arriva avec un plumet à Potsdam [2]. » Remarquons, en passant, que Voltaire s'obstine à faire de La Beaumelle une sorte de ministre défroqué; il veut qu'il ait prêché, deux années durant, à Genève, en dépit de l'invraisemblance et de l'absurdité même de l'assertion, car alors La Beaumelle n'avait pas plus de dix-huit ans. « Il avait commencé à prêcher à Copenhague. Il a de l'éloquence, » écrivait-il à Roques, une première fois; et, pour qu'il n'en ignore pas, il le lui redira une autre fois. Il est à regretter que ses lettres à Angliviel n'aient pas été retrouvées; mais on se les imagine aisément. La démarche du jeune professeur était flatteuse, et, certes, l'auteur de *Zaïre* n'était pas homme, en pareil cas, à rebuter son monde par la froideur et de grands airs. Ce fut donc bien gratuitement et sans y avoir été provoqué d'aucune sorte, que notre Angliviel se donna les torts de l'attaque et s'aventura dans une guerre terrible avec un adver-

1. *Revue des Deux Mondes* (15 janvier 1869), t. LXIX, p. 370. *De l'authenticité des lettres de madame de Maintenon*, par A. Geffroy.
2. Voltaire, *OEuvres complètes* (Beuchot), t. LVI, p. 253. Lettre de Voltaire à d'Argental; à Berlin, le 18 octobre 1752.

saire qui ne pardonnait point et eût fait déterrer ses ennemis pour les pendre [1]. Mais il avait la présomption et l'audace, ces suprêmes qualités du polémiste, qui regarde moins au mal qu'on lui fait qu'aux coups qu'il porte. Quel mal d'ailleurs pouvait-on lui faire? Il attendait la célébrité de ce duel inégal où, par contre, Voltaire ne pouvait que se déconsidérer. Cette tactique n'était pas neuve, elle avait été celle de tous les ennemis du poëte, qui, jusqu'à la dernière minute, tout en lisant dans leur jeu, n'aura pas le flegme qui fait qu'on méprise l'attaque et que l'on se renferme dans un dédaigneux silence.

Qui détermina La Beaumelle à quitter le Danemark où il était revenu avec des idées d'installation définitive? Voltaire nous dit qu'il fut chassé; La Beaumelle répond qu'il fut si peu chassé qu'il ne partit que muni d'un congé en forme et avec la faculté de reprendre son poste quand cela lui conviendrait. Il avait été recommandé à lord Tyrconnel, qui ne semble pas lui avoir servi d'introducteur. En revanche, milord lui eût donné de précieuses instructions sur le mode de conduite qu'il avait à tenir. « Milord Tyrconnel, à qui j'étois adressé, me dit qu'il falloit flatter M. de Voltaire, qui étoit un homme dangereux, et cultiver M. de Maupertuis, parce que M. de Maupertuis étoit un honnête homme, et peut-être le seul de nos François que le roi estimât réellement. » Notez que Tyrconnel était dans les meilleurs termes avec l'auteur de *Mérope*, et que l'on ne s'exprime pas avec cet abandon, à la première

---

[1]. Madame de Grafigny, *Vie privée de Voltaire et de madame du Châtelet* (Paris, 1820), p. 113.

entrevue, devant un étranger sur la discrétion duquel on ne saurait compter. Milord (et Voltaire nous l'apprend lui-même) ne se refusait pas toujours le petit plaisir de médire de son prochain ; mais on choisit son monde et son terrain, et la prudence la plus sommaire tient lieu de charité. Le poëte était à Potsdam. La Beaumelle, peu attiré vers Maupertuis « dont le génie n'étoit pas le sien, » mande à Voltaire son arrivée et lui dit que le désir de voir trois grands hommes l'amenait en Prusse ; et quoiqu'il ne fût que le second, il le verrait le premier. Il alla à Potsdam le 1er novembre 1751. Voltaire le retint à dîner. La Beaumelle a raconté cette entrevue qui ne dura pas moins de quatre heures et nous donne la mesure du personnage.

Il me questionna beaucoup et même jusqu'à l'indécence. Toutes ses questions aboutissoient à savoir si j'avois des desseins sur la place de La Métrie, dont on venoit d'aprendre la mort ; comme j'avois un objet un peu plus relevé, et que j'étois chez lui pour lui rendre des hommages, et non pour lui faire des confidences, toutes mes réponses aboutirent à lui faire entendre que j'étois fort éloigné d'aspirer à remplacer La Mettrie.

Il me demanda quels étoient les 2 autres grands hommes que je venois voir ; je lui dis que l'un étoit le roi : oh ! me répondit-il, il n'est pas si aisé de le voir [1], et l'autre ? M. de Maupertuis. Il sourit amèrement, il me parut qu'il auroit mieux aimé que ce fut Mr Pelloutier, auteur d'une excellente *Histoire des Celtes* [2].

1. Ce passage est un peu modifié dans la *Réponse au Supplément du Siècle de Louis XIV* (à Colmar, 1754), p. 122. « Il n'est pas si aisé de voir le R. P. abbé. » Disons, à ce propos, que nous avons cru devoir citer de préférence le premier jet. Mais nous aurons soin de signaler les changements quelque peu significatifs.

2. Simon Pelloutier, membre de l'Académie des sciences de Berlin et son bibliothécaire. Voir son *Éloge*, par Formey, 1757.

Il me parla de son *Siècle de Louis XIV* ; je lui parlai de mes *Lettres de Maintenon*. Il me demanda à les voir ; je me rappelai[1] qu'il avoit envoyé à *Thyriot* quelques *lettres de Sévigné*, qu'il avoit fait imprimer à *Troyes* ; je les lui refusai très-poliment ; il me répondit : eh! qu'est-ce qui vous les demande ?

Je tâchai de le gagner : mais je m'aperçus que je n'avançois point dans son esprit ; je le savois fort sensible à la louange ; à chaque instant j'allai l'encenser ; je fus toujours retenu par une mauvaise honte. Je n'ai point le courage de loüer en face les personnes que j'estime.

Je partis de Potzdam trop mécontent de Mr de Voltaire, pour n'être pas un peu mécontent de moi. J'avois été allarmé de la perfidie de son sourire, de l'inégalité de son humeur, du brusque de son ton, des épines de son caractère. Mais enclin à lui tout pardonner, je me dis : cet homme est dans un mauvais jour ; il a mal digéré : c'est l'indigestion qui le rend faux, dur et cruel : quel dommage que cette âme dépende si fort de cet estomac[2] !

Il y a, dans ce peu de lignes, plus d'inconvenances que de mots ; et l'on se demande comment, en les relisant, La Beaumelle ne s'est pas aperçu des ridicules qu'il se donnait par une outrecuidance à peine croyable. Voltaire, c'est l'homme du monde, par excellence, plein de politesse, de mesure, de bonhomie parfois ; oubliant sa supériorité, ses années, sa célébrité, ou ne s'en

---

1. Nous ignorons à quel acte de la vie de Voltaire La Beaumelle fait allusion. Nous n'avons rien trouvé qui ait rapport, de près ou de loin, à cette impression des lettres de madame de Sévigné à Troyes. Nous avons cherché dans la magistrale édition des *Lettres de madame de Sévigné* (Hachette) si elle nous donnerait réponse à cette énigme ; mais vainement.

2. *Le Siècle politique de Louis XIV*, avec les pièces qui forment l'histoire du *Siècle* de M. F. de Voltaire, et de ses querelles avec MM. de Maupertuis et de La Beaumelle (à Siéclopolis, 1753), p. 311, 312. Lettre de M. de La Beaumelle à M***, sur ce qui s'est passé entre lui et Voltaire.

souvenant que pour les faire oublier à ceux auxquels il parle. Refusons-lui tout; mais il avait l'urbanité, le savoir-vivre. Ses contemporains sont unanimes à reconnaître en lui ces vertus sociales qu'il avait, tout enfant, appris à pratiquer dans l'intimité et le commerce des plus grands seigneurs et de la meilleure société de son temps. Que l'auteur de la *Henriade* ait adressé quelques questions à La Beaumelle sur son séjour à Copenhague et son voyage en Prusse, cela est présumable; ce dut être, en tous cas, avec les marques extérieures de l'intérêt qu'un homme de son âge pouvait témoigner à un jeune homme de vingt-cinq ans qui a son avenir encore à faire, en admettant qu'il ait tous les dons d'intelligence et d'entregent qui forcent la fortune.

On lui a demandé s'il avait des desseins sur la place de La Mettrie, et lui de nous dire qu'il avait un objet un peu plus relevé. Quelles étaient donc ses visées? Car La Mettrie, digne ou indigne, avait une assez bonne situation auprès de Frédéric, et nous ne voyons pas à quoi pouvait aspirer de plus élevé le professeur de Copenhague. Et remarquez qu'entre lui et Voltaire tout doit marcher de pair. « Il me parla de son *Siècle de Louis XIV*, je lui parlai de mes *Lettres de Maintenon*. » Avec un peu de bon sens, La Beaumelle eût compris le ridicule qu'il se donnait. En somme, il est content de lui, de la prudence, de la modération, de la magnanimité même dont il a fait preuve. Enclin à tout pardonner (c'est lui qui nous le dit), il défend, il excuse Voltaire contre l'impression fâcheuse que lui ont laissé « la perfidie de son sourire, l'inégalité de son humeur, le brusque de son ton, les épines de son caractère. » Nous en verrons bien d'autres.

Un mois s'écoulait, sans les rapprocher, mais non sans commérages et sans propos. La Beaumelle s'imagine que son arrivée à Berlin doit donner à songer à bien du monde et en inquiéter plus d'un. L'on ne savait au juste (le savait-il lui-même?) ce qu'il voulait; et cette incertitude était de nature à soulever contre lui tous ceux pour lesquels il pouvait être un rival : Darget, entre autres, qu'il ne nomme point, mais qu'il désigne suffisamment.

> Le 1er décem., continue-t-il, Mr de Voltaire m'écrivit que je l'obligerois beaucoup de lui prêter *Mes pensées*, livre dont on lui avoit dit beaucoup de bien. J'hésitai longtems. Cet ouvrage étoit une espèce de mystère à Berlin. Je ne voulois pas m'y faire connoître par un livre, quoique je susse que de mauvais livres y eussent fait la fortune à bien des gens. J'y louois le roi, et je ne voulois pas qu'on crût que mes louanges fussent intéressées [1]. Il me suffisoit qu'à Coppenhague on eût vu de mauvais œil ces louanges excessives. Il me paroissoit au-dessous de moi de chercher à me faire en Prusse un mérite de ce dont on m'avoit fait un crime en Dannemarck.

Sur l'instance de madame de Bentinck, La Beaumelle se décida à envoyer *Mes Pensées* à l'auteur du *Siècle de Louis XIV*. Son hésitation avait une tout autre cause que celle qu'il allègue, et on le comprend de reste, après la lecture du passage suivant : « Qu'on parcoure l'histoire ancienne et moderne, on ne trouvera point d'exemple de prince qui ait donné sept mille écus

---

1. *Mes Pensées* (Copenhague, 1751), p. 173, 274, 376. Cette première édition a une dédicace, qui est datée du 24 août 1751, et signée du pseudonyme de Gonia de Palajos.

de pension à un homme de lettres, à titre d'homme de lettres. Il y a eu de plus grands poëtes que Voltaire ; il n'y en eut jamais de si bien récompensez, parce que le goût ne met jamais de bornes à ses récompenses. Le roi de Prusse comble de bienfaits les hommes à talens, précisément par les mêmes raisons qui engagent un petit prince d'Allemagne à combler de bienfaits un bouffon ou un nain[1]. » Au bout de trois jours, le valet de chambre de Voltaire remettait à Angliviel le livre de *Mes pensées*. La page 70, où se trouvait cet étrange passage, était cornée. Cela dut donner à rêver à La Beaumelle, surtout avec le cortége de qualités qu'il supposait au poëte, mais ne l'empêcha pas de lui rendre visite aussitôt qu'il le sut à Berlin.

Le 7 décemb. le roi arriva de Potzdam à Berlin et M. de Voltaire avec lui. J'allai le voir, il me parla de mon livre, m'en fit d'un ton chagrin et dur une critique fort judicieuse et fort sévère, dont je profitai depuis, et dont je fus très-mécontent alors.

Il ajouta, qu'il n'avoit pas cru que l'empressement qu'il avoit eu à entrer dans mon projet de classiques à Coppenhague, eût mérité que je le traitasse aussi mal que je le traitois dans cet ouvrage.

Je fus étonné[2] : je lui demandai l'endroit ; il me le cita : je le lui répétai plusieurs fois mot à mot lui soutenant toujours qu'il étoit à sa gloire : Je ne sai donc pas lire? me répondit-il. Peut-être bien lui répliquai-je ; mais toujours est-il sûr que je ne vous ai offensé, ni voulu offenser. Je retournoi ce passage en cent façons différentes ; je ne pus le faire convenir du seul sens qu'il puisse avoir.

1. *Mes Pensées* (à Copenhague, 1751), p. 69, 70, n° XLIX.
2. « Et surpris de ce reproche, » éditions subséquentes.

Cela est de toute force, et c'est une scène à laquelle on eût voulu assister : La Beaumelle s'épuisant à prouver à un homme qui entend le français, qui entend la louange et en a trop tourné lui-même pour n'être pas bon juge en pareille matière, que le passage qui le blesse à si juste titre, est placé là à sa plus grande gloire; Voltaire, pâle, frémissant, se mordant la lèvre, se contraignant pourtant, et presque décontenancé par l'aplomb de ce jeune homme de vingt-cinq ans, qui venait le braver, l'insulter jusque chez lui! Mais laissons poursuivre le narrateur, qui ne prenait pas, comme on en va juger, le meilleur chemin pour arriver.

Cependant rougissant sans doute d'une si mauvaise chicane, il s'attacha à cette autre phrase : *il n'y eut jamais de poëte aussi bien récompensé que Voltaire.* Il me dit que ce que le roi lui donnoit, n'étoit pas une récompense, mais un simple dédommagement; et il ajouta en autant de termes : vous m'avez sans doute pris pour un homme qui n'a pas d'argent : je lui répondis que je savois qu'il étoit fort riche, mais que ce n'étoit point par là qu'il étoit respectable : il me répliqua qu'il étoit Officier et Chambellan du roi : je lui répétai ce qu'il avoit dit à Congrève, que s'il n'étoit que Chambellan, je ne me donnerois pas la peine de le voir.

Ces paroles semblèrent l'adoucir : il m'assûra qu'il ne me savoit pas mauvais gré du passage, mais qu'il ne me seroit pas si aisé de faire ma paix avec Mr. le marquis d'Argens, qui n'étoit ni un bouffon, ni un nain, avec le baron de Polnitz qui étoit homme de condition, avec le comte Algarotti qui méritoit beaucoup d'égards, avec Mr de Maupertuis, qui étoit président d'une académie de laquelle il étoit bien résolu de défendre l'entrée à quelqu'un qui avoit écrit que des gens, qui sont plûtot les amis du roi que ses beaux esprits, étoient des bouffons et des nains.

Ces paroles doucereuses, ces avis miséricordieux, loin de rassurer La Beaumelle, devaient lui donner fort à réfléchir. Voltaire pardonnait, et du meilleur de son cœur ; mais il le prévenoit charitablement que tout le monde, comme lui, ne pratiquait pas à Berlin aussi absolument l'oubli des injures. Angliviel, qui n'était pas assez naïf pour ne pas saisir ce qu'il y avait d'ironique et de menaçant dans ces assurances pacifiques, comprit que, s'il avait voulu la guerre, il allait l'avoir. Et il n'en put plus douter, quand, sur la demande qu'il lui en fit, Voltaire lui eut répondu que le roi avait lu le paragraphe et qu'il en avait été fort indisposé. « Et qui le lui a donc montré ? s'écria La Beaumelle, vous m'aviez promis le secret. » Voltaire répartit que c'était Darget, le seul, avec le poëte, auquel il eût communiqué l'ouvrage. Notre professeur de belles-lettres alla tout aussitôt se plaindre à Darget, qui se défendit de toute indiscrétion et lui donna amicalement le conseil de ne pas prolonger son séjour à Berlin. Nous avons eu occasion de faire connaître le caractère loyal et ouvert, quoique prudent, du lecteur du roi ; Angliviel qui ne le nomme pas, tout en le désignant suffisamment, nous le représente comme un petit caractère et un petit esprit, fort inquiet du but où vise le nouveau débarqué, et croyant qu'il en voulait à sa place, une place, remarquons-le en passant, qu'il était impatient de laisser et qu'il quittait même deux mois avant le départ pour Gotha de La Beaumelle. Cela ne suffirait-il pas pour nous mettre en défiance contre les assertions passionnées d'un chercheur de fortune résolu à ne pas marchander avec les obstacles qu'il heurte sur son chemin ?

En somme, il fallait conjurer l'orage. Angliviel va

voir Maupertuis et n'épargne rien pour dissiper dans son esprit toute impression défavorable. Il n'y fût peut-être pas parvenu avec autant de facilité, si l'auteur de la *Vénus physique* n'eût pressenti, dans cette nature violente, l'ennemi le plus actif comme le plus implacable de l'auteur de *Mérope*. Quoiqu'il s'en défende, Angliviel venait surtout pour sonder Maupertuis. Maupertuis ne demandait pas mieux de parler et d'envenimer les choses, s'il y avait lieu; aussi accorda-t-il toute satisfaction à La Beaumelle.

> Mr. de Maupertuis me dit qu'il étoit vrai, que Mr. de Voltaire avoit donné au souper du roi une mauvaise interprétation à un paragraphe du *Qu'en dira-t-on?* comme si j'avois voulu dire que les savans de sa cour étoient des bouffons et des nains, et que le roi étoit un petit prince d'Allemagne; mais que le comte Algarotti étant descendu chez Mr. de Voltaire, et aïant transcrit le passage, le lui avoit apporté à minuit, qu'ils avoient jugé l'un et l'autre que Voltaire l'avoit défiguré avec beaucoup de mauvaise foi, et n'y avoient rien trouvé d'injurieux; qu'il étoit clair que j'avois voulu dire, qu'autant que le roi de Prusse est au-dessus des princes qui font leurs délices des bouffons et des nains, autant les savans de sa cour sont au-dessus des nains et des bouffons; que vraisemblablement ce qui avoit piqué Voltaire, c'étoit ces mots qu'il n'avoit pas dit au roi : *il y a eu de plus grands poëtes que* Voltaire, *il n'y en eut jamais de si bien récompensés.*

Voltaire nie les faits tels qu'on les présente ici. Loin d'avoir cherché à animer le roi contre l'auteur de *Mes pensées*, il affirme qu'il fut le seul à prendre le parti de l'absent et qu'il s'écria : « Quoi ! faut-il qu'un étranger ne puisse paraître à Berlin sans être opprimé ? » Voilà une magnanimité excessive et qui, avouons-le, ne ressemble point à Voltaire. Non, Voltaire ne prit pas la défense de La Beaumelle ; et si, comme il le prétend, ce fut d'Argens qui attacha le grelot, il n'essaya pas davantage de fermer la bouche au marquis, en lui disant : « Taisez-vous donc, vous révélez les secrets de l'église [1]. » La Beaumelle devait se préoccuper surtout de l'effet de ces révélations sur l'esprit de Frédéric. Le roi était-il irrité contre lui ? Maupertuis lui répondit qu'il ne le pensait pas, et lui donna le conseil d'envoyer son livre à Sa Majesté, comme le seul moyen de la « déprévenir ; » ce qu'il exécuta aussitôt. Il se garda bien, cette fois, de s'adresser à Darget, dont il se défiait, et remit le paquet, avec une lettre, à Fredersdorff, valet de chambre et favori du prince. Mais Voltaire, qui en eut connaissance, avertit Darget qui eût manœuvré de telle façon que ni l'ouvrage ni la lettre ne parvinrent jusqu'à Sa Majesté. « Après avoir été renvoïé plusieurs fois pour la réponse de Fredersdorff à N... (Darget), de N... à Fredersdorff, toujours mystérieusement, je reçus une lettre de N..., qui me disoit, au nom du roi, des choses qu'il n'est pas possible que le roi lui ait commandées. » Une autre tentative, conseillée par Maupertuis, l'envoi au roi d'un mémoire relatif au projet des classiques français, subissait le même sort et était l'objet des mêmes manœuvres. En bonne conscience, tout cela est-il croyable, et comment admettre que Darget, quelle que fût sa bonne envie de servir Voltaire et de desservir La Beaumelle, eût pu concevoir l'idée d'une pareille infidélité et hasarder un pareil jeu avec un maître qui n'était pas un roi fai-

---

1. Voltaire, *OEuvres complètes* (Beuchot), t. LVI, p. 241. Lettre de Voltaire à M. Roques.

néant, qui voulait et savait être instruit de tout, et eût châtié inexorablement un abus de confiance comme celui-là? Mais on ne se fût pas contenté d'évincer La Beaumelle; Darget eût poussé la folie jusqu'à écrire au nom du roi des choses que le roi « n'a pu ordonner! » Encore un coup, qui donc La Beaumelle espérait-il persuader?

A l'entendre, ce sont, de tous côtés, les mêmes souterrains pour l'effrayer et le décider à déguerpir. C'est le chevalier de Saint-André, qui le prévient que son départ est résolu, et que le roi s'en était expliqué catégoriquement à la table de la reine mère. Même propos attribué au prince de Prusse et qui était charitablement redit à La Beaumelle. Mais tout cela ne l'intimide point et n'est qu'un piége, dans lequel il n'est pas assez simple pour tomber. L'inspirateur de ces manœuvres, c'était Voltaire, Voltaire avec lequel, pourtant, malgré de pareils griefs, il agira en politique qui sait se contenir, attendre le moment opportun d'éclater et jusque-là sourire à l'ennemi.

> Quelqu'irrité que je fusse de ces procédés, que j'attribuois avec raison à M. de Voltaire et à son parti, je crus qu'il étoit inutile de rompre entièrement avec lui, je crus qu'il convenoit de le ménager. On désarme un tigre en le caressant. J'allai le voir le 3 de janvier 1752 avec M. de La Lande, le même qui à 20 ans, sans cabale, sans femmes, est entré dans un corps, où il est fort glorieux d'entrer à 60 [1]. Il fut témoin de l'accueil de Mr. de Vol-

---

[1]. « La Lande avait été, nous dit Maupertuis, envoyé par le ministère de France pour faire à Berlin les observations de la lune correspondantes à celles que faisoit M. l'abbé de la Caille au cap de Bonne-Espérance. » Œuvres de Maupertuis (Lyon, 1768), t. III, p. 330. Il arriva à Berlin, fin septembre, comme nous l'apprend la Gazette d'Utrecht du vendredi 8 octobre 1751 (n° LXXXI) suppl.

taire; il vit combien je me possédai, combien je donnai à la douceur, à la pitié, au respect qu'on doit aux talens. Il falloit que le désir de n'être pas mal avec cet homme fût gravé bien profondément en moi. Ma modération fût si grande, que Mr. de La Lande en fut étonné; et M. de La Lande est l'homme de France le plus modéré.

Mais, pour étonner par sa modération l'homme de France le plus modéré, il fallait que cette vertu, toute nouvelle chez La Beaumelle, eût été soumise à de bien dures épreuves; et il n'était pas inutile, lorsque l'on est si prolixe d'ordinaire, d'entrer dans quelques détails sur les violences, les emportements furibonds de Voltaire. Il n'était pas moins piquant de démontrer, par son exemple, comment « on désarme un tigre en le carressant. » Eh bien, cette entrevue, sur laquelle il reste muet, le récit nous en a été fait par celui même qu'il adjure et qu'il prend à témoin. Bien des années après (les deux ennemis étaient alors également dans la tombe), Wagnière, qui recueillait tous les matériaux qu'il pouvait rencontrer pour servir à l'histoire de son maître, s'adressait à de Lalande, dont la réponse ne se faisait pas attendre.

... Je voyais *La Beaumelle* chez *Maupertuis.* Je savais que M. *de Voltaire* ne l'aimait pas. Je crus, avec la confiance d'un jeune homme, que je pouvais contribuer à une réconciliation; je m'offris à l'y accompagner. Mais M. *de Voltaire*, qui voulait sans doute éviter une explication, fit semblant de ne pas le voir, et me parla d'une manière si continue à moi seul, qu'il ne donna pas le temps à *La Beaumelle* d'entamer une explication. Sa modération consista donc à ne rien dire. Je m'aperçus que le silence de M. *de Voltaire* m'accusait d'indiscrétion. Je me retirai au bout d'un quart d'heure. M. *de Voltaire* me reconduisit avec des témoignages d'affection qui contrastaient avec l'affectation de ne pas regarder *La Beaumelle*, et de faire semblant de ne pas s'apercevoir qu'il était présent. Je n'ai point oublié ces circonstances, quoiqu'il y ait trente cinq ans d'écoulés [1].

Trois jours après, notre professeur de belles-lettres, qui ne se refusait pas tout commerce avec les Muses, publiait une ode sur la mort de la reine de Danemark. « On la trouva très-belle, nous dit-il modestement ; elle l'étoit pour Coppenhague où je l'envoïai, et encore plus pour Berlin, où il y a moins de goût et d'esprit qu'à Coppenhague. » Cela n'était pas trop aimable pour Berlin et pour les académiciens de Berlin ; mais alors l'on n'avait plus rien à ménager, et l'on pouvait impunément jeter sa bave contre la Prusse, où l'on n'avait fait que médiocrement fortune de toutes façons.

Il fut question, au grand couvert, des lettres de madame de Maintenon, que possédait La Beaumelle ; et le roi dut dire qu'il ne pouvait les avoir acquises que par des voies malhonnêtes. Ce qui eût, à la rigueur, autorisé de semblables soupçons, c'est qu'Angliviel convenait que, tout en les tenant de bon lieu, il n'était redevable de leur communication à aucun des parents ou amis de la marquise. Comme celui-ci n'avait soufflé mot de son trésor qu'à Voltaire, évidemment le roi n'en parlait que d'après l'impression que lui en avait laissée son chambellan. On eût excusé quelque amertume devant un aussi méchant procédé ; mais l'auteur de *Mes pensées*, quoique rarement, a ses moments de mansuétude. « Je lui pardonnai, dit-il, cette calom-

---

1. Longchamp et Wagnière, *Mémoires sur Voltaire* (Paris, 1826), t. II, p. 91, 92. Lettre de Lalande à Wagnière ; à Paris, le 29 janvier 1787. Nous avons eu sous les yeux l'autographe, qui a une page pleine in-4° avec cachet.

nieuse conjecture : je lui pardonnai de l'avoir faite, je lui pardonnai de l'avoir dite ; elle étoit dans toutes les règles de la logique de son cœur. »

La Beaumelle avait mal débuté. En dépit de ses protestations, les amis du prince, s'ils avaient feint plus ou moins, comme Algarotti, de recevoir ses excuses, s'étaient obstinés à ne voir qu'une interprétation possible au fameux paragraphe, et ils tenaient son auteur pour dûment convaincu de les avoir traités de bouffons et de nains. Voltaire attisait le feu. La fatalité se mit aussi de la partie. Angliviel avait été chaudement recommandé à lord Tyrconnel, qui lui avait fait le plus aimable accueil. Mais ce bon vouloir ne devait être que passager, grâce aux artifices de l'ennemi, grâce aussi à une involontaire incivilité à l'égard de milady, qui, en toute équité, n'eût dû s'en prendre qu'à la faiblesse de sa vue. Ainsi, à l'exception de Maupertuis, intéressé à le protéger et à l'épauler, La Beaumelle était parfaitement isolé, et dans une situation à ne conserver que peu d'espoir d'arriver à ses fins, quand une aventure, ou le ridicule se mêlait à l'odieux, vint lui porter un de ces coups dont on ne se relève pas.

Un soir, à l'Opéra, La Beaumelle se trouva placé auprès d'une jeune et jolie femme qui, par ses minauderies et ses œillades, témoignait assez qu'il ne lui déplaisait point. Il était bien de figure, sa physionomie était revenante, nous dit Formey[1], et l'attention était éveillée sur son compte à Berlin et même à la cour; c'était plus qu'il n'en fallait pour lui attirer cette espèce

---

1. Formey, *Souvenirs d'un Citoyen* (Berlin, 1789), t. II, p. 221.

d'aventures qu'appelaient et recherchaient ses vingt-cinq ans. Le mari de la dame était présent, mais il ne parut pas s'apercevoir du manége de sa femme, qui, subjuguée par les avantages personnels de La Beaumelle, se laissait, séance tenante, arracher la promesse d'un rendez-vous. Cette beauté, si facile à s'éprendre, était l'épouse légitime du capitaine Cocchius, un de ces officiers matamores, qui ont à coup sûr leur utilité devant l'ennemi, mais qui, hors du champ de bataille, ne peuvent que compromettre l'honneur du corps auquel ils appartiennent. Celui-ci offrait un assez rare assemblage de vices; il était débauché, fanfaron, sans scrupules, toujours aux expédients, et toujours disposé à ne reculer devant rien pour sortir d'intrigue. Les choses allèrent trop vite pour qu'Angliviel eût le loisir de s'édifier suffisamment sur la moralité de l'étrange ménage. L'auteur du *Qu'en dira-t-on?* trouva le meilleur accueil au logis du capitaine, mais le tête-à-tête fut brusquement troublé par l'arrivée inattendue du terrible Cocchius. L'époux outragé était en droit de passer son épée au travers du corps de La Beaumelle, mais le danger était d'une tout autre espèce, et ce dernier ne tarda pas à entrevoir que ce n'était pas pour sa vie qu'il avait à craindre. Ce qu'entendait le capitaine, c'était faire payer, dans le sens littéral du mot, le plus chèrement possible, un affront que n'eût pas lavé le sang de La Beaumelle; et il se considéra comme bien mieux vengé, en détroussant le malencontreux professeur, dont la bourse, médiocrement remplie, passait de son gousset dans les mains de l'impudent drôle. Il est peu nécessaire d'ajouter qu'Angliviel avait été victime d'un guet-à-pens tendu par l'aimable couple, car madame Cocchius n'était pas sans avoir participé à cette infamie. En somme, M. le capitaine s'attendait à plus, et il s'en fallut de peu qu'il ne criât au voleur. Soit fureur d'un si piètre résultat, soit espoir d'obtenir par l'entremise de la justice une plus honnête indemnité, il alla tout aussitôt porter plainte en adultère par-devant le commandant de Berlin, le comte de Hake, qui épousa ses intérêts et son injure, avec un zèle qui parut étrange à d'autres qu'aux amis de La Beaumelle.

Le 27 janv. j'eus une petite aventure qui eut des suites désagréables pour moi. Le comte de Hake, commandant de Berlin, entra dans cette affaire comme s'il n'avoit pas été mon juge, et l'exposa au roi avec autant de passion que s'il m'eût surpris avec la comtesse de Hake. Je fus condamné sans avoir été interrogé, ni confronté, sans qu'il m'eût été permis de parler ni d'écrire.

Je fus conduit à Spandau, non dans la citadelle, mais dans la ville. Là, j'écrivis au roi, au comte de Podewils, au prince de Prusse, au grand chancelier. Je réclamois la protection des loix qu'on avoit toutes violées. N..., inspiré sans doute par M. de Voltaire (car quelle aparence que N... fût par lui-même si méchant [1]), supprima les lettres par les quelles j'instruisois S. M. dont on avoit surpris la religion.

... Je n'avois qu'un petit nombre d'amis sans crédit qui s'intéressoient à moi [2] ; tout le monde m'abandonnoit, quoique tout

---

1. Si N... (lisez Darget) supposait que La Beaumelle était venu pour le remplacer et usurper son influence, il n'avait pas besoin des excitations de Voltaire ; le sentiment de son propre péril eût suffi pour l'armer contre un rival. Encore ici, il eût supprimé les lettres du captif au roi de Prusse. Il ne faut point savoir quel roi était Frédéric pour croire seulement praticable un pareil méfait, dont Darget était d'ailleurs complétement incapable.

2. Nous avons lu une lettre de La Beaumelle à La Lande le jour même de son arrestation. Il le remercie de celle que le jeune savant lui

le monde me sût innocent. M. de Maupertuis seul eut le courage de ne pas rire au récit que le roi mal informé faisoit de mon affaire, et le courage de conter le fait de manière à ne pas faire rire le roi, au quel il dit, que quand même la chose se seroit passée comme le capitaine Cocchius le racontoit, le capitaine Cocchius n'en seroit pas moins coupable d'avoir excédé ses droits, et de m'avoir coupé ma bourse.

Cette justice sommaire, cette absence de toutes formes, cet enlèvement tout militaire, sans enquête, sans le moindre souci de s'assurer du plus ou moins de culpabilité du prévenu, et au profit de gens dont la réputation n'était plus à faire, étaient de nature à révolter tout esprit impartial et équitable. Après avoir ri de l'aventure, Frédéric, auprès duquel La Beaumelle trouva des défenseurs, donna ordre à M. de Hake de relaxer son prisonnier et de faire le procès aux deux époux Cocchius qui, dans l'espace de trois jours, furent saisis, ouïs, confrontés, jugés, condamnés et châtiés. Une lettre de cachet confirma l'arrêt, et Angliviel, après dix ou douze jours d'angoisses, était de retour à Berlin le 8 février. Quel fut le rôle de Voltaire, dans cette petite comédie? A en croire lady Bentinck, l'amie de tous les deux, et qui joue dans toute cette querelle assez maladroitement le rôle de conciliatrice, l'auteur de la *Henriade* eût condamné

a écrite, et qui aurait soulagé sa douleur, si quelque chose pouvait la soulager. Il est déshonoré, flétri, chassé comme un coquin de la capitale d'un roi honnête homme; il ne survivra point à cet affront. Desmarets, Ticho Brahé, Arnaud ne sont point ses exemples : aucun d'eux ne fut déshonoré. Laverdet, *Catalogue d'autographes* du 24 avril 1862, p. 78, n° 546. Lettre de La Beaumelle à M. de La Lande, astronome de S. M. T. C., à Berlin, à l'Observatoire; Spandau, 27 janvier 1752.

hautement l'iniquité d'un pareil traitement. On l'eût écouté, que tous les Français résidant à Berlin fussent allés se jeter aux pieds des reines pour invoquer leur protection et celle des lois si odieusement enfreintes à l'égard d'un compatriote. La Beaumelle, sur le récit de la comtesse, dans un élan de reconnaissance, se transporte chez Voltaire qu'il accable de remercîments : séance attendrissante, à la suite de laquelle on se promettait mutuellement d'oublier le passé. Mais les illusions de celui-ci furent de courte durée ; et, dès le jour même, le baron de Taubenheim lui racontait que le poëte avait, tout au contraire, dit chez lord Tyrconnel que son affaire ne regardait aucunement les Français, parce que La Beaumelle n'était pas Français ; que, s'il l'était, il avait été banni de France ; que, s'il n'avait pas été banni de France, il l'avait été de Danemark ; que s'il ne l'avait pas été de Danemark, il était du moins un mauvais chrétien, et, en cette qualité indigne de l'appui du ministre de Sa Majesté très-chrétienne. Si nous ne croyons guère à l'initiative généreuse que madame de Bentinck prêtait à Voltaire, nous ne pouvons davantage prendre au sérieux ces niaiseries qui eussent eu d'ailleurs peu d'effet sur un chrétien de la force de lord Tyrconnel. Quoi qu'il en soit, par un sentiment de prudence et d'équité qu'on ne saurait trop applaudir dans un homme si passionné et d'ordinaire si peu prudent, La Beaumelle chargea leur intermédiaire officieux de faire part à l'inculpé de ces bruits malveillants, et de lui témoigner combien il serait charmé qu'il lui démontrât le néant des propos qu'on lui attribuait.

Le 14, il me fit prier 2 fois de passer chez lui : je croïois que madame de ** lui avoit parlé et qu'il vouloit se justifier. A peine fus-je assis, qu'il me dit : J'ai apris avec le plus sensible chagrin, qu'on a débité ici quelques exemplaires de ce livre, où un Chambellan du roi est traité de bouffon et de nain. Je lui répondis qu'avant le traité de paix j'en avois vendu 12 à un libraire, qu'hier j'en avois racheté la moitié qui m'avoit coûté 250 th., qu'ainsi il n'y en avoit que 6 exemplaires de distribués. Six exemplaires! répliqua-t-il, ce sont 6 coups de poignard. Pas tout à fait, lui dis-je ; mais, ajoutai-je, je ne vous avois point promis de racheter des exemplaires, je l'ai fait par égard pour moi-même ; je m'attendois à des remercîmens, et vous me faites des reproches. Je croïois que tout étoit fini, et vous commencez avec plus d'aigreur que jamais. Quelle conduite!

Après avoir fait deux tours dans la chambre, il me dit qu'il y avoit un moïen de réparer l'outrage. Il faudroit, poursuivit-il, un carton, où par les contraires vous désavouassiez le sens qu'on peut tirer de ce passage. Je lui répliquai que je n'aimois pas les cartons, que le livre étoit déjà répandu à Paris, qu'un carton étoit inutile, et que je ne savois qu'y mettre. Il m'auroit bien tiré d'embarras, si j'eusse voulu le lui laisser faire.

Ne faites-vous pas à Hambourg une seconde édition? Oui, on y en fait une, mais vous ne sauriez y entrer; on en ôtera tout ce qui n'est pas politique; on n'y laissera que des grands hommes. Mais vous y laisserez M. de Montesquieu. Assurément, lui dis-je, ni moi, ni mon livre ne pouvons vivre sans lui : mais M. de Montesquieu est un homme grand dans le grand, au lieu que les poëtes ne sont *grands que dans le petit*. Du reste, je suis fort surpris que vous vouliez une place dans un ouvrage dont il y a tant de mal à dire et dont vous en avez tant dit chez mylord Tyrconnel.

Puisque vous ne m'entendez pas, me dit-il, c'en est fait. Volontiers, repartis-je : aussi bien, n'étoit-ce que par égard pour le public que j'en ai eu jusqu'ici pour vous.

A ces mots son visage s'enflamme, ses traits s'allongent, ses yeux s'arment de la foudre, sa bouche se remplit d'écume, ses bras se placent à ses côtés avec une majestueuse fureur : vous eussiez dit qu'il jouoit *Rome sauvée*. Traiter ainsi, s'écria-t-il, traiter ainsi un Officier de deux grands princes, traiter ainsi un Chambellan du roi. Si vous n'en êtes pas content, je vous traiterai comme il vous plaira, vous n'avez qu'à dire.

Cependant il se battoit en retraite vers un cabinet voisin, en assez bonne contenance. Je lui dis :

Que mes armes, consul, ne blessent point vos yeux.

Je ne violerai point l'hospitalité. Mais, à cela près, craignez tout de moi. Dieux ! s'écria-t-il, quelle insolence ! dans ma maison ! Le téméraire s'en repentira. Le repentir, misérable que tu es, sera pour toi. Je sais toutes tes noirceurs ; je souillerois ma bouche en les répétant ; mais je saurai les punir. Je te poursuivrai jusqu'aux Enfers ; je veux que tu dises : hélas ! Desfontaines et Rousseau vivent encore. Ma haine vivra plus longtems que tes vers. En ce moment j'étois si indigné, que je crus qu'il me seroit possible de lui tenir parole. Que je connoissois mal mon cœur [1].

Est-ce assez extravagant, assez insolent, assez ridicule et révoltant tout ensemble ? Et, quelque peu de penchant que l'on se sente pour Voltaire, n'est-on pas profondément indigné de la conduite sans nom de ce jeune homme à l'égard d'un homme qui eût pu être son père, qu'il outrageait odieusement, et qui eût été dans son droit en le faisant jeter par la fenêtre ? Mais La Beaumelle ne s'imagine pas avoir poussé trop loin les choses, et voici ce qu'il dit du récit de ces aménités : « Ma *Lettre sur mes démêlés* avec Voltaire est une preuve de ma modération, dans le cas où la modération est possible. J'y raconte le mal qu'il m'a fait avec autant de sang-froid qu'il le fit [2]. » Et ne croyez pas qu'il raille ; il le dit comme il le pense, et il veut être

---

1. *Le Siècle politique de Louis XIV* (à Siéclopolis, 1753), p. 328 à 331. Lettre de M. de La Beaumelle sur ce qui s'est passé entre lui et Voltaire.
2. *Réponse au Supplément du Siècle de Louis XIV* (à Colmar, 1754), p. 118.

jugé d'après un témoignage dont l'impression est tout autre sans doute qu'il ne se le figure. Faisons observer, toutefois, que la réflexion le porta à adoucir un peu la péroraison de sa Catilinaire, dans la seconde édition de cette étrange pièce [1]. Mais il était arrivé à ses fins ; il avait humilié, outragé Voltaire, donné de la pâture aux rieurs, qui se trouvaient en nombre à Berlin aussi bien qu'à Paris. « Cette scène, ajoute-t-il, divertit le public, et fût dit-on, versifiée par un comédien [2]. »

Madame de Bentinck avait assumé une assez rude tâche, celle de réconcilier deux adversaires que trop de griefs déjà, trop de motifs de haine et trop d'outrages séparaient, pour que tout rapprochement fût possible. Les services qu'elle avait rendus à La Beaumelle étaient des titres à sa condescendance ; elle obtint de lui qu'il écrirait à Voltaire. « J'obéis à Madame de *** ; elle approuva ma lettre, malgré un peu de cette hauteur qu'on prend sans s'en apercevoir quand on écrit à un homme qui s'est avili. » Cette hauteur ne lui permit pas de donner au poëte, sur l'enveloppe de la lettre, ses titres de gentilhomme ordinaire ; et il ne fut guère question que de cette omission dans la réponse de celui-ci, que La Beaumelle ne voulut pas recevoir, parce qu'elle n'était pas signée. Les démarches conciliantes de la comtesse n'avaient eu d'autre résultat que d'envenimer un peu plus les choses. Le *Siècle de*

---

1. *Réponse au Supplément du Siècle de Louis XIV* (à Colmar, 1754), p. 148.
2. Nous avons cherché et fait chercher cette pièce sans succès. La perte apparemment, en admettant qu'elle ait jamais existé, n'est pas de celles dont il faille renoncer à se consoler.

Louis XIV venait de paraître ; La Beaumelle de déclarer que le livre était plein « de pauvretés, de fautes et d'esprit. » L'on voit que ce galant homme sait être équitable ; et, comme au jugement de bien des gens l'arrêt parut un peu dur, il se fit fort de joindre des pièces à l'appui, et annonça un examen critique de l'ouvrage.

C'est à ce moment qu'il devient véritablement redoutable. Voltaire, qui avait tout fait pour être aussi renseigné que possible, qui avait frappé dans ce but à toutes les portes, n'en était pas moins effrayé de cette menace faite par un homme, dans les mains duquel avait passé la correspondance de madame de Maintenon. Était-il sûr que cette correspondance lui donnât incessamment raison, et ne devait-il pas s'attendre à plus d'un démenti ? Ces craintes se conçoivent ; elles étaient fondées et ne témoignaient pas plus contre l'érudition de Voltaire qu'elles n'affirmaient celle de La Beaumelle, dont le plus grand mérite consistait à s'être approprié, d'une façon ou d'une autre, un ensemble de documents embrassant l'époque la plus curieuse, sinon la plus glorieuse du règne. L'auteur du *Siècle de Louis XIV*, épouvanté de ces menaces, essaya de l'intimidation ; il fit dire par la comtesse à Angliviel qu'il avait tout à redouter, s'il ne renonçait pas à un pareil projet. La Beaumelle répondit superbement à sa protectrice que, si elle lui eût ordonné de sacrifier son travail à son respect pour elle, il n'eût pas hésité ; mais, qu'en lui rendant les menaces de M. de Voltaire, elle et lui le mettaient dans l'impossibilité de ne pas poursuivre. Le vrai, c'est qu'il comprenait que le plus sûr moyen de parvenir à la célébrité, c'était de s'attaquer à un écrivain dont les livres occupaient le monde entier. Un ouvrage dans le genre de celui qu'il méditait ne pouvait être d'ailleurs que bien accueilli des libraires, et cette considération était suffisante pour déterminer La Beaumelle, dont les scrupules littéraires étaient médiocres.

Il s'éloigna de Berlin, en mai 1752, peu content du rôle qu'il y avait joué, et passa à Gotha, où de nouvelles aventures l'attendaient, assez tristes, celles-là, pour sa fortune et sa bonne renommée.

VI

LA BEAUMELLE A GOTHA. — VOLTAIRE HISTORIEN.
ROME SAUVÉE. — MAUPERTUIS ET LES CASSINI.

En partant pour la Prusse, La Beaumelle n'avait pas un instant supposé que l'on n'y rendît point justice à son mérite, et qu'il n'y fût accueilli aussi bien que nombre d'autres qui ne le valaient pas. Mais Frédéric avait flairé l'intrigant et l'aventurier, et l'on sait qu'il ne revenait guère d'une première impression. Quoi qu'il en soit, Angliviel en avait pris son parti; il avait secoué la poussière de ses souliers, et arrivait en un pays et dans un monde tout lettré dont il ne pouvait manquer de faire les délices. Mais, cette fois encore, il avait compté sans certains obstacles auxquels il eût dû s'attendre s'il eût été mieux renseigné sur le formalisme de ces petites principautés allemandes.

... M. de *La Beaumelle* est ici depuis plusieurs semaines, écrivait-on à Formey, à la date du 1er juillet. L'idée avantageuse qu'il s'étoit faite d'une cour où l'on cultive les sciences et les belles-lettres lui avoit fait espérer d'être bien accueilli; mais la réception qu'on lui a faite n'a pas répondu à ses espérances. La cour, qui a cru qu'il ne venoit que pour recevoir un présent, ne s'est pas fort empressée à lui faire politesse; l'étiquette qui règne ici n'a pas permis qu'on lui accordât ce qu'on accorde ordinairement aux gentilshommes, de sorte que, se voyant sur un pied équivoque, il a pris le parti de passer la plûpart du temps enfermé dans son auberge, où il s'occupe continuellement à écrire. Il nous a fait l'honneur de nous venir voir souvent et de nous lire plusieurs morceaux de ses ouvrages, entr'autres de celui qui est intitulé *Mes Pensées*, qui est écrit assez librement et hardiment, et qui pourroit bien en France faire mettre son auteur à la Bastille. Il l'a considérablement augmenté, et il auroit bien voulu le faire imprimer ici; mais on lui en a refusé la permission, parce qu'il n'a pas voulu se soumettre au jugement de quelques censeurs qu'on prétendoit lui donner. Il travaille aussi à la vie de Zoroastre et à un recueil de sentimens de ce philosophe... Il nous a lu de ses poésies, entr'autres sa tragédie du *Comte Julien*, qu'il fera représenter dès qu'il arrivera à Paris [1].

Il avait quitté Berlin avec l'idée bien arrêtée de publier ses remarques sur le *Siècle de Louis XIV*, et, arrivé à Gotha, il mit son projet à exécution. Quatre feuilles étaient déjà imprimées, quand les instances de madame de Bentinck le décidèrent à en faire le sacrifice, ce qui semblera assez étrange, si l'on n'a pas oublié sa réponse à la comtesse. Il passait une bonne partie de son temps à la bibliothèque de Gotha, où il trouvait, disait-il, des secours qu'il n'avait pas rencontrés dans celles de Copenhague et de Berlin. Mais l'emploi du reste de la journée devait lui être assez pénible. La cour, la bonne société lui étaient fermées. Que faire ? On ne vit seul à aucun âge, et surtout à l'âge de La Beaumelle. Nous avons pu juger, par une première aventure, qu'il s'enflammait vite, et ne demandait aux femmes que d'être jolies et faciles; le séjour forcé de

---

1. Formey, *Souvenirs d'un Citoyen* (Berlin, 1789), t. II, p. 231, 232, 233. Ni cette *Vie de Zoroastre*, ni cette tragédie du *Comte Julien* ne se sont retrouvées.

Spandau eût dû, toutefois, lui inspirer plus de prudence et de circonspection dans ses choix. C'est Voltaire qui nous initiera aux étranges circonstances qui présidèrent à son départ de Gotha. « Comme il a fait contre moi, dit-il, plusieurs autres libelles calomnieux, je dois demander quelle foi on doit ajouter à un homme qui a insulté les plus illustres magistrats du conseil de Berne, en les nommant par leur nom, et monseigneur le duc de Saxe-Gotha, à qui je suis très-attaché depuis longtemps[1]. J'atteste ce prince, et madame la duchesse de Saxe-Gotha, qu'il s'enfuit de leur ville capitale avec une servante, après un vol fait à la maîtresse de cette servante[2]. » La Beaumelle, auquel le poëte avait eu le soin d'envoyer par la poste la lettre où il avait glissé cette accusation, garda le silence. « Beau sujet pour attester des personnes de ce rang ! s'écrie Sabatier de Castres, qui se constitue son défenseur, M. *de Voltaire* est peut-être le seul qui ose décrier, par de telles voies, ceux qui lui déplaisent. Pensera-t-il donc que des princes soutiendront avec lui un personnage que le plus mince bourgeois, pour peu qu'il fût honnête homme, rejetteroit avec horreur ? C'est donc lui qui insulte véritablement le duc et la feue duchesse de Saxe-Gotha. Quant au fond de l'accusation, nous dirons

1. La Beaumelle, qui n'avait pas lieu d'être satisfait de la cour de Gotha, lui lançait ce trait acéré : « Je voudrois bien savoir de quel droit les petits princes, un *duc de Saxe-Gotha*, par exemple, vendent aux grands le sang de leurs sujets pour des querelles où ils n'ont rien à voir. On s'est donné à eux pour être défendu et non pour être vendu. »
2. Voltaire, *OEuvres complètes* (Beuchot), t. XLIII, p. 36, 37. Lettre de M. de Voltaire. Fait au château de Ferney, 24 avril 1767.

que nous savons de bonne part que M. *La Beaumelle* ne s'est point enfui de Gotha, qu'il en partit seul, qu'il fut longtems en correspondance, après son départ, avec un ministre de cette cour, et qu'il doit déposer à la bibliothèque du roi les lettres de ce ministre[1]. » Voltaire, ailleurs, renouvelle l'accusation et joint à l'appui la copie de l'attestation de la duchesse de Gotha[2]. Mais cette copie pouvait être fabriquée pour les besoins de la cause ; elle était d'ailleurs communiquée d'une façon tout intime à un ami de La Beaumelle, qui sans doute se garda bien de la rendre publique. L'aventure, si catégoriquement niée par Sabatier, avait pourtant fait du bruit en Allemagne, et nous la trouvons racontée tout au long dans une lettre à l'adresse de Formey.

Une veuve nommée Sch..... (Schwecker), qui a fait quelque séjour à Berlin, vient d'être chassée d'une des meilleures maisons de Gotha, où elle étoit sur un excellent pied, pour avoir volé quelques bijoux, et pour s'être conduite comme une misérable qui n'avoit aucun sentiment d'honneur. M. de *La Beaumelle* s'est associé à cette aventurière, de sorte qu'il est parti d'ici avec une mauvaise réputation, très justement méritée. Il a laissé des créanciers qui crient beaucoup contre lui. C'est un homme d'esprit à la vérité, mais qui n'a ni mœurs, ni conduite[3].

1. Sabatier de Castres, *Tableau philosophique de l'esprit de M. de Voltaire* (Genève, 1772), p. 89. — *Observations sur un écrit de M. Nisard contre L. Angliviel de La Beaumelle* (Cherbuliez, 1853), p. 24.
2. Voltaire, *OEuvres complètes* (Beuchot), t. LXVII, p. 81, 82. Lettre de Voltaire à M. de La Condamine ; à Ferney, 8 mars 1771. Cette lettre pourrait bien être de M. Rousseau, un Berlinois, qui lui devait sa situation près du duc.
3. Formey, *Souvenirs d'un Citoyen* (Berlin, 1789), t. II, p. 235, 236. Gotha, ce 29 juillet 1753.

Voilà donc le dire de Voltaire confirmé de la façon la plus nette et la plus accablante. Il n'en impose pas davantage, quand il ajoute, dans sa lettre à La Condamine, qu'Angliviel, pour couper court aux propos qui circulaient, avait demandé un certificat à la duchesse de Gotha. Il y eut toute une correspondance à ce sujet entre La Beaumelle et M. Rousseau, conseiller de cette cour, d'une part, et d'autre part entre Voltaire et la duchesse. A en croire Voltaire, La Beaumelle, dans l'impossibilité de nier l'aventure, eût cherché à la faire endosser au voisin. « Il a eu en dernier lieu la hardiesse d'imputer cette dernière action à un autre Français qui s'est adressé à moi pour se plaindre de cette calomnie et pour demander mon témoignage[1]. » Le poëte eût bien fait de nommer ce Français, qu'il disait même en instance auprès de la connétablie. Mais quel espoir pouvait avoir La Beaumelle, s'il n'avait pas été calomnié, d'obtenir un mot à décharge de la princesse? Il recevait d'elle en effet une réponse qui, pour s'être fait attendre un grand mois, n'en était pas plus satisfaisante. « Elle m'a ordonné, écrivait le conseiller de cour à l'auteur de *Mes Pensées*, de vous assurer de sa part et en son nom qu'elle se rappelait très-bien d'avoir dit à M. de Voltaire que vous étiez parti de Gotha avec une gouvernante d'enfants, qui s'était éclipsée furtivement de la maison de sa maîtresse après s'être rendue coupable de plusieurs vols, mais qu'elle ne lui a jamais dit, ni qu'elle n'avait jamais cru que vous eussiez la

---

1. *Voltaire à Ferney* (Didier, 1860), p. 282. Lettre de Voltaire à la duchesse de Saxe-Gotha; à Ferney, 9 juillet 1767.

moindre part au vol et à la mauvaise conduite de cette personne. Voilà le témoignage qu'elle croit devoir rendre à la vérité [1]. » Il n'y avait pas là de quoi chanter victoire ; et cette réponse, loin d'être un démenti aux allégations de Voltaire, ne faisait que les sanctionner de la façon la moins équivoque. La Beaumelle ne se tint point pour battu cependant, et malgré la froideur significative de cette lettre, il fera une autre tentative à la date du 23 août. Il avait été choqué à l'excès de ce que M. Rousseau avait dit de la gouvernante, qu'elle s'était éclipsée furtivement de la maison de « sa maîtresse. » Sa maîtresse ! Cela ne donnait-il pas raison à Voltaire, qui avait prétendu que La Beaumelle s'était enfui avec une femme de chambre ? Il se plaignit donc avec amertume d'un terme qui n'était pas moins dur pour lui que pour la Schwecker. Il fallait bien lui donner contentement sur ce point. « Quant au mot de maîtresse que vous relevez, monsieur, je n'ai fait, en l'employant, que me conformer à ce qui est d'usage à cet égard en Allemagne, où une gouvernante d'enfants nomme le père et la mère des enfants, dont l'éducation et l'instruction lui sont confiées, son *maître* et sa *maîtresse*; d'où il résulte que, de n'avoir pas été servante n'empêche pas qu'on n'ait pu avoir une maîtresse. »

La Beaumelle en appelait d'une première à une seconde enquête. On était trop son serviteur pour ne pas se prêter à sa fantaisie. Mais, ce qui était du reste à prévoir, il ne devait y gagner que bien peu.

---

1. *Voltaire à Ferney* (Didier, 1860), p. 283. Lettre de M. Rousseau à La Beaumelle; de Gotha, ce 24 juillet 1767.

... Il n'y a qu'une voix, lui était-il répondu, dans Gotha sur votre départ et sur celui de la veuve Schwecker dans l'année 1752, non pour Erfurth, mais pour Eisenach ; au besoin, plus de cent, plus de mille personnes, tout Gotha enfin certifira, dans la forme la plus authentique, la rumeur publique, l'opinion générale, l'assertion unanime, que vous êtes partis ensemble de Gotha, sans faire d'adieux, ni l'un ni l'autre, à qui que ce soit, et que vous êtes arrivés ensemble à Eisenach. Comme vous ne disconvenez pas, monsieur, d'avoir fait le voyage de Francfort avec la personne sus-mentionnée, je dois vous avouer franchement que je ne vois pas ce que vous gagneriez à prouver (si cela se pouvait) que vous soyez parti avec elle d'Erfurth et non de Gotha, vu que, dans la supposition certaine que vous ayez ignoré le vol dont la Schwecker s'est rendue coupable, il est parfaitement indifférent et égal duquel des deux endroits vous soyez partis ensemble.

En effet, bien loin de vous soupçonner... d'avoir pris la moindre part au méfait de la veuve en question, je suis bien aise non-seulement de vous réitérer l'assurance du contraire, mais encore d'y ajouter, sans crainte d'être désavoué, que Leurs Altesses sérénissimes Monseigneur le duc et Madame la duchesse vous connaissent trop homme d'esprit pour vous croire capable d'avoir voulu vous associer publiquement sur une aussi longue route qu'est celle (en vous jugeant par votre propre aveu) d'Erfurth à Francfort, avec une personne que vous auriez reconnue voleuse. Cela n'est entré dans l'esprit de personne, et c'est ce qu'on est en état de vous confirmer. Au surplus, s'il y a eu de l'imprudence dans votre fait, elle est du genre de celles qui ne sont point criminelles[1].

Restons sur cette phrase qui décharge La Beaumelle du plus gros de l'accusation. Quand il quittait Gotha, sans prendre congé, avec la précipitation d'un amant qui va se mettre sur les bras toute une famille irritée, et aussi d'un homme embarrassé dans ses affaires et qui juge inutile d'avertir ses créanciers, il ignorait

---

1. *Voltaire à Ferney* (Didier, 1860), p. 285, 286. Lettre de M. Rousseau à La Beaumelle ; ce 5 septembre 1767.

complétement que celle au sort de laquelle il s'associait était une misérable, et nous ne faisons aucune difficulté de croire qu'il se sépara d'elle aussitôt qu'il eut découvert son infamie.

Ce qui résulte de tout cela, c'est la légèreté, la témérité, le côté aventureux et irréfléchi d'Angliviel, que la vanité était capable de précipiter dans les abîmes. Tant qu'il vivra, l'impétuosité de son caractère, son étourderie gâteront en lui les dons les meilleurs, et l'empêcheront trop souvent d'apprécier bien sainement la moralité de ses démarches. On a fait de La Beaumelle une victime de Voltaire, mourant à la peine sous les coups de ce vieillard implacable. Nous en avons déjà assez vu pour juger d'où vinrent les torts; plus tard, il ne laissait pas de reconnaître que c'était lui qui avait pris l'initiative de l'attaque : « Je l'ai entendu, nous dit La Harpe, il y a deux ans (1774), avouer lui-même que son procédé était inexcusable, et qu'il avait eu les premiers torts avec M. de Voltaire [1]. » L'auteur du *Siècle de Louis XIV* n'eût pas demandé mieux en effet de n'avoir rien à démêler avec lui; et, pour le présent, il était même suffisamment inquiet des desseins de ce nouvel ennemi, qui l'avait menacé en toutes lettres de « le poursuivre jusqu'aux enfers. »

Il fut vite instruit de ce qui se tramait. Il était en relations avec M. Roques, conseiller ecclésiastique du landgrave de Hesse-Homberg, qui travaillait au *Journal de Francfort* et avait des liaisons assez étroites

---

[1]. La Harpe, *Correspondance littéraire* (Paris, 1804), t. I, p. 240, 241.

avec La Beaumelle; il lui écrit, se plaint des procédés de l'auteur de *Mes Pensées*, avec une longanimité inspirée sans doute par l'amitié qu'il savait exister entre eux. « Je suis fâché, lui mandait-il, que M. de La Beaumelle, qui m'a paru avoir beaucoup d'esprit et de talent, ne s'en serve à Francfort que pour faire de la peine à mon libraire et à moi, qui ne l'avons jamais offensé... Il est à présent à Francfort, il n'y fera pas une grande fortune, en se bornant à écrire contre moi; il devait tourner ses talents d'un côté plus utile et plus honorable. Il avait commencé par prêcher à Copenhague. Il a de l'éloquence, et je ne doute pas que les conseils d'un homme comme vous ne le ramènent dans le bon chemin[1]... » Voltaire procède par l'insinuation; l'ouvrage de La Beaumelle n'a pas encore paru, et l'intervention de M. Roques, ses représentations ouvriront, c'est à croire, les yeux à celui-ci sur le brigandage littéraire qu'il projette. Dans une seconde lettre, tout aussi modérée par la forme, il réitère ses plaintes, démontre combien serait blâmable une pareille action et ne laisse pas d'en indiquer les conséquences pour le coupable; car, Walther, le libraire qu'on dépouille, est résolu à revendiquer ses droits et à défendre son bien par tous les moyens en son pouvoir. « Cela va faire un événement qui certainement causerait beaucoup de chagrin à M. de La Beaumelle, et qui serait fort triste pour la littérature... J'ose vous prier, Mon-

---

[1]. Voltaire, *OEuvres complètes* (Beuchot), t. LVI, p. 204, 205. Lettre de Voltaire à M. Roques. Cette lettre est datée, dans l'édition de Bâle, du 28 octobre. En tous cas, elle ne peut être du mois d'avril, comme elle se trouve classée dans l'édition de Kehl.

sieur, de lui montrer cette lettre, et de rappeler dans son cœur les sentiments de probité que doit avoir un jeune homme qui a fait la fonction de prédicateur; je me persuade qu'il fera celle d'honnête homme. S'il y a quelques frais pour cette édition, il peut m'envoyer le compte; je le communiquerai à mon libraire, et le mieux serait assurément de terminer cette affaire d'une manière qui ne causât de chagrin ni à ce jeune homme ni à moi[1]. » Le rôle de M. Roques était aussi épineux que délicat. Il essaya, toutefois, sur la demande de Voltaire, de ramener La Beaumelle à résipiscence, mais il devait échouer pour plus d'une raison.

L'historien de Louis XIV n'avait pas caché ses inquiétudes; il les avait même témoignées avec une sorte de candeur dans la lettre précédente, lettre que Roques était autorisé à communiquer à l'auteur de *Mes Pensées*.

Quoique j'aie passé trente années à m'instruire des faits principaux qui regardent ce règne; quoiqu'on m'ait envoyé en dernier lieu les mémoires les plus instructifs, cependant je pense avoir fait, comme dit Bayle, bien des péchés de commission et d'omission. Tout homme de lettres qui s'intéresse à la vérité et à l'honneur de ce beau siècle doit m'honorer de ses lumières; mais quand on écrira contre moi, en fesant imprimer mon propre ouvrage pour ruiner mon libraire, un tel procédé aura-t-il des approbateurs? Une ancienne édition contrefaite aura-t-elle du crédit parmi les honnêtes gens?...

Ces appréhensions honorent Voltaire, auquel on a bien légèrement et bien injustement contesté le respect de la vérité historique. Voltaire avait beaucoup lu,

---

1. Voltaire, *OEuvres complètes* (Beuchot), t. LVI, p. 216, 219, 220. Lettre de Voltaire à M. Roques; à Potsdam, le 17.

beaucoup fouillé ; il avait mieux fait encore, il s'était enquis auprès des contemporains, il s'était pénétré de leurs révélations et de leurs causeries, et, quand il lui vient quelques doutes, il ne néglige rien pour s'éclairer. Trop de gens ne considèrent l'*Histoire de Charles XII* que comme un modèle de récit, un roman d'un intérêt saisissant mais sans importance, sans valeur historique. L'on a pourtant les témoignages de l'enquête la plus opiniâtre, et la Bibliothèque impériale possède tout un dossier de questions des plus curieux, relatif à la vie du héros suédois[1]. L'intimité du poëte avec les plus grands personnages du grand règne ne pouvait manquer de lui donner la vraie note, sans détriment de ces mille petits faits qui ne se trouvent dans nulle histoire, très-significatifs cependant aux yeux de qui sait voir. Les conversations, les commérages des Caumartin (car les uns et les autres étaient également précieux à entendre) lui valurent plus que tous les livres du monde, et il sut en tirer le meilleur profit. Disons-en autant de ses rapports avec le maréchal de

---

1. Bibliothèque impériale. Manuscrits F. R .9722. *Recueil : Suède, Pologne et Turquie.* « Il y a telle scène, nous dit l'auteur d'un travail remarquable sur cette question même, pour laquelle il a été instruit de première main. C'est, par exemple, la duchesse de Marlborough qui lui a raconté les détails de l'entrevue entre le célèbre général anglais et le roi de Suède, et ces détails sont entièrement conformes à ce que nous donnent les dépêches du duc lui-même, qu'on peut lire dans sa correspondance, publiée par sir George Murray, à Londres en 1845. C'est grâce à des informations si directes que Voltaire a fait de cette curieuse scène une courte mais vive peinture, que les écrivains modernes ont ensuite copiée. » *Revue des Deux-Mondes* (15 novembre 1869), t. LXXXIV, p. 378. *Le Charles XII de Voltaire et le Charles XII de l'histoire*, par A. Geffroy.

Villars, qui aimait à raconter ses campagnes et ses négociations, et accueillait les questions avec une rare bonne grâce. Voltaire, du reste, demande des mémoires à quiconque a joué un rôle ou assisté d'un peu près aux événements ; les archives des familles lui sont ouvertes, le volumineux journal de Dangeau, le manuscrit de Torci lui sont confiés ; il compulse, dépouille les pièces, les dépêches que recélaient le Dépôt de la guerre, se plonge dans ce travail ingrat, jusqu'à en oublier ses tragédies. Mais c'est ce que savent les gens du métier, à même de constater par leurs propres lectures les recherches et les trouvailles de cet esprit studieux, investigateur, s'il est vif et pétillant comme le salpêtre. Roberston se plaît à le reconnaître, tout en regrettant qu'il ait négligé ou dédaigné d'indiquer ses sources. « Il m'aurait épargné une grande partie de mon travail, et plusieurs de ses lecteurs, qui ne le regardent que comme un écrivain agréable et intéressant, verraient encore en lui un historien savant et profond[1]. » Blair, un critique anglais, ne lui rend pas moins justice. Sénac de Meilhan, homme d'esprit, homme du monde, mais très-versé dans l'étude de notre histoire, déclare que l'examen le plus attentif lui a prouvé que les erreurs chez Voltaire étaient en petit nombre[2]. « Ce que l'*Essai sur les mœurs* renferme d'études est immense, dit à son tour un écrivain moderne dont on ne contestera pas la compétence ;

---

[1]. Palissot, *Le génie de Voltaire apprécié dans tous ses ouvrages* (Paris, 1806), p. 37.

[2]. Sénac de Meilhan, *Le Gouvernement, les mœurs et les conditions en France avant la Révolution* (Poulet-Malassis), p. 298, 299.

il est peu de livres où se trouvent moins d'erreurs de dates et de faits, et, sans érudition affectée, Voltaire remonte souvent aux sources les plus sûres [1]. » Il n'est pas jusqu'à l'assez médiocre *Histoire du Parlement* qui n'étonne, de temps à autre, ceux même qui ne doutaient point de sa conscience d'historien [2].

1. Villemain, *Tableau de la Littérature au dix-huitième siècle* (Paris, Didier, 1852), t. II, p. 42, 46, 47. Toutes ces autorités font plus qu'infirmer l'anecdote suivante, rapportée par une femme d'esprit qui, nous avons eu déjà occasion de le constater, ne raconte que pour tirer d'un fait sa conséquence ingénieuse ou morale, et tombe précisément dans le défaut qu'elle attribue à l'auteur du *Siècle de Louis XIV*. « M. de Voltaire avoit écrit un morceau d'histoire qui exigeoit une grande exactitude dans les époques; il pria M. Mallet, très-habile chronologiste, de remplir les dates qui étoient restées en blanc : ce travail étoit long. Au bout de quatre jours, M. Mallet fut surpris de voir l'ouvrage imprimé. Voltaire lui dit : La fidélité des époques ne fait rien au lecteur; je les ai mises au hasard. Il n'avoit pu supporter de différer l'impression; il falloit qu'il jouît, à l'instant même, de ses ouvrages. » *Mélanges extraits des manuscrits de madame Necker* (Paris, Pougens, 1798), t. III, p. 144.

2. Nous en citerons deux preuves bien significatives que nous devons à M. Berriat Saint-Prix, qui les a tout récemment publiées dans son remarquable travail, *Des Tribunaux et de la Procédure du grand criminel au dix-huitième siècle* (Paris, Aubry, 1859), p. 124, 125. Il s'agit d'un fait considérable, quoique bien rare, l'intervention du souverain statuant *seul* et prononçant la peine capitale : Henri IV notamment ordonnant que le frère Jehan Leroy, jacobin, fût jeté à l'eau dans un sac pour crime d'assassinat sur la personne du capitaine Héricourt; et le corps de Jacques Clément tiré à quatre chevaux, brûlé et ses cendres jetées à la rivière. Nous savons maintenant où Voltaire est allé puiser ces deux anecdotes à coup sûr importantes qu'il rapporte dans son *Histoire du Parlement* et dans l'*Essai sur les mœurs* (t. XVIII, p. 117; — t. XXII, p. 152), et qu'il copie presque intégralement; c'est dans le *Recueil d'ordonnances des rois de France, Charles IX, Henry III, Henry IV, Louis XIII et Louis XIV, depuis le 24 décembre 1567 jusqu'au 9 août 1647*, manuscrit petit in-folio, longtemps enfoui au greffe de Versailles, et maintenant rendu aux Archives de l'Empire, sa véritable place. Pour avoir déniché de pareils faits dans un ensemble de cette nature, d'ailleurs peu ou

Voltaire avait donc fait tout ce qui était en lui pour arriver à l'exactitude la plus complète, et il croyait y être parvenu, quand l'existence de ces lettres de Madame de Maintenon vint ébranler sa confiance dans son travail et lui inspirer les plus vives appréhensions. Ces lettres confirmeraient-elles son dire, et, pièces en main, La Beaumelle n'aurait-il pas beau jeu contre lui et contre son livre? Ces craintes étaient au moins exagérées; et, en dépit des observations pointilleuses de son critique, si le *Siècle de Louis XIV* laisse à désirer, ce n'est point par l'ignorance des faits et leur application qu'il pèche. « Je ne me suis pas trompé, s'écriera-t-il avec une juste satisfaction, sur le caractère de cette personne si singulière. Ses lettres qu'on a publiées avant les éditions de 1753 du *Siècle de Louis XIV*, sont la preuve que je n'ai rien avancé dont je ne fusse instruit, et de mon amour pour la vérité. Il s'est trouvé que Madame de Maintenon avait signé par avance tout ce que j'avais dit d'elle[1]. » Mais c'est ce qu'il ne devait savoir que plus tard; et, jusque-là, ses anxiétés étaient concevables, ainsi que l'envie de désarmer à tout prix un adversaire si menaçant, si sûr de lui, et d'un tempérament à tout risquer.

Trop impressionnable pour se posséder, pour dissimuler ses angoisses, Voltaire laissait lire dans son jeu; et, plus il paraissait souhaiter la paix, plus l'on de-

---

point communiqué, il fallait que Voltaire se préoccupât de la recherche de la vérité historique autrement que l'on n'est disposé à le croire, et c'est ce qu'il n'était que juste d'établir.

1. Voltaire, *OEuvres complètes* (Beuchot), t. XX, p. 551. *Supplément au Siècle de Louis XIV.*

vait être tenté ou de ne la lui point accorder, ou de la lui faire acheter chèrement. Aux ouvertures qui lui sont faites, La Beaumelle répond qu'il est engagé avec son libraire; mais, avant tout, il veut se venger, poursuivre l'ennemi sans trêve, par tous les moyens et sous toutes les formes. Ainsi, il menace de ressusciter le procès Hirsch, et de livrer ces scandaleux débats à une publicité européenne[1]. Quoi qu'il en soit, Angliviel, qui avait touché cent cinquante florins (Voltaire dit quinze ducats), achevait son audacieuse contrefaçon qu'Eslinger et la veuve Knoch ne tardaient pas à mettre en vente. Le *Siècle de Louis XIV* « augmenté d'un très-grand nombre de remarques par M. de la B*** » parut en trois volumes, dont le premier seul contenait des notes de l'auteur de *Mes Pensées,* bien que Voltaire affecte de lui attribuer également les deux autres[1]. Le poëte s'était fait doucereux, conciliant, plein de miséricorde et de mansuétude, et il n'en avait pas moins été outragé, pillé, impitoyablement volé ; car, quoi qu'on dise et quoi qu'on fasse, c'était bien un vol, et un vol inouï, sans précédents, et dont nul ne s'était avisé jusque-là ! « La Beaumelle est le premier, je crois, qui ait osé faire imprimer l'ouvrage d'un homme de son vivant, avec des commentaires chargés d'injures et de calomnies. Ce malheureux Érostrate du *Siècle de Louis XIV* a trouvé le secret de changer, pour quinze ducats, en un libelle abominable, un livre entrepris

---

1. Voltaire, *Œuvres complètes* (Beuchot), t. LVI, p. 232, 233, 234. Lettre de Voltaire à M. Roques.

2. Les deux autres volumes eussent été du chevalier de Mainvillers.

pour la gloire de la nation ¹. » La Beaumelle a bien prétendu que c'était contre ses conventions avec Eslinger, que ses initiales se trouvaient sur le volume. Qu'importe, après tout, que son nom y figure ou n'y figure pas, si les notes qu'il fournit sont l'occasion du livre et du succès scandaleux qu'il lui vaudra? Ces notes, ne se les est-il pas fait payer, et ce qu'il s'est permis une première fois, ne le lui verra-t-on pas projeter plus tard pour la *Henriade*, et l'œuvre entière du patriarche de Ferney? Pour Voltaire, il n'a plus rien à ménager désormais ; il a ses coudées franches et bien franches, et il fera expier cruellement à l'ennemi son outrecuidance, ses attaques imprudentes et impudentes, et les angoisses auxquelles il l'avait un instant condamné. Mais l'historique de ces premiers démêlés avec La Beaumelle nous a entraînés bien au delà de l'heure présente, à la veille même du départ du poëte de Berlin ; il nous faut revenir d'autant sur nos pas et reprendre les événements où nous les avons laissés.

Quoique jeune encore, Frédéric avait déjà vu disparaître, par le fait de la mort ou de l'absence, plus d'un serviteur et d'un ami. Keiserling et Jordan avaient commencé cette lente mais triste désertion ; La Mettrie, ce bouffon joyeux, était allé s'assurer s'il y avait quelque chose au delà de la tombe, tandis que Chasot, en pleine santé, celui-là, avait pris la clef des champs pour ne plus revenir. C'était pour avoir dîné et trop bien dîné chez lord Tyrconnel, que l'auteur de l'*Homme*

---

1. Voltaire, *Œuvres complètes* (Beuchot), t. LVI, p. 639, 640. Lettre de Voltaire à Thiériot ; aux Délices, le 28 mai 1755.

machine était passé de vie à trépas, avant le malade qu'il venait soigner, et qui était destiné à l'enterrer. Mais ce malade était trop malade pour jouir longtemps de son insigne et rare victoire. « Il était le second gourmand de ce monde, car La Mettrie était le premier. Le médecin et le malade se sont tués pour avoir cru que Dieu avait fait l'homme pour manger et pour boire ; ils pensaient encore que Dieu l'a fait pour médire ; ces deux hommes, d'ailleurs fort différents l'un de l'autre, n'épargnaient pas leur prochain, ils avaient les plus belles dents du monde, et s'en servaient quelquefois pour dauber les gens, et trop souvent pour se donner des indigestions[1]... » Voltaire, sans l'avoir témoigné, savait personnellement à quoi s'en tenir sur les propos et les commérages de milord ; aussi l'oraison funèbre sera courte, et manifestera-t-il plus d'étonnement que beaucoup de regrets. « Mais qui eût dit que ce gros cochon de milord Tyrconnel, si frais, si fort, si vigoureux, serait à l'agonie avant moi ? C'est bien pis que d'avoir des tracasseries pour son *Siècle*. O vanité ! ô fumée ! qu'est-ce que la vie[2] ? »

Deux jours après la mort de Tyrconnel, qui était arrivée le 2 mars, Darget se séparait de son maître qu'il ne devait plus revoir. Il était malade, lui aussi, et avait besoin de se faire soigner. Mais, comme Chasot, il avait éprouvé des dégoûts qui lui firent moins ressentir la séparation. Veut-on savoir la cause de ce départ ?

1. Voltaire, *OEuvres complètes* (Beuchot), t. LVI, p. 44. Lettre de Voltaire à Richelieu ; à Potsdam, 14 mars 1752.
2. *Ibid.*, t. LVI, p. 43. Lettre de Voltaire à d'Argental ; à Potsdam, le 11 mars 1752.

l'abbé Denina vous l'apprendra. « Darget, nous dit-il, ayant perdu cette épouse, qu'il aimoit tendrement, et se voyant en quelque sorte dégradé par la présence de Voltaire, homme exigeant et caustique, demanda la permission d'aller en France, prétextant des infirmités sur lesquelles il vouloit consulter des médecins françois[1]... » Ces infirmités étaient très-réelles et assez graves, et on en connaît la nature ; mais peut-on alléguer une raison aussi inepte : « Dégradé par la présence de Voltaire ! » Voltaire et lui ne faisaient qu'un ; c'étaient, comme on dit, deux têtes sous un même bonnet ; et lorsque Darget partit, le poëte eut à regretter un ami, un serviteur, pourquoi ne dirions-nous pas un protecteur auprès de Frédéric, qui l'aimait et l'écoutait[2]. Mais Darget avait aussi le mal du pays, et ce fut avec une secrète joie qu'il s'éloigna. Il emmenait avec lui un excellent domestique français, que nous avons vu mêlé au procès du poëte avec Hirsch, et dont les services étaient fort utiles à Voltaire. « C'est un jeune Picard qui s'est mis à pleurer quand il a vu que je ne partais pas. Il prétend qu'il n'y peut plus tenir, que les Prussiens se moquent de lui, parce qu'il est petit, et qu'il n'est que Français. J'ai eu beau lui dire que le roi n'a pas sept pieds de haut, et qu'Alexandre était petit, il m'a répondu qu'Alexandre et le roi de Prusse n'étaient pas Picards. En-

1. L'abbé Denina, *La Presse littéraire sous Frédéric II* (Berlin, 1700), t. I, p. 352, 353.
2. « Vous me manquez bien à Potsdam, lui écrivait Voltaire à Paris, je m'étais fait une douce habitude de vous voir tous les jours ; je ne m'accoutume point à une telle privation. » Œuvres complètes (Beuchot), t. LVI, p. 58. Lettre de Voltaire à Darget ; à Potsdam, 4 juillet 1752.

fin, il ne me reste plus de domestiques de Paris[1]. »

Nous avons vu d'Argental et madame Denis déclarer net qu'ils ne prendraient pas sur eux de faire représenter *Rome sauvée,* et que, si le poëte voulait que sa pièce fût jouée, il n'avait qu'à venir veiller à des répétitions pour lesquelles sa présence était indispensable. Mais tout froissé, tout meurti qu'il eût été, un charme plus fort que la volonté, plus fort que les dégoûts, le retenait auprès du Salomon du Nord ; et il fallut bien se dire qu'un miracle seul pouvait le ramener dans sa maison de la rue Traversière. Dès-lors d'Argental et madame Denis durent en prendre leur parti, et, toute rancune tenante, servir ce grand ingrat qui sacrifiait ses amis et ses nièces à un roi, dans l'amitié duquel il n'avait que peu d'illusions. *Rome sauvée* était à l'étude, elle était sue, et les acteurs avaient fixé au 12 février la première représentation, sans égard pour les réclamations de madame Denis, qu'on n'écoutait guère à la comédie. Le poëte avait envoyé des changements indispensables qu'il eût fallu se donner la peine de substituer à ce qu'on avait dans la tête et la mémoire, et l'on trouvait plus simple et plus commode de passer outre. Madame Denis d'en référer à M. de Richelieu, qui évita sûrement ce dégoût au poëte illustre dont il était le héros ; du moins, ne fut-ce que le 24 février qu'eut lieu cette solennité dramatique. Le triomphe fut complet. Amis et ennemis rendirent justice au mérite de l'ouvrage, et force fut bien à ces der-

---

1. Voltaire, *OEuvres complètes* (Beuchot), t. LVI, p. 37. Lettre de Voltaire à madame Denis; à Potsdam, le 3 mars 1752.

niers de convenir qu'il laissait loin derrière lui le piteux *Catilina* du vieux Crébillon.

Il n'y a peut-être pas de pièce de M. de *Voltaire*, nous dit un chroniqueur tout au moins désintéressé, plus *radieuse* que celle-ci. Qu'on ne dise plus que son feu s'est éteint : je revois tout l'éclat de son coloris ; tout le monde rend justice aux détails ; on prend sa revanche sur le plan : plan ou détails, M. de Crébillon n'a pas beau jeu. Le rôle de *Cicéron* a été universellement applaudi ; celui de *Catilina* lui est entièrement sacrifié ; celui d'*Aurélie*, femme de *Catilina*, a de grandes beautés ; le plus brillant de tous est celui de *César* ; je parle toujours d'après l'impression générale. J'ai vu des ennemis de l'auteur maigrir de scène en scène à la seconde représentation : on dit qu'ils reprennent chair, et de quinze jours la conversation ne languira [1]…

Mais ce ne fut pas encore ce concours, cette affluence, dont *Zaïre* et *Mérope* avaient été l'objet. Et l'ami d'Argental, toujours prudent, toujours soigneux, donnait au poëte le conseil de revoir et de refondre

1. Clément, *Les cinq Années littéraires ou Nouvelles littéraires* des années 1748-1752, t. IV, p. 11, 12 ; mars 1752. Lord Chesterfield écrivait, en juillet 1750 : « *Rome sauvée* ne réussira peut-être pas non plus. Voltaire veut se faire des règles nouvelles, et la mode, chez vous encore plus qu'ici, décide des ouvrages des poëtes comme de ceux des marchands. Je suis sûr pourtant que son Cicéron ne ressemblera guère à celui de Crébillon, qui dans le plus bel endroit de sa vie est un imbécille. Enfin, quoi qu'en dise votre public, tout ce que Voltaire fait me charme. Toujours les plus beaux vers du monde, et des pensées brillantes et justes ; je n'en demande pas davantage : *Non paucis offendar maculis.* » *Miscellaneous Works of lord Chesterfield with D*[r] *Maty's Mémoires of his Lordship's life* (London, 1777), t. II, p. 249. Lettre de Chesterfield à madame *** ; à Londres, ce 25 juillet 1750. Il disait à son fils, deux ans après : « Je souhaite fort de lire la *Rome sauvée* de Voltaire, qui, je suis sûr, sera de mon goût, précisément pour les fautes que vos critiques sévères y ont trouvées… Voltaire n'a réellement point d'égal. » Lord Chesterfield, *Lettres à son fils Stanhope* (Amsterdam, 1777), t. III, p. 327 ; Londres, ce 5 mars 1752.

même sa tragédie avant de la livrer à l'impression [1]. Clément ne parle point de l'exécution. Au moins n'est-il pas inutile de dire que le rôle sacrifié de Catilina fut joué par Lekain, que la duchesse du Maine avait trouvé si remarquable sur son théâtre de Sceaux dans le personnage de Lentulus. Le jour même, il recevait son ordre de réception à la comédie, justice tardive et longtemps suspendue par la malveillance et l'intrigue de ses camarades ; car cet ordre était signé dès le mois de novembre de l'année précédente [2].

Madame Denis, qui était tout feu, tout ardeur pour les tragédies de son oncle, n'avait pas renoncé pour elle aux gloires du théâtre. Nous savons déjà ses ambitions littéraires, et quelles étaient à cet égard les appréhensions de Voltaire. Il eût été le maître, que madame Denis n'eût jamais été que la nièce de son oncle, qu'une femme aimable, tenant sa maison sur le pied le plus convenable, ayant la place d'honneur au coin de la cheminée et réunissant autour d'elle la meilleure société de Paris. Mais on avait rêvé quelque chose de plus. Le succès de *Cénie* n'était pas de nature à décourager la nièce de M. de Voltaire qui, en dépit de la prudente réserve de celui-ci, persistait à tenter les hasards du théâtre. Ses amis (pourquoi ne pas dire ses flatteurs?) l'y poussaient. « En parlant des jeunes auteurs, lisons-nous dans le *Voyage en l'autre monde*, il ne faut pas oublier madame Denis, nièce de M. de

---

1. Charavay, *Catalogue d'autographes* du 7 avril 1864, p. 4, n° 22. Lettre de d'Argental à Voltaire; Paris, 19 mars 1752.
2. Bibliothèque impériale. Manuscrits. F. R. 12532. *Journal de Lekain*, t. I, p. 13.

Voltaire. Si les deux comédies qu'elle a faites n'ont pas encore été données au public, elles n'en sont pas moins dignes des honneurs de la représentation et de l'impression. Des amis particuliers, à qui l'auteur en a fait lecture, conviennent tous qu'il y a dans ces pièces beaucoup d'esprit, de fort beaux vers et une grande connaissance du monde [1]. » Voltaire, qui n'était rien moins que rassuré, dans l'impossibilité de la faire changer de résolution, s'efforçait de se persuader que l'ouvrage de sa nièce était, ou de peu s'en fallait, un chef-d'œuvre, et en parlait dans ce sens à d'Argental, auquel nous l'avons vu plus haut confier son éloignement et ses répugnances. « Je me flatte, lui mandait-il, que la pièce que madame Denis va donner ne sera point un mal, que ce sera au contraire un bien qu'elle mettra dans la famille, pour réparer les prodigalités de son oncle... Elle a acquis tous les jours plus de connaissance du théâtre; et ses amis, à la tête desquels vous êtes, ne lui laisseront pas hasarder une pièce dont le succès soit douteux. Il y a une certaine dignité attachée à l'état de la femme, qu'il ne faut pas avilir... Un grand succès me comblerait de la plus grande joie; il me ferait cent fois plus de plaisir que celui de *Mérope*. Un succès ordinaire me consolerait, un mauvais me mettrait au désespoir [2]. »

Mais elle était loin de trouver auprès des comédiens

---

1. *Voyage en l'autre Monde* ou *Nouvelles littéraires de celui-cy* (*Voyage au séjour des Ombres*), Paris, Duchesne, 1752; 2ᵐᵉ partie, p. 151, 152.

2. Voltaire, *Œuvres complètes* (Beuchot), t. LVI, p. 90, 91. Lettre de Voltaire à d'Argental; Potsdam, le 3 mai 1752.

l'encouragement qu'elle avait rencontré dans son entourage : ceux-ci, n'osant pas la rebuter ouvertement, étaient arrivés au même but, en lui imposant des interprètes qu'ils savaient bien qu'elle n'accepterait point. Froissée d'un tel procédé, elle avait repris l'ouvrage avec la détermination de ne travailler de sa vie pour ces histrions insolents. « Cette pauvre madame Denis a retiré sa pièce des mains des comédiens, après avoir été ballottée pendant trois mois : elle aurait mieux fait de ne la pas donner[1]. » Mais cette résolution, prise dans un moment d'exaspération, elle n'avait déjà plus, l'instant d'après, la force de la maintenir. « Je suis un malade, écrivait-elle au duc de Richelieu, qui sent des douleurs violentes qu'il faut ou tuer ou guérir. Si vous avez pitié de mes maux, monseigneur, daignez envoïer par un de vos gens à la comédie un billet signé de votre main, par lequel vous ordonnerez qu'on se mette sur le champ à apprendre la *Coquette punie*. Si cet ordre pouvoit leur être donné lundi à l'assemblée, ils ne prendroient point d'autre arrangement. Vous serez certainement hobbéi si vous le voulez bien résolûment...[2] » Il ne paraît pas que le maréchal se soit remué outre mesure pour satisfaire cette passion de la gloire dont madame Denis se disait dévorée. Non-seulement les comédiens ne jouèrent pas la *Coquette punie*, mais ils devaient don-

---

1. Madame du Deffand, *Correspondance complète* (Plon, 1865), t. J, p. 156. Lettre de d'Alembert à madame du Deffand; Paris, 4 décembre 1752.

2. Laverdet, *Catalogue d'autographes* du 30 mars 1863, p. 14, 15, n° 74. Lettre de madame Denis à M. de Richelieu, ce jeudi 8 février 1753.

ner en 1756 la *Coquette corrigée* de La Noue, qui connaissant de vieille date la nièce de Voltaire, chez laquelle, à Lille, il avait représenté *Mahomet*, s'était approprié son sujet sans plus de façon, à la grande indignation de la pauvre femme et peut-être au grand soulagement de l'auteur de *Zaïre*[1].

Nous avons raconté les démêlés de Voltaire et de La Beaumelle. D'autres débats, auxquels le poëte prenait une part quelque peu gratuite, venaient au même moment occuper les oisifs et divertir la galerie. Le nom de Maupertuis se lit à plus d'une page de ces études; il y figure à titre d'ami et de maître de Voltaire, qui le choie, le caresse, l'encense avec cet art et cet excès dont s'accommodent à ravir ceux qu'il accable sous la louange et les flatteries; et il est à croire que l'amitié, l'illusion, le charme eussent toujours duré, si les circonstances ne se fussent pas fait un malin plaisir de réunir ces deux hommes à la table d'un grand roi, qui ne pouvait sourire à une saillie de l'un sans faire froncer le sourcil de l'autre. N'oublions pas que nous ne saurions isoler Voltaire de la société française de son temps, et que notre tâche n'est pas tellement circonscrite, qu'elle se doive borner à sa stricte biographie. Sans doute Maupertuis n'a sa place ici, comme La Beaumelle, qu'à cause de ses relations avec le poëte; mais, quelque surfait qu'il ait été un instant, il fut, par ses travaux, par le côté aventureux et énergique de son esprit, par les combats qu'il livra pour Newton

---

1. Laverdet, *Catalogue d'autographes* du 15 avril 1858, p. 30, n° 284. Lettre de madame Denis à Lekain; de Monrion, près Lausanne, ce 23 janvier (1756).

contre Descartes et une académie routinière, par certaines qualités enfin et certains défauts qui n'étaient pas vulgaires et le servirent puissamment, une des personnalités les plus curieuses, à cette date du XVIIIe siècle qui précède, quoique de bien peu, l'avénement de l'*Encyclopédie*.

Pierre-Louis Moreau de Maupertuis naquit à Saint-Malo, en 1698, d'un père fort honoré dans sa ville, qui l'avait chargé de la représenter aux États de Bretagne, et que les États avaient choisi à leur tour pour remettre au roi les cahiers de la province. Dès ses plus jeunes ans, sa physionomie vive, ses réparties, le besoin de tout connaître et de se rendre compte de tout, dénotèrent une intelligence précoce, servie par une imagination des plus ardentes, et furent autant d'indices heureux que l'âge ne devait pas démentir. Après avoir étudié sous un précepteur éclairé et dévoué, l'abbé Coquaud, Maupertuis, malgré les larmes de sa mère, vers ses seize ans, prenait le chemin de Paris, conduit par son père qui, tout intéressé qu'on nous le représente, ne négligea rien pour son instruction et lui donna tous les maîtres. Deux années de sérieuses études se passèrent ainsi, après lesquelles il fit un voyage en Hollande qui n'eut pour lui d'autre incident notable que la rencontre du czar Pierre faisant, dans les chantiers et les ports des Pays-Bas, le double apprentissage de charpentier et de matelot. Le rêve de tout Malouin, c'est l'Océan : Maupertuis eut un instant la forte envie de naviguer, mais les supplications et les larmes d'une mère éplorée arrêtèrent ce premier élan. On ne voulait pas qu'il fût marin, il serait soldat. Il entra dans la compagnie des mousquetaires gris (1718), dont il sortit pour rejoindre à Lille le régiment de La Roche-Guyon, où M. Moreau lui avait obtenu une compagnie. Entraîné par un goût irrésistible pour toutes les connaissances, Maupertuis faisait marcher de front l'accomplissement de ses devoirs militaires avec l'étude de la philosophie, de la géométrie, des sciences naturelles et des belles-lettres, trouvant encore des loisirs pour les arts d'agrément auxquels il s'appliqua avec la même passion. Il apprit la composition de Bernier, et était parvenu, sur plusieurs instruments, à acquérir un talent d'artiste.

Il vint passer l'hiver de 1722 à Paris, où tous ses instincts d'homme d'étude et de plaisir allaient trouver leur pleine satisfaction. Esprit indépendant, amour-propre formidable, Maupertuis, qui se fût aisément ouvert par sa valeur personnelle et par les amis de sa famille les salons de la meilleure compagnie, éprouva toujours une répugnance invincible pour ce qu'on appelle le monde, où il eût été effacé, où, du moins à ses débuts, il n'eût pas joué le personnage qui lui convenait. Même à l'apogée de sa célébrité, au moment où il n'était bruit que de lui et de ses découvertes, il avait peine à surmonter une certaine gêne que ne diminuait pas la conscience de son importance, et qui se traduisait par des gaucheries d'écolier. « Il faut avouer, lisons-nous dans un petit livre introuvable, fort recherché des bibliophiles, que parmi le talent de M. de M***, il n'a pas celui de se mettre à son aise. La première fois que Dufay le mena chez madame D***, il parcourut tout l'appartement à reculons sur son siége, tant qu'enfin le siége et lui se renversèrent dans la cheminée. La frayeur que cet accident causa à madame D*** se manifesta par un grand éclat de rire[1]. » Le jeune officier choisit ses galeries dans un lieu fort hanté alors par les beaux esprits et qui fut, durant tout le dix-huitième siècle, le tribunal où se firent et se défirent les réputations littéraires : nous voulons parler du café Procope, dont il ne tarda pas à devenir l'un des oracles. Il mit le temps à profit, sut se créer des liaisons utiles, étendit ses relations, donna une idée telle de son savoir et de ses connaissances, que l'Académie des sciences l'appelait dans son sein, le 11 décembre 1723, à titre d'adjoint géomètre, pour le faire, deux ans après, son associé astronome. L'on était en pleine paix, et Maupertuis, qui n'entrevoyait nulle apparence d'avancement dans les armes, s'était antérieurement démis de sa compagnie, afin de se livrer d'une manière absolue à la géométrie, la seule science, selon Freret, qui pût repaître cette âme active et dévorante.

En 1728, il faisait voile vers l'Angleterre, où il séjournait six mois, et la Société royale de Londres l'adoptait comme un de ses membres correspondants. Il était parti newtonien ; quand il revint à Paris, ce fut en apôtre zélé et armé de la nouvelle doctrine, en ennemi déclaré et violent du cartésianisme. Si nous n'avons pas à énumérer ses premiers titres à l'attention des savants, nous ne pouvons, toutefois, ne pas mentionner un

---

1. *Lettres de M**** (Manheim et Paris, Bauche, 1760), p. 81, (par Eugène-Éléonore de Béthisi, marquis de Mézières). — Techener, *Bulletin du Bibliophile* (Paris, 1860), XIVe série, p. 1764, 1765.

mémoire sur les *Lois de l'attraction*, son ballon d'essai, qu'il faisait suivre du discours sur les *Différentes figures des astres*. C'était la guerre avec les tenants des tourbillons, avec ce vieux parti de la science, en tête duquel figuraient Cassini, les abbés de Molières et de Gamache, Fontenelle même qui, malgré sa réserve, faisait voir son peu de penchant pour ces nouveautés, autant dire avec la totalité du corps académique.

Si Maupertuis était un croyant, il était par-dessus tout un ambitieux qui allait se donner tous les mouvements pour battre ses adversaires. Pour juger sainement la part de chacun dans le conflit que nous avons à rapporter, il est indispensable de savoir à quel homme on a affaire. L'anecdote suivante, racontée par La Beaumelle, est significative et édifie sur le caractère du futur président de l'Académie de Berlin.

... Pour venger Newton et lui-même, il entreprit de faire, par une espèce d'artifice, une révolution que la raison seule aurait faite trop lentement. Les jours d'assemblée, il donnait à dîner à quelques newtoniens, qu'il menait au Louvre pleins de gaieté, de présomption et de bons arguments. Il les lâchait contre la vieille Académie, qui désormais ne pouvait ouvrir la bouche sans être assaillie par ces enfants perdus, ardents défenseurs de l'attraction. L'un accablait d'épigrammes les cartésiens, l'autre de démonstrations. Celui-ci, prompt à saisir les ridicules, copiant d'après nature les gestes, les mines, les tons, répondait aux raisonnements des adversaires en les répétant. Celui-là, n'opposant qu'un rire moqueur aux changements qu'on faisait au système ancien, soutenait que le fond du système était atteint et convaincu d'être vicieux. Cette petite troupe était animée de l'enjouement quelquefois caustique de son chef.

C'est ainsi qu'en se jouant, M. de Maupertuis, établit le newtonianisme dans l'académie. Quelques-uns adorèrent encore

Descartes en secret ; mais la plupart de ses disciples commencèrent à croire sa doctrine déraisonnable, dès qu'ils la virent ridicule. Ceux qui suivirent cette guerre de plaisanteries, se souvinrent que des opinions plus importantes devaient leur fortune à des moyens moins légitimes [1].

La Beaumelle ne trouve qu'à louer et à applaudir. Il nous semble que de tels moyens sont plus faits pour compromettre que pour affirmer les vérités métaphysiques ; car l'erreur seule peut trouver son compte à soulever les passions de la jeunesse et à recruter un auditoire bruyant très-déterminé à triompher par le sarcasme, l'ironie, les clameurs. Ce n'est pas de cette façon que Newton eût dû être servi, et c'est aussi ce que pensèrent les gens sensés que de pareils procédés n'étaient pas faits pour gagner. Maupertuis était un de ces tempéraments violents, un de ces esprits emporte-pièce que l'obstacle exalte, et qui veulent faire « trou » à tout prix. Il avait, d'ailleurs, ce qu'il faut pour la lutte, qu'il eût affectionnée pour elle-même. Il aimait le glaive, et il était destiné à succomber par le glaive aux mains d'un athlète plus vigoureux que lui. Mais nous sommes loin de cette dernière phase de sa vie, et, avant la défaite qui devait la clore, il est juste de raconter les combats brillants qu'il livra au parti des tourbillons et de la vieille physique. Aussi bien, sommes-nous parvenus à l'époque étincelante de cette carrière de savant, que le ridicule et le sarcasme servirent si puissamment, jusqu'au moment où ces armes

---

1. La Beaumelle, *Vie de Maupertuis* (Paris, Ledoyen, 1856), p. 33, 34.

terribles retournèrent leur pointe contre sa propre personne.

Une question, qui avait de tous temps préoccupé la philosophie et qui était restée un problème, c'était la mesure de la terre. Au nombre des obstacles qui s'étaient opposés jusque-là à sa solution, le moindre n'était certes point l'opinion universellement reçue que la figure de notre globe était parfaitement sphérique, opinion qui ne devait tomber que devant des observations plus sérieuses et à la suite d'excursions un peu plus longues que l'intervalle qui sépare Paris d'Amiens. Les esprits, non moins déconcertés qu'éveillés par les théories de Huyghens et de Newton, éprouvaient le besoin de sortir d'une incertitude qui allait, scientifiquement parlant, jusqu'à l'anxiété ; et Dominique Cassini reçut la mission de mesurer l'arc du méridien qui traverse la France. Il résulta de ces recherches que la terre était un sphéroïde allongé. Son fils Jacques, qui eut à répéter les mêmes expériences « en différents temps, en différents lieux, avec différents instruments et par différentes méthodes, » constata, chaque fois, la précision des observations paternelles. Si rien n'est plus brutal qu'un fait, pour les géomètres les calculs valent des faits et sont des faits, et les doutes résistèrent dans l'esprit de plus d'un aux affirmations et aux constatations des Cassini. Qui avait tort d'eux ou de Newton ? Pouvait-on demeurer davantage dans cet état humiliant, et la France, qui avait tant fait déjà au siècle précédent pour le progrès de l'astronomie, ne se devait-elle pas de fournir à ses savants, même au prix des plus grands sacrifices, les moyens de décider en dernier ressort d'une question de cette importance? On comprit, un peu tard, que le plus sûr moyen de vérification était d'aller mesurer quelques degrés voisins de l'équateur. C'était toute une expédition scientifique à tenter, et qui devait séduire les têtes ardentes et jeunes de l'Académie. Après de longs débats et plus d'une résistance, Godin, Bouguer et La Condamine partaient pour cette glorieuse et non moins périlleuse entreprise (3 mai 1735). Maupertuis, qui n'avait pas vu s'éloigner sans jalousie ces nouveaux Argonautes, adressait tout aussitôt au ministre et à l'Académie un mémoire où il démontrait que ce voyage pouvait n'être pas complétement concluant, si on ne lui donnait comme corollaire un voyage au Nord pour mesurer également les degrés du méridien voisins du cercle polaire[1]. Il avait déjà fait choix de ses compagnons d'aventure, et offrait de partir pour le pôle avec Clairaut, Camus et Lemonnier. L'expédition fut résolue, en dépit des obstacles qu'eussent voulu y apporter ceux qu'elle menaçait dans leur infaillibilité. Nos savants, qui s'étaient adjoints l'abbé Outhier, M. de Sommereux, le dessinateur Herbelot, et l'astronome suédois Celsius, alors en France, s'embarquaient le 2 mai 1736, à Dunkerque, sur le *Prudent*, où ils avaient naturellement rassemblé tout ce qui pouvait aider à un voyage et à des recherches de cette nature, pleins d'ardeur, stimulés par le pyrrhonisme dédaigneux de leurs adversaires et l'espérance de leur rendre au retour railleries pour railleries, mépris pour mépris.

1. *Histoire de l'Académie des sciences*, 1735, p. 31.

L'histoire de cette expédition, qui ne peut trouver ici la place qu'elle mériterait, n'est pas la page la moins glorieuse de nos annales scientifiques : chacun y eut sa part de fatigues et de dangers, et Maupertuis, pour ne parler que de lui, s'y montra d'une intrépidité réelle. Une observation avait été négligée sur Avasaxa, montagne escarpée que les rochers, la neige, les abîmes, rendaient infranchissable ; il décida de l'escalader. Un petit traîneau attelé d'un renne les transporte, lui et l'abbé Outhier, à travers les précipices, jusqu'au sommet, où ils demeurèrent le temps nécessaire à cette dernière investigation. « M. de Maupertuis, nous dit ce dernier, se chargeoit volontiers de ce qu'il y avoit de plus pénible, et vouloit que tous les autres fussent mieux, ou plutôt moins mal que lui [1]. » S'ils coururent des dangers de plus d'une sorte, l'inclémence de ces rudes climats fut ce qui soumit à plus d'épreuves le courage de ces hardis explorateurs. Ils se virent assaillis, tout d'abord, par une infinité de cousins et de grosses mouches à tête verte, « qui tirent le sang partout où elles vous piquent, » et dont l'hiver ne les débarrassa pas [2]. Cet hiver fut pour eux d'une dureté incroyable, et il ne suffira que de lire le récit de l'une de leurs excursions, pour se faire une idée de ce qu'ils eurent à endurer et à souffrir.

... On imaginera ce que c'est que de marcher dans une neige haute de deux pieds, chargés de perches pesantes, qu'il

---

1. L'abbé Outhier, *Journal d'un voyage au Nord en 1736 et 1737* (Amsterdam, 1746), p. 130.
2. Maupertuis, *OEuvres* (Lyon, 1768), t. III, p. 104, 203. Mesure de la terre au cercle polaire.

falloit continuellement poser sur la neige et relever; pendant un froid si grand, que la langue et les lèvres se geloient sur le champ contre la tasse, lorsqu'on vouloit boire de l'eau de vie, qui étoit la seule liqueur qu'on pût tenir assez liquide pour la boire, et ne s'en arrachoient que sanglantes [1]; pendant un froid qui gela les doigts de quelques-uns de nous [2], et qui nous menaçoit à tous momens d'accidents plus grands encore. Tandis que les extrémités de nos corps étoient glacées, le travail nous faisoit suer. L'eau-de-vie ne put suffire à nous désaltérer, il fallut creuser dans la glace des puits profonds, qui étoient presque aussitôt refermés, et d'où l'eau pouvoit à peine parvenir liquide à la bouche : et il falloit s'exposer au dangereux contraire que pouvoit produire dans nos corps échauffés cette eau glacée [3].

Au reste, on s'était vite outillé de façon à se défendre autant que possible contre cette température glaciale. Le mieux, en pareil cas, est de se modeler sur les gens du pays. « Il n'y a aucun habitant, Finlandois ou Lapon, même Suédois, qui n'ait son habit de peaux de rennes. Nous en avions aussi chacun un ; on les nomme lappemudes, et l'on s'en sert comme de Rodingottes. On en met le poil en dehors, et on le double d'une toile, d'une serge, ou d'une autre peau dont le poil se trouve en dedans [4]... » Ce n'est pas sans raison que nous don-

---

1. « M. Le Monier buvant de l'eau-de-vie, sa langue se colla à la tasse d'argent, de façon que la peau y demeura. » 21 décembre 1736. L'abbé Outhier, *Journal d'un voyage au Nord en 1736 et 1737* (Amsterdam, 1746), p. 214.

2. C'est à Maupertuis, qui a la modestie de ne pas se nommer, que cet accident arriva. « M. de Maupertuis, nous dit encore l'abbé Outhier, a eu seulement quelques doigts de pied gelés... » Ce « seulement » est caractéristique ; cet accident était au-dessous de la moyenne des incommodités qu'ils avaient à supporter.

3. Maupertuis, *OEuvres* (Lyon, 1768), t. III, p. 146.

4. L'abbé Outhier, *Journal d'un voyage au Nord en 1736 et 1737* (Amsterdam, 1746), p. 218.

nons le détail du costume. Lorsque Maupertuis revint en France, il se fit peindre accoutré de la sorte, et dans un traîneau tiré par des rennes. Quant aux lappmudes, la plaisanterie de Voltaire les a rendues impérissables[1]. Il avait fallu interrompre les observations et se renfermer dans les habitations. Que faire loin de la patrie, sous ce terrible ciel, en un pays dénué de tout, où l'on pouvait mourir d'ennui aussi bien que de froid? Mais si les sujets de gaieté n'étaient pas communs, l'on était préparé à prendre tout en plaisanteries. M. Herbelot ayant hasardé une promenade en bateau, avait failli se noyer. « Comme il n'avoit eu d'autre mal que la peur, nous dit l'abbé Outhier, nous ne fîmes que rire de son aventure. Nous nous amusions ici de tout, et cette gaieté nous soutenoit. » M. Camus était chargé de la caisse de drogues et de médicaments; il passa bien vite dans le pays pour un médecin célèbre. Il recevait un jour une dépêche d'une demoiselle, qui lui demandait des remèdes. « Il répondit avec tant de gravité, qu'il guérit sûrement cette demoiselle, s'il n'étoit besoin pour cela que de frapper l'imagination. Ces petites aventures, ajoute l'abbé, réveillaient la gaieté que nous conservions toujours au milieu de nos occupations. » Le Français s'acclimate partout, il porte partout ses mœurs et ses habitudes. Nos voyageurs avaient transformé Tornéa, où ils avaient dû chercher un abri. Le lieutenant-colonel, le curé, et quelques notables leur avaient fait le meilleur accueil. « Ils étoient aimables et avaient de l'esprit. Du reste, notre union

---

1. Voltaire, *OEuvres complètes* (Beuchot), t. XXXIX, p. 503.

et notre gaïeté suffisoient pour la douceur de notre vie. Les habitants du pays nous avoient pris en amitié; M. Helant, notre interprète pour la langue finnoise, nous a dit aujourd'hui à dîné, qu'il y avoit plusieurs paysans, qui demandoient à nous suivre en France, où ils apprendroient, disoient-ils, à nos pêcheurs à faire la pêche du saumon. »

Maupertuis, par sa belle humeur, soutenait le moral de ses compagnons, qui n'avaient pas tous sa vigueur ni sa jeunesse; il avait eu le soin d'aviser pour son compte propre, aux moyens de tuer le temps de son mieux et le plus galamment. Il ne devait au public que le récit de leurs travaux; aussi est-il fort bref sur l'emploi des heures que n'absorbaient pas les explorations scientifiques; et l'abbé Outhier, qui n'était pas de mœurs trop rigides, ne se montre ni moins boutonné, ni moins circonspect[1]. Maupertuis était resté mousquetaire par plus d'un côté. Il se prit de belle passion pour une jeune Finlandaise, à laquelle il donne le nom de Christine, et qui devait même le suivre en France. Il a chanté leurs amours en vers cavaliers, qui ne sentent aucunement le géomètre.

> Pour faire l'amour
> En vain l'on court

---

1. L'abbé Outhier, grand prédicateur et directeur, fut accusé, à Arles, par une de ses pénitentes, d'avoir voulu la séduire en confession, et il dut, à la suite de ce scandale, résigner son canonicat. Il se retira à Avignon, où il fit imprimer secrètement une *Dissertation théologique sur le péché du confesseur avec sa pénitente* (Avignon, 1732), in-12 de 124 pages. C'était un homme d'esprit, s'exprimant fort bien, mais d'un ton affirmatif et hautain qui lui attira moins de partisans que d'ennemis. Il mourut à Bayeux, le 12 avril 1774. Quérard, *la France littéraire*, t. VI, p. 517.

Jusqu'au cercle polaire.
Dieux! qui croiroit
Qu'en cet endroit
On eût trouvé Cythère?

Et ce madrigal à la gloire encore de sa microscopique maîtresse :

J'avois perdu Christine dans la neige;
Amour, voulois-tu m'éprouver?
Christine dans la neige, hélas! comment pouvois-je
Espérer de la retrouver?
En vain de tous côtés j'avois cherché ses charmes,
J'étois transi de douleur et de froid,
Quand mes yeux à travers mes larmes
Aperçurent certain endroit
Où la neige sembloit et plus blanche et plus fine.
J'y courus; c'étoit ma Christine [1].

Nous trouvons, dans une petite brochure, dont l'auteur n'eut garde de se nommer tout d'abord, des détails sur ce séjour à Tornéa, qui, s'ils n'étaient une plaisanterie, révéleraient nos savants sous un aspect assez différent de celui sous lequel ils nous apparaissent.

Les compagnons de M. de M., à l'exemple de leur chef, prirent chacun des maîtresses, et chacun bientôt n'eut d'autre astre à observer que sa Christine. La franchise et la liberté qui règne dans ces climats et la complaisance des habitans, introduisirent bientôt à Tornéo les mœurs de la France; il n'y resta de la Lapponie que le peu de souci pour les observations et pour les calculs. Ce n'étoit tous les jours qu'assemblées, que bals, que colin-maillards. Ceux qui ont reproché à M. de M. d'avoir pendant ce voyage laissé manquer ses compagnons et lui des choses les plus nécessaires, comme de pain, de vin, etc., devoient du moins lui rendre la justice d'avouer qu'il ne

---

1. *Société des Bibliophiles français* (1829), t. VI. Lettre de Maupertuis à madame de Verteillac; de Pello, 6 avril 1737, p. 9.

manquoit de soin que pour ces sortes de choses ; et quand il s'agissoit de soutenir l'honneur de la galanterie françoise, il n'épargnoit rien pour les fêtes et pour les bals. Aussi le bruit de ces fêtes se répandit de l'une à l'autre rive du golfe de Bothnie. Les gens qui vouloient se bien divertir venoient à Tornéo, et il y vint une très-honnête demoiselle de plus de 30 lieues exprès pour voir les philosophes françois [1].

Si ce récit n'a rien de bien exact, ce n'est pas que l'auteur n'ait été suffisamment édifié sur la vie intime de nos modernes Argonautes. Le petit écrit auquel nous l'empruntons, est un persiflage à fleur de peau qui éraille Maupertuis sans lui faire grand mal et si bénignement, qu'en fin de compte, il passe pour être de lui. C'était là une des mille finesses de l'illustre géomètre pour dérouter l'ennemi et lui donner le change, et il lui arrivera plus d'une fois de répéter la même manœuvre. C'était encore un moyen de fixer l'attention, et, avant tout, Maupertuis voulait qu'on parlât de lui. Cette Finlandaise qu'il amenait à Paris [2], ce nègre Orion qui ne le quittait pas, cet extérieur étrange, cette perruque ronde et courte, formée de cheveux roux et de crins poudrés en jaune qui couronnait sa tête [3], tenaient en éveil la curiosité, et il ne demandait pas autre chose.

1. *Anecdotes physiques et morales* (1738), p. 35, 36.
2. Ce n'est pas une mais bien deux Finlandaises, les deux sœurs, qu'il emmena en France ; elles s'appelaient Plaiscom. Maupertuis les acquit à la foi catholique ; l'une d'elles se fit même religieuse. L'autre épousa un gentilhomme normand, qui n'eut pas trop à se louer de sa conduite, ce qui résulte suffisamment du procès en adultère qu'il lui intenta en 1762. Voltaire, *OEuvres complètes* (Beuchot), t. XII, p. 78. Quatrième Discours sur l'homme ; t. XIV, p. 180. *Le Russe à Paris*.
3. Collini, *Mon séjour auprès de M. de Voltaire* (Paris, 1807), p. 36.

« Un amour démesuré de la célébrité a empoisonné et abrégé ses jours, nous dit Grimm ; il affectait en tout une grande singularité, afin d'être remarqué. Il voulait surtout l'être du peuple, dans les promenades et autres lieux publics, et il y réussissait par des accoutrements bizarres et discordants... Il avait affecté une grande amitié pour la femme de chambre de madame la duchesse d'Aiguillon, qu'il voyait beaucoup ; mais si l'on n'avait jamais dit, dans le salon de madame d'Aiguillon, que Maupertuis était monté à l'entresol de mademoiselle Julie, je crois que sa liaison avec mademoiselle Julie aurait peu duré[1]. »

Après des épreuves de toutes sortes, et notamment un naufrage dans le golfe de Bothnie, Maupertuis rentrait en France et lisait à l'Académie des sciences, en séance publique, la relation de leur voyage au cercle polaire (13 novembre 1737). Il fut indemnisé de la froideur calculée de ses confrères par l'enthousiasme de la foule à son égard. Il devint à la mode, on voulut le voir et l'avoir ; les femmes le courtisèrent, on se le disputa. Il n'en eût pas tant fallu pour griser un homme beaucoup plus humble ; le ton de Maupertuis ne fut pas celui d'un vainqueur modeste, et l'insolence du triomphateur éclata d'autant plus que le vaincu était doux, réservé, sans intrigue. Cassini représentait la science à cette date, et c'était elle qui était vaincue en lui. Mais cette défaite était-elle donc si manifeste, et le doute n'était-il plus possible? Bien des objections furent

---

1. Grimm, *Correspondance littéraire* (Furne, 1829), t. V, p. 246 ; décembre 1766.

soulevées sur la façon d'opérer, sur l'emploi des instruments. L'expédition dont La Condamine faisait partie n'était pas de retour, et les résultats de ses observations pouvaient ne pas s'accorder avec les assertions de Maupertuis et des siens. En tous cas, avant de se prononcer, il était aussi sage qu'équitable d'attendre son arrivée.

Mais ce répit, l'impatience de Maupertuis ne le subissait qu'en frémissant, et il allait tout mettre en œuvre pour pousser d'ici là l'ennemi dans ses derniers retranchements. Il avait le trait mordant, l'ironie, l'artifice, la malignité, disons la cruauté du pamphlétaire; il avait encore l'impitoyabilité de l'ambitieux que rien ne saurait fléchir. Le président Hénault a remarqué avec justesse que Cassini était à Maupertuis ce que Crébillon était à Voltaire. Devant les doutes qu'on lui oppose, usant de son stratagème favori, Maupertuis répand dans le public une brochure anonyme dirigée en apparence contre lui et qu'il fait suivre d'une seconde également anonyme sous le titre d'*Examen désintéressé*. Cette dernière pièce eut le plus grand débit. Sa placidité, l'air d'impartialité avec lequel elle était écrite trompèrent si bien tout le monde, qu'on ne soupçonna point l'intention cachée sous les dehors les plus bénins. L'auteur laissa gloser, il laissa les juges prendre le change et se fourvoyer; et quand il pensa que la mystification avait eu tout son effet, il se démasqua et déclara la paternité. Après cet aveu, la signification de la brochure passait du blanc au noir; les éloges se transformaient en moquerie, et, là où l'on avait cru voir une défense plus ou moins spécieuse de

Cassini, il fallut bien reconnaître le persiflage le plus amer et le plus cruel. Des lettres des trois académiciens dépêchés à l'équateur venaient du reste confirmer les observations faites au pôle Nord, et donner gain de cause à Maupertuis.

Il semblerait que la dispute eût dû en rester là. La modération de Cassini, qui ne pouvait d'ailleurs se roidir contre l'évidence, était de nature à désarmer un ennemi généreux. Mais la résistance avait exaspéré le vainqueur, qui ne se sentit pas la magnanimité d'épargner l'adversaire terrassé. Maupertuis, se trouvant un jour chez M. d'Argenson, dont il était le protégé, improvisait séance tenante, contre les Cassini, une satire tellement plaisante, que le ministre souhaita qu'elle fût conservée. Rentré chez lui, l'illustre géomètre se hâta de jeter sur le papier ce spirituel badinage, qui serait avoué par Voltaire lui-même. Cela est intitulé : *Lettre d'un horloger anglois à un astronome de Pékin*[1], et n'a été tiré qu'à quatre exemplaires que le bibliophile payerait au poids de l'or ; ce livret de soixante-trois pages a pour nous un mérite plus

---

[1]. *Lettre d'un horloger anglois à un astronome de Pékin*, traduite par M***, année 1740. Ce petit livre, comme on le dit, ne fut tiré qu'à quatre exemplaires, et un exemplaire d'épreuve conservé par l'imprimeur Guérin. « C'est celui que j'ai lu, » trouvons-nous dans une note du P. Brotier, reproduite par Quérard, *France littéraire* (Paris, 1833), t. V, p. 642. Que sont devenus ces quatre uniques exemplaires ? Nous en avons retrouvé deux : l'exemplaire de M. d'Argenson, magnifique reliure en maroquin bleu, que possède la Bibliothèque de l'Arsenal ; et l'exemplaire de La Condamine, même reliure, maroquin rouge, qui se trouve à le Bibliothèque impériale. A qui Maupertuis avait-il donné les deux autres ? dans quelle collection publique ou privée sont-ils présentement ? C'est ce que nous ignorons.

sérieux que sa rareté : c'est un bijou d'ironie, de malice, et de verve acérée, comme on en va juger. Laissons la parole à l'horloger.

L'expérience des pendules, qui retardent lorsqu'on les transporte vers l'équateur, prouve, selon le chevalier Isaac Newton, et selon la raison, que la terre est applatie vers les pôles.

Une autre utilité plus grande encore qu'on peut tirer des pendules, c'est que si l'on regardoit bien, à chaque chose qu'on fait ou qu'on dit, on verroit qu'il n'est presque jamais l'heure de dire ce qu'on dit, ni de faire ce qu'on fait.

Si par exemple M. Cassini avoit bien pris garde au jour et à l'heure, lorsqu'il lut son mémoire sur la figure de la terre dans l'assemblée publique de l'Académie des sciences, il auroit vu qu'il ne pouvoit rien faire de plus mal à propos. Si je prouve ce que j'avance ici, M. Cassini et M. de Mairan ne soutiendront plus, comme ils ont toujours fait, que les pendules ne servent de rien pour la question de la figure de la terre. M. Cassini lut le 27 avril 1740, à quatre heures après-midi un écrit dans lequel il prouva que la terre est applatie; d'où il suit que lui, son père et son grand père, se sont trompés dans six mesures qu'ils ont faites depuis 1700 jusqu'en 1736. Or je demande si c'étoit là le jour et l'heure de lire ce mémoire, et s'il n'a pas été lû quarante ans trop tard ?...

Le roi Louis XIV faisoit fleurir dans son royaume les arts et les sciences. Il fonda dans sa capitale une Académie qui subsiste encore, et ses ministres avoient soin d'y attirer les hommes les plus sçavans de l'Europe.

Comme toutes les vues se tournoient du côté de l'utilité publique, ils virent bientôt que la chose la plus importante dont ils pussent charger l'Académie, c'étoit de déterminer la grandeur et la figure de la terre, sur quoi est fondée toute la géographie, et sans les quelles on ne peut naviguer avec sûreté.

En 1701, M. Jean-Dominique Cassini acheva sa première mesure, et trouva que *la terre estoit allongée vers les pôles.*

Tous ceux qui scavoient un peu de mathématiques furent fort surpris que ce scavant astronome eût trouvé à la terre une figure que M. le chevalier Newton avoit fait voir incompatible avec les expériences des pendules. Les mathématiciens françois firent grand cas de cette découverte, dont les autres se moquèrent.

En 1713, M. Jacques Cassini fit de nouvelles observations, et trouva la terre allongée comme son père.

En 1718, M. Jacques Cassini fit une troisième mesure, et trouva une troisième fois la terre allongée.

En 1733, le même M. Jacques Cassini remesura, et retrouva la terre allongée.

En 1734, une nouvelle mesure de M. Cassini lui redonna la terre allongée.

Enfin en 1736, M. Cassini de Thury retrouva pour la sixième fois la terre allongée comme son père et son grand père.

Si l'on examine le nombre de ces opérations, qui se confirment toutes, et l'air d'exactitude qui se trouve dans le détail que MM. Cassini en ont donné ; si l'on examine la magnificence avec laquelle le ministre de France avoit pourvû à tout ce qui pouvoit rendre ces opérations éclatantes ; la grandeur et la justesse des instrumens dont MM. Cassini se sont servi, et toute la dépense que la figure de la terre a coûté, on aura peine à croire qu'on eût pu décider beaucoup mieux cette question avec des instrumens aussi simples et des moyens aussi faciles que ceux que je vais proposer ; et je permets d'en douter jusqu'à ce que je l'aye prouvé.

Je dis qu'il falloit que MM. Cassini au lieu de ces quarts-de-Cercle divisés avec tant de travail et de ces secteurs de dix pieds de rayon dont ils se sont servi, fissent construire de petits cubes d'yvoire dont les faces fussent les plus égales qu'il eût été possible, qu'au lieu des divisions qu'on fait sur les limbes des quarts-de-cercles, ils fissent marquer sur chacune des faces de ces cubes, les nombres naturels 1, 2, 3, 4, 5, 6 ; qu'ils fissent ensuite faire au tour, ou autrement, un cylindre de corne creux et fermé à l'un des bouts : voilà tous les instrumens qui étoient nécessaires, et sans avoir recours à Graham ni à Sisson il y a dans le Strand plusieurs ouvriers capables de les construire.

Quant à la manière de s'en servir, elle est aussi facile que les instrumens sont simples. Il n'y avoit qu'à faire rouler pendant quelque tems les petits cubes, dans le cylindre, puis les jeter sur une table couverte d'un tapis vert ou même d'une autre couleur. Si les nombres que présentoient les cubes formoient un nombre impair, la terre étoit applatie.

UN INSTRUMENT PRIMITIF.

Il n'est pas nécessaire de recourir aux propositions d'Archimède sur le cube et le cylindre, pour démontrer la justesse de cette opération.

Mais pour faire voir l'avantage qu'elle a sur celles de MM. Cassini, il suffit de considérer qu'il y a autant de probabilité qu'elle eût donné la terre applatie, qu'il y en a qu'elle l'eût donné allongée : et que par conséquent si l'on eût répété cette opération six fois de suite, comme MM. Cassini ont fait la leur, on voit par les règles du docteur Moivre[1], qu'il y avoit à parier 63 contre 1 que l'opération n'auroit pas jetté dans l'erreur six fois de suite, comme ont fait celles de MM. Cassini.

Outre le ridicule qu'un pareil instrument eût fait éviter aux astronomes qui ont été employés aux opérations qu'on a faites en France, outre la dépense qu'il eût épargné au roy de France, l'instrument dont nous parlons, étant une fois fait, peut servir à plusieurs autres usages qu'à celui de découvrir la figure de la terre. Son utilité ne se borne pas aux choses de physique, elle s'étend jusque dans le moral; et la plupart des questions les plus difficiles de toutes les sciences seroient mieux décidées par le moyen de cet instrument, qu'elles n'ont coutume de l'être.

Cette plaisanterie est excellente. Remettre au sort des dés la figure de la terre et démontrer la supériorité de ce procédé, assez hasardeux pourtant, sur des instruments qui, quelque coûteux qu'ils eussent été, avaient amené sur six expériences six observations erronées[2],

---

1. Abraham Moivre, Français réfugié, l'ami de Newton. Maupertuis fait ici allusion à ses recherches sur les jeux de hasard, et notamment à sa solution sur la question suivante : *Si le nombre des opérations sur les événemens fortuits peut être assez multiplié pour que la probabilité se change en certitude.* Et il se prononçait pour l'affirmative.

2. Il pourrait bien se faire, toutefois, que Maupertuis eût emprunté cette plaisante idée à Lucien. « ... Si tu veux, dit Licinius à Hermotime, je te donneray une invention plus facile et de moins de dépence, qui est de faire des marques qui portent empreint le nom de chaque secte, et de tirer au sort la première qui viendra? » *Hermotime* ou *Des Sectes*. *Lucien*, traduction de Perrot d'Ablancourt (5e édition), t. I, p. 253.

cela est piquant, et, n'était la cruauté de la satire, il n'y aurait qu'à battre des mains. Cassini, et c'était assez naturel, avant d'abaisser pavillon, voulut qu'il ne subsistât nuls doutes pour lui et pour les autres; il représentait d'ailleurs tout un parti qui n'était pas composé de sots, et parmi lesquels nous signalerons Mairan et Fontenelle. Maupertuis, après s'être allé retremper quelque temps dans sa ville natale, était revenu à Paris, avec l'intention de déloger l'ennemi de ses derniers abris. Il proposa de vérifier la mesure astronomique de Picard avec le même secteur dont il s'était servi au pôle, et de graves méprises furent constatées dans le travail de cet abbé. Cassini, se défiant un peu tard de l'exactitude de la base de celui-ci, la remesura jusqu'à cinq fois, et la trouva trop longue d'une toise par mille ; il reprit à nouveau ses expériences et ne réussit qu'à donner raison dans son esprit aux mesures de Maupertuis[1]. Il se soumit alors, comme on l'a dit déjà, et convint de son erreur avec une simplicité qui avait sa noblesse, et qui eût dû fléchir ses adversaires.

Ce que nous en avons cité plus haut suffit et au-delà pour juger cette satire peu bénigne, lancée contre des confrères dont la longanimité bien connue méritait plus de ménagements. Toute cette dynastie des Cassini (car chez eux, comme chez les Bernouilli, les sciences semblaient être un patrimoine de famille) joignait à l'aménité italienne une sorte de candeur primitive qui

---

[1]. La Beaumelle, *Vie de Maupertuis* (Paris, Ledoyen, 1856), p. 62, 63. — *Mesures des trois premiers degrés du Méridien*, par La Condamine, art. xxvii, p. 239 et suiv., imprimerie du Louvre, 1751.

tournait à la niaiserie dans la pratique de la vie[1]. Cette ingénuité désarmée avait, toutefois, cela de protecteur, qu'elle rendait presque impossibles des attaques dans le genre de celle-là. La *Lettre d'un horloger anglois*, qu'on n'osa pas rendre publique, ne put donc délecter sous le manteau que la malignité de quelques amis discrets. Elle dévoila, mieux que tout ce qu'on pourrait dire, le caractère vaniteux, hautain, querelleur, de son auteur, qui était aussi un lettré très-versé dans notre littérature, et dont les prétentions n'étaient pas médiocres en matière de bel esprit[2]. Ce n'était point, en tous cas, comme Cassini, son antagoniste et sa victime, un mouton se laissant tondre sans même se

[1]. Nous avons trouvé ce billet de l'astronome Lalande, décoché au dernier des Cassini dans un moment d'exaspération dont le motif nous échappe, mais que, plus calme, il renonça à envoyer. Il révèle, dans son emportement et son excès, ce côté ingénu du caractère de ces savants si bien adoptés par la France, qu'on les voit, de 1696 à 1845, se succéder à notre Académie des sciences. « J'ai un peu tardé, citoyen collègue, à répondre au sot persiflage que vous m'avés envoyé en réponse à une lettre affectueuse et honnête. Je voulois y joindre une brochure dans laquelle je fais voir que tous les Cassini ont été un peu bêtes, depuis le paysan du Perinaldo jusqu'au commis du dépôt. Mais je me suis rappelé mon *Pater dimitte nobis debita nostra, sicut et nos dimittimus*, et j'ai supprimé la brochure. Je ne vous en parle que pour votre instruction, car il faut connoître sa famille et se connoître soi-même. Salut et fraternité. LALANDE. » Charavay aîné, *Catalogue d'autographes* du 2 juin 1869, p. 8, n° 62.

[2]. Fontenelle, aussi bien que Cassini, mais pour des raisons différentes, empêchait de dormir Maupertuis, qui ne pardonna jamais à son compatriote e ami l'abbé Trublet son engouement pour l'auteur de la *Pluralité des Mondes* et ses Mémoires développés sur l'aimable neveu des deux Corneille. « Grâces à l'abbé Trublet, lui échappa-t-il de dire devant Formey, M. de Fontenelle n'aura pas fait un p.., dont la postérité ne soit instruite. » Formey, *Souvenirs d'un Citoyen* (Berlin, 1789), t. II, p. 172, 173.

défendre. Lorsque jailliront les sataniques moqueries de l'*Akakia,* si Maupertuis renonce à croiser le fer, c'est que, pour faire cesser le feu de ce démon, il fallait une autre artillerie que les spirituelles, incisives, mais insuffisantes malices de l'*Horloger anglois.*

VII

MAUPERTUIS PRÉSIDENT DE L'ACADÉMIE DE BERLIN.
PREMIERS NUAGES. — SAMUEL KŒNIG.

Cette expédition au pôle nord, qui certes n'était pas un fait indifférent pour la science, le récit des dangers courus, des obstacles surmontés, de mille incidents qui pouvaient frapper les imaginations et donner aux observations des géomètres un cachet d'élévation et de grandeur, enfin les résistances maladroites, les mauvais vouloirs, le doute systématique des adversaires, n'avaient pas médiocrement servi à la renommée de Maupertuis, qui, à l'étranger, passa, du jour au lendemain, pour le premier et peut-être le seul savant dont la France eût à s'enorgueillir. L'expédition à l'équateur, partie avant celle de Laponie et revenue la dernière, était fondée à réclamer son lot de gloire ; Maupertuis avait lui-même des coopérateurs, de l'activité, du dévouement, de l'intrépidité desquels c'était justice de faire la part. Mais il est toujours plus aisé de retenir un nom que dix noms, et l'auteur futur de *la Vénus physique* recueillit, à peu de chose près, le bénéfice de ces conquêtes collectives. Frédéric, qui rêvait alors de faire de sa Prusse une nouvelle Athènes, et ne devait épargner ni les promesses ni les flatteries pour attirer à sa cour les grandes illustrations d'un pays qu'il considérait comme sa patrie intellectuelle, s'empressa d'écrire à Maupertuis une lettre pleine de caresses, auxquelles une nature moins vaine eût malaisément résisté. « Mon cœur et mon inclination excitèrent en moi, dès le moment que je montai sur le trône, le désir de vous avoir ici, pour que vous donnassiez à l'Académie de Berlin la forme que vous seul pouvez lui donner. Venez donc, venez enter sur ce sauvageon la greffe des sciences, afin qu'il fleurisse. Vous avez montré la figure de la terre au monde ; montrez aussi à un roi combien il est doux de posséder un homme tel que vous[1]. » Maupertuis fut reçu, avec une distinction, des égards qui achevèrent de le conquérir. Voltaire et lui se rencontrèrent à Clèves, à la table du jeune roi, et, au moment où il s'éloignait pour rejoindre madame du Châtelet, le poëte écrivait au géomètre : « Quand nous partions tous deux de Clèves, que vous prîtes à droite et moi à gauche, je crus être au jugement dernier, où le bon Dieu sépare ses élus des damnés. *Divus Fredericus* vous dit : Asseyez-vous à ma droite, dans le paradis de Berlin ; et à moi, il me dit : Allez, maudit, en Hollande[2]. » Cela ne ressemble-t-il pas à une prophétie ?

Maupertuis avait suivi Frédéric à Berlin ; il voulut l'accompagner à l'armée, partager ses dangers, assis-

---

1. *OEuvres de Frédéric le Grand* (Berlin, Preuss.), t. XVII, p. 335, 336. Lettre de Frédéric à Maupertuis ; juin 1740.

2. Voltaire, *OEuvres complètes* (Beuchot), t. LIV, p. 202 Lettre de Voltaire à Maupertuis ; à la Haye, ce 18 septembre 1740.

ter à ses triomphes. Avant d'être géomètre, n'avait-il pas été mousquetaire? Il enfourche un cheval de combat et chevauche aux côtés du roi. Ce n'est pas tout à fait ce que raconte Voltaire. « Maupertuis, qui avait cru faire une grande fortune, s'était mis à la suite dans cette campagne, s'imaginant que le roi lui ferait au moins fournir un cheval; ce n'était pas la coutume du roi. Maupertuis acheta un âne deux ducats le jour de l'action, et se mit à suivre Sa Majesté sur son âne du mieux qu'il put[1]. » Glorgau et Brieg étaient pris, et l'armée allait de conquêtes en conquêtes, quand l'ennemi, commandé par le comte de Neuperg, vint opposer un front formidable à ces victorieux qu'il était temps d'arrêter. Cette bataille de Molwitz, si elle fut gagnée par les Prussiens, fut perdue par le roi que le maréchal de Schwerin, plus qu'inquiet sur le succès de la journée, décida à s'éloigner. C'était un singulier début pour un prince, dont l'intrépidité est hors de doute et qui se ménagea si peu dans la suite. « Dès le premier choc, dit encore Voltaire, le roi, qui n'était pas accoutumé à voir des batailles, s'enfuit jusqu'à Opeleim, à douze grandes lieues du champ où l'on se battait. » Ce qui lui valait le surnom injurieux de *coureur de Molwitz*. Il ne tardera pas, il est vrai, à entasser revanches sur revanches, et cette petite mais cruelle plaisanterie perdra bientôt toute signification. Malgré cela, Frédéric ne pardonna jamais à Schwerin une violence excusable à laquelle il n'avait que trop aisément cédé[2].

1. Voltaire, *OEuvres complètes* (Beuchot), t. XL, p. 59, Mémoires pour servir à la vie de M. de Voltaire, écrits par lui-même.
2. Dieudonné Thiébault, *Souvenirs de vingt ans de séjour à Berlin*

Quant à Maupertuis, quelque solide cavalier qu'il dût être (car nous ne croyons que peu à l'étrange monture que lui attribue l'auteur de la *Henriade*), emporté par son cheval [1], qui le mena au beau milieu d'un parti de hussards, il fut appréhendé, dépouillé, dévalisé, et arriva au camp autrichien dans le plus complet dénûment. Sa détresse ne fut que momentanée ; le comte de Neuperg s'empressa de lui faire donner des habits et de l'argent, et le fit conduire à Vienne, après l'avoir comblé de politesses. Marie-Thérèse l'accueillit avec une bonté qui tourna sa disgrâce en triomphe. Quelque peu femme qu'elle fût, la reine de Hongrie l'était encore assez pour se préoccuper de la beauté des autres reines ; elle demanda au géomètre s'il était vrai que la princesse Ulrique, celle qui fut la reine de Suède et à laquelle Voltaire adressa de si galants madrigaux, fût la plus belle princesse du monde ? et celui-ci de répondre : « Je l'avais cru jusqu'à présent, madame. » Au reste, sa captivité fut courte, et la liberté lui fut rendue sans rançon, avec des procédés qui doublaient le bienfait. Le grand-duc de Toscane le pressa de lui dire ce qu'il pouvait faire qui lui fût le plus agréable ; Maupertuis lui répondit que ce qu'il regrettait le plus des objets dont il avait été dépouillé par les hussards était une montre à secondes de Gra-

---

(Didot, 1860), t. II; p. 175, 176. — Marquis de Valori, *Mémoires* Paris, 1820), t. I, p. 105.

1. Jordan écrivait, de Breslau, à Frédéric, le 12 mai 1741 : « La *Gazette de Leyde* dit que le cheval de M. de Maupertuis, ayant pris le mors aux dents au milieu de la bataille, l'avait jeté dans l'armée ennemie. » *OEuvres de Frédéric le Grand* (Berlin, Preuss.), t. XVII, p. 109.

ham, dont l'absence était pour lui une vraie privation. « Eh bien ! c'était une plaisanterie de leur part ; ils l'ont rapportée, et je vous la remets, » repartit le prince, qui tira de sa poche une montre également de Graham, mais enrichie de diamants, qu'il lui remit avec une grâce charmante[1].

Tandis qu'on lui faisait oublier à Vienne, à force d'égards et de bons traitements, sa petite mésaventure, le bruit de sa perte s'était répandu, et ses amis, comme ses ennemis, crurent qu'il avait été tué. Voltaire apprit cette triste nouvelle par l'abbé de Valori, le frère de notre ambassadeur. « Vous vous donnez la peine de transcrire tout l'article qui regarde le pauvre Maupertuis ; je viens de le lire à madame du Châtelet ; nous en sommes touchés aux larmes. Mon Dieu ! quelle fatale destinée ! *Qu'allait-il faire dans cette galère ?* Je me souviens qu'il s'était fait faire un habit bleu ; il l'aura porté sans doute en Silésie, et ce maudit habit aura été la cause de sa mort : on l'aura pris pour un Prussien ; je reconnais bien les gens appartenant à un roi du Nord, de refuser place à Maupertuis dans un carrosse. » Que signifie cette dernière phrase, et fit-on quelque chicane d'étiquette au géomètre français ? C'est ce que cela semble dire, bien que nous n'y voyions pourtant guère d'apparence. Mais Voltaire, au moment même où il écrivait ces lignes, recevait des nouvelles plus rassurantes de l'illustre captif. « J'apprends dans le moment, Monsieur,

---

1. Formey, *Souvenirs d'un Citoyen* (Berlin, 1789), t. I, p. 213, 214.

que Maupertuis est à Vienne, en bonne santé. Il fut dépouillé par des paysans dans cette maudite forêt Noire, où il était comme don Quichotte faisant pénitence. On le mit tout nu ; quelques housards, dont un parlait français, eurent pitié de lui, chose peu ordinaire à des housards. On lui donna une chemise sale et on le mena au comte de Neuperg. Tout cela se passa deux jours avant la bataille. Le comte lui prêta cinquante louis avec quoi il prit sur le champ le chemin de Vienne comme prisonnier sur parole ; car on ne voulait pas qu'il retournât vers le roi après avoir vu l'armée ennemie : on craignait le compte qu'en pourrait rendre un géomètre. Il alla donc à Vienne trouver la princesse de Lichtenstein qu'il avait fort connue à Paris ; il en a été très-bien reçu, et on le fête à Vienne comme on faisait à Berlin. Voilà un homme né pour les aventures [1] » Si ce récit est inexact en plus d'un point, il n'a rien que de bienveillant. Voltaire, à cette .date, ressentait une véritable affection pour le géomètre ; il fut terrifié à l'annonce de cet épouvantable malheur et fort heureux ensuite d'apprendre que tout le monde en serait quitte pour la peur. Le danger écarté, lui échappa-t-il quelque saillie bouffonne qui fut rapportée à Maupertuis ?

---

1. Voltaire, *Œuvres complètes* (Beuchot), t. LIV, p. 325, 326. Lettre de Voltaire à M. de Valori ; Bruxelles, le 2 mai 1741. Il écrivait également à Cideville : « Maupertuis, qui pouvait vivre heureux en France, cherche à Berlin le bonheur qui n'y est pas, et se fait prendre par des paysans de Moravie, qui le mettent tout nu, et lui prennent plus de cinquante théorèmes qu'il avait dans ses poches... » Lettre de Voltaire à Cideville ; à Bruxelles, le 27 mai 1741.

C'est ce qu'il est permis de conjecturer d'après deux lettres du poëte où il se défend de tous torts et fait valoir à son tour le droit qu'il a de se plaindre de soupçons au-dessus desquels il se croyait[1]. Du reste, ce petit nuage n'eut pas de suites et ne laissa de trace dans l'esprit de l'un ni de l'autre. Ils se revirent à Paris; et si, quelques temps après, l'Académie des sciences ne s'adjoignit pas l'auteur du Mémoire *sur la Propagation du feu*, ce ne fut point la faute de son ami qui remua ciel et terre pour lui en ouvrir la porte.

Cependant Maupertuis était retourné en France où ses affaires l'appelaient. Son parti n'était pas pris encore, et sans les dégoûts, peut-être n'eût-il jamais consenti à s'expatrier. La mort du cardinal Fleury laissait un fauteuil vacant à l'Académie française; il le sollicita et l'obtint. M. de Maurepas, à peu près dans le même temps, lui faisait avoir une pension de quatre mille livres pour les services futurs qu'il devait rendre à la navigation. Le père de Maupertuis vivait encore, et s'il soutenait son fils, ce n'était pas sans se plaindre du sans-gêne de l'illustre géomètre, qui tirait sur lui sans même lui en donner avis; et M. de Maurepas de dire : « Il est trop bien né pour donner des avis à son père[2]. » Ce père-là, à ce qu'il paraîtrait, était plus qu'économe. Quand ils vivaient ensemble à Paris,

---

1. Voltaire, *OEuvres complètes* (Beuchot), t. LIV, p. 345, 372. Lettres de Voltaire à Maupertuis, des 28 mai et 1er juillet 1741.
2. La Beaumelle, *Vie de Maupertuis* (Paris, Ledoyen, 1859), p. 81.

Maupertuis lui amenait tous les jours à dîner quelques convives rencontrés au café ou à la promenade; cette jeunesse avait bon appétit et dévorait. D'Alembert avait seul trouvé grâce devant le bonhomme. « C'est un joli garçon que ce d'Alembert, disait le père Moreau à son fils ; cela ne boit pas de vin, cela ne prend pas de café, cela fait plaisir à voir à une table [1]. »

Pour mériter la pension qui venait de lui être allouée, Maupertuis donna un traité d'*Astronomie nautique* qu'il faisait suivre d'autres travaux. L'intervalle qui s'écoule entre son retour à Paris et son départ définitif pour Berlin est même la période la plus active et la plus productive de son talent. C'est à cette époque que remonte son mémoire sur l'*Accord des différentes lois de la nature*, mémoire qui fit alors une impression médiocre et qui allait plus tard soulever tant de tempêtes et de clameurs ; la *Dissertation sur le Nègre blanc* et particulièrement la *Vénus physique*, ouvrage étrange par les idées et par la forme, où le lyrisme se mêle aux théories et aux hypothèses les plus abstraites, et qui, avant d'être l'objet des railleries de Voltaire, était assez obscurément attaqué par un pamphlet du docteur Procope, *l'Art de faire des garçons*.

Mais, malgré la faveur du ministre, Maupertuis récoltait ce qu'il avait semé : il eût voulu dominer et il se sentait isolé ; et l'état de neutralité armée, qui était le sien, devait, à la longue, lui paraître insoutenable. Le

---

1. Grimm, *Correspondance littéraire* (Furne, 1829), t. V, p. 245; décembre 1766.

roi de Prusse le pressait de venir à Berlin ; il partit et
fut reçu comme Aristote à la cour de Philippe de Macédoine. Les reines lui firent l'accueil le plus flatteur ; et,
à leur exemple, chacun s'empressa de lui faire fête.
Maupertuis, que nous avons vu amoureux jusqu'au
milieu des glaces de Tornéa, retrouva, à la cour de la
reine mère, une jeune personne dont la beauté avait,
au précédent voyage, fait sur lui une vive impression,
Éléonore de Borck fille d'honneur de la princesse,
d'une maison des plus anciennes de la Poméranie.
La famille, malgré la considération dont était entouré
le personnage, malgré la faveur dont il était l'objet,
éprouvait quelque éloignement pour une alliance fort
inégale du côté des aïeux. Mais le roi ayant approuvé
hautement les sentiments du géomètre français, il fallut
consentir de bonne grâce à une union à laquelle la principale intéressée ne répugnait d'aucune sorte, et l'heureux Maupertuis put chanter son triomphe comme il
avait chanté sur son sistre son amoureux martyr [1]. Il
dut, toutefois, retourner en France pour obtenir un
consentement que son vieux père ne se pressait pas
de donner, sachant bien que ce mariage lui enlevait
un fils. Il avait également à solliciter l'agrément du
roi de France ; mais cette permission, on l'a dit précédemment, fut gracieusement accordée, et le brevet

---

1. Maupertuis était assez mélomane pour se faire suivre de son instrument jusqu'en Laponie ; mais son succès fut médiocre, comme il l'avoue avec modestie. «... Ils ne font guère plus de cas de notre musique que de notre astronomie, et ma guitare n'a point du tout réussi avec eux. » *Recueil de la Société des bibliophiles français*, t. VI, (1829). Lettre de Maupertuis à madame de Verteillac ; de Pello, 6 avril 1737, p. 8.

de sortie du royaume conçu dans les termes les plus bienveillants et les plus honorables (15 avril 1745)[1]. Il remit, en partant, sa pension à l'Académie des Sciences. Il est vrai qu'il allait l'échanger contre une autre de quinze mille francs, et le titre de président de l'Académie de Berlin qui l'élevait au niveau des présidents des cours supérieures, avec un pouvoir de satrape. « Monsieur de Maupertuis aura la présidence, indépendamment des rangs, sur tous les académiciens honoraires et actuels, et rien ne se fera que par lui; ainsi qu'un général gentilhomme commande des ducs et des princes dans une armée, sans que personne s'en offense[2]. »

Il alla s'établir à l'extrémité de Berlin, dans une maison spacieuse voisine du parc royal, et qu'il devait transformer en arche de Noé. Son ami et subordonné Formey nous a laissé une description de cet intérieur et de divertissants détails sur l'amour du président pour les bêtes, qui aideront au portrait.

La maison de M. de M., nous dit-il, étoit une véritable ménagerie, remplie d'animaux de toute espèce, qui n'y entretenoient pas la propreté. Dans les appartements, troupes de chiens et de chats, perroquets, perruches, etc. Dans la basse-cour,

---

1. Voir le précédent volume, p. 35.
2. Maupertuis, Œuvres (Lyon, 1768), t. III, p. 307, 309. *Règlement de l'Académie royale des sciences et belles lettres de Berlin*, article VIII. Le XIII article concédait au président le droit de dispenser les pensions vacantes aux sujets qu'il jugerait en mériter, d'en abolir d'autres et de grossir celles qui étaient insuffisantes, selon qu'il le croirait convenable. On conçoit quel ascendant pouvait avoir un homme, d'ailleurs absolu et impérieux comme Maupertuis, sur une assemblée de savants peu riches et dépendants par fortune comme par situation.

toutes sortes de volailles étrangères. Il fit venir une fois de
Hambourg une cargaison de poules rares avec le coq. Il étoit
dangereux quelquefois de passer à travers la plupart de ces
animaux, par lesquels on étoit attaqué. Je craignois surtout
beaucoup les chiens islandois. M. de M. se divertissoit surtout
à créer de nouvelles espèces par accouplement de différentes
races; et il montroit avec complaisance les produits de ces
accouplemens qui participoient aux qualités des mâles et
des femelles qui les avoient engendrés[1]. J'aimois mieux voir les
oiseaux, et surtout les perruches qui étoient charmantes. Je
crois encore avoir sous les yeux une vision bien amusante.
Lorsque M. de *Lisle* passa par Berlin avec son épouse, venant
de Petersbourg, et retournant en France, nous fûmes invités
ma femme et moi à dîner avec eux chez M. de M., le 10 d'août
1747. Les autres convives étoient le comte *Algarotti*, M. de
Redern, depuis comte, à présent grand-maréchal du roi, M. et
madame *Euler*. Une petite perruche se promenoit librement
sur la table; elle prit une cerise, et s'envolant, se posa sur
la tête de madame de *Lisle*, où elle dépeça et mangea sa cerise
de la meilleure grâce du monde. Madame de *Lisle* qui n'avoit
pas vu prendre la cerise, croyoit simplement que la perruche étoit posée sur sa tête, où elle ne faisoit pas un fardeau
incommode; et les spectateurs ne crurent pas devoir l'avertir
de ce qu'elle y faisoit, tout le mal pouvant se réparer dans la
suite en lavant sa coiffure [2].

Maupertuis avait un nègre fort éveillé qu'il avait
ramené de ses excursions, et auquel il avait donné le
nom d'Orion. Orion le suivait partout [3], se piquait à
table derrière sa chaise, ne le quittant pas plus que son
ombre, attentif à devancer ses ordres, d'ailleurs ayant

---

1. Voir sa lettre sur la *Génération des animaux*, où il accuse les
recherches et les expériences les plus curieuses. *OEuvres* (Lyon,
1868), t. 11, p. 299 à 314.

2. Formey, *Souvenirs d'un Citoyen* (Berlin, 1789), t. 1, p. 218,
219, 220.

3. *Lettres de M**** (Manheim et Paris, Bauche, 1760), p. 82
Lettre XIX, à M. D. C.

son franc parler et se permettant, à l'occasion, des remarques où se rencontraient plus l'esprit d'observation et la finesse, qu'une confiance absolue dans la véracité de son maître.

Un jour (c'est encore Formey qui parle), il y avoit à un dîner divers convives, et entr'autres un ministre d'État qui avoit beaucoup de morgue et de gravité. M. de M. se mit à raconter les singularités physiques de son voyage du Nord, l'excès du froid, la neige qui se formoit dans un poêle excessivement chauffé, dès qu'on ouvroit la porte[1], les aurores boréales, etc. Le ministre écoutoit tout cela sans que sa physionomie souffrit aucune modification. *Orion*, persuadé que son maître débitoit des contes, et que le ministre les goboit, touche doucement l'épaule de M. de M. et lui dit à voix basse : *il le croit*. Je n'imagine rien de plus plaisant que ce double jugement[2].

A part ce qu'elle a de plaisant, cette anecdote décèlerait le côté hâbleur du natif de Saint-Malo, dont l'originalité, comme on l'a vu déjà, n'était pas aussi sincère qu'il eût voulu le faire croire. Tout cela, en résumé, avait pleinement réussi; et Maupertuis était un personnage avec lequel il fallait compter, jouissant encore plus de l'estime et de la confiance que de

1. « Le froid fut si grand dans le mois de janvier, raconte Maupertuis, dans le récit de son expédition au cercle polaire, que nos thermomètres de mercure, de la construction de M. de Réaumur, ces thermomètres qu'on fut surpris de voir descendre à 14 degrés au-dessous de la congélation à Paris dans les plus grands froids du grand hiver de 1709, descendirent alors à 37 degrés : ceux d'esprit de vin gelèrent. Lorsqu'on ouvroit la porte d'une chambre chaude, l'air de dehors convertissoit sur-le-champ en neige la vapeur qui s'y trouvoit, et en formoit de gros tourbillons blancs... » Maupertuis, *OEuvres* (Lyon, 1768), t. III, p. 153, 154. Relation du voyage fait par ordre du roi au cercle polaire.

2. Formey, *Souvenirs d'un Citoyen* (Berlin, 1789), t. I, p. 217, 218.

l'affection du roi, à l'attente duquel, disons-le, il avait complétement répondu. L'Académie prospérait, cette Académie si méprisable et si méprisée sous le précédent règne, et c'était à ses soins, à son habileté, à ses relations qu'elle était redevable de sa nouvelle fortune. Il avait su attirer à Berlin de tous les coins de l'Europe des savants qui, du jour au lendemain, la sortirent de tutelle et lui rendirent l'autorité que lui avait un instant acquise son fondateur Leibnitz et que lui avait fait perdre ensuite la sauvage monomanie d'un vandale. Les services étaient réels, et le roi, reconnaissant, lui témoignera jusqu'à la fin une considération sans limites. On a cru remarquer qu'il se mêlait rarement à l'intimité du prince, et on a prétendu que Frédéric appréciait plus sa valeur et ses actes qu'il ne goûtait sa personne et son esprit. A vrai dire, cette nuance nous échappe. Maupertuis était tout autre chose qu'un savant en *us*. Il avait ces qualités légères, cette brillante faconde qui font les concertistes de salon et pouvait, sans grands efforts, lutter de verve et de belle humeur avec d'Argens, Algarotti et les autres. Même après les excès et les répressions de l'*Akakia*, l'auteur de la *Henriade* dira du Platon de Saint-Malo *au nez écrasé et aux visions cornues* : « Il est né avec beaucoup d'esprit et avec des talents ; mais l'excès seul de son amour-propre en a fait à la fin un homme très-ridicule et très-méchant [1]. » Ne prenons de cela que ce certificat non suspect d'homme d'esprit, délivré à Maupertuis par son terrible adversaire.

1. Voltaire, *OEuvres complètes* (Beuchot), t. LVI, p. 413. Lettre de Voltaire à madame du Deffand ; Colmar, le 3 mars 1754.

A en croire Formey, l'esprit de Voltaire n'eût même été rien auprès du sien. Nous dirons comme Trissotin à Clitandre : le paradoxe est fort. « Je l'ai regardé, comme l'homme le plus spirituel que j'aie connu. Voltaire péroroit, dissertoit et vouloit être écouté ; on aimoit d'abord à l'entendre, mais on s'en lassoit ; au lieu que tout ce que disoit M. de Maupertuis partoit comme un éclair et en avoit le feu [1]. » Frédéric semblerait confirmer ce jugement, dans une lettre à sa sœur de Bayreuth : « Je le verrai quand tout sera fini (le procès de Voltaire avec Hirsch n'était pas encore jugé) ; mais à la longue, j'aime mieux vivre avec Maupertuis qu'avec lui. Son caractère est sûr, et il a plus le ton de la conversation que le poëte, qui, si vous y avez bien pris garde, dogmatise toujours [2]. » Mais le roi de Prusse, très-décidé à ne plus le revoir dans le cas d'un arrêt défavorable, s'efforçait d'amoindrir le charme et la séduction de cet esprit unique, dont il ne se sentait que trop épris. Ce « si vous y avez bien pris garde » est des plus plaisants ; le défaut qu'il semble avoir tout récemment déniché dans Voltaire est de nature pourtant à frapper dès la première minute, comme tout ce qui choque et blesse l'amour-propre ; et une découverte aussi tardive, faite en un moment de méchante humeur, est plus que suspecte. Bien des années après, quand les ressentiments seront apaisés, le philosophe de Sans-Souci, sans qu'on le lui demande, dira au prince de Ligne que Voltaire avait un ton

[1]. Formey, *Souvenirs d'un Citoyen* (Berlin, 1789), t. I, p. 181.
[2]. OEuvres de *Frédéric le Grand* (Berlin, Preuss.), t. XXVII, p. 200, 201.

exquis [1]. En effet, l'auteur de *Zaïre* ne pérorait ni ne dissertait, c'était un causeur, le causeur par excellence, éblouissant la galerie, ce qui était son droit; mais trop homme du monde pour ne pas laisser à l'esprit de chacun sa part de soleil. Ce reproche pourra, dans une certaine mesure lui être adressé à Ferney; alors l'éloignement de la bonne société et la complicité de pèlerins enthousiastes, la renommée, l'âge aussi, l'auront habitué à se considérer comme une sorte d'idole, de fétiche qu'on ne saurait trop aduler, ne fût-ce qu'en expiation des outrages et des avanies dont il était incessamment abreuvé. Mais opposer l'esprit de Maupertuis à l'esprit de Voltaire, dans la conversation comme ailleurs, c'est se moquer du lecteur, c'est porter un défi à son bon sens, à son jugement, à ce qu'il sait de l'un et de l'autre. Thiébault, sans passion s'il a ses préférences, dit au contraire : « M. de Maupertuis, je le répète, avait de l'esprit, et il en avait beaucoup, quoiqu'il en eût bien moins que Voltaire... » Et il ajoute : « Si Maupertuis avait eu un orgueil moins fier, moins exclusif, moins indomptable, il aurait eu de justes ménagements pour l'homme supérieur qui venait s'accoler à lui : ils auraient été heureux, s'ils avaient su être amis; mais l'un était trop despote, et l'autre trop peu endurant. Maupertuis voulut dominer : Voltaire l'écrasa [2]. »

Cette phrase nous amène naturellement à cet instant

---

[1]. Prince de Ligne, *Lettres et Pensées* (Paris), 1809, p. 7. Lettre au roi de Pologne, pendant l'année 1785.

[2]. Dieudonné Thiébault, *Souvenirs de vingt ans de séjour à Berlin* (Didot, 1860), t. II, p. 372, 373.

de sourd antagonisme succédant aux rapports les plus amicaux. Lorsque Voltaire vint se fixer à Berlin, celui qui salua son arrivée avec le contentement le plus sincère, fut assurément Maupertuis. Sa vanité avait souffert de voir son nom rayé du discours de réception du poëte à l'Académie ; mais, à l'entendre du moins, ce petit dégoût n'avait pas laissé de traces, et il écrivait en 1750, à un de ses amis : « Vous me connaissez bien mal, si vous pensez que j'ai encore sur le cœur l'injustice que m'a faite V... en rayant mon nom dans son discours de réception. Nous vivons assez bien ensemble ; c'est un homme qui fait des choses charmantes, avec autant de facilité qu'un autre en ferait de communes[1]. » Mais cette bonne intelligence ne devait pas subsister longtemps, et Buffon n'avait touché que trop juste, en disant que ces deux hommes n'étaient pas faits pour demeurer ensemble dans la même chambre. Cependant on se rendait encore justice. Voltaire, en vantant les délices de Potsdam, mande à d'Argental, à la date du 27 avril 1751 : « On y fait tous les jours des revues et des vers. Les Algarotti et les Maupertuis y sont. On travaille, on soupe ensuite gaiement avec un roi qui est un grand homme de bonne compagnie... » Soit qu'une rupture avec le président de l'Académie, un personnage qui semble indispensable, lui paraisse une grosse affaire, soit ressouvenir de leur ancienne amitié, le poëte se résigne à endurer les grands airs, la

---

1. La Beaumelle, *Vie de Maupertuis* (Ledoyen, 1856), p. 134. Faisons remarquer que ce fragment de lettre, dont on ne nous dit pas le destinataire, est une citation de La Beaumelle, et par conséquent de source plus qu'incertaine.

rudesse pour ne pas dire l'arrogance de celui-ci, non sans amertume, toutefois, et sans aigreur.

> Je supporte Maupertuis, n'ayant pu l'adoucir. Dans quel pays ne trouve-t-on pas des hommes insociables avec qui il faut vivre? Il n'a jamais pu me pardonner que le roi lui ait ordonné de mettre l'abbé Raynal de son Académie. Qu'il y a de différence entre être philosophe et parler de philosophie! Quand il eut bien mis le trouble dans l'Académie des sciences de Paris, et qu'il s'y fut fait détester, il se mit en tête d'aller gouverner celle de Berlin. Le cardinal de Fleuri lui cita, quand il prit congé, un vers de Virgile qui revient à peu près à celui-ci :
>
> Ah! réprimez dans vous cette ardeur de régner.
>
> On aurait pu en dire autant à son Éminence; mais le cardinal de Fleuri régnait doucement et poliment. Je vous jure que Maupertuis n'en use pas ainsi dans son tripot, où, Dieu merci, je ne vais jamais [1]...

Voltaire attribue l'hostilité sourde du président à la violence qui lui avait été faite au sujet de Raynal. Nous l'avons vu essayer d'obtenir pour l'abbé la succession de d'Arnaud, qui échut à Morand, en dépit de ses officieuses insinuations. Une place d'académicien était une fiche de consolation qu'il était honnête de faire avoir à un lettré en grand crédit auprès des philosophes; et c'est à quoi il travailla. Mais disons qu'avant de forcer la main à Maupertuis, il avait cherché à le gagner par des procédés[2]. « Il me refusa avec hauteur, et traita l'abbé

---

1. Voltaire, *OEuvres complètes* (Beuchot), t. LV, p. 638, 639. Lettre de Voltaire à madame Denis; à Potsdam, le 24 août 1751.
2. Voltaire, *Lettres inédites* (Didier, 1857), t. I, p. 199. Lettre de Voltaire à Maupertuis; Potsdam, 24 octobre (1750). « ... Mon cher président, je m'intéresse bien davantage au Languedocien Raynal qu'au Provençal Jean d'Argens..., etc., etc. »

Raynal avec mépris. Je lui fis ordonner par le roi d'envoyer des patentes à M. l'abbé Raynal; on peut croire qu'il ne me l'a pas pardonné[1]. » Ce petit échec ne dut pas rendre plus cordiaux les rapports communs; mais on se tolérait encore des deux côtés, et Voltaire, pour sa part, se contentait de gémir sur la rudesse du président, que lui faisait oublier ou endurer l'amabilité des autres. « Notre vie est bien douce, écrit-il à madame d'Argental; elle le serait encore davantage si Maupertuis avait voulu. L'envie de plaire n'entre pas dans ses mesures géométriques, et les agréments de la société ne sont pas des problèmes qu'il aime à résoudre. Heureusement le roi n'est pas géomètre, et M. Algarotti ne l'est qu'autant qu'il faut pour joindre la solidité aux grâces[2]. »

Si nous croyons faiblement que ce petit conflit auquel avait donné lieu la candidature de l'abbé Raynal, fut l'unique et vraie cause de leur mutuelle rancune, nous prendrons encore moins au sérieux les raisons qu'en donne Angliviel. « M. de Maupertuis, dit-il, crut qu'il lui convenoit de vivre à une certaine distance d'un homme qui en savoit plus qu'un enfant d'Ephraïm, et duquel le ministre de France à Berlin écrivoit: *si Voltaire perd son procès, il sera pendu, s'il le gagne, il sera chassé.* M. de Maupertuis l'évita: si c'est un

---

1. *Le Siècle politique de Louis XIV*, avec les pièces qui forment l'histoire des querelles avec MM. de Maupertuis et de La Beaumelle (à Siéclopolis, 1753), p. 214. Mémoire de M. F. de Voltaire, apostillé par M. de La Beaumelle.
2. Voltaire, *OEuvres complètes* (Beuchot), t. LVI, p. 47, 48. Lettre de Voltaire à madame d'Argental; Potsdam, le 14 mars 1752.

crime, tout Berlin en est coupable¹. » La Beaumelle, qui n'est jamais à court de raisons, ajoute qu'une basse jalousie et la secrète envie de le déposséder de sa charge et de ses honneurs présidentiels sont les premiers mobiles de la guerre acharnée que le poëte allait faire à l'auteur de la *Vénus physique*. » M. de Maupertuis, épuisé par de continuels crachements de sang, avait quitté Potsdam et s'était renfermé dans sa maison de Berlin, en attendant que le printemps et un rayon de convalescence lui permissent le voyage de Saint-Malo. S'il mourait, il fallait lui succéder ; s'il partait, il fallait lui succéder encore, en l'empêchant de revenir : et pour cela il suffisait de le couvrir de ridicule et d'opprobre, afin de dégoûter le roi de Prusse de lui ou lui de la Prusse². » Rien n'est moins fondé que cette allégation malveillante. L'auteur de la *Henriade* n'avait aucunes vues sur la place de Maupertuis, et sa succession ne l'avait jamais tenté. D'Alembert écrivait à madame du Deffand, en décembre 1752 : « A propos de Maupertuis, nous ne l'aurons point cet hiver; il est actuellement malade et accablé de brochures que l'on fait contre lui en Allemagne et en Hollande, au sujet d'un certain Kœnig, avec qui il vient d'avoir, assez mal à propos, une affaire désagréable pour tous les deux... Le roi de Prusse est fort occupé de lui chercher un successeur dans la place de président... Il y a plus de trois mois que le roi de Prusse m'a fait écrire par le marquis d'Argens pour

---

1. *Le Siècle politique de Louis XIX* (à Siéclopolis, 1753), p. 214. Mémoire de M. de Voltaire, apostillé par M. de La Beaumelle.
2. La Beaumelle, *Vie de Maupertuis* (Le Doyen, 1856), p. 169.

m'offrir cette place... Voltaire vient encore pour cela d'écrire à madame Denis[1]. » Si Voltaire écrivait à sa nièce pour presser d'Alembert de se rendre aux vœux du Salomon du Nord, c'est qu'il ne songeait pas à succéder à Maupertuis ; et c'est ailleurs encore qu'il faut chercher la cause originelle d'une inimitié dont les éclats devaient retentir d'un pôle à l'autre. Thiébault aussi a sa version et raconte avec détail un petit incident que nous citerons d'après lui, bien que nous soyons fort éloigné d'en garantir l'authenticité.

Ce qui amena, au moins en apparence, la première scission entre eux deux, fut un propos déplacé de la part du président, et que Voltaire repoussa durement. Tous deux revenaient de Sans-Souci à Potsdam, vers une heure et demie après minuit, dans un des carrosses du roi, lorsque Maupertuis dit d'un air de jubilation : « Il faut avouer qu'aujourd'hui la soirée a été charmante. — Je n'en ai jamais vu de si sotte, » répliqua Voltaire. Pour bien entendre le propos et la réplique, il faut se rappeler que M. de Voltaire avait habituellement un esprit si heureux et si brillant, qu'il écrasait tous les autres convives ; il n'y avait que Fréderic qui pût lutter avec quelque succès : mais cet homme extraordinaire avait de temps en temps des jours où, soit par indisposition, soit pour quelque autre cause, il n'était que taciturne, froid et presque nul [2]. Maupertuis, au contraire, qui, en général, avait beaucoup moins d'esprit que Voltaire, en avait tous les jours également, et même assez pour

---

1. D'Alembert, *OEuvres complètes* (Belin), t. V, p. 27, 28. Lettre de d'Alembert à madame du Deffand ; Paris, 4 décembre 1752.
2. Voilà ce que nous ne pouvons admettre. Ce que l'on a toujours admiré chez Voltaire c'est, malgré ses souffrances très-réelles, cet esprit toujours alerte, toujours dispos, toujours apte au travail comme aux joûtes de la conversation. Il a pu dire de lui-même, sans se surfaire, dans son discours *sur la Nature de l'homme* (VIe discours) :

> Dans un corps languissant, de cent maux attaqué,
> Gardant un esprit libre à l'étude appliqué...

plaire lorsque Voltaire ne se montrait pas. Or, au souper d'où ils sortaient, Voltaire avait été dans ses humeurs nébuleuses, et Maupertuis avait brillé ; ce qui montre que son propos n'était qu'une jactance puérile que Voltaire avait pu prendre pour un sarcasme et une injure. Ce qu'il y a de certain, c'est que depuis cette soirée, ils ne se sont ménagés ni rapprochés[1].

Cette rupture n'eut pas une cause, elle en eut mille. Chaque jour, chaque minute en enfantait une, futile, ténue comme un fil, mais qui venait grossir le faisceau des griefs. Les circonstances, les événements purent y aider et la précipiter ; mais la cause première et trop suffisante était dans le caractère altier, l'orgueil intraitable de tous les deux. Maupertuis s'était montré sans pitié pour Cassini ; il connaîtra à son tour les humiliations de la défaite. L'histoire de ces débats a quelque chose de profondément attristant. Si la comédie s'y mêle, une comédie d'un genre unique, à laquelle les mémoires seuls de Beaumarchais peuvent être assimilés, tout cela se clôt moins gaiement à coup sûr et par un dénouement où le vainqueur lui-même est atteint. Mais, quelque répugnance que nous en ayons, il nous faut poursuivre et entrer dans le détail des péripéties du plus fameux comme du plus sanglant des combats que l'auteur de la *Henriade* eut à livrer, durant sa très-longue et très-orageuse existence.

Le mathématicien allemand Samuel Kœnig[2] nous est connu. Maupertuis l'avait donné à madame du

1. Dieudonné Thiébault, *Souvenirs de vingt ans de séjour à Berlin* (Didot, 1860), t. II, p. 340.
2. On veut qu'il soit né à Berne. Il naquit en réalité à Boedingen, dans le comté d'Insenbourg.

Châtelet, qui, deux années durant, fut son disciple le plus zélé, le plus assidu et le plus docile. Kœnig avait une sorte d'éloquence brutale, convaincue en tous cas, par laquelle la divine Émilie se laissa pleinement subjuguer. Il osa professer la doctrine leibnitzienne dans un sanctuaire où Newton était l'unique saint que l'on révérât, et réussit à faire partager sa foi à son élève. Voltaire, très-tolérant, jugea avec raison que certaines divergences dans la façon de penser et de sentir ne devaient en rien influer sur une affection comme celle qui l'unissait à sa docte amie, et cette sorte de schisme ne jeta aucun trouble dans l'intérieur scientifique. En revanche, et malgré une entente parfaite dans le domaine philosophique, un désaccord grave survint entre le professeur et la marquise; une rupture s'en suivit, et, si madame du Châtelet garda toujours sur cet éclat un silence plein de convenance, il n'en fut pas de même de Kœnig, qui s'oublia en propos peu décents à l'égard d'une femme dont les procédés, jusque-là, avaient été des plus bienveillants et des plus honnêtes. Une particularité qu'il faut rappeler et que l'avenir allait rendre piquante, c'est la partialité de Maupertuis en faveur de son protégé, partialité qui avait occasionné entre la châtelaine de Cirey et lui un refroidissement passager que les efforts de Voltaire ne dissipèrent pas sans quelque peine.

Kœnig fut ensuite appelé à Franecker, où il professa jusqu'au moment où il obtint la place de bibliothécaire du Statoudher. Maupertuis qui, sans être avec lui en communauté de système, rendait justice à ses connaissances, ne l'avait pas perdu de vue, et lui avait ouvert avec joie les portes de son Académie. Sensible à ce procédé, Kœnig, auquel sa nouvelle situation laissait plus de loisirs et que sa santé d'ailleurs avait amené à Piremont, part pour la Prusse, dans le seul but d'embrasser son ami. Entre Potsdam et Berlin, il apprend qu'il ne le trouvera pas dans la capitale, et il allait rebrousser chemin, quand des renseignements tout contraires le décidèrent à continuer sa route jusqu'à cette dernière ville, où il arrivait le 20 septembre 1750. Il fut reçu à merveille. Ce qui devait tout gâter, c'est que, pour être son obligé, Kœnig ne se supposait pas l'inférieur de l'illustre géomètre, et que, sans affectation, par naturel (c'était chez lui le résultat d'une éducation toute républicaine), il traitait le président sur le pied de la plus complète égalité, à mille lieues même de se douter du méchant effet de pareilles prétentions. Formey mentionne un petit incident qui eut lieu chez Maupertuis et qui, en les peignant l'un et l'autre, prépare mieux qu'un récit plus long à l'éclat auquel nous ne tarderons pas à assister.

... Un jour qu'il s'y trouvoit avec le comte *Algarotti*, quelque controverse fut mise sur le tapis. M. de M. et K. étant d'avis opposé, K. dit : *Mais, mon pauvre ami, pensez donc*, etc. A ces mots, la fureur s'empara de M. de M. Il se leva, et pirouettant dans la chambre, il dit à plusieurs reprises : *Mon pauvre ami, mon pauvre ami? vous êtes donc bien riche, vous êtes donc bien riche?...* C'est ce que je tiens du C. A. unique témoin. Et voilà les étincelles qui produisirent un si grand embrasement [1].

Les pires conséquences de tout cela n'eussent dû être, ce semble, qu'un certain refroidissement, l'in-

---

[1]. Formey, *Souvenirs d'un Citoyen* (Beuchot, 1789), t. I. p. 176, 177.

terruption, si l'on veut, des rapports affectueux qui avaient existé jusque-là entre les deux savants. Les occupations, les devoirs de Kœnig l'éloignaient d'ailleurs de Berlin, et les points de contact manquant, rien ne laissait présager le terrible orage qu'allait occasionner ce léger nuage. Maupertuis avait lu, le 15 avril 1744, en séance publique de l'Académie des sciences de Paris, une nouvelle théorie sur la moindre quantité d'action que la nature observe toujours dans tout état d'équilibre, aussi bien que dans la distribution des mouvements. C'était à ses yeux toute une conquête; et, quelque pénible que cette déclaration doive paraître à une modestie comme la sienne, il ne résiste pas à dire toute sa pensée sur l'importance d'un pareil fait. « Après tant de grands hommes qui ont travaillé sur cette matière, je n'ose presque dire que j'ai découvert le principe universel sur lequel toutes ces lois sont fondées; qui s'étend également *aux corps durs* et *aux corps élastiques;* d'où dépendent les mouvemens de toutes les substances corporelles. C'est le principe que j'appelle : *de la moindre quantité d'action*..... Non-seulement ce principe répond à l'idée que nous avons de l'Être suprême, en tant qu'il doit toujours agir de la manière la plus sage, mais encore en tant qu'il doit toujours tenir tout sous sa dépendance [1]. » Ce mémoire, tout récemment imprimé dans le second volume de l'*Histoire de l'Académie de Berlin*, parvenait, en juillet 1749,

---

1. Maupertuis, *OEuvres* (Lyon, 1768), t. I, p. 42, 43. *Essai de Cosmologie.*

à Kœnig qui, fort reconnaissant des récentes bontés de Maupertuis, ne demandait qu'à admirer et à battre des mains. Mais cette théorie lui parut inacceptable, et il ne put s'empêcher de grouper tous les arguments qui s'élevaient contre elle dans un mémoire en langue latine écrit avec des ménagements infinis, où les ouvrages de Maupertuis n'étaient pas désignés, où il se gardait surtout de mêler ce nom redoutable. Ce n'était qu'une œuvre purement scientifique, ne s'attaquant qu'à une idée, et que son auteur croyait pouvoir sans scrupule insérer dans les Actes des savants, de Leipzig, auxquels il l'envoya. Cependant, après y avoir réfléchi davantage, et sur la connaissance qu'il avait de l'extrême sensibilité de l'illustre président, il retira son mémoire et renonça dès lors à le publier. Une année s'était écoulée, quand sa santé et son désir d'embrasser Maupertuis, auquel il était redevable de sa nomination de membre de l'Académie royale, le déterminèrent, comme on vient de le dire, à pousser jusqu'à Berlin, où, pour leur tranquillité à tous deux, il eût été à souhaiter qu'il n'eût pas mis le pied.

Dans la lettre même que Kœnig écrivit au président pour le remercier d'une distinction dont il lui était pleinement redevable, il avait touché quelques mots de son travail. Lorsqu'ils se revirent, Maupertuis lui demanda négligemment pourquoi il ne l'avait pas publié; Kœnig lui exposa avec candeur ses raisons : avant de le mettre au jour, il avait voulu en conférer avec lui, et la crainte de voir son procédé mal jugé par un ami auquel il était si fortement attaché, l'avait décidé à le garder dans ses cartons. Cependant, il essaya d'entrer en discussion; mais l'auteur de l'*Essai de Cosmologie* ne l'écouta qu'avec une répugnance si manifeste que Kœnig lui proposa de supprimer à tout jamais cet écrit, pour peu qu'il le souhaitât. Maupertuis s'y refusa, et ils se séparèrent de la sorte. De retour chez lui, le bibliothécaire de la Haye lui envoya son mémoire avec un billet où il le suppliait de le lire attentivement, renouvelant sa proposition de l'anéantir, si celui-ci pouvait avoir quelques motifs de répugner à sa publication. Dès le lendemain, Maupertuis lui retournait ses cahiers : il n'avait pas eu le loisir d'en prendre connaissance, mais il ne trouvait pas mauvais qu'il fît imprimer son mémoire, et l'y engageait même « l'assurant que cette démarche et l'opposition de leurs sentiments ne changeroient rien à l'attachement qu'il avoit pour lui [1]. »

Kœnig, entièrement dégagé, envoya de nouveau à Leipzig son manuscrit, qui parut dans les *Nova Acta Eruditorum* du mois de mars 1751. C'est à Kœnig que nous empruntons ces détails; mais ils ne sont pas niés par Maupertuis, et Formey, pour sa part, ne les rapporte guère différemment. Le bibliothécaire du Stathouder était retourné à son poste, et c'est là que lui parvenait, le 28 mai, une épître de Maupertuis fort polie, où il le priait de lui donner les indications les plus précises sur la date et la provenance d'un fragment de lettre de Leibnitz au professeur Hermann de Bâle, reproduit dans sa dissertation. Kœnig répondait,

---

1. *Appel du jugement de l'Académie royale de Berlin, sur un fragment de lettre de Leibnitz* (à Leyde, Luzac, 1753), première édition, p. 12.

un mois après, qu'il n'en possédait point l'original, et qu'il avait emprunté sa citation à une copie qu'il tenait, avec plusieurs autres lettres du philosophe, de Henzy de Berne. De la part du président, ce n'était pas, comme on en va juger, pure curiosité spéculative ; la publication de ce morceau lui avait paru une machination ourdie contre sa gloire, un complot ténébreux combiné dans le seul but de lui ravir la propriété d'une découverte qu'il élevait si haut. Car, ou lui, Maupertuis, était un plagiaire, ou ce fragment était l'œuvre d'un faussaire.

Voici ce que disait Kœnig :

> Je n'ajoute qu'un mot en finissant ; c'est qu'il semble que M. de *Leibnitz* ait eu une théorie de l'action beaucoup plus étendue peut-être qu'on ne le supposeroit à l'heure qu'il est ; car il y a une lettre de lui écrite à M. *Hermann*, où il parle ainsi : *L'action n'est point ce que vous pensez, la considération du tems y entre, elle est comme le produit de la masse par le tems, ou du tems par la force vive. J'ai remarqué que, dans les modifications des mouvemens, elle devient ordinairement un* MAXIMUM *ou un* MINIMUM. *On en peut déduire plusieurs propositions de grande conséquence. Elle pourroit servir à déterminer les courbes que décrivent les corps attirés à un ou plusieurs centres* [1]...

Il y avait peut-être là, en effet, remarque un biographe de Maupertuis, de quoi attribuer à Leibnitz le principe de la moindre action, si toutefois la lettre en question existait réellement [2]. Il y allait donc de son

---

1. *Appel au public du jugement de l'Académie royale de Berlin* (Leyde, 1753), p. 21, 22). — *Acta Eruditorum* (Leipzig, 1751), p. 176.

2. Damiron, *Mémoires pour servir à l'histoire de la philosophie du XVIIIe siècle*, t. III, p. 72. — Nous avons cherché et fait chercher

honneur de prouver de la façon la plus péremptoire et la plus triomphante qu'il était victime d'un manége aussi grossier que criminel ; et il ne devait reculer devant rien pour perdre un téméraire qui avait osé s'attaquer à lui. Ses amis, entrevoyant les tracas inévitables de pareilles recherches, lui conseillaient de ne pas donner à ses adversaires (et il n'en avait que trop à Berlin comme à Paris) cet avantage. Formey, entre autres, fit tout ce qu'il put pour fléchir cette humeur indomptable.

> Me trouvant un soir seul avec lui, et croyant qu'après toute la confiance et l'amitié qu'il m'avoit jusqu'alors témoignées, je pouvois lui parler avec une liberté respectueuse sur les suites que je prévoyois, je le suppliai de regarder comme non-existant une pièce ensevelie dans un journal latin, et de bien penser qu'ayant autant d'envieux et d'ennemis qu'il en avoit on en prendroit occasion de là de le harceler et de lui causer du chagrin. Ses yeux s'enflammèrent : *Quoi,* dit-il, *vous voulez donc qu'on me prenne pour un olibrius,* etc. Son ton fulminant m'effraya, et je compris que j'en avois trop dit [1]...

Maupertuis se sentait tout puissant ; la majeure partie de l'Académie était composée de ses créatures, elle était à ses ordres, et il ne doutait pas d'avoir bon marché d'un adversaire sans entours et sans appuis, du moins

---

partout cette précieuse lettre qui se retrouvera peut-être, mais qui n'est pas encore retrouvée, à l'heure qu'il est. Nous devons à la parfaite obligeance de M. Du Bois Raymond de connaître à cet égard le sentiment de l'illustre éditeur des œuvres de Leibnitz, M. Gerhardt, qui nous répondait par son entremise, d'Eisleben, le 4 décembre 1869 : « ... Je suis parfaitement convaincu que le fragment, style et contenu est bien de Leibnitz en personne, ce contenu reparaissant très-souvent dans ses mémoires et ses lettres, surtout pour ce qui a rapport au principe de la continuité, et pour ce que mentionne Leibnitz dans le fragment touchant les principes de la dynamique... »

1. Formey, *Souvenirs d'un Citoyen* (Berlin, 1789), t. I, p. 179.

à Berlin. Quel parti allait-il prendre et quel genre d'action allait-il exercer contre Kœnig? Il résolut de lui intenter une sorte de procès, non devant les tribunaux ordinaires mais devant l'Académie royale de Berlin, dont il était le président. L'influence considérable qu'il ne pouvait pas ne point avoir sur tous ses membres eût dû suffire pour lui faire entrevoir le peu de convenance et même l'odieux d'un tel excès d'autorité. Mais la passion n'est pas en peine d'arguments pour justifier ses emportements et ses écarts. L'Académie, qui par goût n'eût sans doute pas recherché une pareille mission, n'eut point la fermeté de se déclarer incompétente, et se laissa transformer docilement en un tribunal d'honneur, s'estimant apte à décider d'une question qui n'était pas aussi complétement de son ressort qu'on pourrait le croire. Sans parler des deux curateurs et des deux honoraires, gens de marque « qu'on n'agrége aux sociétés littéraires que pour en relever l'éclat », le jury était un composé de chimistes, de botanistes, d'anatomistes, d'astronomes et de lettrés, d'un mérite incontestable, chacun, dans les branches de connaissances auxquelles il s'était voués, mais tous assez étrangers à ces matières. « Pour dire la chose sans détour et comme elle est, s'écrie l'inculpé, tous les juges auxquels on pourroit accorder les lumières requises, pour prononcer par eux-mêmes et avec connoissance de cause dans cette affaire se réduisent à MM. de Maupertuis et Euler[1]... »

---

1. *Appel au public du jugement de l'Académie royale de Berlin* (Leyde, 1753), p. 79, 80. Examen des droits de l'Académie et de la conduite de ses membres.

Pour partir de l'ennemi, l'observation n'en est pas moins fondée, car la question ne devait pas se restreindre à une simple recherche de fraude; et le débat ne tarderait pas à prendre les proportions d'une dispute philosophique que tout le monde serait loin d'entendre également. Maupertuis et son groupe crurent, toutefois, que leur tâche se bornait à convaincre de faux le professeur de la Haye, et ce fut à quoi l'on s'attacha avec une persistance, un zèle, qui allaient dépasser les limites d'une enquête scientifique et se transformer en persécution.

Sur la réponse de Kœnig, qui convenait ingénument qu'il n'avait eu à sa disposition qu'une copie du fragment de Leibnitz, Maupertuis écrivit au marquis de Paulmy, notre ambassadeur en Suisse, pour le prier de faire rechercher à Berne, parmi les papiers de Henzi, cette lettre qu'il avait toutes raisons de supposer fabriquée. Cet Henzi avait été condamné et exécuté pour crime de sédition dans sa patrie [1], et il pouvait se faire que l'on trouvât, parmi les pièces saisies lors de son procès, cette lettre, l'objet des mortels soucis du président. Mais ce n'était là qu'une possibilité, une probabilité, si l'on veut; et il était excessif, on en conviendra bien, de prétendre que cette lettre eût été gratuitement supposée, par la seule raison qu'elle ne se rencontrait pas au nombre des papiers de Henzi. Il est vrai que les recherches n'en demeurèrent pas là, et que, sur les instances personnelles de Frédéric,

---

1. C'est cet Henzi, très-remarquable figure, poëte et révolutionnaire suisse, décapité à Berne, le 16 juillet 1749, que Lessing avait choisi pour le héros d'une tragédie laissée inachevée.

elles furent reprises partout où l'on eut quelque espoir de déterrer la correspondance de Leibnitz. A Bâle, particulièrement, Jean Bernouilli se chargea de l'enquête. Kœnig était aussi intéressé que Maupertuis au succès, et il fit de son côté toutes les démarches apparentes pour arriver à un résultat. Mais, des deux parts, la peine que l'on se donna fut en pure perte, et la lettre de Leibnitz à Hermann ne se retrouva point, dénoûment annoncé à l'avance par Maupertuis et les siens [1].

Deux sommations, la première datée du 8 octobre, la seconde du 11 décembre 1751, écrites l'une et l'autre par Formey, au nom de l'Académie, avaient déjà suffisamment indiqué les proportions d'un débat qu'il eût mieux valu laisser vider aux deux adversaires. Kœnig paraît d'abord assez effrayé de l'orage qui gronde sur sa tête; il se confond en protestations d'amitié, et semble désespéré d'avoir été si mal compris [2]. Mais ces soumissions eurent un effet tout contraire à celui qu'il en attendait. En réponse à la lettre quelque peu entortillée qu'il adressait à Maupertuis, ce dernier, après lui avoir longuement démontré comme quoi ces poursuites étaient d'intérêt public, concluait superbement par ces quelques lignes, qui étaient presque une sentence : « Ceci, monsieur, n'est donc point mon affaire, je n'y suis impliqué que

---

1. Maupertuis, *OEuvres* (Lyon, 1768), t. II, p. 277, 278. Lettre XI, sur ce qui s'est passé à l'occasion du principe de la moindre quantité d'action.

2. *Appel du jugement au public* (Leyde, 1753), p. 132-137. Lettre de Kœnig à Maupertuis, en date du 10 décembre 1751.

comme membre de l'Académie ; c'est l'affaire de la compagnie, qui assurément est en droit d'exiger de vous de produire l'original d'une lettre qui intéresse ses membres, ou de juger à cet égard de votre impuissance ; et elle veut bien attendre encore un mois cette production [1]. » Maupertuis ne voyait sa réhabilitation scientifique que dans une condamnation, et il savait que rien n'était plus aisé que de l'obtenir. Il avait d'ailleurs trouvé un ami zélé et un champion des plus dévoués dans le célèbre Euler, qui se mit au service de ses ressentiments avec plus de passion que de prudence, et ne contribua pas peu à entraîner l'Académie [2].

L'auteur de l'*Essai de Cosmologie*, tout en soufflant le feu, ne demandait pas mieux que de se donner des airs de générosité et de mansuétude. Le matin même de l'arrêt, il adressait au curateur de Keith une lettre où il déclarait qu'il ne désirait de Kœnig aucune réparation et où il priait l'Académie de s'en tenir uniquement à la vérification du fait [3]. Le jeudi 13 avril 1752, la compagnie se réunissait au nombre de vingt-deux membres [4]. Après lecture du rapport latin d'Euler, le curateur recueillit les voix qui furent unanimes contre

---

1. *Appel du jugement au public* (Leyde, 1753) p. 140, 141. Lettre de Maupertuis à Kœnig; Berlin, 23 décembre 1751.
2. *Journal des Savants* (mars 1868), p. 146, 147. *Euler et ses travaux*, par J. Bertrand.
3. *Jugement de l'Académie royale des sciences et belles-lettres*, p. 24. Lettre de Maupertuis adressée au curateur de Keith.
4. *Ibid.*, p. 23. Dans le protocole de l'assemblée, l'on trouve vingt-quatre académiciens ; mais les deux derniers étaient des étrangers, Hesse et Herzel.

le bibliothécaire de la princesse d'Orange. L'Académie déclarait que le passage produit par Kœnig dans les *Acta Eruditorum* de Leipsig, comme faisant partie d'une lettre de Leibnitz, écrite en français à M. Hermann, portait des caractères évidents de fausseté, et que, par conséquent, les conclusions que M. Euler avait tirées de son rapport devaient être censées justes et valables dans toute la force des termes où elles étaient exprimées. Seulement, en considération des instances de son président, elle n'avait pas voulu pousser les choses plus loin, « et étendre sa délibération jusqu'au procédé de Mr. Kœnig dans cette occasion, et à la manière dont elle seroit autorisée à agir relativement à ce procédé[1]. »

Tout se menait et se dénouait à ces époques bénies avec une lenteur qu'il faut sans doute attribuer à la difficulté des communications et des rapports, bien que l'habitude d'attendre son heure et de digérer ses projets dût aussi y entrer pour quelque chose. Soit incertitude, soit flegme germanique, Kœnig avait, durant l'enquête provoquée contre lui par Maupertuis, pris son temps pour répondre et se défendre; et ce n'est que le 6 mai qu'il écrit à Formey pour réclamer com-

---

1. *Jugement de l'Académie royale des sciences et belles-lettres*, p. 25, 26. S'il fallait en croire la partie adversaire, non-seulement cette unanimité était chimérique, mais encore la séance ne fut qu'un long scandale. Malgré la pression qu'on exerçait et qui paralysait toute idée de résistance, il y eut des protestations, et le vote fut moins obtenu qu'escamoté : tout cela est des plus circonstancié. On serait assez empêché, à l'heure qu'il est, dans ces récits divergents, de discerner la vérité de l'exagération et du mensonge. *Extrait d'une lettre d'un académicien de Berlin à un membre de la Société royale de Londres*, p. 5, 6, 7.

munication de l'arrêt lancé contre lui. Il est vrai qu'il semble, même alors, n'en avoir eu connaissance que par la rumeur publique. Formey lui répond qu'il trouve sa demande de toute justice, et qu'il ne doute pas que ce ne soit aussi l'avis de l'Académie ; mais, comme elle était en féries, sa requête ne pouvait lui être soumise que le 8 juin, jour de sa première assemblée ordinaire[1]. Le jugement, du reste, fut rendu public quelques jours après, et Kœnig en apprit le contenu, comme tout le monde, par l'arrêt imprimé. Il ne pouvait, sans déshonneur, courber le front sous cette sentence flétrissante ; il écrivit au secrétaire perpétuel, dans les termes les plus modérés, les moins amers en apparence, pour lui annoncer le renvoi de sa patente de membre de l'Académie de Berlin[2]. Au fond, il était plein du ressentiment de l'outrage qu'il venait de subir : c'était, lui aussi, un esprit têtu, rempli d'orgueil, qu'il ne fallait pas blesser, et il n'avait pas besoin d'être poussé dans cette voie de représailles dans laquelle il s'élança en homme qui n'avait plus rien à ménager. Les spéculations métaphysiques et scientifiques ne transforment pas tellement ceux qui y vouent leur vie, qu'ils ne restent hommes au moins par la vanité, par un besoin inextinguible de renommée et de célébrité. On a fait et on ferait encore de gros volumes des disputes qui ont été l'humiliation et le scandale de la philosophie et des lettres. C'est toujours

---

1. *Jugement de l'Académie royale des sciences et belles-lettres*, p. 160, 161. Lettre de Formey à Kœnig ; du 16 mai 1752.

2. *Ibid.*, p. 161. Lettre de Kœnig à Formey ; la Haye, le 18 juin 1752.

la recherche de la vérité qui précipite dans l'arène ; mais l'on s'échappe vite par la tangente, et ce qui semblait n'être qu'une question de doctrine et de pure abstraction se change tout aussitôt en une question d'amour-propre aveugle et sauvage.

Ce serait sans doute ici le lieu de reproduire le fragment incriminé et de rechercher jusqu'à quel point Maupertuis était fondé à y reconnaître une inculpation sournoise et perfide de plagiat[1]. Mais fort probablement nous saurait-on un mince gré d'insister à l'excès sur le détail d'une lutte dont le souvenir n'est resté vivant que grâce aux facéties et aux sanglantes moqueries du docteur Akakia. Cette lettre de Leibnitz était-elle ou n'était-elle pas l'œuvre d'un faussaire ? Kœnig répond qu'il fallait bien qu'il l'eût crue réelle, puisqu'il l'avait citée. On exigeait de lui de fournir la pièce autographe ; mais il ne l'avait jamais eue, et il l'avait déclaré ingénument à Maupertuis, aussitôt que celui-ci s'en était enquis auprès de lui. Était-on beaucoup plus fondé à soupçonner sa bonne foi que celle des historiens, antiquaires, voyageurs, physiciens, qui, le plus souvent, seraient fort embarrassés si l'on se refusait à les croire sur parole ? De quoi Maupertuis l'accuse-t-il ? D'avoir essayé de lui enlever, au profit de Leibnitz, le mérite et le bénéfice de sa théorie ? Sa réponse et sa défense seront aisées ; non-seulement lui, Kœnig, nie que le fragment contienne le principe en question,

---

1. Kœnig n'avait cité qu'un fragment de la lettre de Leibnitz, dans les *Nova acta Eruditorum* de Leipzick (mars 1751), p. 176. Il la reproduisit *in extenso* dans l'*Appel au public du jugement de l'Académie royale de Berlin*, appendice, p. 42-48.

mais encore il soutient qu'il dit le contaire. Et quelle apparence qu'il ait voulu, dans l'unique but de donner un vernis de plagiat à M. Maupertuis, sacrifier la gloire de Leibnitz, dont on le prétend idolâtre [1] !

> Ame vivante, s'écrie-t-il dans son *Appel*, ne croira que sa sublime théorie soit un vol fait à M. *de Leibnitz*. La gloire lui en est assurée, elle passera à la postérité, jamais *Leibnitz* n'y prétendra rien. Il est vrai que ce grand homme et quelques autres savans illustres [2] réclameront au premier jour les deux seules choses qui soient vraies dans cette théorie incomparable ; mais le célèbre académicien aura encore de quoi se consoler à titre d'homme à découvertes ; la plus grande partie, tout ce qui est faux, lui en demeurera.

Kœnig, s'il a contre lui les puissances, n'est pas pour cela isolé et réduit à ses propres forces. Il a des amis, il a pour lui surtout les ennemis que s'est faits Maupertuis, et ceux-là, par leur nombre, peuvent contrebalancer les soutiens officiels de l'adversaire. Les libelles, les facéties pleuvent sous toutes les formes ; et l'heure est proche, si elle n'a pas sonné, de l'entrée dans la lice d'un terrible jouteur qui, en dépit du masque sous lequel il se cache, se révélait aussitôt par l'habileté de l'attaque et la sûreté des coups. A en croire Voltaire, toute cette querelle lui parvint confusément, comme ces bruits qui nous viennent d'une rive à l'autre. Il écrivait à sa nièce, à la date du 22 mai : « Je ne suis pas encore bien informé des détails de ce commencement de guerre. Je ne sors point

---

[1]. Malebranche, S'Gravesande, Engelhard et Wolf.
[2]. *Appel au public du jugement de l'Académie royale de Berlin* (2ᵉ édit., Leyde, 1853), p. 29, 30.

de Potsdam. Maupertuis est à Berlin, malade, pour avoir bu un peu trop d'eau-de-vie, que les gens de son pays ne haïssent pas[1]. Il me porte cependant tous les coups fourrés qu'il peut, et j'ai peur qu'il ne me fasse plus de tort qu'à Kœnig. Un faux rapport, un mot jeté à propos, qui circule, qui va à l'oreille du roi, et qui reste dans son cœur, est une arme contre laquelle il n'y a souvent point de bouclier[2]. » Ces insinuations sont vagues ; Voltaire se plaint des mauvais procédés, des souterrains de Maupertuis, sans autres explications. La poste n'était rien moins que fidèle en Prusse comme en France, et il y eût eu de l'ingénuité à s'étendre en toute franchise sur certaines matières et à l'endroit de certains personnages. Aussi le poëte avait-il pris le sage mais peu commode parti de n'écrire que par des voies sûres, « qui sont rares. » Dans une autre lettre à madame Denis, il sera moins sibyllin, et parlera plus clairement. « Voici mon état : Maupertuis a fait discrètement courir le bruit que je trouvais les ouvrages du roi fort mauvais ; il m'accuse de conspirer contre une puissance dangereuse, qui est l'amour-propre ; il débite secondement que le roi m'ayant envoyé de ses vers à corriger, j'avais répondu :

1. Maupertuis, en effet, n'était que trop enclin à abuser de l'eau-de-vie et des liqueurs fortes. Frédéric écrivait au président de son Académie, vers ce même temps : « Il ne vous manque que de la santé pour jouir de votre gloire ; un peu de rogom de moins, un peu plus de diète et vous guérirai... » Et, dans la lettre suivante : « Plus de rogom, plus de caffé, et avec le tems et la sobriété vous vous rétablirai... » Cabinet de M. Feuillet de Conches, *Lettres originales du Grand Frédéric à Maupertuis*, t. I, n°[s] 62 et 63.

2. Voltaire, *OEuvres complètes* (Beuchot), t. LVI, p. 97, 98. Lettre de Voltaire à madame Denis; Potsdam, le 22 mai 1752.

« Ne se lassera-t-il point de m'envoyer son linge sale à « blanchir? » Il tient cet étrange discours à l'oreille de dix ou douze personnes, en leur recommandant bien à toutes le secret. Enfin je crois m'apercevoir que le roi a été à la fin dans la confidence[1].... »

Si l'accusation est fondée, Maupertuis jouait là le plus méchant rôle. Mais encore, était-ce de sa part diffamation ou invention pure? Franchement, cette saillie est trop dans l'humeur et dans l'esprit de Voltaire pour qu'elle lui ait été prêtée. Quoi qu'il dise et se récrie, on ne le calomnie pas. On brode, on amplifie tout au plus; quant au fond, il lui appartient bien, et ce sera le corrollaire de l'*écorce d'orange*. Il reviendra plus d'une fois sur cette pretendue perfidie de l'illustre président : « Maupertuis eut soin de répandre à la cour, qu'un jour le général Manstein étant dans la chambre de Voltaire, où celui-ci mettait en français les *Mémoires sur la Russie*, composés par cet officier, le roi lui envoya une pièce de vers de sa façon à examiner, et que Voltaire dit à Manstein : « Mon ami, à « une autre fois. Voilà le roi qui m'envoie son linge « sale à blanchir; je blanchirai le vôtre ensuite[2]. » Depuis longtemps, l'on se nuisait le plus qu'on pouvait, n'y épargnant pas sa peine, et saisissant la moindre occasion qui s'offrait. Voltaire prétend aussi que Mau-

---

1. Voltaire, *OEuvres complètes* (Beuchot), t. LVI, p. 131, 132. Lettre de Voltaire à madame Denis; à Potsdam, le 24 juillet 1752.
2. *Ibid.*, t. XLVIII, p. 353, 354. Commentaire historique, t. LVIII, p. 49. Lettre de Voltaire à Formey; au château de Tournay, 3 mars 1759. — L'abbé Denina, *La Prusse littéraire sous Frédéric II* (Berlin, 1790), t. II, p. 454. — Collini, *Mon séjour auprès de Voltaire* (Paris, 1807), p. 44.

pertuis, lors de la mort de La Mettrie, lui avait fait dire que la charge d'athée du roi était vacante. « Cette calomnie ne réussit pas; mais il ajouta ensuite que je trouvais les vers du roi mauvais, et cela réussit[1]. »
Ce qui ressort de ces accusations plus ou moins sérieuses, c'est qu'on se haïssait, c'est que l'on voulait se faire le plus de mal qu'on pourrait, c'est que tous les moyens paraissaient bons pour préparer et hâter la perte d'un rival. Il ne faut pas chercher à expliquer autrement l'intervention de Voltaire dans les affaires d'un homme contre lequel il eût dû conserver, ce semble, quelque levain, non pas qu'il eût eu personnellement à se plaindre de lui, mais pour ses procédés peu louables à l'égard de madame du Châtelet. Disons, toutefois, qu'avant les mauvais offices réciproques entre le président et l'auteur de la *Henriade*, le poëte avait reçu Kœnig en ami à son arrivée à Berlin, (septembre 1750); et nous lui avons vu, on se le rappelle, faire passer à lui et à Formey des billets pour la représentation au château de *Rome sauvée*.

Si, à certaines rumeurs sourdes, à l'empressement qu'on mettait à répandre les petits lardons publiés dans les feuilles de Leipzig et de Hambourg, Maupertuis avait été à même de se convaincre qu'il avait plus d'un envieux et d'un ennemi, il avait pu sans trop d'efforts affronter avec un flegme dédaigneux des attaques qui ne s'élevaient point jusqu'à son olympe. Mais il est arraché à cette sérénité, plus apparente que

---

1. Voltaire, *OEuvres complètes* (Beuchot), t. XL, p. 89. Mémoires pour servir à la vie de M. de Voltaire, écrits par lui-même.

réelle, par une prétendue *Réponse d'un académicien de Berlin à un académicien de Paris*, petit écrit anonyme où se trouvaient condensées, en deux pages, les charges les plus graves, les accusations les plus sérieuses[1]. C'est uniment l'historique de ce qui s'est passé entre le président et le bibliothécaire de la princesse d'Orange, historique très-catégorique où sont mis en relief l'infériorité, la mauvaise foi, le despotisme, les menées odieuses de l'auteur de l'*Essai de Cosmologie* pour perdre un savant modeste, dont le crime unique avait été de ne point partager ses idées. Là, pas la moindre moquerie, le moindre sarcasme. Pas une phrase, pas un mot de trop; mais un ton modéré dans l'attaque qui donnait confiance, et une telle précision dans l'énumération des faits, qu'il semblait aussi impossible de les nier que d'en atténuer la force. La *Réponse d'un académicien de Berlin*, ce premier coup porté par l'ennemi, un ennemi inconnu, est du 18 septembre. Quelques jours après, Kœnig lançait lui-même l'*Appel au public*, formidable factum, divisé en trois parties : d'abord l'origine de la controverse entre Maupertuis et lui, puis des remarques littéraires sur le fragment dont ce dernier contestait l'authenticité, et enfin l'examen des droits de l'Académie et de la conduite de ses membres. Si le professeur de la Haye avait pris son temps, son mémoire avait tous les mérites d'une œuvre mûrement rêvée et méditée; et, quelque mépris qu'affecteront les amis de Maupertuis, c'est un modèle

---

[1]. Voltaire, *OEuvres complètes* (Beuchot), t. LVI, p. 181, 182, 183; à Berlin, le 18 septembre 1752.

de logique et d'argumentation pressée, et aussi d'ironie et d'amer sarcasme. Mais l'on ne s'attend guère à de la modération et à des procédés chevaleresques de la part d'un homme poussé aux extrémités, et qui n'a plus rien à ménager. Aussi, ne ménage-t-il personne, pas plus l'Académie que son président, du moins cette fraction de l'Académie au peu de fermeté de laquelle avait été arraché cet arrêt inique.

On comprend l'effet d'une pareille bombe au sein du camp ennemi. Voltaire, dans sa lettre du 1er octobre, à madame Denis, s'exprimait ainsi sur le pamphlet du professeur de La Haye : « Je vous envoie hardiment l'*Appel au public*, de Kœnig. Vous lirez avec plaisir l'histoire du procédé. Cet ouvrage est parfaitement bien fait ; l'innocence et la raison y sont victorieuses. Paris pensera comme l'Allemagne et la Hollande. » Nous n'eussions pas été fort éloigné de croire que cet *Appel*, dont il fait un si grand éloge, lui eût été antérieurement communiqué, et qu'il ne se fût pas borné à en dire son avis. Grave erreur. Voltaire s'était si peu mêlé à toutes ces chiffonneries, qu'il n'en savait point le premier mot ; et il ne se fût pas imaginé, dans la naïveté de son cœur, après la sentence de l'Académie, que Maupertuis pût ne pas avoir raison. « J'ai lu, monsieur, mandait-il à Kœnig, le 17 novembre, votre *Appel au public*, que vous avez eu la bonté de m'envoyer, et je suis revenu sur le champ du préjugé que j'avais contre vous. Je n'avais point été du nombre de ceux qu'on avait constitués vos juges, ayant passé tout l'été à Potsdam ; mais je vous avoue que, sur l'exposé de M. de Maupertuis, et sur le jugement prononcé en conséquence, j'étais entièrement contre votre procédé. » Qui prétendait donc que la *Réponse d'un académicien de Berlin à un académicien de Paris* était de Voltaire, cet exposé si net, si renseigné de la querelle des deux savants? Mais cet *Appel* lui a ouvert les yeux, comme au public : quiconque l'a lu a dû être convaincu de la parfaite innocence de son auteur et des infâmes procédés de Maupertuis. Toutefois encore, à l'égard de Maupertuis, y a-t-il lieu à certaines réserves. « J'étais plein de ma surprise, ajoute-t-il, et de mon indignation, ainsi que tous ceux qui ont lu votre *Appel;* mais l'une et l'autre cessent dans ce moment-ci. On m'apporte un volume de lettres[1] que Maupertuis a fait imprimer il y a un mois : je ne peux plus que le plaindre; il n'y a plus à se fâcher[2]. » On se doute bien que cette épître n'était pas de simple politesse et que Kœnig, au moins tacitement, était parfaitement autorisé à user d'elle à sa plus grande convenance.

Maupertuis, assez gravement malade et se sentant complétement incapable d'aucune œuvre suivie, mais ne pouvant davantage rester l'esprit oisif, l'intelligence inactive, s'était avisé de composer des lettres sur tous les sujets, selon l'inspiration du moment, probablement aussi, et c'est leur excuse, dans cette surexcitation que donne l'ardeur de la fièvre. Le petit avertissement qu'il met en tête de la première n'est

---

1. « On m'apporte » est une façon de dire. Dans sa lettre du 1er novembre à madame Denis, dix-sept jours auparavant, Voltaire parle des lettres de Maupertuis en homme qui les sait par cœur.
2. Voltaire, *OEuvres complètes* (Beuchot). t. LVI, p. 227. Lettre de Voltaire à Kœnig; le 17 novembre 1752.

pas rassurant : « Je m'affranchis d'une gêne à laquelle je n'aurois pu me soumettre : je ne suivrai aucun ordre; je parcourrai les sujets comme ils se présenteront à mon esprit; je me permettrai peut-être jusqu'aux contradictions; je dirai sur chaque sujet ce que je pense au moment où j'écris ; et quelles sont les choses sur lesquelles on doive toujours penser de la même manière [1] ! » Ces lettres, au nombre de vingt-trois, sont ce qu'il y a de plus étrange, de plus fou; les paradoxes les plus hétéroclites s'y donnent la main. Ainsi, il nous dira que l'âme, qui, à l'état ordinaire, voit le présent, pourrait dans un état plus exalté voir aussi nettement l'avenir que le passé. Puis, à propos de la durée de la vie, il prétendra gravement qu'un moyen d'en étendre les bornes serait de ralentir la végétation de nos corps [2]; il voudrait ailleurs que l'on creusât un trou gigantesque pour pénétrer dans l'intérieur de la terre; il voudrait aussi que l'on fît sauter une pyramide d'Égypte pour être édifié, une bonne fois, sur ce que recèlent ces prodigieuses et mystérieuses constructions : « L'usage de la poudre rendrait aujourd'hui facile le bouleversement total d'une de ces pyramides; et le Grand-Seigneur les abandonneroit sans peine à la moindre curiosité d'un roi de France. » L'on apprend lentement et l'on apprend mal la langue latine, cette langue de tous les peuples; pourquoi ne pas créer une ville latine, où l'on ne prêcherait, plaiderait,

---

1. Maupertuis, *OEuvres* (Lyon, 1768), t. II, p. 221. Lettre première.

2. *Ibid.*, t. II, p. 343, 345. Lettre XIX, *sur l'Art de prolonger la vie.*

joueraitla comédie qu'en latin? « La jeunesse qui viendroit de bien des pays de l'Europe dans cette ville, y apprendroit dans un an plus de latin qu'elle n'en apprend en cinq ou six ans dans les colléges[1]. » Il y a là tout un article sur les médecins, qui n'était pas de nature à les gagner et qui ne sera pas le thème le moins fécond à la plaisanterie impitoyable de Voltaire. Mais ce qui dépasse toute idée, c'est ce paragraphe relatif à l'utilité qu'on pourrait tirer du supplice des criminels et aux expériences auxquels ils devraient être soumis pour le grand profit de l'humanité.

Je verrois volontiers la vie des criminels servir à ces opérations, quelque peu qu'il y eût d'espérance d'y réussir : mais je croirois même qu'on pourroit sans scrupules l'exposer pour des connaissances d'une utilité plus éloignée. Peut-être feroit-on bien des découvertes sur cette merveilleuse union de l'âme et du corps, si l'on osoit en aller chercher les liens dans le cerveau d'un homme vivant. Qu'on ne se laisse point émouvoir par l'air de cruauté qu'on pourroit croire trouver ici ; un homme n'est rien, comparé à l'espèce humaine ; un criminel est encore moins que rien[2].

« Disséquer des cerveaux vivants, s'écrie avec une indignation trop explicable un écrivain de notre temps, pour prendre la pensée sur le fait, cela passe encore la barbarie de ces rois d'Égypte qui livraient au scalpel les criminels condamnés à mort, afin que la médecine pût mieux observer sur le vif le mouvement interne des organes et le jeu des nerfs[3]. Cette froide et

1. Maupertuis, OEuvres (Lyon, 1868), t. II, p. 396, 399. *Lettre sur le progrès des sciences.*
2. *Ibid.*, t. II, p. 410. Même lettre.
3. « Longe optime fecisse Herophilum et Erosistratum, qui nocen-

cruelle folie, écrite par Maupertuis, méritait à elle seule la *Diatribe du docteur Akakia*[1]. » Cela a quelque chose en effet d'ingénument odieux, qui dénote une sécheresse, une dureté de cœur peu communes. Mais, à ce qu'il paraît, la curiosité et la cruauté étaient inhérentes au sang des Maupertuis. Notre président avait un frère, l'abbé de Saint-Ellier, naturaliste et physicien, dont il vantait les connaissances et l'esprit, et qui mutilait les chats pour faire des expériences. La duchesse d'Aiguillon lui disait un jour : « Comment, vous qui aimez les chats, pouvez-vous avoir cette cruauté? — Madame, répondit-il, on a des sous-chats pour ces sortes d'épreuves[2]. »

Si ces lettres, curieuses par cette sorte de dévergondage dogmatique qui semble être le résultat d'une gageure, sont peu dignes par elles-mêmes d'attention, on ne saurait comprendre la plaisanterie de Voltaire, sa moquerie implacable, sans une rapide initiation à ces billevesées scientifiques. Ce que nous venons de dire y aidera un peu, et, nous en serons quitte, le cas échéant, pour joindre le commentaire à l'allusion. Le poëte annonçait l'apparition de ces étranges rêveries à madame Denis, à la date du premier octobre : « Au milieu de ces querelles, Maupertuis est devenu tout à fait fou. Vous n'i-

tes homines, a regibus ex carcere acceptos, vivos inciderint considerarint que, etiamnum spiritu remanente, ea quæ natura ante clausisset. » Cels., lib. I.

1. Villemain, *Tableau de la littérature au XVIIIe siècle* (Didier, 1852), t. II, p. 98, 99.
2. La Beaumelle, *Vie de Maupertuis* (Paris, Ledoyen, 1856), p. 60.

gnorez pas qu'il avait été enchaîné à Montpellier, dans un de ses accès [1], il y a une vingtaine d'années. Son mal lui a repris violemment ; il vient d'imprimer un livre où il prétend qu'on ne peut prouver l'existence de Dieu que par une formule d'algèbre ; que chacun peut prédire l'avenir en exaltant son âme ; qu'il faut aller aux terres Australes pour y disséquer des géants hauts de dix pieds, si on veut connaître la nature de l'entendement humain. Tout le livre est dans ce goût. Il l'a lu aux Berlinoises qui le trouvent admirable [2]. » Mais les caillettes de Berlin n'étaient pas seules à battre des mains. Convaincu ou non, Frédéric écrivait à l'auteur : « J'ai lu vos lettres, qui, malgré vos critiques sont bien faites et profondes ; je vous répète ce que je vous ai dit, metez votre esprit en repos, mon cher Maupertuis, et ne vous sousiez pas du bourdonnement des insectes de l'air. Votre réputation est trop bien établie pour être renversée au premier vent. Vous n'avez à apréhender que la mauvaise santé [3]... » L'il-

---

1. Voltaire fait également allusion à un séjour forcé de Maupertuis à Montpellier, dans l'*Akakia*. *OEuvres complètes* (Beuchot), t. XXXIX, p. 478.

2. Voltaire, *OEuvres complètes* (Beuchot.), t. LVI, p. 189, 190 Lettre de Voltaire à madame Denis ; à Potsdam, ce 1er octobre 1752.

3. Cabinet de M. Feuillet de Conches. *Lettres originales du grand Frédéric à Maupertuis*, t. 1, n° 66. Lettre du 5 novembre 1752. C'est ici le lieu de relever une assertion erronée du dernier éditeur de Frédéric. « Il est assez singulier cependant, remarque M. Preuss, que le roi n'ait pas eu avec Maupertuis de correspondance véritablement amicale, familière ou littéraire ; la plupart des lettres que nous avons lues se rapportent à l'administration de l'Académie ou à d'autres affaires semblables, et n'abordent jamais les sujets qui pourraient offrir un intérêt plus général. » *OEuvres de Frédéric le Grand*, t. XVII, p. 15. Avertissement de l'éditeur. Il existe, en réalité,

lustre président était, en effet, dans le plus triste état. Ces assauts, auxquels rien ne l'avait préparé, l'avaient comme atterré. Frédéric en eut pitié. Il chercha à relever cette âme abattue du mieux qu'il pût : c'était l'orgueil qui avait été atteint, c'était l'orgueil qu'il fallait soulager et consoler, qu'il fallait guérir; et il s'y emploie avec toute l'onction d'une affection véritable. « Ah! mon cher Maupertuis, lui disait-il dans une lettre antérieure (à la date du 18 octobre), où en sont réduits les gens de lettres s'ils ne peuvent descendre tranquilement dans leur fausse sans essuyer, tout malades qu'ils sont, les cris de l'envie et de la haine? »

Voltaire s'était bien gardé de mettre son attache à la *Réponse d'un académicien de Berlin*; mais l'incertitude ne dura guère, et bientôt nul n'ignora de quelle part elle venait, et Frédéric moins que personne. Piqué au jeu, enchanté peut-être, sous le voile de l'anonyme, de dire ses vérités, et de dures, à cet hôte remuant, l'auteur de l'*Anti-Machiavel*, en réponse à l'écrit anonyme, se préparait à lancer une *Lettre d'un*

deux gros volumes de lettres autographes de Frédéric à Maupertuis, de 1740 à 1755, où l'on rencontre tout ce que M. Preuss regrette de ne pas trouver, et qu'il ne faut pas confondre avec les lettres altérées, falsifiées par La Beaumelle, qui ont été jointes à la *Vie de Maupertuis*. Ce recueil est la propriété du savant et brillant auteur des *Causeries d'un curieux*, qui a bien voulu les mettre à notre disposition et nous y laisser puiser avec la même libéralité qu'il l'avait déjà fait pour les lettres inédites de madame du Châtelet à Saint-Lambert. Disons, toutefois, que La Beaumelle a enchâssé un certain nombre de lettres de ce recueil dans la *Vie de Maupertuis*, même sans trop y toucher, mais sans se soucier des dates, qui ont pourtant ici une importance capitale. Le fragment que nous venons de citer est dans ce cas.

académicien de Berlin à un académicien de Paris, qui ne devait pas médiocrement surprendre celui auquel elle s'adressait.

J'ai attendu, écrivait-il le 7 novembre, à Maupertuis, jusqu'ici dans le silence pour voir ce que feroit votre académie et s'il ne se trouveroit personne qui répondroit aux libelles qu'on a fait imprimer contre vous ; mais côme tout le monde est demeuré muet, j'ai éllevé la voix et je n'ai pas voulu qu'il soit dit qu'un hôme de mérite fût affronté impunément. Je crois qu'on auroit pu répondre mieux que je ne le faits, et qu'il y auroit beaucoup de choses à dire qui me sont échapées ; cependant j'ai crû que les sentimens que je fais paroître pour vous ne vous seroient peut-être pas désagréables. Je vous envoie mon manuscrit, on l'imprime actuellement. Si je suis impuissant à vous rendre la santé, du moins ai-je assez de pénétration pour connoître votre mérite et de le défandre au défaux de quelqu'un qui fit mieux que moy [1].

L'impression était terminée le 11, et le prince prévenait tout aussitôt Maupertuis qu'il avait fait dire au libraire d'envoyer des exemplaires en Hollande, en France, dans l'Empire et partout, « affin qu'on ne croye pas que les gens vertueux attaquez demeurent sans défenseurs [2]. »

---

1. Cabinet de M. Feuillet de Conches, *Lettres originales du Grand Frédéric à Maupertuis*, t. I, n° 69 ; du 7 novembre 1752.

2. *Ibid.*, t. I, n° 70 ; 11 novembre 1752. — Reproduite par La Beaumelle dans la *Vie de Maupertuis*, mais sans date, p. 172.

VIII

DIATRIBE DU DOCTEUR AKAKIA. — BRULÉE PAR LA MAIN
DU BOURREAU. — DISGRACE DE VOLTAIRE.

Cette réponse de Frédéric n'est pas un chef-d'œuvre. Elle est emphatique, elle manque de cette concision qu'il avait dans l'esprit et qui se rencontre dans tout ce qu'il écrit; et c'était avec une tout autre plume qu'il fallait entrer en lutte avec un tel adversaire.

Il faut, s'écrie l'auguste anonyme, qu'il soit clair aux yeux de toutes les nations qu'il n'y a point parmi nous de fils assez dénaturé pour lever le bras contre son père, ni d'académiciens assez vils pour se rendre l'organe mercenaire des fureurs d'un envieux. Non, monsieur, nous rendons tous à notre président le tribut d'admiration qu'on doit à sa science et à son caractère; nous osons même nous l'approprier, nous le revendiquons à la France. Il jouit chez nous pendant sa vie de la gloire qu'Homère eut longtemps après sa mort : les villes de Berlin et de Saint-Malo se disputent la quelle des deux est sa véritable patrie ; nous regardons son mérite comme le nôtre, sa science comme donnant la plus grande splendeur à notre académie, ses travaux comme des ouvrages dont toute l'utilité nous revient, sa réputation comme celle du corps, et son caractère comme le modèle de celui d'un honnête homme et d'un véritable philosophe.

Maupertuis assimilé à Homère; Berlin et Saint-Malo faisant pour le premier ce que firent jadis pour le chantre d'Achille, non pas sept, mais dix-neuf villes de la Grèce! Il n'y avait que Maupertuis qui pût penser cela de Maupertuis. L'éloge continue, à peu près sur ce ton, et entre dans le détail de ce dont lui sont redevables et l'Académie et même la Prusse. Les services sont incontestables; Maupertuis avait rendu l'être à un cadavre, il avait attiré à Berlin nombre d'érudits et de lettrés, tous plus ou moins recommandables par leurs connaissances et leurs travaux. Si son despotisme était âpre, les corps savants, pas plus que les autres, et moins peut-être, ne peuvent vivre et durer sans une ferme discipline, sans une direction et une autorité qui imposent, sans un chef, enfin, qui tienne le rênes d'une main puissante. Avec ses allures de commandement, Maupertuis était l'homme indispensable à l'assemblée renaissante, et Frédéric le sentit si bien que non seulement dans ce débat scandaleux il mit à sa disposition tous les moyens d'influence à l'étranger comme à l'intérieur, mais qu'il voulut, par un acte personnel, apprendre à ses ennemis qu'il faisait de la querelle de son président la sienne propre. N'attribuons pas à autre chose la singulière pièce que nous analysons ici. Voltaire se plaint de ce que Frédéric taxe les partisans du professeur de la Haye d'envieux, de sots, de malhonnêtes gens; et il atténue plus qu'il n'exagère. L'auteur de la *Lettre* appelle un chat un chat, et ne mâchera pas ses expressions. Il dira de Voltaire spécialement : « L'un de ces misérables, sous le nom d'un académicien de Berlin, a fait imprimer un libelle infâme dans lequel il traite M. de Maupertuis comme un homme sans jugement peut parler d'un inconnu, ou comme les imposteurs les plus effrontés ont coutume de calomnier la vertu. » Ce début promet, et on peut tout attendre sur ces prémisses.

Notre prétendu académicien, poursuit le champion de Maupertuis, après avoir débité des mensonges aussi manifestes que ceux que j'ai rapportés plus haut, ne s'arrête pas en si beau chemin ; et comme si son effronterie s'accroissait à mesure qu'il répand son venin, il assure que M. de Maupertuis deshonore notre académie. Pour celui-là, je ne m'y attendais pas. Les anciens ont avec bien de la sagesse appelé les méchants des furieux, à cause que la méchanceté est une espèce de délire qui égare la raison. Ce faiseur de libelles sans génie, cet ennemi méprisable d'un homme d'un rare mérite, n'a-t-il pu trouver d'autre calomnie plus apparente dans la stérilité de son imagination qu'un disparate semblable? n'a-t-il pas compris qu'un crime utile étant révoltant, un crime inutile devient le comble de l'infamie? Une grossièreté aussi plate, une proposition aussi absurde ne mérite en vérité pas de réponse...

Je ne plains pas notre président; il a de commun avec tous les grands hommes d'avoir été envié, et d'avoir réduit ses ennemis à inventer contre lui des absurdités. Mais je plains ces malheureux écrivains qui s'abandonnent insensiblement à leurs passions, et que leur méchanceté aveugle au point de trahir en même temps leur frivolité, leur scélératesse, leur ignorance...

Vous voyez comme les ennemis de M. de Maupertuis se sont trompés. Ils ont pris l'envie pour l'émulation, leurs calomnies pour des vérités, le désir de perdre un homme pour sa ruine réelle, l'espérance de le réduire au désespoir pour la fin désastreuse de sa vie, et leur folie pour la méchanceté la mieux ourdie. Qu'ils apprennent enfin qu'ils se sont abusés dans leur dessein et dans leurs conjectures, et que, s'il y a des gens assez lâches pour oser calomnier de grands hommes, il s'en trouve encore d'assez vertueux pour les défendre [1].

On ne sut pas tout d'abord quel était le coupable. « Les journalistes d'Allemagne, qui ne se doutaient

---

1. *OEuvres de Frédéric le Grand* (Berlin, Preuss.), t, XV, p. 60, 64. Lettre d'un académicien de Berlin à un académicien de Paris.

guère qu'un monarque qui a gagné des batailles fût l'auteur d'un tel ouvrage, en ont parlé librement comme de l'essai d'un écolier qui ne sait pas un mot de la question¹. » Mais une seconde édition ayant paru à Berlin, avec l'aigle de Prusse, une couronne, un sceptre en tête du titre, on ne put dès lors douter d'où partait le coup. Cela étonna bien tout le monde, à commencer par Voltaire, qui eut un instant de stupeur. En somme, cet écrit anonyme ne faisait que répliquer à un écrit anonyme; et n'était-il pas, lui, complétement étranger à tout cela? C'est à peine si le bruit de cette dispute scandaleuse est arrivé jusqu'à lui. « J'ai d'autant plus sujet de me plaindre de lui, écrit-il à La Condamine en parlant de Maupertuis, le 12 octobre, que j'ai fait tout ce que j'ai pu pour adoucir la férocité de son caractère. Je n'en suis pas venu à bout. Je l'abandonne à lui-même; mais, encore une fois, je n'entre pour rien dans les querelles qu'il se fait et dans les critiques qu'il essuie²... » Remarquez la date de cette lettre, écrite guère moins d'un mois après la *Réponse d'un académicien de Berlin à un académicien de Paris*. Et ce n'est pas sa seule protestation de ce genre. Il veut se tenir à l'écart de ces tristes débats; il est à Potsdam souffreteux, impotent, et s'inquiète peu de ce qui se passe à Berlin. Disons, à titre de palliatif, qu'il s'adressait à un ami de Maupertuis, également le sien, et qu'il tenait à écarter tout ce qui

---

1. Voltaire, *OEuvres complètes* (Beuchot), t. LVI, p. 205. Lettre de Voltaire à madame Denis; à Potsdam, ce 15 octobre 1752.
2. *Ibid.*, t. LVI, p. 200. Lettre de Voltaire à La Condamine; le 12 octobre 1752.

eût pu jeter entre eux quelque refroidissement [1]. Il est plus sincère avec sa nièce, à laquelle il ne cache point ces petites menées et la part qu'il a prise à ce remue-ménage. « Je me trouve malheureusement auteur aussi, et dans un parti contraire. Je n'ai point de sceptre, mais j'ai une plume; et j'avais, je ne sais comment, taillé cette plume de façon qu'elle a tourné un peu Platon en ridicule sur ses géants, sur ses prédictions, sur ses dissections, sur son impertinente querelle avec Kœnig. La raillerie est innocente; mais je ne savais pas alors que je tirais sur les plaisirs du roi. L'aventure est malheureuse. J'ai affaire à l'amour-propre et au pouvoir despotique, deux êtres bien dangereux [2]. »

On en convient donc, on a tourné un peu Platon en ridicule. Cette petite débauche de plume, dont on s'accuse, ne se borne pas à la *Réponse d'un académicien de Berlin à un académicien de Paris;* car, là, il n'est question ni de géants, ni de pyramides, ni de ville latine; et Voltaire fait sûrement allusion à un Examen des *OEuvres de Maupertuis*, qui venait de pa-

[1]. Il n'y réussit point, et La Condamine n'hésita pas à se ranger du côté de son ancien confrère de l'Académie des sciences. Son jugement sur Voltaire est sévère, et nous apprend qu'il n'a que peu d'illusions sur le caractère du poëte. « ... Tout cela, dit-il à la fin d'une lettre qui doit être du 23 mars 1753 et dont nous ignorons le destinataire, ne diminue rien de la justice que je rendrai toujours à ses talens, à son esprit, à son génie. Je trouve seulement qu'il console trop ceux qui se sentent blessés de sa supériorité; je l'ai toujours reconnue avec plaisir et je n'ai regret que d'être obligé de restreindre mes sentimens pour lui à ceux de l'admiration. » Charavay, *Catalogue d'autographes*, du 10 décembre 1855, p. 59, n° 542.

[2]. Voltaire, *OEuvres complètes* (Beuchot), t. LVI, p. 206. Lettre de Voltaire à madame Denis; à Potsdam, ce 15 octobre 1752.

raître à Dresde dans la *Bibliothèque raisonnée*[1], sans nom d'auteur, mais incontestablement de lui[2]. Cet article est curieux ; il annonce la *Diatribe* et contient en germe, bien que sous une forme sérieuse et anodine, toutes les plaisanteries de l'*Akakia*.

Cette vive sortie de Frédéric était bien faite pour rendre le courage à Maupertuis et aux siens. Euler s'arme de nouveau ; et, au *post-scriptum* d'une lettre adressée à M. Mérian, une des créatures de l'illustre président, il se fait fort de couler à fond tout cet échafaudage de faits controuvés[3]. Maupertuis, enchanté, dépêche aussitôt à son ami une lettre qu'il ne faut pas distraire du dossier et qui, en réalité, s'adressait encore

---

1. *Bibliothèque raisonnée*, article X, p. 158 ; mois de juillet, août et septembre 1752.

2. Voltaire, *OEuvres complètes* (Beuchot), t. XXXIX, p. 439 à 453. L'abbé Sepher affirme d'ailleurs que cette pièce est de Voltaire, et Pidansat de Mairobert l'avait jointe aux autres morceaux dont il publia l'ensemble sous le titre de la *Querelle de M. de Voltaire et de M. de Maupertuis*, (1753); mais Beuchot est le premier éditeur qui l'ait admise dans les OEuvres. Il faut dire, en outre, que Maupertuis, en même temps qu'il enrichissait l'édition de Dresde de ces étranges thèses, reproduisait la *Lettre sur le progrès des sciences*, dans le petit volume de lettres dont le poëte devait faire la fortune ; cela était à indiquer, et explique la maligne allusion de Voltaire, que l'on trouvera plus loin, sur un double emploi dont l'auteur et les libraires avaient plus à se louer que le lecteur, t. XXXIX, p. 475. La *Lettre sur le progrès des sciences* était annoncée déjà dans la *Gazette d'Utrecht* du mardi 23 mai 1752 (n° XLVIII), supplément.

3. *Lettres concernant le jugement de l'Académie*, p. 3 à 26. Lettre de M. Euler à M. Mérian; à Berlin, le 3 septembre. Nous croyons peu à cette date ; en tout cas, ces lettres ne devaient être rendues publiques que plus de deux mois après, puisque Frédéric ne lança sa défense de Maupertuis que parce qu'aucune voix ne s'élevait en faveur de l'illustre opprimé, comme il le dit dans sa lettre du 7 novembre.

plus au public qu'à Euler. Il avait à démentir certains bruits qui ne lui faisaient point honneur. On prétendait qu'il avait écrit à la gouvernante des Provinces-Unies et à la cour de Brunswick, pour ôter au bibliothécaire de la princesse tous moyens de se justifier [1]. Il s'était borné à prier S. A. R. de le mettre désormais à couvert des attaques de Kœnig et d'imposer silence à ce dernier sur ce qui pouvait le toucher [2]. C'était déjà trop ; et l'on a mauvaise grâce (cela soit à l'adresse de Voltaire comme de Maupertuis) d'user de son crédit pour éteindre la voix d'un homme sur la tête duquel on a provoqué une enquête et un arrêt.

En somme, toutes ces attaques touchent peu Maupertuis : la lettre de Leibnitz, fût-elle aussi réelle qu'elle est incontestablement fabriquée, « j'aurai toujours l'avantage, riposte-t-il, de m'être servi plus heureusement que lui d'un instrument qu'il avait sous la main, comme je l'ai déjà dit dans la préface de ma *Cosmologie*. » A la bonne heure! et notre président envisagerait tout cela comme ne le considérant point, sans une « accusation odieuse » qu'il n'avait pas le droit d'accueillir par un dédaigneux silence :

Je suis dans une assez parfaite indifférence sur la découverte du principe de la moindre quantité d'action, ou sur l'usage que j'en ai fait. Je ne suis pas plus ému des termes indécens dont se sert M. Kœnig. Je ne serois pas si tranquille sur un autre article de son *Appel*, s'il avoit le moindre fondement. Il

---

1. *Lettre de M. le marquis de L** N** à la marquise A** G*** sur le procès intenté par M. de Maupertuis contre M. Kœnig (Londres, 1752), p. 38.
2. *Lettres concernant le jugement de l'Académie*, p. 28, 29. Lettre de M. de Maupertuis à M. Euler.

veut me faire soupçonner d'irréligion, parce que j'ai révoqué en doute l'authenticité de la lettre qu'il citoit. Qu'il critique tant qu'il voudra mes ouvrages; je ne désire ni son approbation ni son estime : mais qu'il veuille conclure des règles de logique dont je me sers, que je manque de persuasion pour les vérités que la religion nous enseigne; c'est une accusation odieuse, qui fait voir à quoi il est reduit [1].

On sent là l'affectation, une sorte d'indignation factice, dont l'exagération saute aux yeux ; et d'ailleurs, c'était torturer la phrase de Kœnig et changer l'intention de celui-ci, qui prétendait uniquement démontrer qu'en repoussant étroitement toute assertion dépourvue de témoignages directs, l'on se condamnait, par une logique inflexible, à un scepticisme absolu. Voici les propres paroles du professeur de la Haye : « Plus de copies manuscrites qui puissent remplacer les originaux et rafermir la foi chancelante, dès qu'elle ne sera pas accompagnée de la vüe. Est-ce ainsi que Mr. de *Maupertuis* a prouvé lui-même tout ce qu'il a raconté au public des *Lapons* et de la *Laponie?* Et si désormais il n'accorde sa créance aux faits historiques, qu'autant qu'on lui met sous les yeux, non les copies, mais les originaux des documens qui y servent de preuves, n'aura-t-on pas sujet de s'allarmer pour sa religion, dans l'impossibilité où l'on se trouve de lui produire les originaux des livres sacrés [2] ? » Cette capucinade avait, en outre, le tort de n'être pas sincère ; n'accusons pas Maupertuis d'hypocrisie. Avant tout, il fallait être

---

1. *Lettres concernant le jugement de l'Académie*, p. 32, 33. Lettre de Maupertuis à Euler.
2. *Appel au public du jugement de l'Académie de Berlin* (seconde édit. Leyde, 1753), p. 85.

singulier, ne ressembler en rien au milieu dans lequel on se trouvait : à Paris, il avait été esprit fort; au sein d'incrédules et d'athées, il y avait bon air à afficher des sentiments religieux, une orthodoxie auxquels, du reste, ne se méprenaient point ceux qui vivaient dans son intimité. Citons les lignes suivantes de Formey; elles sont d'un ami peu suspect, qui sait son Maupertuis par cœur, et ne pouvait avoir, par état comme par affection, nulle raison de révoquer en doute la religion de l'auteur de la *Vénus physique*.

M. de M. avoit été en France esprit-fort déclaré, et connu pour tel. Quand il fut domicilié à Berlin, il se jetta, ou parut se jetter dans la dévotion, à laquelle cependant plusieurs de ses démarches n'étoient pas fort assortissantes... Cette dévotion étoit probablement destinée à prendre le contrepied du ton régnant, ce qui lui attiroit des sarcasmes, surtout de la part de *Voltaire*. Un jour M. parlant, à la table du roi, de la pentecôte, *Voltaire* se soulevant, comme pour lui faire la révérence, dit : *Ah! mon révérend croit donc la pentecôte.* Aussi M. de M. dans les entretiens particuliers ne s'observoit pas toujours de façon à ne laisser échapper aucun trait qui tint de sa façon de penser précédente. Un jour, comme je répétois, assez fréquemment le mot *les incrédules*, M. de M. me dit d'un ton que j'ai déjà plus d'une fois indiqué : *Et les crédules! et les crédules*[1]*!*

Les lettres d'Euler, de Mérian et de Maupertuis, du « triumvirat » comme dit Kœnig, devaient provoquer une réplique que ce dernier leur décochait sous le titre de *Défense de l'Appel au public*, et qui était de même encre que le factum précédent. Au même moment surgissait encore une *Réponse de l'académicien de Paris*,

---

1. Formey, *Souvenirs d'un Citoyen* (Berlin, 1789), t. I, p. 215, 216.

à l'académicien de Berlin, qui se faisait fort de démontrer aux gens sans passion la criante injustice arrachée à la faiblesse par un despotisme aussi absolu qu'aveugle. Mais, il faut bien le dire, tout allait pâlir et s'effacer devant les drôleries, les sarcasmes, l'inimitable plaisanterie du bon Akakia.

Voltaire, s'il n'est pas fou comme Maupertuis, est devenu monomane; il ne pense qu'à une chose, une seule chose l'occupe, le poursuit, ne lui laisse ni paix ni trêve, le livre de Maupertuis. Il en parle, il en écrit à tout le monde; il l'annonce, notamment, à Richelieu, avec de petits commentaires, comme il en sait faire. A peine lui était-il tombé dans les mains, qu'il l'avait dépecé, déchiqueté, anatomisé avec une joie féroce : il tenait sa victime! « Ces *Lettres* n'étaient pas encore répandues dans le public, nous dit le pauvre Maupertuis dans l'*Avertissement* de sa seconde édition [1], que la haine s'était déchaînée de la manière la plus indigne. Si l'on a lu ce fameux libelle, imprimé tout à la fois en plusieurs endroits, on verra qu'il est bien plus fait contre moi que contre mon ouvrage; qu'on n'y représente qu'avec la plus grande injustice la plupart des choses qui se trouvent dans ces *Lettres* ; qu'on n'a rien du tout compris aux autres ; que le reste n'est qu'un torrent d'injures. » Admettons tout cela, bien que nous eussions plus d'une réserve à faire sur la prétendue incompétence d'un railleur qui était plus au fait de ces matières qu'il n'était besoin pour les compren-

---

1. *Lettres de M. de Maupertuis* (seconde édit., Berlin, 1753), p. iij.

dre et en disserter, aussi bien que sur la portée d'une plaisanterie excessive, impitoyable, nous en convenons, mais frappant juste le plus souvent, si elle frappait fort. De quoi se plaint Maupertuis, en définitive? Ces *Lettres* ne sont pas d'un illustre président; elles sont d'un jeune homme qui a pris son nom « pour débiter des drogues assez singulières. » Après avoir découvert que la nature agit toujours par les voies les plus simples et qu'elle va toujours à l'épargne, quelle vraisemblance que ce grand homme, si éloigné du charlatanisme, eût donné au public des lettres écrites à personne, et fût d'ailleurs tombé dans certaines petites fautes qui ne sont pardonnables qu'à un jeune homme; et c'est uniquement ce jeune homme que prend à partie le docteur Akakia, médecin du pape [1].

Bien que notre docteur déclare que ce n'est pas l'intérêt de sa profession qui le fait parler, ses griefs et les griefs de tout un corps contre l'auteur des *Lettres* sont trop graves pour qu'il soit cru sur parole. Il faut avouer que c'était pousser un peu loin les exigences que de vouloir impitoyablement que les médecins guérissent leurs malades, sous peine de ne pas toucher d'honoraires : un médecin promet ses soins et non la guérison ; il fait ses efforts, et on le paye. En bonne justice, peut-on lui demander plus?

Que dirait, je vous prie, un homme qui aurait, par exemple, douze cents ducats de pension pour avoir parlé de mathéma-

---

1. François Ier avait un médecin qui s'appelait *Sans-Malice*. Ce nom déplut au docteur, il le grécisa et en fit *Akakia*. Voltaire fit revivre ce nom, et supposa que celui qui le portait était médecin du Pape. Collini, *Mon séjour auprès de Voltaire* (Paris, 1307), p. 33.

matique et de physique, pour avoir disséqué deux crapauds, et s'être fait peindre avec un bonnet fourré [1], si le trésorier venait lui tenir ce langage : Monsieur, on vous retranche cent ducats pour avoir écrit qu'il y a des astres faits comme des meules de moulin ; cent autres ducats pour avoir écrit qu'une comète viendra *voler* notre lune, et porter ses *attentats jusqu'au soleil* même ; cent autres ducats pour avoir imaginé que des comètes *toutes d'or et de diamant* tomberont sur la terre [2]. Vous êtes taxé à trois cents ducats pour avoir affirmé que les enfants se forment par attraction dans le ventre de leur mère, que l'œil gauche attire la jambe droite [3], etc. ? On ne peut vous retrancher moins de quatre cents ducats, pour avoir imaginé de connaître la nature de l'âme par le moyen de l'opium, et en disséquant des têtes de géants, etc., etc. Il est clair que le pauvre philosophe perdrait de compte fait toute sa pension. Serait-il bien aise après cela que nous autres médecins, nous nous moquassions de lui, et que nous assurassions que les récompenses ne sont faites que pour ceux qui écrivent des choses utiles, et non pas pour ceux qui ne sont connus dans le monde que par l'envie de se faire connaître ?

Le bon Akakia perd vite de vue qu'il s'est déclaré affranchi de tout intérêt et de toute passion. Petit à petit il s'échauffe, le sang lui monte à la tête, il s'indigne, il est tout à fait en colère : mais on le serait à moins.

1. Par Tournière. Voir la gravure de Daullé (1755), au bas de laquelle l'éditeur de Maupertuis a fait assez malignement figurer le quatrain que Voltaire avait jadis rimé à la gloire du géomètre.

> Le globe mal connu qu'il a sçu mesurer,
> Devient un monument où sa gloire se fonde ;
> Son sort est de fixer la figure du monde,
> De lui plaire et de l'éclairer.

2. Maupertuis, *Œuvres* (Lyon, 1768), t. III, p. 245, 251. *Lettre sur la Comète*, qui paraissait en 1742.

3. Comme il faut être juste avec tout le monde, nous remarquerons avec Beuchot, que le docteur Akakia ne se met pas trop en peine ici du texte, qu'il altère sensiblement.

Notre jeune raisonneur prétend qu'il faut que les médecins ne soient plus qu'empiriques [1], et leur conseille de bannir la théorie. Que diriez-vous d'un homme qui voudrait qu'on ne se servît plus d'architectes pour bâtir des maisons, mais seulement de maçons qui tailleraient des pierres au hasard ?

Il donne aussi le sage conseil de négliger l'anatomie [2]. Nous aurons cette fois-ci les chirurgiens pour nous. Nous sommes seulement étonnés que l'auteur qui a eu quelques petites obligations aux chirurgiens de Montpellier, dans des maladies qui demandaient une grande connaissance de l'intérieur de la tête et de quelques autres parties du ressort de l'anatomie, en ait si peu de reconnaissance...

Mais si notre auteur est ignorant, on est obligé d'avouer qu'il a en récompense une imagination singulière. Il veut, en qualité de physicien, que nous nous servions de la force centrifuge pour guérir une apoplexie [3], et qu'on fasse pirouetter le malade. L'idée, à la vérité, n'est pas de lui ; mais il lui donne un air fort neuf.

Il nous conseille [4] d'enduire un malade de poix résine, ou de percer sa peau avec des aiguilles. S'il exerce jamais la médecine, et qu'il propose de tels remèdes, il y a grande apparence que ses malades suivront l'avis qu'il leur donne de ne point payer le médecin.

Mais ce qu'il y a d'étrange c'est que ce cruel ennemi de la Faculté, qui veut qu'on nous retranche notre salaire si impitoyablement, propose [5], pour nous adoucir, de ruiner les malades. Il ordonne (car il est despotique) que chaque médecin ne traite qu'une seule infirmité : de sorte que si un homme a la goutte, la fièvre, le dévoiment, mal aux yeux, et mal à l'oreille, il lui faudra payer cinq médecins au lieu d'un ; mais peut-être aussi que son intention est que nous n'ayons chacun que la cinquième partie de la rétribution ordinaire : je reconnais bien là sa malice...

---

1. Maupertuis Œuvres (Lyon, 1768), t. II, p. 317. Lettre XV, *Sur la médecine*.
2. *Ibid.*, t. II, p. 319. Même lettre que la précédente.
3. *Ibid.*, t. II, p. 414. *Lettre sur le progrès des sciences.*
4. *Ibid.*, t. II. Même lettre et même page.
5. *Ibid.*, t. II, p. 321. Lettre XV, *Sur la médecine*.

Le meilleur médecin, dit-il, *est celui qui raisonne le moins* [1]. Il paraît être en philosophie aussi fidèle à cet axiome que le père Canaye l'était en théologie [2] : cependant, malgré sa haine contre le raisonnement, on voit qu'il a fait de profondes méditations sur l'art de prolonger la vie. Premièrement, il convient avec tous les gens sensés, et c'est de quoi nous le félicitons, que nos pères vivaient huit à neuf cents ans...

On voit, par le compte que nous venons de rendre, que si ces lettres imaginaires étaient d'un président, elles ne pourraient être que d'un président de Bedlam, et qu'elles sont incontestablement, comme nous l'avons dit, d'un jeune homme qui s'est voulu parer du nom d'un sage respecté, comme on sait, dans toute l'Europe, et qui a consenti d'être déclaré *grand homme* [3]... Tout considéré, nous déférons à la sainte inquisition le livre imputé au président, et nous nous en rapportons aux lumières infaillibles de ce docte tribunal, auquel on sait que les médecins ont tant de foi.

Prenant acte de la dénonciation du docteur, le grand inquisiteur pour la foi, après avoir au préalable condamné et anathématisé les œuvres comprises dans l'in-quarto de l'inconnu, spécialement et particulièrement l'*Essai de Cosmologie*, enjoint pour les matières de physique, de mathématiques, de dynamique et de métaphysique, dont il n'entend pas le premier

---

1. La phrase de Maupertuis n'est pas complète ainsi ; il dit : « Le meilleur médecin est celui qui raisonne le moins et qui observe le plus. » C'est encore là une petite trahison du docteur. Mais il n'a pas besoin, le plus souvent, de mentir et de fausser l'idée pour être plaisant.

2. « Point de raison ; c'est la vraie religion cela, point de raison. » Saint-Évremont, *OEuvres mêlées* (Paris, Techener, 1866), t. I, p. 45. *Conversation du Maréchal d'Hocquincourt avec le P. Canaye.*

3. Allusion à la *Lettre d'un académicien de Berlin à un académicien de Paris*, où Frédéric, à trois reprises, range Maupertuis parmi les grands hommes. Mérian, dans sa *Lettre à Euler*, se contente de l'appeler « un homme illustre. »

mot « selon l'usage, » aux révérends professeurs de philosophie du collége de la Sapience, d'examiner les œuvres et les lettres du jeune inconnu, et de lui en rendre un compte fidèle. Suivent le jugement des professeurs et l'examen des *Lettres*. Ces deux pièces, la dernière surtout, sont des modèles de verve, d'infatigable raillerie et de suprême insolence. On ne peut aller plus loin, sans sortir des extrêmes limites concédées au genre, et dire avec plus de malice, de légèreté et d'à-propos, les énormités qui s'accumulent sous cette plume infernale.

1° Il faut d'abord, déclarent les docteurs de la Sapience, que le jeune auteur apprenne que la *prévoyance*[1] n'est point appelée dans l'homme *prévision;* que ce mot *prévision* est uniquement consacré à la connaissance par laquelle Dieu voit l'avenir. Il est bon qu'il sache la force des termes avant de se mettre à écrire. Il faut qu'il sache que l'âme ne *s'aperçoit* point elle-même : elle voit des objets et ne se voit pas ; c'est là sa condition. Le jeune écrivain peut aisément réformer ces petites erreurs.

2° Il est faux que « la mémoire nous fasse plus perdre que gagner[2].» Le candidat doit apprendre que la *mémoire* est la faculté de retenir des idées, et que sans cette faculté on ne pourrait pas seulement faire un mauvais livre, ni même presque rien connaître, ni se conduire sur rien, qu'on serait absolument imbécile : il faut que ce jeune homme cultive sa mémoire.

3° Nous sommes obligés de déclarer ridicule cette idée[3] que « l'âme est comme un corps qui se remet dans son état après avoir été agité, et qu'ainsi l'âme revient à son état de conten-

---

1. Maupertuis, *OEuvres* (Lyon, 1768), t. II, p. 222. Lettre II, *Sur le souvenir et la prévision*.

2. *Ibid.*, t. II, p. 224. Même lettre.

3. *Ibid.*, t. II, p. 227. Lettre III, *Sur le bonheur*. Sans vicier le sens du texte, Voltaire l'abrége et le modifie.

tement ou de détresse, qui est son état naturel. » Le candidat s'est mal exprimé. Il voulait dire apparemment que chacun revient à son caractère ; qu'un homme, par exemple, après s'être efforcé de faire le philosophe, revient aux petitesses ordinaires, etc. Mais des vérités si triviales ne doivent pas être redites : c'est le défaut de la jeunesse de croire que des choses communes peuvent recevoir un caractère de nouveauté par des expression obscures.

4° Le candidat se trompe quand il dit que l'étendue n'est qu'une perception [1] de notre âme. S'il fait jamais de bonnes études, il verra que l'étendue n'est pas comme le son et les couleurs qui n'existent que dans nos sensations, comme le sait tout écolier.

5° A l'égard de la nation allemande, qu'il vilipende [2] et qu'il traite d'imbécile en termes équivalents, cela nous paraît ingrat et injuste ; ce n'est pas tout de se tromper, il faut être poli : il se peut faire que le candidat ait cru inventer quelque chose après Leibnitz ; mais nous dirons à ce jeune homme que ce n'est pas lui qui a inventé la poudre.

6° Nous craignons que l'auteur n'inspire à ses camarades quelques petites tentations de chercher la pierre philosophale : « car, dit-il, sous quelque aspect qu'on la considère, on ne peut en prouver l'impossibilité [3]. » Il est vrai qu'il avoue qu'il y a de la folie à employer son bien à la chercher ; mais comme, en parlant de la *somme du bonheur*, il dit qu'on ne peut démontrer la religion chrétienne, et que cependant bien des gens la suivent, il se pourrait, à plus forte raison, que quelques personnes se ruinassent à la recherche du grand œuvre, puisqu'il est possible, selon lui, de le trouver.

7° Nous passons plusieurs choses qui fatigueraient la patience du lecteur et l'intelligence de M. l'inquisiteur ; mais nous croyons qu'il sera fort surpris d'apprendre que le jeune étudiant [4] veuille absolument disséquer des cerveaux de géants hauts de douze pieds, et des hommes velus portant queue, pour sonder la nature de l'intelligence humaine ; qu'avec de l'opium et des

---

1. Maupertuis, *OEuvres* (Lyon, 1758), t. II, p. 232. Lettre IV, *Sur la manière dont nous apercevons*.

2. *Ibid.*, t. II, p. 258, 259, 260. Lettre VII, *Sur les systèmes*.

3. *Ibid.*, t. II, p. 349. Lettre XX, *Sur la pierre philosophale*.

4. *Ibid.*, t. II, p. 428. *Lettre sur le progrès des sciences*.

rêves il modifie l'âme ; qu'il fasse naître des anguilles *grosses* d'autres anguilles, avec de la farine délayée, et des poissons avec des grains de blé [1]. Nous prenons cette occasion de divertir M. l'inquisiteur.

8° Mais M. l'inquisiteur ne rira plus quand il verra que tout le monde peut devenir prophète ; car l'auteur ne trouve pas plus de difficulté à voir l'avenir que le passé. Il avoue [2] que les raisons en faveur de l'astrologie judiciaire sont aussi fortes que les raisons contre elle. Ensuite il assure [3] que les perceptions du passé, du présent et de l'avenir ne diffèrent [4] que par le degré d'activité de l'âme. Il espère qu'un peu plus de chaleur et d'*exaltation* dans l'imagination pourra servir à montrer l'avenir, comme la mémoire montre le passé.

Nous jugeons unanimement que sa cervelle est fort exaltée et qu'il va bientôt prophétiser. Nous ne savons pas encore s'il sera des grands ou des petits prophètes ; mais nous craignons fort qu'il ne soit prophète de malheur, puisque dans son traité du *bonheur* même il ne parle que d'affliction : il dit surtout que tous les fous sont malheureux [5]. Nous faisons à tous ceux qui le sont un compliment de condoléance ; mais si son âme exaltée a vu l'avenir, n'y a-t-elle pas vu un peu de ridicule ?

9° Il nous paraît avoir quelque envie d'aller aux terres Australes [6], quoiqu'en lisant son livre on soit tenté de croire qu'il en revient ; cependant il semble ignorer qu'on connaît il y a longtemps la terre de Frédéric-Henri, située par delà le quarantième degré de latitude méridionale ; mais nous l'avertissons que si, au lieu d'aller aux terres Australes, il prétend naviguer tout droit directement sous le pôle arctique, personne ne s'embarquera avec lui.

10° Il doit encore être assuré qu'il lui sera difficile de faire, comme il le prétend un trou qui aille jusqu'au centre de la terre (où il veut apparemment se cacher de honte d'avoir

---

1. Maupertuis, *Œuvres* (Lyon, 1768), t. II, p. 313. Lettre XIV, *Sur la génération des animaux*.

2. *Ibid.*, t. II, p. 332. Lettre XVIII, *Sur la divination*.

3. *Ibid.*, t. II, p. 335. Même lettre.

4. *Ibid.*, t. II, p. 337. Même lettre.

5. *Ibid.*, t. II, p. 228. Lettre III, *Sur le bonheur*.

6. *Ibid.*, t. II, p. 378. *Lettre sur le progrès des sciences*.

avancé de telles choses). Ce trou exigerait qu'on excavât au moins trois ou quatre cents lieues de pays, ce qui pourrait déranger le système de la balance de l'Europe. On ne le suivra pas dans son trou, non plus que sous le pôle...

Nous parlions de libelle, mais c'est de la critique très-sensée et très-autorisée, en dépit de la forme et du but. Est-ce que *prévoyance* et *prévision* sont synonymes? Est-ce que le docteur n'a pas bien le droit de relever ce qui est dit sur la mémoire, sans laquelle tout serait stérile en nous? Quant au reproche d'ingratitude et d'incivilité envers la nation allemande, dont on est l'hôte, il est sans doute aussi judicieux que le reste. Mais nous n'assurerions pas que l'auteur de ce rappel à la politesse fût aussi en droit de le formuler avec cette indignation, qui pourrait être plus sincère; car nous n'avons pas oublié son sentiment sur la langue allemande et les Allemands, et le peu de ménagement avec lequel il les traite dans sa correspondance. Toutes ces plaisanteries s'attaquent à un texte dont parfois on force un peu le sens, mais elles ont leur part de vérité et d'à-propos. Sans doute aussi seraient-elles plus qu'incongrues, si elles s'adressaient à un illustre président d'Académie; qu'on n'oublie point qu'elles n'ont en vue qu'un jeune présomptueux qui a fort à apprendre, depuis la propriété des termes jusqu'aux notions les plus complexes de la physique, de la dynamique, de la métaphysique, etc., et que c'est un acte louable, de donner sur les doigts d'une jeunesse ignorante qui, avant de se mettre à disserter, devrait aller à l'école. Mais poursuivons. Après l'examen de cette succession de théorèmes erronés, de propositions téméraires, malsonnantes, quand elles ne sentent pas l'hérésie, viennent naturellement les conclusions de messieurs du collége de la Sapience ; et elles ne sont pas moins précieuses que les prémisses.

Pour conclusion, disent-ils, nous prions M. le docteur Akakia de lui prescrire des tisanes rafraîchissantes ; nous l'exortons à étudier dans quelque université, et à y être modeste.

Si jamais on envoie quelque physiciens vers la Finlande pour vérifier, s'il se peut, par quelques mesures, ce que Newton a découvert par la sublime théorie de la gravitation et des forces centrifuges, s'il est nommé de ce voyage, qu'il ne cherche point continuellement à s'élever au-dessus de ses compagnons ; qu'il ne se fasse point peindre seul aplatissant la terre, ainsi qu'on peint Atlas portant le ciel, comme si l'on avait changé la face de l'univers, pour avoir été se réjouir dans une ville où il y a garnison suédoise ; qu'il ne cite pas à tout propos le cercle polaire.

Si quelque compagnon d'étude vient lui proposer avec amitié un avis différent du sien ; s'il lui fait confidence qu'il s'appuie sur l'autorité de Leibnitz et de plusieurs philosophes ; s'il lui montre en particulier une lettre de Leibnitz qui contridise formellement notre candidat, que ledit candidat, n'aille pas s'imaginer sans réflexion, et crier partout qu'on a forgé une lettre de Leibnitz pour lui ravir la gloire d'être un original.

Qu'il ne prenne pas l'erreur où il est tombé sur un point de dynamique, absolument inutile dans l'usage, pour une découverte admirable.

Si ce camarade, après lui avoir communiqué plusieurs fois son ouvrage, dans lequel il le combat avec la discrétion la plus polie et avec éloge, l'imprime de son consentement, qu'il se garde bien de vouloir faire passer cet ouvrage de son adversaire pour un crime de lèse-majesté académique..

Si ce camarade lui a avoué plusieurs fois qu'il tient la lettre de Leibnitz, ainsi que plusieurs autres, d'un homme mort il y a quelques années, que le candidat n'en tire pas avantage avec malignité, qu'il ne se serve pas à peu près des mêmes artifices dont quelqu'un s'est servi contre les Mairan, les Cassini, et d'autres vrais philosophes ; qu'il n'exige jamais, dans une dispute frivole, qu'un mort ressuscite pour rapporter la minute inutile d'une lettre de Leibnitz, et qu'il réserve ce miracle pour le temps où il prophétisera ; qu'il ne compromette personne dans une querelle de néant que la vanité veut rendre importante, et qu'il ne fasse point intervenir les dieux dans la guerre des rats et des grenouilles. Qu'il n'écrive point lettres sur lettres à une grande princesse, pour forcer au silence son adversaire, et pour lui lier les mains, afin de l'assassiner à loisir.

Que, dans une misérable dispute sur la dynamique il ne fasse point sommer, par un exploit académique, un professeur de comparaître dans un mois; qu'il ne le fasse point condamner par contumace, comme ayant attenté à sa gloire, comme forgeur de lettres et faussaire, surtout quand il est évident que les lettres de Leibnitz sont de Leibnitz, et qu'il est prouvé que les lettres sous le nom d'un président n'ont pas été plus reçues de ses correspondants que lues du public.

Qu'il ne cherche point à interdire à personne la liberté d'une juste défense; qu'il pense qu'un homme qui a tort, et qui veut deshonorer celui qui a raison, se deshonore soi-même.

Qu'il croie que tous les gens de lettres sont égaux, et il gagnera à cette égalité.

Qu'il ne s'avise jamais de demander qu'on n'imprime rien sans son ordre.

Nous finissons par l'exhorter à être docile, à faire des études sérieuses, et non des cabales vaines ; car ce qu'un savant gagne en intrigues, il le perd en génie, de même que dans la mécanique ce qu'on gagne en temps on le perd en forces. On n'a vu que trop souvent des jeunes gens qui ont commencé par donner de grandes espérances et de bons ouvrages, finir enfin par n'écrire que des sottises, parce qu'ils ont voulu être des courtisans habiles, au lieu d'être d'habiles écrivains; parce qu'ils ont substitué la vanité à l'étude, et la dissipation qui affaiblit l'esprit au recueillement qui le fortifie. On les a loués, et ils ont cessé d'être louables ; on les a récompensés, et ils ont cessé de mériter des récompenses ; ils ont voulu paraître, et ils ont cessé d'être : car lorsque, dans un auteur, une *somme* d'erreurs est égale à une *somme* de ridicules, *le néant vaut son existence* [1].

---

1. L'auteur en question avait écrit que, supposé qu'un homme ait éprouvé autant de mal que de bien, *le néant vaut son être*.

Ce n'était pas le tout d'avoir écrit cette satire impitoyable, il fallait qu'elle fût lue, dévorée, et que le président fût hué à Potsdam, à Berlin, de toute l'Europe savante, de l'univers entier. Là était le difficile, car Voltaire ne devait pas espérer un privilége du roi de Prusse pour cet acte méritoire. Mais c'est où va se déployer tout son esprit d'intrigue et son machiavélisme. Il arrivera au but par n'importe quelle voie ; et comme, en pareil cas, la voie directe est la moins sûre, il prendra les chemins de traverse. Formey venait de publier, dans la *Nouvelle Bibliothèque germanique*[1], un extrait des opuscules de Zimmermann, théologien de Zurich ; il s'était attaché de préférence à sa *Dissertation sur l'Incrédulité*, et avait saisi cette occasion de frapper sur les incrédules aussi vigoureusement et aussi imprudemment que possible ; car il ne dépendait pas de lui que la malignité ne voulût trouver, dans cette religieuse philippique, des allusions à l'adresse du philosophe de Sans-Souci et de son groupe de libres-penseurs. Un jour, à la table du roi, Voltaire et d'Argens s'entretenaient à voix basse de ce brûlot lancé dans leur camp, de manière à attirer l'attention et les questions de Frédéric, qui ne manqua point, en effet, de leur demander de quoi ils chuchotaient entre eux. « *Il s'agit*, eût répondu Voltaire, *de la manière dont on nous traite, et dont V. M. n'est pas exempte*[2]. » Là-dessus,

1. T. XI, p. 78.
2. Formey, *Souvenirs d'un Citoyen* (Berlin, 1789), t. I, p. 267. Nous ne relèverons pas l'incorrection de cette phrase, qui ne peut être que la traduction libre et trop libre d'une réponse faite à coup sûr en d'autres termes. Formey, malgré l'usage constant de notre langue, ne laisse pas d'avoir de ces tournures-là, qu'il faut attribuer à

grands développements et grands commentaires peu charitables. Au sentiment même de Formey, qu'il faut croire ici sur parole, le poëte n'avait pas autrement intention de lui attirer une affaire ; l'article du ministre évangélique n'était qu'un instrument qu'il allait utiliser pour parvenir à ses fins. Il manifesta son intention de riposter, et demanda aussitôt un privilége pour l'impression et la publication d'une réplique qui vaudrait l'attaque, ce qui lui fut accordé sans difficulté et sans le soupçon le plus vague de l'usage ténébreux qu'il en comptait faire.

Contrairement à toute vraisemblance, l'auteur de la *Réponse d'un académicien de Berlin* et celui de la *Lettre d'un académicien* vivaient comme devant, profitant d'un incognito qui était le secret de la comédie, pour demeurer, en apparence du moins, dans les mêmes termes cordiaux et affectueux. Maupertuis se montrait rarement aux soupers de Frédéric ; et, en ce moment il était cloué sur son lit de douleur, comme on l'a dit déjà, par une maladie sérieuse, qu'aggravaient encore les chagrins et les humiliations, et c'était à quoi faisait allusion le second académicien de Berlin, à propos du pamphlet de son prétendu confrère. « Mais quel temps pensez-vous, monsieur, que ces gens ont pris, pour attaquer notre président ? Vous croyez, sans doute, qu'en braves champions ils l'ont provoqué au combat pour se battre à armes égales ? Non, monsieur : apprenez à connaitre la lâcheté et l'indignité de leur carac-

---

la hâte de l'improvisation. Sa fécondité ne lui permettait guère d'être correct, et Mérian, dans l'éloge qu'il fit de lui, le blâma avec trop de fondement d'avoir « toujours écrit à tire de plume. »

tère. Ils savent, et c'est un deuil pour nous, que M. de Maupertuis est depuis six mois attaqué de la poitrine, qu'il crache le sang, qu'il a de fréquentes suffocations, que sa faiblesse l'empêche de travailler, qu'il est plus près de la mort que de la vie, que les larmes d'une épouse qui le chérit et les regrets de tous les gens de bien l'attendrissent; voilà le moment qu'ils choisissent pour lui plonger, selon qu'ils le croient, le poignard dans le cœur[1]. » Mais la présence du principal intéressé ne venant point accroître la gêne commune, on semblait des deux parts s'être donné le mot, pour ne rien savoir : et ce compromis tacite était observé avec une aisance telle, que les seuls initiés eussent pu pressentir l'orage plus ou moins voisin qui devait les séparer par un coup de foudre. On en a la preuve dans la correspondance du souverain et du poëte à cette époque même. Un soir, au souper du roi, l'idée vint d'un ouvrage collectif, rédigé par le cénacle, qui se fût partagé les matières. « Je crus d'abord, raconte Collini, que ce projet n'était qu'un badinage ingénieux inventé pour égayer le souper; mais Voltaire, vif et ardent au travail, commença dès le lendemain[2]. »

Il troussait aussitôt un article sur *Abraham*, qu'il dépêchait au roi : « Le Père des croyants, disait-il dans son billet d'envoi, n'est qu'ébauché, parce que je suis sans livres. Mais si Votre Majesté jette les yeux sur cet article, dans Bayle, elle verra que cette ébauche est plus pleine, plus curieuse, et plus courte. Ce livre, ho-

---

1. *OEuvres de Frédéric le Grand* (Berlin, Preuss.), t. XV, p. 63. *Lettre d'un académicien de Berlin à un académicien de Paris.*
2. Collini, *Mon séjour auprès de Voltaire* (Paris, 1807), p. 32.

noré de quelques articles de votre main, ferait du bien au monde. Chérisac coulerait à fond les saints Pères. »
Il va de source que Chérisac n'est autre que Voltaire. Mais qu'est-ce qu'une esquisse tracée d'ailleurs en un tour de main et en absence de documents! On a vu sur-le-champ l'importance de l'idée, et à l'article improvisé était joint un mémoire détaillé où se trouvait, avec le projet du livre, tout un plan économique qui n'était sans doute l'œuvre que d'une tête chaude et d'un cerveau brûlé, et qu'on soumettait, en toute humilité, à l'appréciation critique du philosophe de Sans-Souci. Dans le cas où le roi ne voudrait pas être en nom, l'on était là pour accepter et endosser les responsabilités de l'entreprise; c'était au prince à décider et à commander[1]. Mais cette besogne, qui sera le *Dictionnaire philosophique*, l'avait séduit et emporté, et Frédéric recevait articles sur articles, tout comme si Voltaire n'eût pas fait autre chose, et qu'il n'y eût pas eu de Maupertuis au monde.

Si vous continuez du train dont vous allez, lui répond le roi, le *Dictionnaire* sera fait en peu de temps. L'article de l'*Ame* que je reçois est bien fait; celui de *Baptême* y est supérieur. Il semble que le hasard vous fait dire ce qui pourtant est la suite d'une méditation. Votre Dictionnaire imprimé, je ne vous conseille pas d'aller à Rome; mais qu'importe Rome, sa Sainteté, l'inquisition, et tous les chefs tondus des ordres religieux qui crieront contre vous! L'ouvrage que vous faites sera utile par les choses et agréable par le style; il n'en faut pas d'avantage.

---

1. Voltaire, *OEuvres complètes* (Beuchot), t. LVI, p. 187, 188. Lettre de Voltaire à Frédéric. Cette lettre est sans date, mais elle doit être de fin septembre, autant que nous en pouvons conjecturer.

Si l'âme de vos nerfs demeure dans un état de quiétude, je serai charmé de vous voir ce soir [1]...

Nulle trace ici de secrète amertume. L'on sourit, l'on plaisante, l'on est plein de bienveillance. Et l'infatigable poëte d'envoyer de nouveaux articles, de nouvelles esquisses philosophiques. « En qualité de théologien de Belzébut, oserai-je interrompre vos travaux par un mot d'édification sur l'*Athéisme* que je mets à vos pieds? j'ai choisi ce petit morceau parmi les autres, comme un des plus orthodoxes [2]. » Frédéric, comme toujours, accuse réception. Il faut citer sa réponse, où se mêlent, d'ailleurs, des allusions aux circonstances présentes, trop significatives pour échapper au moins attentif.

Cet article me paraît très-beau ; il n'y a que le pari que je vous conseillerai de changer, à cause que vous vous êtes moqué de Pascal, qui se sert de la même figure [3]. Remarquez encore, s'il vous plaît, que vous citez Épicure, Protagoras, etc., qui vivaient tranquilles dans la même ville ; je crois qu'il ne

1. Voltaire, *OEuvres complètes* (Beuchot), t. LV, p. 675, 676. Lettre de Voltaire à Frédéric. Au tome III du *Supplément des œuvres posthumes*, elle est portée à l'année 1751. Mais ces lettres de Voltaire et de Frédéric relatives aux articles du *Dictionnaire* ne peuvent être que de 1752. Collini précise même l'époque où elles ont dû être écrites. Celui-ci, comme on le verra par la suite, n'est pas infaillible, lui non plus. Mais d'autres indices nous ont déterminé à reporter cet échange de lettres entre le roi et le poëte, au commencement d'octobre 1752.
2. *Ibid.*, t. LVI, p. 195, 196. Lettre de Voltaire à Frédéric.
3. *Ibid.*, t. XXVII, p. 172. *Dictionnaire philosophique*, au mot *Athéisme*. Cet article est bien de 1752 et non de 1751, comme cette apostrophe adressée à Maupertuis le démontre suffisamment : « Vous demandez pourquoi le serpent nuit. Et vous, pourquoi avez-vous nui tant de fois? Pourquoi avez-vous été persécuteur, ce qui est le plus grand des crimes pour un philosophe? » *Ibid.*, p. 176.

faudrait pas citer des gens de lettres pour vivre tranquilles ensemble. Remarquez que de querelles dans l'Académie des sciences de Paris pour Newton et Descartes, et dans celle d'ici pour et contre Leibnitz! Je suis sûr qu'Épicure et Protagoras se seraient disputés s'ils avaient habité le même lieu; mais je crois de même que Cicéron, Lucrèce, et Horace, auraient soupé ensemble en bonne union. Je vous demande pardon des remarques que mon ignorance s'émancipe de vous faire. Je suis comme la servante de Molière, qui, lorsqu'elle ne riait pas, fesait changer ses pièces au premier auteur comique de l'univers [1].

Cette lettre est fine, son allusion transparente, et c'était à Voltaire à en faire son profit. Au demeurant c'était une leçon bénigne et non une sommation, qui, venant après la *Réponse d'un académicien de Berlin*, indiquait dans Frédéric le parti pris de ne pas rompre, s'il n'y était amené et contraint par les circonstances. Voltaire, lui aussi, ne songe pas à battre en retraite et enlève, pour le présent du moins, toute espérance à ses amis. « Je serais mort, écrivait-il à d'Argental, le 22 novembre (huit ou dix jours après la publication de la réplique anonyme du roi de Prusse à la première attaque de Voltaire), si je ne menais pas la vie la plus douce et la plus retirée, n'ayant que vingt marches à monter, tous les soirs, pour aller entendre à souper le Salomon du Nord, quand il veut bien m'admettre à son festin des sept sages [2]. » Mais il y a beaucoup à rabattre d'une félicité à l'en croire si complète, et les témoins de cette béatitude ne prennent pas le change

---

1. Voltaire, *OEuvres complètes* (Beuchot), t. LV, p. 677, 678. Lettre de Frédéric à Voltaire, 1751 (1752).

2. *Ibid.*, t. LVI, p. 232. Lettre de Voltaire à d'Argental; le 22 novembre 1752.

sur des apparences qui ne peuvent tromper que les naïfs. M. Scheffer, qui, trois mois auparavant, disait déjà son mot sur la situation du poëte à Berlin, mandait de son côté à madame du Deffand : « Je l'ai vu de près, je puis vous assurer que son sort n'est pas digne d'envie. Il passe toute la journée seul dans sa chambre, non par goût mais par nécessité ; il soupe ensuite avec le roi de Prusse, par nécessité aussi beaucoup plus que par goût. Il sent bien qu'il n'est là qu'à peu près comme les acteurs de l'opéra à Paris, dans les temps que la bonne compagnie les admettait seulement pour chanter à table. Je suis fort trompé, où il ne tiendra pas longtemps contre l'ennui qui le mine [1]... » Et voilà qui est plus vrai que le tableau surfait que Voltaire dépêche à ses amis de Paris, qui, eux aussi, en savent déjà trop pour le croire très-sincère.

La *Diatribe du docteur Akakia* n'était pas faite pour dormir dans les casiers discrets d'un bureau. L'exaspération eût été moindre, la haine moins déchaînée, que la vanité d'auteur n'eût pu s'arranger d'applaudissements restreints, donnés et reçus sous le manteau, et à la condition que le public ne serait pas de la fête. On a raconté de plus d'une façon les divers incidents d'une rupture dont l'éclat occupa un instant les honnêtes gens de toute l'Europe. Le besoin de remplir les lacunes a fait substituer les conjectures à la certitude absente ; et le choix n'est pas aisé entre ces récits contradictoires qui, chacun, mêlent un peu de vérité à beau-

---

1. Madame du Deffand, *Correspondance complète* (Plon, 1865), t. I, p. 162. Lettre du baron Scheffer à madame du Deffand ; Stockholm, 15 décembre 1752.

coup d'erreurs. Voltaire, comme on l'a vu plus haut, avait facilement obtenu un privilége pour publier la *Défense de Bolingbroke*. Il profita sournoisement de ce permis pour imprimer son libelle contre Maupertuis. L'édition de Potsdam se fit. A en croire Thiébault, le roi dévora le pamphlet, dont l'auteur lui avait remis lui-même un exemplaire, riant à se tordre à chaque période. Par la tournure de son esprit, personne, en effet, n'était plus propre que lui à goûter cette verve, cette malice infernale. Mais, après avoir savouré, il fallait arrêter. Frédéric change de thèse et de visage, déclare à son chambellan qu'il ne pouvait tolérer un pareil scandale sans compromettre la dignité du souverain, et réclame de son amitié le sacrifice du libelle. Voltaire, facile à entraîner sauf à se raviser, consent à tout. Cette promesse arrachée, le roi s'efface de nouveau devant le railleur, devant l'homme affolé d'esprit. Qu'au moins, une fois encore, ils relisent ensemble la diatribe du bon docteur, et puis le feu fera son office !

Voltaire lut le conte tout entier, ajoute Thiébault : à chaque moment il était interrompu par les applaudissements du monarque, qui trouvait que tous les traits en étaient aussi gais que justement appliqués; on éclatait de rire, et, à la fin de chaque cahier, lorsqu'il fallait le jeter au feu, on renouvelait les regrets. « Allons, du courage ! ô Vulcain ! Dieu cruel et vorace, voilà ta proie! » Et tandis que le cahier brûlait, on formait des danses antiques et sacrées devant le foyer. Ce fut ainsi qu'on lut et qu'on brûla *le docteur Akakia* jusqu'au bout : jamais peut-être ces deux hommes ne se sont permis de facétie plus comique [1].

1. Dieudonné Thiébault, *Souvenirs de vingt ans de séjour à Berlin* (Didot, 1860), t. II, p. 343.

Encore une fois, Thiébault n'était pas à Berlin lors de ces événements, et, s'y fût-il trouvé, pour être aussi particulièrement édifié, il eût fallu qu'il écoutât aux portes. Formey raconte également que le roi de Prusse reçut l'exemplaire avec bonté et pria instamment le poëte d'anéantir totalement l'édition [1]. Quelque piquante que soit la petite scène que nous décrit le premier avec une complaisance tant soit peu verbeuse, nous nous voyons forcé de souffler sur tout cela et de substituer à cette broderie des détails moins plaisants mais plus exacts. Au lieu de rire, le roi devint furieux en apprenant (par tout autre que Voltaire) à quoi avait servi un privilége qu'il n'avait cru accorder qu'en faveur d'une réplique aux pieuses diatribes de Formey. Des ordres sont aussitôt donnés pour saisir les exemplaires. Mais Voltaire s'en était déjà nanti. Fredersdorff, le *maître Jacques* de Frédéric, tout à la fois son serviteur, son intendant, son valet de chambre, son grand maître d'hôtel, son grand échanson et son grand panetier [2], chargé de l'enquête, se transporte chez l'imprimeur qui déclare par écrit que l'édition lui a été commandée par M. de Francheville. Puis il va chez l'auteur, s'efforce de lui démontrer les conséquences d'une pareille escapade

---

1. Formey, *Souvenirs d'un Citoyen* (Berlin, 1789), t. I, p. 269.
2. « Avant d'être le favori de Frédéric, il avait été *fifre* (*pfeifer*) dans son régiment, quand il n'était encore que prince royal. Lorsque son maître était mécontent de lui, il le remettait dans son premier état. » (Note tirée des papiers du chevalier de La Touche.) Foisset, *Voltaire et le président de Brosses* (Didier, 1858). Supplément à la correspondance de Voltaire et de Frédéric, p. 21. — Baron de Bielfeld, *Lettres familières*, t. I, p. 75.

et le presse de lui remettre le libelle; mais il ne lui est répondu que par des dénégations et des faux-fuyants. Francheville, interrogé à son tour, convient de tout, et ses aveux ne font que confirmer les déclarations de l'imprimeur. C'est alors que le Salomon du Nord fulmine cette lettre bien connue :

> Votre efronterie m'étone après ce que vous venez de faire, et qui est clair côme le jour. Vous persistez au lieu de vous avouer coupable. Ne vous imaginez pas que vous ferez croire que le noir est blang : quand on ne voit pas, c'est qu'on ne veut pas tout voir; mais si vous poussiez l'affaire à bout, je ferai tout imprimer, et l'on verra que si vos ouvrages méritent qu'on vous élève des statues, votre conduite vous mériteroit des chaînes.
> L'éditeur est interrogé, il a tout déclaré [1].

Voltaire répliquait aussitôt, au bas de la lettre même, par un billet fort court où il protestait, en dépit de tout, de son innocence et où il offrait sa tête.

> Ah! mon Dieu, sire, dans l'état où je suis! je vous jure encor sur ma vie à laquelle je renonce sans peine, que c'est une calomnie affreuse. Je vous conjure de faire confronter tous mes gens. Quoi! Vous me jugeriez sans entendre! Je demande justice et la mort.

Fredersdorff est de nouveau dépêché au poëte, qui, sachant l'édition en sûreté, maintient son dire. Mais devant la déclaration signée de Francheville, qu'on lui exhiba, il n'était plus possible de persister dans ce système de dénégations, et le coupable essaya de

---

1. Foisset, *Voltaire et le président de Brosses* (Didier, 1858). Supplément à la correspondance de Voltaire et de Frédéric, p. 10, 11.

tourner la chose en plaisanterie. Ne s'agissait-il pas, en effet, d'une plaisanterie exquise, comme il n'en surgit pas deux en un siècle? Mais Fredersdorff, qui avait ses instructions, riposta par la menace du fiscal et d'une grosse amende, ce qui ne laissa pas de rembrunir sensiblement le front du railleur. En somme, ce qu'on voulait de lui, c'était l'indication du lieu où il avait serré la *Diatribe*, et il fallut bien parler, quoique le cœur en saignât. Tous les exemplaires furent apportés et livrés aux flammes dans la chambre du roi, en présence de Sa Majesté, par Sa Majesté, et devant Voltaire, qui avait été mandé, et auquel on lava la tête d'importance. « Après bien des perquisitions et un détail assez ennuyeux, écrivait le surlendemain Frédéric à Maupertuis, je me suis emparé de Kaiaka (*sic*), que j'ai brûlé, et j'ai annoncé à l'auteur que sur-le-champ il falloit sortir de ma maison ou renoncer au métier infâme de feseur de libele. De sorte que vous devez être tranquilisé de toutes les fassons[1]... » La Beaumelle, qui a eu sur cette affaire de l'*Akakia* tous les détails que Maupertuis était à même de lui fournir, bien qu'en y mettant du sien, selon son habitude, rapporte les divers incidents de cette étrange comédie avec une certaine exactitude relative. « Quelques jours après, poursuit-il, le roi honora M. de Maupertuis d'une visite[2], et lui

1. Cabinet de M. Feuillet de Conches, *Lettres originales de Frédéric le Grand à Maupertuis*, t. I, n° 75; 29 novembre 1752.
2. La Beaumelle se trompe. La visite que Frédéric fit au président de son Académie eut lieu le 2 novembre, et fut publiée dans tous les journaux. Rodenbeck, *Die Helden-Geschichte*, t. III, p. 531. Mais après cette exécution en petit comité, le roi lui dépêchait, à sa place, Fredersdorff pour savoir de ses nouvelles et aussi sans doute lui

raconta tout ce qui s'était passé. Cette insigne bonté le rappela des portes de la mort. Le roi lui apprit la circonstance la plus humiliante pour M. de Voltaire : c'est qu'il lui avait fait signer une promesse de ne jamais écrire contre la France, ni contre ses ministres, ni contre Maupertuis. » Tout cela est vrai en partie, et c'est déjà beaucoup pour La Beaumelle. Frédéric, en effet, envoyait à Voltaire, à la date du 27, pour qu'il la signât, l'étrange pièce qu'on va lire, entièrement de sa main royale.

Je promets à Sa Majesté que, tant qu'elle me fera la grâce de me loger au chatau, je n'écrirai contre personne, soit contre le gouvernement de France, contre les ministres, soit contre d'autres souverains, ou contre des gens de lettre illustre envers lesquels on me trouvera rendre les égards qui leur sont dus. Je n'abuserai point des lettres de Sa Majesté et je me gouvernerai d'une manière convenable à un hôme de lettre qui a l'honneur d'être chambelan de Sa Majesté, et qui vit avec des honetes gens.

A moins qu'il ne considérât le *Siècle de Louis XIV* comme un libelle contre la France, Frédéric savait bien que Voltaire ne songeait d'aucune façon à s'attaquer aux souverains et à leurs ministres, et un engagement de sa part était plus qu'inutile. Ajoutons que semblable formalité avait un côté injurieux qu'aggravait encore le peu d'urgence de la mesure. Mais tout ce qui précède et tout ce qui suit n'était mis là que pour amener et escorter le passage relatif aux « gens de lettres

rendre compte de l'aventure dans tous ses détails. Voir une lettre de Berlin, du 9 décembre, dans la *Gazette d'Utrecht* du vendredi 15 décembre 1752 (n° C), supplément.

illustres » (qu'on ne nomme pas pourtant), auxquels il devait s'obliger à rendre les égards qui leur étaient dus. Il n'y avait pas à se méprendre, et Voltaire cite en toutes lettres le nom de Maupertuis, pour montrer qu'il a bien compris.

J'exécuteray, sire, tous les ordres de Votre Majesté, écrivait-il au bas de l'étrange document, et mon cœur n'aura pas de peine à luy obéir. Je la suplie encor une fois de considérer que jamais je n'ay écrit contre aucun gouvernement encor moins contre celuy sous lequel je suis né, et que je n'ay quitté que pour venir achever ma vie à vos pieds. J'ay été historiografe de France, et, en cette qualité, j'ay écrit l'histoire de Louis 14 et celle des campagnes de Louis 15, que j'ay envoiées à Mr Dargenson. Ma voix et ma plume ont été consacrées à ma patrie, comme elles le sont à vos ordres. Je vous conjure d'avoir la bonté d'examiner quel est le fonds de la querelle de Maupertuis ; je vous conjure de croire que j'oublie cette querelle, puisque vous me l'ordonnez. Je me soumets sans doute à toutes vos volontez. Si Votre Majesté m'avait ordonné de ne me point deffendre et de ne point entrer dans cette dispute littéraire, je luy aurais obéi avec la même soumission. Je la supplie d'épargner un vieillard accablé de maladies et de douleur, et de croire que je mourrai aussi attaché à elle que le jour que je suis arrivé à sa cour [1].

Cela fait souvenir du billet de Ninon à La Châtre. Mais Frédéric voulait un gage, et il eut le tort de s'exagérer les garanties que lui offraient de pareilles protestations, moins consenties sans doute qu'arrachées. Il écrivait, le 10 décembre, à Maupertuis, dont l'état était digne de pitié, et qui, lui, n'était pas aussi pleinement rassuré sur les desseins de l'ennemi :

1. Preuss, *Friedrich der Gross, mit seinen Verwandten und Freunden* (Berlin, 1838), p. 188, 189 ; ce 27 de novembre 1752.

Ne vous embarrassez de rien mon cher Maupertuis, l'affaire des libelles est finie, j'ai parlé si vray à l'hôme, je lui ai si fort lavé la tête que je crois.pas qu'il y retourne... Je l'ay intimidé du côté de la boursse ce qui a fait tout lefet que j'en atendais. Je lui ai déclaré enfin nettement que ma maison devait être un sanctuaire et non une retraite de brigands ou de cellerats distillent des poissons... à présent ne pensez qu'à vos poulmons, et ne sortez pas de votre chambre par le froid présent [1].

Voltaire, sous le coup de la menace et de la colère du maître, pouvait promettre tout ce qu'on exigerait de lui ; mais n'était-ce pas lui demander l'impossible que de vouloir qu'il étouffât ces merveilleux enfants de sa colère qui, à l'heure même où Frédéric donnait au président les assurances les plus formelles, trottaient déjà vers la capitale de la Saxe, s'ils n'étaient pas depuis longtemps même arrivés à destination ? Car nous soupçonnons (et cette hypothèse expliquerait la presque simultanéité des éditions de Prusse et de Dresde) que la remise de la copie au libraire de Potsdam n'avait pas dû précéder de beaucoup l'envoi fait à Luzac [2]. Quoi qu'il en soit, la recherche et la saisie qui en avait été la suite n'avaient abouti qu'à un mince résultat; et

---

1. Cabinet de M. Feuillet de Conches, *Lettres originales de Frédéric le Grand à Maupertuis*, t. I, n° 76 ; du 10 décembre 1752.

2. Ces lignes de Frédéric à sa sœur ne font que corroborer cette supposition : « ... Le voilà qui imprime son *Akakia* ici, à Potsdam, en abusant d'une permission que j'avais donnée d'imprimer la *Défense de milord Bolingbroke*. Je l'apprends, je fais saisir l'édition, la jette dans le feu, et lui défends sévèrement de faire imprimer ce libelle ailleurs. A peine suis-je arrivé à Berlin que l'*Akakia* y paraît et s'y débite ; sur quoi je le fais brûler par les mains du bourreau... » *OEuvres de Frédéric le Grand* (Berlin, Preuss.), t. XXVII, p. 226, 227. Lettre de Frédéric à la margrave de Bayreuth; Potsdam, ce 12 avril 1753.

Maupertuis n'en devait pas être moins bafoué, et cet impitoyable pamphlet n'en allait pas moins circuler, de main en main, dans Berlin, à la grande stupeur des amis de Maupertuis et de ceux même de Voltaire qui, pour sa part, brûlait bien complétement ses vaisseaux.

> Je fus, nous dit Formey, le premier qui le reçut; et je conserve l'exemplaire, où l'on avoit écrit à la main pour *motto* :
>
> Quidquid delirant reges, plectentur Achivi.
>
> Je frémis à cette lecture, dont je prévoyois les suites; et je renfermai soigneusement mon exemplaire, sans le montrer à personne. Mais la poste suivante en apporta d'autres, en petit nombre cependant, et qui se vendirent d'abord fort cher. Le roi ne tarda pas à en avoir un : et c'est alors qu'il témoigna la plus vive indignation à V. [1].

On ne saurait rendre la sensation que fit à Berlin, à Potsdam, à la cour, la *Diatribe du docteur Akakia*. Maupertuis n'était pas aimé, son despotisme qu'il faisait peser sur tous lui avait conquis plus de flatteurs et d'instruments serviles que d'amis, et son malheur n'attendrit personne. Son malheur est bien le mot, car quel plus grand malheur pouvait frapper un esprit aussi hautain, aussi orgueilleux, aussi infatué de son mérite qu'un écrit où le ridicule lui était déversé à flots, où tout était attaqué en lui, l'homme, le bel esprit, le savant ? Ce fut un véritable coup de foudre, dont il ne se releva jamais. Il succombait sous l'ironie et le sarcasme, après avoir usé et abusé de ces armes terribles; et c'est ce qu'il constatait avec une sorte de candeur, dans un

---

1. Formey, *Souvenirs d'un Citoyen* (Berlin, 1789), t. I, p. 270, 271.

mélancolique retour sur sa vie et ses luttes passées. « Il me disoit un jour : *Je connois à présent ce que c'est que d'être critiqué. Lorsque je publiai mon livre sur la figure des astres, M. Sr Gravesande en donna un extrait fort honnête, mais accompagné de quelques remarques dont je fus piqué. Aujourd'hui j'ai appris à n'être plus si délicat*[1]. »

Voltaire, à coup sûr, n'était pas sans inquiétude. Devant la récidive, que dirait, que ferait le roi de Prusse? C'était là une question que le poëte se devait poser; et, s'il faisait bonne contenance, il ne laissait pas d'être perplexe. Il écrivait à madame Denis, le 18 décembre :

Comme je n'ai pas dans ce monde-ci cent cinquante mille moustaches à mon service, je ne prétends point du tout faire la guerre. Je ne songe qu'à déserter honnêtement, à prendre soin de ma santé, à vous revoir, à oublier ce rêve de trois années.

Je vois bien qu'on a *pressé l'orange* ; il faut penser à sauver l'écorse. Je vais me faire, pour mon instruction, un petit dictionnaire à l'usage des rois.

Mon ami signifie *mon esclave*.

Mon cher ami veut dire *vous m'êtes plus qu'indifférent*.

Entendez par *je vous rendrai heureux, je vous souffrirai tant que j'aurai besoin de vous*.

Soupez avec moi ce soir signifie *je me moquerai de vous ce soir*.

Le dictionnaire peut être long ; c'est un article à mettre dans l'*Encyclopédie*.

... L'embarras est de sortir d'ici. Vous savez ce que je vous ai mandé dans ma lettre du premier novembre [2]. Je ne peux demander de congé qu'en considération de ma santé. Il n'y a

---

1. Formey, *Souvenirs d'un Citoyen* (Berlin, 1789), t. I, p. 184.
2. Cette lettre ne s'est pas retrouvée.

pas moyen de dire : je vais à Plombières au mois de décembre.

Il y a ici une espèce de ministre du Saint-Évangile, nommé Pérard [1], né comme moi en France ; il demandait permission d'aller à Paris pour ses affaires ; le roi lui fit répondre qu'il connaissait mieux ses affaires que lui-même, et qu'il n'avait nul besoin d'aller à Paris [2].

Frédéric, en apprenant que le pamphlet circulait dans la ville, que Voltaire, malgré ses promesses, n'avait pas craint de lui manquer aussi essentiellement, se laissa aller à la plus violente colère ; ne voulant point d'ailleurs avoir le dessous dans une querelle où son autorité semblait si ostensiblement engagée, il décida que le libelle serait brûlé dans les carrefours de Berlin par la main du bourreau, ce qui eut effectivement lieu, le dimanche 24 décembre, vers les trois ou quatre heures du soir, notamment dans le voisinage de l'auteur, qui logeait alors dans la maison de M. de Francheville, Taubenstrass, n° 20 [3]. Voltaire était venu de Potsdam pour prendre part aux divertissements du carnaval, et il assista à cet auto-da-fé, des fenêtres de son hôte : « Je fus témoin de cette *brûlure*, raconte Collini, sans en comprendre le sujet. J'allai sur-le-champ rendre compte à Voltaire de ce que j'avais vu. « Je parie, me dit-il, que c'est mon docteur qu'on vient « de brûler. » Voltaire se livra-t-il aux plaisanteries et aux gaietés qu'on lui prête ; car quel chroniqueur ne

---

1. Jacques de Pérard, de l'Académie de Berlin. De 1746 à 1750, il travailla avec Formey à la *Nouvelle Bibliothèque germanique*.
2. Voltaire, *OEuvres complètes* (Beuchot), t. LVI, p. 255, 256, 257. Lettre de Voltaire à madame Denis ; à Berlin, le 18 décembre 1752.
3. Formey, *Souvenirs d'un Citoyen* (Berlin, 1789), t. I, p. 271. OEuvres de Frédéric le Grand (Berlin, Preuss.), t. XIV, p. 170.

se croit pas en droit d'y mettre du sien et d'apporter son contingent propre¹? c'est tout au moins douteux. Après l'exécution, le roi de Prusse se hâtait d'instruire le président de son Académie de ce qu'il venait de faire; dans l'impossibilité de supprimer cette diabolique satire qui courait déjà le monde et allait empoisonner l'Europe, il avait voulu donner au pauvre homme le seul soulagement qui fût en sa puissance. Maupertuis mandait à Moncrif : « Dimanche passé son libelle fut brûlé par la main du bourreau sous la potence et dans toutes les places publiques. Cette exécution beaucoup plus infamante encore qu'elle n'est en France, a été faite par ordre exprès du roi, au grand applaudissement de tous les honnêtes gens, et même de la place on vit arriver de toutes parts des gens en fiacre pour se chauffer à ce feu... Le roi m'écrivit le soir une lettre charmante et m'envoyoit pour poudre rafraîchissante les cendres de cette diatribe²... » La feuille officielle de Berlin dans son plus prochain numéro faisait mention de cet acte de rigueur, et disait en toutes lettres que cet infâme libelle était attribué à l'auteur de la *Henriade*³. Que demander de plus?

1. Dieudonné Thiébault, *Souvenirs de vingt ans de séjour à Berlin* (Didot, 1860), t. II, p. 344.

2. Laverdet, *Catalogue d'autographes*, du 24 avril 1862, p. 101, 102, n° 811. Lettre de Maupertuis à Moncrif; Berlin, 30 décembre 1752.

3. *Berlinische privilegirte Staats und gelehrte Zeitung* (spatere *vossische Zeitung*) im Jahr 1752. 155 Stuck Dienstag den 26 Dec. « dimanche, à midi, un pamphlet horrible, intitulé *la Diatribe*, etc., a été brûlé publiquement dans différents lieux par la main du bourreau. On dit que Mr. de Voltaire en est l'auteur... » — *Gazette d'Utrecht*, du mardi 2 janvier 1753 (n° 1). Supplément. De Berlin,

Quelques mois après, Frédéric écrivait à son ancien secrétaire Darget, établi à Paris :

> Je ne m'étonne pas qu'on parle chez vous de la querelle de nos beaux-esprit : Voltaire est le plus méchant fou que j'aie connu de ma vie ; il n'est bon qu'à lire. Vous ne sauriez imaginer toutes les duplicités, les fourberies et les infamies qu'il a faites ici ; je suis indigné que tant d'esprit et tant de connaissances ne rendent pas les hommes meilleurs. J'ai pris le parti de Maupertuis, parceque c'est un fort honnête homme, et que l'autre avait pris à tâche de le perdre ; mais je ne me suis pas prêté à sa vengeance comme il l'aurait souhaité. Un peu trop d'amour propre l'a rendu trop sensible aux manœuvres d'un singe qu'il devait mépriser après qu'on l'avait fouetté [1]...

Si nous citons cette lettre où débordent le dépit et l'amertume, c'est qu'elle nous produit Maupertuis sous son vrai jour, et qu'elle nous révèle ses efforts pour pousser son royal protecteur dans la voie des sévérités implacables. Voltaire est son idée fixe, son cauchemar, il le voit partout, en entretient incessamment Frédéric qui essaye vainement de le calmer, de le rassurer, de lui prêcher la modération et le stoïcisme. « A vous parler avec franchise, mon cher Maupertuis, répond le châtelain de Sans-Souci à l'une de ses missives éplorées, il me semble que vous vous affectez trop et pour un malade et pour un philosofe d'une affaire que vous deviez mépriser. Côment empêcher un hôme d'écrire, et côment l'empêcher de nyer toutes les impertinences qu'il a débité ; si j'étois de vous, je ferois ce que je

---

26 décembre 1753. La *Gazette de Hollande* (2 janvier 1753) dit également, d'après une correspondance de Berlin, en date du 26 décembre, qu'on croyait que M. de Voltaire était l'auteur de la brochure.

1. *OEuvres de Frédéric le Grand* (Berlin, Preuss.), t. XX, p. 39. Lettre de Frédéric à Darget ; Potsdam, avril 1753.

pourrois pour me bien porter et ce seroit le tour le plus sanglant que vous pourriez lui jouer [1]... » Plus tard il lui faudra apaiser de nouvelles craintes et lui prêcher sans grand succès la résignation sur ce qu'on ne saurait ni prévenir ni empêcher. « J'ai fait des perquisitions pour savoir s'il y avoit quelques nouvelles satires vendües à Berlin mais je n'en ai rien apris. Ainsi je crois que vous pouvez être tranquile sur ce sujet. Quant à ce qui se vend à Paris [2], vous comprenez bien que je ne suis pas chargé de la police de cete vile et que je n'en suis pas le maitre. Voltere vous traite plus doucement que ne me traitent les gazetiers de Cologne et de Lubec, et cependant je ne m'en embarrasse aucunement [3]... »

Au moins, pour le présent, Maupertuis tenait sa vengeance, et l'amitié du souverain eût dû le dédommager amplement des blessures et des morsures de la haine. Cette exécution de l'*Akakia* impressionna Voltaire plus qu'il ne voulait le laisser croire. Mais la première panique passée (car il eut peur), il fut tout au ressentiment de l'outrage. Bien qu'en somme, cet auto-da-fé ne l'eût pas plus déshonoré que semblables exécutions ne déshonoraient en France, c'était au moins une marque éclatante de mécontentement et de disgrâce ; et l'auteur de la *Diatribe*

---

1. Cabinet de M. Feuillet de Conches, *Lettres originales de Frédéric le Grand à Maupertuis*, t. II, n° 2 ; 11 février 1753.

2. Maupertuis était bien renseigné. « Voulez-vous une autre anecdote, écrivait Voltaire à Formey, à la date du 17 janvier 1753, on a vendu à Paris six mille *Akakia* en un jour, et le plus orgueilleux de tous les hommes est le plus bafoué... » Voltaire, *OEuvres complètes* (Beuchot), t. LVI, p. 271.

3. Cabinet de M. Feuillet de Conches, *Lettres originales de Frédéric le Grand à Maupertuis*, t. II, n° 5 ; le 8 mars 1753.

pouvait s'attendre à tous les grands et petits désagréments de la défaveur, en un lieu où l'on n'osait penser, parler et agir que sous le bon plaisir du maître. Son parti fut bientôt pris. Tout cela ne faisait en définitive qu'amener un dénoûment inévitable et faciliter une retraite qui eût été, différemment, assez ardue à effectuer. « J'ai renvoyé, mandait-il à sa nièce à la date du 13 janvier, au *Salomon du Nord*, pour ses étrennes, les grelots et la marotte qu'il m'avait donnés et que vous m'avez tant reprochés. Je lui ai écrit une lettre très-respectueuse, car je lui ai demandé un congé. Savez-vous ce qu'il a fait ? Il m'a envoyé son grand factotum de Federsdorff, qui m'a rapporté mes brimborions ; il m'a écrit qu'il aimait mieux vivre avec moi qu'avec Maupertuis. Ce qui est bien certain, c'est que je ne veux vivre ni avec l'un ni avec l'autre. »

Que de commérages n'ont pas été répétés sur cette démarche finale de Voltaire ! Duvernet raconte qu'à la suite d'un entretien orageux entre le prince et son favori, Voltaire dit à son domestique, dans l'antichambre même du roi, à Potsdam : « Débarrasse-moi, mon ami, de ces marques honteuses de la servitude. » Entendez par les grelots, les brimborions, les marques de servitude, sa croix et la clef de chambellan. « Quelques-uns, ajoute l'abbé, ont prétendu qu'en se retirant tout en colère, il les avait suspendus à la clef de la porte de la chambre du roi [1]. » Collini fait justice de ces absurdités. Lorsque le poëte allait chez Frédéric, il n'avait pas de domestique à sa suite. Était-il croya-

---

1. Duvernet, *la Vie de Voltaire* (Genève, 1786), p. 157.

ble d'ailleurs qu'on pût se promener dans les appartements du château avec des serviteurs étrangers et commettre un acte aussi indécent sans qu'il y eût là quelqu'un pour s'y opposer [1]? N'acceptons davantage que sous bénéfice d'inventaire ce que nous dit Voltaire, qui écrivait moins à sa nièce qu'en vue des salons de Paris. Loin de vouloir casser les vitres, il tenait à donner à son attitude tous les dehors du chagrin et du respect. Il écrivit au roi une lettre tendre, soumise, désespérée même [2], et fit de ces insignes qui ne convenaient pas à un courtisan disgracié, un paquet sur l'enveloppe duquel il traçait de sa main le quatrain si connu :

> Je les reçus avec tendresse,
> Je vous les rends avec douleur ;
> C'est ainsi qu'un amant, dans son extrême ardeur [3],
> Rend le portrait de sa maîtresse.

Le jeune Francheville alla porter ce paquet à Fredersdorff, que l'on priait par un billet de vouloir bien

---

1. Collini, *Mon séjour auprès de Voltaire* (Paris, 1807), p. 49, 50.
2. Foisset, *Voltaire et le président de Brosses* (Didier, 1858), supplément à la correspondance de Voltaire avec Frédéric, p. 15, 16, 17. Lettre de Voltaire à Frédéric; 1er janvier 1753, et non le 3, comme semble l'indiquer Collini.
3. « Ce troisième vers, nous dit Collini, dans une note, a été changé par Voltaire dans *le Commentaire historique* : il s'y trouve ainsi :

Comme un amant jaloux, dans sa mauvaise humeur...

Je l'ai laissé ici tel que je le vis sur le paquet envoyé à Frédéric. » *Dans sa mauvaise humeur* était déjà trop accentué pour que Voltaire dût se permettre cette expression en l'adressant directement au roi et à deux pas du roi. Il le sentit et le corrigea. Thiébault donne le vers encore plus prononcé : « Comme un amant dans sa fureur... » Cette version devait encore moins rester que la précédente.

s'en charger près du Roi. Cela avait lieu, le 1er janvier, à trois heures et demie. Dès quatre heures, un fiacre s'arrêta devant la porte : c'était Fredersdorff, venant de la part de Sa Majesté rendre au poëte la croix et la clef de chambellan. « Il y eut entre eux une longue conférence, nous dit Collini : j'étais dans la pièce voisine, et je compris à quelques exclamations que ce ne fut qu'après un débat très-vif que Voltaire se détermina à reprendre les présens qu'il avait renvoyés. »

Ce dernier, sentant plus que jamais l'importance de se faire des appuis dans cette patrie qu'il était impatient de rejoindre, s'était empressé de nouer des rapports affectueux avec le nouvel envoyé de France, le chevalier de La Touche, établi à Berlin depuis la fin de juillet[1]. Dans le complet isolement où devait le plonger la disgrâce royale, il n'était pas indifférent d'intéresser à sa cause un personnage officiel, qui pût au besoin prendre sa défense à Potsdam, et édifier son gouvernement, chose non moins utile pour Voltaire, dont la conduite et les dernières démarches ne manqueraient pas d'être interprétées à Paris de plus d'une façon. L'auteur de *Mérope* s'était jeté tout aussitôt dans les bras du chevalier ; il n'allait rien décider, rien faire sans ses avis et son octroi. Il lui rendait effectivement compte, le lendemain, de ce qui s'était passé et le suppliait de venir à son aide. « Il m'a envoyé Federsdorff à 4 heures me dire qu'il réparerait tout, et que je lui

---

1. Et non fin de septembre, comme le suppose M. Foisset. « De Berlin, le 27 juillet. Le chevalier de La Touche, ministre de France, qui arriva ici hier de *Hanovre*, doit avoir incessamment audience du roi... » *Gazette d'Utrecht*, du vendredi 4 août 1752 (n° LXII).

écrivisse une autre lettre. Je lui ai écrit[1], mais sans démentir la première, et je ne prendrai aucune résolution sans vos bontés et vos conseils[2]. Comme j'ai eu l'honneur de vous prendre à témoin de mes sentiments dans une première lettre, et que le Roy sait que, selon mon devoir, je vous ai confié mes démarches, ce sera à vous à être arbitre : vous êtes actuellement un ministre de paix ; on la propose, dictez les conditions. Je ne peux sortir, je ne peux que vous renouveler ma respectueuse reconnaissance. On parle de souper ; je ne peux être assez hardi, si vous n'y êtes pour me seconder. Moy souper[3] ! » Voltaire ne savait trop que faire.

---

1. Voltaire, *OEuvres complètes* (Beuchot), t. LVI, p. 266, 267. Lettre de Voltaire à Frédéric. « ... M. Federsdorff, qui venait me consoler dans la disgrâce, m'a fait espérer que Votre Majesté daignerait écouter envers moi la bonté de son caractère, et qu'elle pourrait réparer par sa bienveillance, s'il est possible, l'opprobre dont elle m'a comblé... »

2. « ... Le lendemain, 2 janvier, lisons-nous dans une note manuscrite trouvée dans les papiers de M. de La Touche, destinée sans doute aux journeaux, le roi lui écrivait une lettre pleine de bonté, et M. de Voltaire, pénétré de respect et de reconnaissance, a persisté à supplier Sa Majesté de vouloir bien accepter sa démission entière et de lui conserver l'honneur de sa protection et de sa bienveillance, qu'il préférait à tous les biens et à tous les titres, lui alléguant que désormais il était inutile à S. M. On ignore encore si le roi de Prusse a accepté sa démission. » Foisset, *Voltaire et le président de Brosses*. Supplément à la correspondance de Voltaire et de Frédéric, p. 22. Cette note, que nous n'avons retrouvée, en ces termes du moins, dans aucunes Gazettes, semblait poser une question, à laquelle allait répondre la note que le poëte envoyait à Valther et que l'on rencontrera plus bas.

3. « Ce qui paraîtra encore plus singulier que la conduite de Voltaire, c'est que non-seulement le roi de Prusse n'a point voulu reprendre ses bienfaits, ni donner permission à Voltaire de s'en aller, mais qu'il lui a même fait dire qu'il vouloit lui parler et qu'il vînt souper avec lui. On pourroit croire qu'il n'y a plus rien d'ex-

La confiance était perdue, il ne cherchait qu'à prendre ses sûretés et à s'entourer de garanties. Après tout, n'était-il pas français, sujet et officier du roi Très-Chrétien ? « Je ne puis vous dire, monsieur, écrivait-il deux ou trois jours après à l'envoyé de France, à quel point je suis pénétré de vos bontés ; je vous prie instamment d'y mettre le comble, en disant à M. de Podevils l'intérêt que vous daignez prendre à moy en général, en me regardant comme un officier de la maison du Roy, notre maître, qui est icy avec un passeport du Roy et avec une recommandation à tous ses ministres, et enfin comme un homme qui vous est particulièrement attaché [1]. » Quant à ce souper, dont il repousse jusqu'à la pensée, il allégua pour ne pas s'y rendre son état de santé, et demeura blotti dans sa chambre, comme cela ressort de sa correspondance avec le chevalier. « La fièvre, monsieur, m'a empêché de vous faire ma cour. Je ne doute pas qu'on ne dise à Potsdam que cette fièvre est de commande ; il faudra que je meure pour me justifier... » Et cet autre billet : « Vous sentez quel besoin j'ai d'avoir l'honneur de vous parler et de vous ouvrir mon cœur. Je ne peux sortir : le roy de Prusse ne

---

traordinaire dans cette affaire ; ce n'est pas tout cependant. La réponse de Voltaire au message du roi de Prusse met le comble à la singularité ; il a fait dire au roi de Prusse qu'il ne pouvoit pas aller souper avec lui (je suppose que le mot d'honneur n'a pas été oublié), qu'ils seroient trop embarrassés vis-à-vis l'un de l'autre. On ne sait point encore ce qui en arrivera. » Duc de Luynes, *Mémoires*, t. XII, p. 343, 344, du vendredi 9 février 1753.

1. Foisset, *Voltaire et le président de Brosses* (Didier, 1858). Supplément à la correspondance de Voltaire et de Frédéric. Lettre de Voltaire ; 5 janvier 1753.

manquerait pas de dire que j'ay assez de santé pour aller chez vous, et que je n'en ay pas assez pour aller chez luy. »

A la demande de Frédéric, le poëte faisait insérer, le 18 janvier, dans la *Gazette de Spener*, une déclaration par laquelle il se défendait d'avoir eu la moindre participation aux publications dont Berlin avait été tout récemment inondé, aussi bien qu'aux doctes disputes éditées par Mindener [1]. Cela n'était que pure question de forme et ne pouvait tromper personne. Il publiait de sa pleine initiative une semblable protestation d'innocence dans un journal qui ne relevait pas aussi directement que celui de Berlin de Sa Majesté prussienne; mais il le faisait à sa façon, non sans y glisser une leçon de convenance à l'adresse de ceux qui se méprennent si étrangement sur leurs droits et leurs devoirs. « *M. de Voltaire*, mandait-on à la *Gazette d'Utrecht*, proteste n'avoir jamais fait de libelle diffamatoire contre M. *de Maupertuis*, et pense que des disputes entre gens de lettres, sur des expériences de physique singulières, ne peuvent être traitées ni comme des affaires d'État, ni des affaires criminelles [2]... » On ne lui en demandait pas autant à Berlin et, sans doute, trouva-t-on que cette dernière reflexion était trop, bien que la maxime n'eût en soi rien que de très-judicieux et de très-licite.

1. Venedey, *Friedrich der Gross und Voltaire* (Leipzig, 1859), p. 132. — *Gazette de Berlin* (1753), n° VIII.
2. *Gazette d'Utrecht*, du mardi 20 février 1753 (n° XV), supplément. De Berlin, le 13 février.

Frédéric n'y tenait plus; il avait faim, il avait soif de Voltaire, et son impatience s'augmentait des prétextes que prenait celui-ci pour ne pas sortir de chez lui. Il invite enfin le coupable pardonné à retourner à Potsdam avec lui, le 30 janvier, jour de son départ de Berlin. Le procédé était trop significatif pour n'être pas divulgué, et l'auteur de la *Henriade* n'aura garde de ne point l'apprendre à toute la terre. « Si vous écrivez à Paris et à Versailles, insinue-t-il au chevalier de la Touche, le 27 du même mois, je vous prie de vouloir bien mander cette nouvelle pour détruire les faux bruits qui y courent.... » Il ne négligera pas pour sa part de raconter fort au long à ses amis de France les moindres incidents de ce retour de faveur. Il l'annonce à madame Denis; mais madame Denis est sa nièce. Il l'annonce au marquis de Thibouville, une des trompettes de sa gloire à Paris [1]; il l'annonce à M. de La Virotte. « Je lui ai renvoyé, mande-t-il à celui-ci, son cordon, sa clef d'or, ornements très-peu convenables à un philosophe, et que je ne porte presque jamais. Je lui ai remis tout ce qu'il me doit de mes pensions. Il a eu la bonté de me rendre tout, et de m'inviter à le suivre à Potsdam, où il me donne dans sa maison le même appartement que j'ai toujours occupé. J'ignore si ma santé, qui est plus déplorable que mon aventure, me permettra de suivre sa Majesté [2]. » Mais cela ne lui suffit pas; c'est là une

---

1. Voltaire, *OEuvres complètes* (Beuchot), t. LVI, p. 272, 273. Lettre de Voltaire au marquis de Thibouville; ce 28 (janvier 1753).

2. *Ibid.*, t. LVI, p. 275. Lettre de Voltaire à M. de La Virotte; Berlin, le 28 janvier 1753.

publicité trop restreinte. Aussi dépêche-t-il au libraire Walther, son éditeur, l'avertissement suivant qu'il le prie de faire insérer dans toutes les gazettes.

On apprend par plusieurs lettres de Berlin que M. de Voltaire, gentilhomme ordinaire de la chambre du roi de France, ayant remis à Sa Majesté prussienne son cordon, sa clef de chambellan et tout ce qui lui est dû de ses pensions, non-seulement Sa Majesté prussienne lui a tout rendu, mais a voulu qu'il eût l'honneur de le suivre à Potsdam et d'y occuper son appartement ordinaire dans le palais [1].

Mais l'idée fixe de Voltaire, c'était de fuir. Dans la lettre même où était inclus l'avertissement qu'on vient de lire, il s'informait auprès de Walther s'il pourrait trouver à Dresde ou à Leipzig un appartement commode pour lui, un secrétaire et deux domestiques. « Je l'aimerais encore mieux, lui dit-il, à Leipzick qu'à Dresde, parce que j'y travaillerais plus à mon aise. Mais il faudrait que cela fût très-secret. Vous n'auriez qu'à me mander : *il faudra s'adresser à Leipzick chez...* Je m'y rendrais dans quinze jours ou trois semaines, et alors je vous serais plus utile. Au reste, dans la maison où je serai, il faudra absolument que je fasse ma cuisine. Ma mauvaise santé ne me permet pas de vivre à l'auberge. »

Cette lettre est datée de Berlin, le 1er février; il eût dû être alors à Potsdam, où le roi de Prusse l'avait

---

[1]. Voltaire, *OEuvres complètes* (Beuchot), t. LVI, p. 276. Lettre de Voltaire à M. G.-C. Walther; Berlin, 1er février 1753. — *Gazette d'Utrecht*, du mardi 6 février 1753 (n° XI). De Berlin, le 30 janvier.

invité à venir pour le 30 janvier. Mais sa santé ne le lui avait pas permis. « J'ai voulu me vaincre et venir à Potsdam; mais je suis retombé, la veille de mon départ, dans un état où il n'y a pas d'apparence que je relève. Mon érysipèle est rentré. La dyssentrie est survenue, j'ai souvent la fièvre; il y a quatorze jours que je suis dans mon lit [1]. » Il en dit autant dans un billet au chevalier de la Touche, sans date mais incontestablement de cette époque. « Vous vous doutez bien, monsieur, que je n'ay pas suivi le Roy de Prusse à Potsdam malgré ses bontés touchantes; l'état où je suis ne me laissera pas probablement la liberté de lui faire ma cour; mais je voudrais bien vous faire la mienne [2]. » Toujours les mêmes excuses, les mêmes prétextes, et dans les mêmes termes. Il temporise, mais ces délais ne sauraient avoir qu'un temps, et il faudra bien s'exécuter. Ce durant, le roi lui envoie de l'extrait de quinquina pour hâter la guérison. « Ce n'est pas cela qu'il me faut s'écrie le poëte; c'est mon congé. » Il allait mieux, Frédéric voulait qu'il retournât à Potsdam; l'auteur de la *Henriade* reprend alors son premier refrain des eaux de Plombières et commence ses préparatifs de départ. Il prévient Francheville qu'il ne peut emmener son fils, qu'une telle démarche déplairait à coup sûr au roi. Mais à ce motif très-spécieux se mêlait la crainte assez fondée qu'on

---

1. Voltaire, *OEuvres complètes* (Beuchot) t. LVI, p. 279. Lettre de Voltaire à d'Argens; Berlin, le 16 février 1753.
2. Foisset, *Voltaire et le président de Brosses* (Didier, 1858). Supplément à la correspondance de Voltaire et de Frédéric, p. 28. Lettre de Voltaire au chevalier de la Touche.

ne fît de ce jeune homme un surveillant et un espion apposé près de lui pour rendre compte de ses faits et gestes. En résulta-t-il quelque aigreur entre Voltaire et l'éditeur du *Siècle de Louis XIV*, et fut-ce là ce qui décida le premier à chercher un autre gîte? Ce qu'il y a de certain, c'est qu'il quittait aussitôt (5 mars) la demeure de l'académicien pour aller s'établir dans la maison d'un gros marchand appelé Schweigger, située au faubourg de Stralow et qu'il désigne sous le nom du *Belvédère*[1].

1. Cette maison a été morcelée depuis, et forme à présent les n°s 56, 57, 58 et 59 de la *Holzmarktstrasse*. OEuvres de Frédéric le Grand (Berlin, Preuss.), t. XXII, p. 306. — Voltaire, OEuvres complètes (Beuchot), t. LVI, p. 228. Lettre de Voltaire à Frédéric; à Berlin, au Belvédère, le 12 mars 1753.

IX

FROIDS ADIEUX. — VOLTAIRE A LEIPZIG. — GOTHA ET CASSEL. — ARRIVÉE A FRANCFORT.

Le nouveau ménage (car jusque-là Voltaire avait été défrayé par le roi), se composait de quatre personnes, du maître, d'une cuisinière, d'un domestique, et de Collini, tout à la fois secrétaire, économe et ministre dirigeant. Mais, quelque éloigné qu'il fût du centre de Berlin, le poëte ne laissait pas d'être relancé par nombreuse compagnie. La comtesse de Bentinck, entre autres, reconnaissante des services passés, venait souvent le voir. Son médecin, le docteur Coste, lui était resté fidèle et se montrait fort assidu. Il avait héroïquement conseillé les eaux de Plombières, tout en sachant que ce n'était pas faire sa cour au roi de Prusse, dont la réponse n'arrivait point[1]. Voltaire, très-disposé d'ailleurs à se créer des fantômes, augurait mal de ce silence prolongé; il s'indignait, se révoltait de cette tyrannie qui ne tenait nul compte des exigences de sa santé perdue et qui voulait le garder quand même.

1. Il s'était déjà fait délivrer une consultation par Bajieu, chirurgien-major des gendarmes de la garde du roi de France, qui prescrivait les eaux de Plombières. Voir la lettre de Voltaire à celui-ci, datée de Berlin, le 19 décembre 1752, t. LVI, p. 261, 262.

Son imagination s'exaltait tous les jours davantage : il rêvait, combinait, machinait les plans d'évasion les plus extravagants.

J'allais, raconte Collini, quelquefois promener avec lui dans un grand jardin dépendant de la maison. Lorsqu'il désirait être seul, il me disait : « A présent, laissez-moi un peu rêvasser. » C'était son expression, et il continuait sa promenade. Un soir, dans ce jardin, après avoir causé ensemble sur sa situation, il me demanda si je saurais conduire un chariot attelé de deux chevaux. Je le fixai un moment, et comme je savais qu'il ne fallait pas contrarier sur le champ ses idées, je lui répondis affirmativement. « Écoutez, me dit-il, j'ai imaginé un moyen de sortir de ce pays. Vous pourriez acheter deux chevaux, il ne paraîtra pas étrange que l'on fasse une provision de foin. — Eh bien, monsieur, lui dis-je, que ferons-nous du chariot, des chevaux et du foin ? Le voici : nous emplirons le chariot de foin ; au milieu du foin nous mettrons tout notre bagage. Je me placerai déguisé, sur le foin, et me donnerai pour un curé réformé qui va voir une de ses filles mariée dans le bourg voisin. Vous serez mon voiturier. Nous suivrons la route la plus courte pour gagner les frontières de Saxe, où nous vendrons chariot, chevaux et foin ; après quoi, nous prendrons la poste pour nous rendre à Leipsig. » Il ne pouvait s'empêcher de rire en me communiquant ce projet, et il accompagnait son récit de mille réflexions gaies et singulières. Je lui répondis que je ferais ce qu'il voudrait et que j'étais disposé à lui donner toutes les preuves de dévouement qui dépendraient de moi ; mais que ne sachant pas l'allemand, je ne pourrais répondre aux questions qui me seraient adressées. Que, d'ailleurs, ne sachant pas très-bien conduire, je ne pouvais répondre de ne pas verser mon pasteur dans quelque fossé, ce qui m'affligerait beaucoup. Nous finîmes par rire ensemble de ce projet. Il ne tenait pas beaucoup à le réaliser, mais il aimait à imaginer des moyens de sortir d'un pays où il se regardait comme prisonnier. « Mon ami, me dit il, si la permission d'aller aux eaux ne vient sous peu de tems, je saurai de manière ou d'autre sortir de l'île d'*Alcine*[1].

1. Collini, *Mon séjour auprès de Voltaire* (Paris, 1807), p. 53, 54, 55.

Enfin arriva un mot du roi. « Je vous donne en cent à deviner sa réponse. Il m'a fait écrire par son factotum qu'il y avait des eaux excellentes à Glatz, vers la Moravie. Voilà qui est horriblement vandale et bien peu *Salomon;* c'est comme si on envoyait prendre les eaux en Sibérie. Que voulez-vous que je fasse? Il faut bien aller à Potsdam; alors il ne pourra me refuser mon congé [1]. » Mais pour habituer son monde à cette idée de départ et n'autoriser aucune espérance, il ne laissait échapper une occasion de rappeler sa volonté bien formelle d'aller à Plombières. Cela fit perdre patience au peu endurant philosophe de Sans-Souci, qui lui décochait le poulet peu tendre qu'on va lire.

Il n'étoit pas nécessaire que vous prissiez le prétexte du besoin que vous me dites avoir des eaux de Plombières, pour me demander votre congé. Vous pouvez quitter mon service quand vous voudrez ; mais avant de partir, faites moi remettre le contrat de votre engagement, la clef, la croix et le volume de poésie que je vous ai confié. Je souhaiterais que mes ouvrages eussent été seuls exposés à vos traits et à ceux de Kœnig. Je les sacrifie de bon cœur à ceux qui croient augmenter leur réputation en diminuant celle des autres; je n'ai ni la folie ni la vanité de certains auteurs. Les cabales des gens de lettres me paroissent l'opprobre de la littérature. Je n'en estime cependant pas moins les honnêtes gens qui les cultivent. Les chefs de cabale sont seuls avilis à mes yeux [2].

1. Voltaire, *Œuvres complètes* (Beuchot), t. LVI, p. 289, 290. Lettre de Voltaire à madame Denis; à Berlin, le 15 mars 1753. Cette opiniâtreté de Frédéric était bien connue à Paris, où du reste Voltaite s'y prenait de façon à ce qu'on n'ignorât rien de ce qui avait rapport à lui; d'Argenson écrivait à cette époque dans son curieux journal : « Le roi de Prusse ne veut absolument pas laisser sortir le poëte Voltaire de ses États. Voltaire lui a écrit qu'il lui demandait *la liberté ou la mort...* » Marquis d'Argenson. *Mémoires* (Jannet), t. IV, p. 127.

2. Beuchot, qui ignorait la date de cette lettre, l'a pourtant

Cela était dur, tant soit peu brutal dans le fond comme dans la forme, et tout autre que Voltaire ne se fût pas relevé d'un tel coup de massue. Mais ce n'était pas en disgracié qu'il voulait partir ; il charge l'abbé de lui ménager une entrevue et annonce son arrivée à Potsdam.

Cher abbé, votre style ne m'a pas paru doux. Vous êtes un franc secrétaire d'État ; mais je vous avertis qu'il faut que je vous embrasse avant mon départ. Je ne pourrai vous baiser, car j'ai les lèvres trop enflées de mon diable de mal. Vous vous passerez bien de mes baisers, mais ne vous passez point, je vous en prie, de ma vive et sincère amitié. Je vous avoue que je suis désespéré de vous quitter et de quitter le roi ; mais c'est une chose indispensable. Voyez avec le cher marquis [1],

classée à sa vraie place, et l'argumentation ingénieuse de M. Foisset, qui veut qu'elle soit du 29 ou du 30 décembre 1752, porte à faux, ce qui ne nous est que trop facile à démontrer, les preuves en main ; car ce billet peu gracieux, comme cela sera dit plus loin, fut inséré, par les soins mêmes du roi, dans les *Gazettes de Hollande* et d'*Utrecht*, avec la date du 16 mars. Ajoutons que l'on a retrouvé aux Archives du cabinet de Berlin, à la date aussi du 16 mars, le projet de cette même lettre qu'il est assez piquant de comparer au billet rédigé par l'abbé de Prades. Le voici : « Qu'il peut quitter ce service quand il lui plaira ; qu'il n'a pas besoin d'employer le prétexte des eaux de Plombières, mais qu'il aura la bonté, avant que de partir, de me remettre le contrat de son engagement, la clef, la croix et le volume de poésie que je lui ai confié ; que je voudrois que lui et Kœnig n'eussent attaqué que mes ouvrages, que je les sacrifie de bon cœur à ceux qui ont envie de dénigrer la réputation des autres ; que je n'ai point la folie et la vanité des auteurs, et que les cabales des gens de lettres me paroissent le comble de l'avilissement. » *OEuvres de Frédéric le Grand* (Berlin, Preuss.), t. XXII, p. 308, 309.

1. D'Argens. Nous avons vu Voltaire, après son procès avec Hirsch, s'établir un instant au Marquisat, pendant l'absence de l'auteur des *Lettres juives*. Mais depuis longtemps celui-ci avait repris son poste auprès du roi. « De Berlin, 31 août... Le marquis d'Argens, chambellan du roi, qui a fait un voyage en Italie, et qui s'est arrêté

avec Fredersdorff, pardieu avec le roi lui-même, comment vous pourrez faire pour que j'aie la consolation de le voir avant mon départ. Je le veux absolument ; je veux embrasser de mes deux bras l'abbé et le marquis. Le marquis ne sera pas plus baisé que vous ; le roi non plus. Mais je m'attendrirai ; je suis faible, je suis une poule mouillée. Je ferai un sot personnage ; n'importe ! je veux encore une fois prendre congé de vous deux. Si je ne me jette pas aux pieds du roi, les eaux de Plombières me tueront. J'attends votre réponse pour quitter ce pays-ci en homme heureux ou en infortuné [1].

Ces tendresses à l'abbé s'expliquent. Prades était à Berlin la créature de Voltaire, à qui il devait sa situation. Il avait bien fallu prendre le large après la condamnation de la fameuse thèse [2], et il s'était d'abord sauvé en Hollande. D'Alembert, qui ne pouvait manquer de prendre sous sa protection un abbé qui avait d'aussi louables idées sur l'essence de l'âme, sur le bien et le mal moral, sur la loi naturelle et la religion révélée, et sur les miracles, avait prié madame Denis d'écrire à l'oncle en sa faveur [3]. Voltaire, à la réception de la lettre, se met aussitôt en campagne et s'emploie, tout d'abord, à gagner d'Argens à la cause de celui-ci. « Ou je me trompe, mon cher *Isaac*, ou M. de Prades, que je ne veux plus nommer abbé, est

quelque tems à *Monaco*, en est de retour à *Potsdam* depuis le 26 du mois dernier. » *Gazette d'Utrecht*, du mardi 7 septembre 1751 (n° LXXII). Supplément.

1. *Œuvres de Frédéric le Grand* (Berlin, Preuss.), t. XXII, p. 308. Lettre de Voltaire à l'abbé de Prades ; Berlin, au Belvédère, 15 mars. Ce ne doit pas être le 15, mais le 17 mars, car cette lettre est bien évidemment une réponse à la lettre de Frédéric, qui est du 16.

2. L'abbé de Prades, *Apologie* (1752, 3 parties, in-8°). — Voltaire, *OEuvres complètes* (Beuchot), t. XXXIX, p. 530-548.

3. *Ibid.*, t. LVI, p. 159. Lettre de d'Alembert à Voltaire ; à Paris, le 24 août 1752.

l'homme qu'il faut au roi et à vous : naïf, gai, instruit et capable de s'instruire en peu de temps, intrépide dans la philosophie, dans la probité et dans le mépris pour les fanatiques et les fripons ; voilà ce que j'ai pu juger à première vue [1]. » Le marquis eût trahi son passé s'il eût refusé son appui à cette victime du fanatisme et de l'intolérance. « L'abbé de Prades est enfin arrivé à Potsdam, du fond de la Hollande où il s'était réfugié. Nous l'avons bien servi, le marquis d'Argens et moi, en préparant les voies. C'est, je crois, la seule fois que j'ai été habile ; je me remercie d'avoir servi un pareil mécréant. C'est, je vous le jure, le plus drôle d'hérésiarque qui ait jamais été excommunié. Je crois qu'il sera lecteur du roi de Prusse et qu'il succédera dans ce grave poste au grave La Métrie. En attendant, je le loge comme je peux [2]. » Frédéric, auquel la tournure d'esprit de l'abbé ne déplut pas, fit de ce souteneur de thèses son lecteur et son secrétaire, avec une pension à laquelle vinrent bientôt se joindre deux canonicats, l'un à Oppeln, l'autre à Glogau [3]. Reconnaissant ou non, Prades, tenant la plume du roi dont il formulait les ordres, n'avait sans doute pas le choix des idées, si on le laissait parfois modifier les termes ; et il fallait bien dire des duretés même à ses amis et à ses bienfaiteurs, quand le philosophe de Sans-Souci n'était pas de bonne humeur. Mais c'est ce que sent et

---

1. Voltaire, *OEuvres complètes* (Beuchot), t. LVI, p. 150. Lettre de Voltaire à d'Argens ; Potsdam, août 1752.

2. *Ibid.*, t. LVI, p. 151, 152. Lettre de Voltaire à madame Denis ; Postdam, 19 août 1752.

3. *Ibid.* Lettre de Voltaire à Richelieu ; à Potsdam, le 25 novembre 1752.

comprend le poëte tout en trouvant que l'abbé était devenu un vrai « secrétaire d'État, » et que son style ne péchait pas par l'excès de douceur, comme il le lui dit en effleurant, au commencemement de sa lettre. Probablement la permission ne se fit pas attendre, car Voltaire, le 18 mars, après un stage de treize jours [1] dans la maison du faubourg de Stralow, partait de Berlin et arrivait à sept heures du soir à Potsdam où il reprenait au château son ancien appartement.

Le lendemain, après dîner, il se rendit dans le cabinet du roi, et ils demeurèrent deux bonnes heures enfermés ensemble. On eût voulu assister à cette entrevue, et recueillir toutes les assurances charmantes d'affection que se donnèrent ces deux grandes coquettes, avec une égale sincérité. Voltaire reparut, le visage rayonnant. Vraisemblablement, rien n'avait été épargné pour lui faire oublier le passé, et le faire renoncer à ses projets de départ. « En effet, nous dit Collini, j'appris de lui que Frédéric était entièrement revenu à la confiance et à l'amitié, et Maupertuis lui-même avait été dans quelques saillies immolé à leur réconciliation [2]. »

---

1. Collini accuse onze jours. Mais comme Voltaire s'était établi chez Schweigger, le 5 mars, en quittant ce refuge le 18, ce n'est point onze jours, mais treize jours qu'il y demeura.

2. Collini, *Mon séjour auprès de Voltaire* (Paris, 1807), p. 56. Si cela était vrai, il pourrait bien se faire que ce fût de cette entrevue qu'il est parlé dans une lettre en latin de Voltaire à Gottsched. « Regi de fictitia et insulsa contra Maupert. locutus sum et mecum risit. Dixi illi M. politicum magnum centum thaleros dare magno Merian ut scribat, et ego dixi sine stipendio contra Maupertuisium. « Astutior te est, dixit rex. — Etiam, respondi, et glorior nullam astutiam adhibere... — Durus est, addit rex, et mecum sæpe acerbus. — Recte, dixi, recte tecum acerbus est, et mecum fuisti ;

L'auteur de la *Henriade* demeura six jours à Potsdam, fêté, choyé par Frédéric. Mais la confiance était envolée, et ces soupers charmants gâtés par une arrière-pensée importune. Il ne leur manquait, en effet, pour qu'ils fussent délicieux, qu'une sécurité que rien ne pouvait rendre. Aussi Voltaire les appelait-il les *soupers* de Damoclès, mot dur, trop justifié pourtant. En dépit des caresses, le poëte avait insisté sur l'urgence pour sa santé, et sa vie peut-être, d'aller aux eaux de Plombières, et force fut bien de le laisser partir. Ce fut, durant les huit jours qu'il passa près du roi, un jeu double des plus savants, une succession de manœuvres habiles, mais qui ne devaient avoir aucun effet sur une détermination immuable. Frédéric, tout en n'ayant conservé aucun sentiment affectueux, tout en éprouvant au contraire quelque chose de pareil à la haine, ne pouvait se résoudre à se séparer de cet esprit incomparable dont les étincelles l'éblouissaient, et qu'il admirait en dépit de son irritation et de ses colères ; et, malgré son avarice, les sacrifices ne lui eussent pas coûté. Mais Voltaire, sur lequel du reste il opérait cette sorte de fascination, n'avait par pardonné ; la blessure était toujours béante et saignante ; Berlin, Potsdam, la cour, le roi, tout lui était également odieux.

Ce fut le 26, au matin, qu'eut lieu la dernière

---

irridet tuos subditos, academiam opprimit, maximis viris insultat, et tu in ejus favorem scripsisti, et sine stipendio! » Henri Beaune, *Voltaire au collége* (Amyot, 1767), p. 33, 34, 6 avril 1753. L'original de cette lettre se trouve à la bibliothèque de l'Université de Leipzig.

entrevue du souverain et du poëte. Collini prétend qu'elle fut des plus amicales. Thiébault, sur le récit qui lui en avait été fait, raconte un peu différemment leurs adieux.

Le roi était à la parade lorsqu'on lui dit : « Sire, voilà M. de Voltaire qui vient recevoir les ordres de Votre Majesté. » Le roi se tourna de son côté en lui disant : « Eh bien, M. de Voltaire, vous voulez donc absolument partir? — Sire, des affaires indispensables, et surtout ma santé m'y obligent. — Monsieur, je vous souhaite un bon voyage. » Le dialogue ne fut pas plus long ; Voltaire se retira, et il fut évident qu'ils ne devaient jamais se revoir, et que leur dernière entrevue, si cordiale et si gaie, n'avait été qu'une scène parfaitement bien jouée [1].

Tous les préparatifs étaient faits à l'avance, et Voltaire avait si grande hâte de s'éloigner et une si grande appréhension qu'on ne se ravisât, qu'il partit aussitôt après cette audience en plein air, sans prendre congé de personne et y suppléant par des billets affectueux où il s'excusait sur l'incivilité du procédé [2]. Collini nous donne des détails assez particuliers sur la manière de voyager du poëte, qui ne cheminait pas précisément en poëte crotté. C'était dans un vaste carrosse, bien compris, bien commode, plein de poches et de lieux de réserve. Sur le banc se tenaient deux domestiques, dont un était employé à la copie des manuscrits.

1. Dieudonné Thiébault, *Souvenirs de vingt ans de séjour à Berlin* (Didot, 1860), t. II, p. 348.
2. Voltaire, *OEuvres complètes* (Beuchot), t. LVI, p. 295. Lettre de Voltaire à d'Argens. — Foisset, *Voltaire et le président de Brosses* (Didier, 1858). Supplément à la correspondance de Voltaire et de Frédéric, p. 30, 31. Lettre de Voltaire au chevalier de la Touche ; Potsdam, 25 mars 1753.

L'attelage variait de quatre à six chevaux, selon le plus ou moins mauvais état des routes. Voilà pour le dehors. L'intérieur renfermait Voltaire, ses manuscrits, ses cassettes, ses lettres de change, ses effets les plus précieux, et Collini, qui était là pour l'utile et l'agréable. L'illustre voyageur arriva sans aventures, le lendemain soir 27, à Leipzig, sur les six heures. Il entrait, et pour causes, dans ses projets d'y séjourner un temps plus ou moins long; aussi ne demeura-t-il pas à l'auberge et alla-t-il se loger dans un appartement de la rue Neumarkstran, peut-être retenu d'avance à sa prière par les soins de Walther, bien que Collini n'en dise rien.

Maupertuis s'imagina que l'ennemi ne s'était arrêté à Leipzig qu'à cause de lui. Il s'y était arrêté en vue d'un autre encore, de La Beaumelle; mais l'auteur de l'*Essai de Cosmologie* avait, en somme, flairé assez juste. Voltaire voulait infecter l'Europe d'*Akakia*, il voulait tuer le natif de Saint-Malo sous le ridicule; il n'avait pas tout dit, et il éprouvait le besoin d'ajouter un chapitre ou deux à la *Diatribe*. *Le Traité de paix*, qui devait suivre, ne le cédait en rien à ses aînés, s'il ne les dépassait point. Le sujet était le même : c'étaient d'inépuisables variations sur un même thème, rajeunies par la forme, le pétillant et l'acéré d'une plaisanterie sans cesse renouvelée. Il s'agissait de mettre fin à une guerre de plume qui menaçait, si l'on n'essayait de séparer les combattants, de n'avoir pas une durée moindre que la guerre de Troie. L'illustre président finit par se laisser fléchir; il s'humanise, il consentira désormais à ce qu'on puisse écrire contre son sentiment « sans être imputé malhonnête homme. » Il demande pardon à Dieu d'avoir prétendu qu'il n'y a de preuves de son existence que dans A plus B divisé par Z. Tous les malades auront dorénavant la faculté de payer leurs médecins, et ceux-ci ne seront pas contraints de se renfermer inexorablement dans une seule maladie.

Si jamais nous traitons de l'accouplement et du fœtus, nous promettons d'étudier auparavant l'anatomie, de ne plus recommander l'ignorance aux médecins, de ne plus envier le sort des colimaçons, et de ne plus leur dire ces douces paroles : « Innocents colimaçons, recevez et rendez mille fois les coups de ces dards dont la nature vous a armés. Ceux qu'elle a réservés pour nous sont des soins et des regards[1]; » attendu que cette phrase est fort mauvaise, et qu'un soin réservé n'est pas un dard, et que ces expressions ne sont point académiques.

Nous ne porterons plus envie aux crapauds, et nous n'en parlerons plus en style de bergerie, vu que Fontenelle, que nous avons cru imiter, n'a point chanté les crapauds dans ses églogues.

Nous laissons à Dieu le soin de créer des hommes comme bon lui semble, sans jamais nous en mêler; et chacun sera libre de ne pas croire que dans l'uterus l'orteil droit attire l'orteil gauche, ni que la main se mette au bout du bras par attraction.

Si nous allons aux terres Australes, nous promettons à l'Académie de lui amener quatre géants hauts de douze pieds, et quatre hommes velus avec de longues queues; nous les ferons disséquer tout vivants, sans prétendre pour cela connaître mieux la nature de l'âme que nous ne la connaissons aujourd'hui; mais il est toujours bon, pour le progrès des sciences, d'avoir de grands hommes à disséquer...

A l'égard du trou que nous voulions percer jusqu'au noyau de la terre, nous nous désistons formellement de cette entreprise; car, quoique la vérité soit au fond d'un puits, ce puits

---

1. Maupertuis, *OEuvres* (Lyon, 1768), t. II, p. 59. *Vénus physique.*

serait trop difficile à faire. Les ouvriers de la tour de Babel sont morts, aucun souverain ne veut se charger de notre trou, parce que l'ouverture serait un peu trop grande, et qu'il faudrait excaver au moins toute l'Allemagne, ce qui porterait un notable préjudice à la balance de l'Europe. Ainsi, nous laisserons la face du monde telle qu'elle est ; nous nous défierons de nous-même toutes les fois que nous voudrons creuser, et nous nous arrêterons constamment à la superficie des choses...

Nous trouverons toujours bon qu'on vive huit à neuf cents ans, en se bouchant les pores et les conduits de la respiration ; mais nous ne ferons cette expérience sur personne, de peur que le patient ne parvienne tout d'un coup à l'âge de maturité, qui est la mort.

Notre président ne s'arrête pas en si beau chemin, il veut bien avouer que les Copernic, les Wolf, les Haller, les Gottsched ne sont pas sans capacités, particulièrement le second, son grand émule, dont il prend l'engagement d'étudier la logique, « d'autant qu'au régiment où nous servions en France dans notre jeunesse, nous n'avons point eu d'occasion d'entendre parler de ces choses-là. » Le dix-neuvième et dernier article aura été sûrement celui auquel on se sera résigné avec le plus d'efforts et, par conséquent, de mérite : on devine qui il doit avoir en vue.

Enfin, pour donner la plus grande preuve possible du désir sincère que nous avons de rendre le repos à l'Europe littéraire, nous consentons que notre ennemi capital, M. de Voltaire, soit compris dans le présent traité de paix, nonobstant les puissantes raisons que nous avions pour l'en excepter. Pourvu donc qu'il s'engage de ne plus nous mettre dans sa prose ni dans ses vers, nous promettons de ne plus cabaler contre lui ; de ne plus nous servir de l'exécuteur de la haute justice pour nous venger de ses plaisanteries ; de ne plus le menacer de notre bras plutôt que de notre esprit ; de ne plus prétendre qu'il tremble tant qu'il n'aura pas la fièvre, et enfin d'abandonner La Beaumelle à la justice.

Le professeur de la Haye ne pouvait manquer de suivre un si bel exemple, et ce fut un assaut de générosité et de grandeur d'âme. L'on conçoit que l'acquiescement de Kœnig ne devait être qu'une continuation et un complément du même persiflage.

Ce beau et sage discours fini, M. le secrétaire perpétuel lut à haute voix la déclaration de M. le professeur Koenig, laquelle contenait en substance :

1° Qu'ayant travaillé toute sa vie à soumettre son imagination à l'empire de la raison, il se confessait incapable de concevoir des idées aussi brillantes que l'étaient celles que le génie de M. le président avait enfantées dans ses lettres ; qu'il lui cédait la palme, et qu'il se reconnaîtrait toujours son inférieur à cet égard.

2° Mais que pour épargner dorénavant à M. le président des soupçons désagréables, il serait plus circonspect dans ses citations ; qu'il n'avancerait aucun fait relatif aux sciences, sans pouvoir le prouver par la signature d'un notaire juré et quatre témoins, gens de bonne vie ; que dans les dissertations sur le minimum de l'action, il ne rapporterait plus de fragments de lettres sans en avoir en main les originaux ; qu'aussi, pour faciliter le présent accommodement, il passerait à M. le président le principe qu'*un écrit dont on ne peut pas produire l'original est un écrit forgé*, sans le soupçonner pour cela de manquer de foi aux livres de notre sainte religion.

3° Que pour le bien de la paix, et comme un équivalent de l'honneur d'être de l'Académie de Berlin (auquel ce professeur s'était obligé de renoncer), il accepterait une profession de philosophie dans la ville latine que M. le président voulait fonder, dès qu'il saurait qu'on y aurait commencé à prêcher, à plaider et à jouer la comédie en latin ; et qu'en ce cas, il s'appliquerait de toutes ses forces à parler et à écrire dans le style des *Epistolæ obscurorum virorum*, afin d'y établir autant qu'il sera possible une latinité que M. le président puisse entendre.

4° Qu'en attendant, il mettrait une monade ou être simple à côté de chaque géant que M. le président apporterait à l'Académie ; qu'on disséquerait les uns et les autres pour voir si c'est dans ceux-ci ou dans celles-là que l'on peut découvrir le plus facilement la nature de l'âme.

5° Qu'au surplus, il consentait de grand cœur que tout le reste fût déclaré comme non avenu ; que les combattants des deux parties, sans exception, avouassent de bonne foi que chacun a été trop loin des deux côtés, et qu'ils auraient dû commencer par où le public finit, c'est-à-dire par rire.

L'Académie ne se sentait pas d'aise, le sanctuaire de la science n'allait donc plus retentir de clameurs et d'imprécations ! On s'apprêtait à entonner un *Te Deum* et à chanter une messe d'actions de grâces, dite par un jésuite assisté d'un diacre calviniste et d'un sous-diacre janséniste, quand M. le président se ravisa. «... Sur le point de signer et d'en remplir tous les articles, sa mélancolie et sa philocratie redoublèrent avec des symptômes violents. Il s'emporta contre son bon médecin Akakia, qui était alors malade lui-même dans la cité de Leipsick en Germanie, et lui écrivit une lettre fulminante, par laquelle il le menaçait de venir le tuer. » Jusqu'ici la plaisanterie, tout extrême qu'elle fût, avait gardé un certain niveau ; c'était en somme de la critique scientifique, philosophique, littéraire, voire grammaticale. Nous allons tomber dans la bouffonnerie et la charge, la bouffonnerie de *M. de Pourceaugnac* et du *Bourgeois Gentilhomme*. Maupertuis s'attirera par la plus ridicule jactance ces dernières gaietés, qui n'avaient nulle raison d'être, s'il se fût tenu en repos. Mais, comme on l'a dit plus haut, il soupçonnait qu'en s'arrêtant à Leipzig le poëte avait plus d'un projet en tête et, sans amour-propre exagéré, il croyait entrer pour une part dans ses machinations. Les renseignements qui lui venaient de ce côté-là ne faisaient d'ailleurs que confirmer ses appréhensions, et il ne douta plus des intentions de son impitoyable adversaire. A l'idée de voir poursuivre la terrible plaisanterie dont il avait été le seul à ne pas rire, il perdit toute judiciaire ; il se souvint qu'il avait été officier de dragons, que son grand sabre devait être pendu à quelque endroit, et se dit qu'il y avait des moyens de réprimer et châtier les insolents. Il eût eu un ami véritable, que cet ami se fût opposé à l'acte de démence qu'il allait commettre. Mais Maupertuis n'avait que des obligés serviles, qui s'inclinaient devant sa volonté, et se fussent bien gardés de lui donner un conseil en contradiction avec la passion du moment. Il put donc écrire tout à son aise, et sans rencontrer le moindre obstacle, la lettre furibonde que nous allons reproduire, et qui est datée du 3 avril.

Les gazettes disent que vous êtes demeuré malade à Leipzig[1] ; les nouvelles particulières assurent que vous n'y séjournez que pour faire imprimer de nouveaux libelles. Pour moi, je veux vous faire savoir des nouvelles certaines de mon état et de mes intentions.

Je n'ay jamais rien fait contre vous, rien écrit, rien dit ; j'ay trouvé même indigne de moi de répondre un mot à toute les impertinences que jusqu'ici vous avez répandues, et j'ay mieux aimé laisser courir des histoires de M. de La Baumelle, dont j'avois le désaveu de lui par écrit et cent autres faussetés que vous avez débitées pour tâcher de colorer votre conduite à mon égard, que de soutenir une guerre aussi indécente ; la justice que m'a faite le roy de vos papiers écrits, ma maladie et le peu de cas que je fais de mes ouvrages, ont pu jusqu'ici justifier mon indolence.

---

1. Notamment la *Gazette d'Utrecht* des 3 et 6 avril 1753 (nos XXVII, XXVIII), et *Leipziger Zeitungen*, du 28 mars 1753, p..204.

Mais s'il est vray que votre dessein soit de m'attaquer encore et de m'attaquer, comme vous l'avez déjà fait, par des personnalités, je vous déclare qu'au lieu de vous répondre par des écrits, ma santé est assez bonne pour vous trouver partout où vous serez et pour tirer de vous la vengeance la plus complète.

Rendez grâce au respect et à l'obéissance qui ont jusqu'icy retenu mon bras, et qui vous ont sauvé de la plus malheureuse aventure qui vous soit encore arrivée.

Voltaire, qui a reproduit, dans le recueil de l'*Akakia*, une partie de ce dernier paragraphe, en a retranché le dernier membre de phrase, qui semblait rappeler des aventures dont le souvenir n'avait en effet pour lui rien de souriant. Il termine, en revanche, le fragment par un : « Tremblez ! » de son invention ; ce qu'il est de stricte loyauté de signaler, bien que l'on regrette que ce ne soit qu'un apport étranger, tant ce « tremblez! » finit heureusement cette ridicule fanfaronnade. Qu'espérait Maupertuis? Voltaire passait pour poltron, et la perspective d'une affaire eût pu brider sa verve, quelque quinze ans plus tôt; mais à cinquante-neuf ans qu'il avait, y avait-il apparence de l'attirer sur le pré? Ces menaces de rodomont ne pouvaient avoir d'autre effet que de mettre en gaieté le malin vieillard, et de provoquer une succession de plaisanteries qui, pour n'être pas des plus attiques, n'en atteignirent pas moins leur but. Le bon docteur, dans son épouvante, implore aide et soutien de l'Université de Leipzig, par une requête qui rappelle les causes grasses de nos vieux tribunaux, et quil faut bien joindre au reste.

Le docteur Akakia, réfugié dans l'Université de Leipsick, où il a cherché un asile contre les attentats d'un Lapon natif de Saint-Malo, qui veut absolument le venir assassiner dans les bras de la dite Université, supplie instamment messieurs les docteurs et écoliers de s'armer contre ce barbare de leurs écritoires et canifs. Il s'adresse particulièrememt à ses confrères ; il espère qu'ils purgeront ledit sauvage dès qu'il paraîtra, qu'ils évacueront toutes ses humeurs peccantes, et qu'ils conserveront par leur art ce qui peut rester de raison à ce cruel Lapon, et de vie à leur confrère le bon Akakia, qui se recommande à leurs soins. Il prie messieurs les apothicaires de ne le pas oublier en cette occasion.

Une requête de cette urgence ne pouvait manquer d'être prise en haute considération. Intervint aussitôt un décret dont suit la teneur, ordonnant d'arrêter aux portes de la ville ledit natif de Saint-Malo, « lorsqu'il viendrait pour exécuter son dessein parricide contre le bon Akakia qui lui avait servi de père. »

Un quidam ayant écrit une lettre à un habitant de Leipsick, par laquelle il menace ledit habitant de l'assassiner, et les assassinats étant visiblement contraires aux priviléges de la Foire, on prie tous et chacun de donner connaissance dudit quidam, quand il se présentera aux portes de Leipsick. C'est un philosophe qui marche en raison composée de l'air distrait et de l'air précipité, l'œil rond et petit et la perruque de même, le nez écrasé, la physionomie mauvaise ; ayant le visage plein et l'esprit plein de lui-même, portant toujours scapel en poche pour disséquer les gens de haute taille. Ceux qui en donneront connaissance auront mille ducats de récompense assignés sur les fonds de la ville Latine que ledit quidam fait bâtir, ou sur la première comète d'or et de diamant qui doit tomber incessamment sur la terre, selon les prédictions dudit quidam philosophe et assassin [1].

Ces mesures prises, comme toute lettre mérite réponse, voici celle du docteur au natif de Saint-Malo. Elle couronne l'œuvre.

1. Extrait du journal de Leipzig, intitulé *Der Hofmeister*.

M. le président,

J'ai reçu la lettre dont vous m'honorez. Vous m'apprenez que vous vous portez bien, que vos forces sont entièrement revenues, et vous me menacez de venir m'assassiner si je publie la lettre de La Beaumelle. Quelle ingratitude envers votre pauvre médecin Akakia ! Vous ne vous contentez pas d'ordonner qu'on ne paie point son médecin, vous voulez le tuer ! Ce procédé n'est ni d'un président d'Académie ni d'un bon chrétien, tel que vous êtes. Je vous fais mon compliment sur votre bonne santé ; mais je n'ai pas tant de force que vous. Je suis au lit depuis quinze jours et je vous prie de différer la petite expérience de physique que vous voulez faire. Vous voulez peut-être me disséquer? mais songez que je ne suis pas un géant des terres Australes, et que mon cerveau est si petit, que la découverte de ses fibres ne vous donnera aucune notion de l'âme. De plus, si vous me tuez, ayez la bonté de vous souvenir que M. de La Beaumelle m'a promis de *me poursuivre jusqu'aux enfers;* il ne manquera pas de m'y aller chercher : quoique le trou qu'on doit creuser par votre ordre jusqu'au centre de la terre et qui doit mener tout droit en enfer, ne soit pas encore commencé, il y a d'autres moyens d'y aller, et il se trouvera que je serai malmené dans l'autre monde, comme vous m'avez persécuté dans celui-ci. Voudriez-vous, monsieur, pousser l'animosité si loin ?

Ayez encore la bonté de faire une petite attention : pour peu que vous vouliez exalter votre âme pour voir clairement l'avenir, vous verrez que si vous venez m'assassiner à Leipsick, où vous n'êtes pas plus aimé qu'ailleurs et où votre lettre est déposée, vous courez quelque risque d'être pendu, ce qui avancerait trop le moment de votre maturité et serait peu convenable à un président d'académie. Je vous conseille de faire d'abord déclarer la lettre de La Beaumelle forgée et attentatoire à votre gloire, dans une de vos assemblées; après quoi il ne vous sera plus permis, peut-être, de me tuer comme perturbateur de votre amour-propre.

Au reste, je suis encore bien faible, vous me trouverez au lit, et je ne pourrai que vous jeter à la tête ma seringue et mon pot de chambre; mais dès que j'aurai un peu de force, je ferai charger mes pistolets *cum pulvere pyrio;* et en multipliant la masse par le carré de la vitesse jusqu'à ce que l'action et vous soyez réduits à zéro, je vous mettrai du plomb dans la cervelle ; elle paraît en avoir besoin.

Il sera triste pour vous que les Allemands que vous avez tant vilipandés aient inventé la poudre, comme vous devez vous plaindre qu'ils aient inventé l'imprimerie.

Adieu, mon cher président.

AKAKIA.

A Leipsick, le 10 avril, 1753.

P. S. Comme il y a ici cinquante à soixante personnes qui ont pris la liberté de se moquer prodigieusement de vous, elles demandent quel jour vous prétendez les assassiner.

Le docteur Akakia adressait en même temps au secrétaire éternel de l'Académie dudit Malouin cette autre lettre roulant perpétuellement sur la même plaisanterie, perpétuellement rajeunie par le tour et une verve intarissable. Ce secrétaire éternel était Formey, qui, tout en blâmant dans l'intimité les violences où un amour-propre aveugle avait poussé Maupertuis, avait dû intervenir officiellement dans ces tristes et ridicules débats.

M. le secrétaire éternel,

Je vous envoie l'arrêt de mort que le président a prononcé contre moi, avec mon appel au public, et les témoignages de protection que m'ont donnés tous les médecins et tous les apothicaires de Leipsick. Vous voyez que M. le président ne se borne pas aux expériences qu'il projette dans les terres Australes, et qu'il veut absolument séparer dans le Nord mon âme d'avec mon corps. C'est la première fois qu'un président a voulu tuer un de ses conseillers. Est-ce là « le principe de la moindre action ? » Quel terrible homme que ce président ! Il déclare faussaire à gauche, il assassine à droite, et il prouve Dieu par A plus B divisé par Z ; franchement, on n'a rien vu de pareil. J'ai fait, monsieur, une petite réflexion ; c'est que quand le président m'aura tué, disséqué et enterré, il faudra faire mon éloge à l'Académie, selon la louable coutume. Si c'est lui qui s'en charge, il ne sera pas peu embarrassé. On sait comme il l'a été avec feu M. le maréchal Schmettau, auquel il avait fait quelque peine pendant sa vie[1]. Si c'est vous, monsieur, qui faites mon oraison funèbre, vous y serez tout aussi empêché qu'un autre. Vous êtes prêtre, et je suis profane ; vous êtes calviniste et je suis papiste ; vous êtes auteur et je le suis aussi ; vous vous portez bien et je suis médecin. Ainsi, monsieur, pour esquiver l'oraison funèbre et pour mettre tout le monde à son aise, laissez-moi mourir de la main cruelle du président, et rayez-moi du nombre de vos élus. Vous sentez bien d'ailleurs qu'étant condamné à mort par son arrêt, je dois être préalablement dégradé. Retranchez-moi donc, monsieur, de votre liste ; mettez-moi avec le faussaire Kœnig, qui a eu le malheur d'avoir raison. J'attendrai patiemment la mort avec ce coupable...

Voltaire avait remis cette dernière partie de l'*Akakia* au libraire Breitkopf. Il existe deux billets du poëte, durant son séjour à Leipzig, adressés à Gottsched, dans lesquels il prie le savant professeur d'user de son influence auprès de l'éditeur pour l'empêcher d'envoyer des *Akakia* à Berlin avant la Foire. « Ils y seraient infailliblement saisis, » lui marquait-il. Il s'était lié avec Gottsched, auprès duquel c'était une recommandation d'être l'ennemi de Maupertuis. Gottsched est

---

1. Ce n'est pas là une accusation en l'air. L'abbé Denina, qui exècre Voltaire, dit au sujet de Maupertuis, dont il fait l'éloge : « On lui reproche un amour-propre trop sensible, et quelque chose d'ardent, de sombre, d'impérieux, de tranchant dans le caractère. Il semble à la vérité avoir donné lieu à ces reproches par la manière dont il avoit traité M. de Cassini, dans sa dispute sur la figure de la terre, par quelques différents qu'il eut avec le maréchal Schmettau, par la manière dont il traita quelquefois Kœnig, par le ton qu'il prit une fois avec M. de La Lande ; enfin, pour avoir renvoyé de l'Académie un M. Passavent. » Denina, *la Prusse littéraire sous Frédéric II* (Berlin, 1790), t. III, p. 26, 27.

connu. Sa femme, elle aussi, s'était fait une réputation par son esprit, son érudition, son goût. Elle ne nous aimait point; elle avait ou croyait avoir ses motifs de rancune contre nous. Rien pourtant n'était moins équitable, et son ressentiment eût dû se concentrer sur le père Bouhours, qui faisait dire à Eugène, dans un de ses *Entretiens*, le quatrième : « C'est une chose singulière qu'un bel esprit Allemand ou Moscovite. » L'exclamation est assurément des plus impertinentes; mais ce que l'on n'a pas vu et ce qu'il eût fallu remarquer pour être juste, c'est qu'Ariste, l'interlocuteur d'Eugène, répond à cet insolent que l'esprit n'est étranger nulle part; et qu'Ariste, c'est le père Bouhours. Madame Gottsched s'était mise peu en peine de suivre jusqu'au bout la pensée de l'auteur, et, sur ce sot propos, relevé cependant un peu plus bas, elle avait voué à tous les Français une antipathie qu'elle ne cachait point. « Cette dame a résolu de leur faire porter la punition qu'a méritée leur compatriote et de ne faire grâce à aucun. » Si son aversion s'étendait à tous, on conçoit que ce ne fût pas pour tous avec la même intensité. De ceux qui représentaient l'élément français à Berlin, Maupertuis était celui qui avait trouvé le moins grâce devant elle. « Elle en veut surtout à l'illustre M. de Maupertuis, qu'elle met au-dessous de Regis et de Rohaut, deux simples compilateurs, ou plutôt abréviateurs des écrits de M. Descartes. Il semble qu'elle ne connaisse d'autre mérite à M. de Maupertuis *que celui de savoir supporter le froid.* Elle trouve très-mauvais que M. de Voltaire ait loué ce grand homme dans un *fort mauvais poëme*, dit-elle¹... » C'est d'Argens, qui écrit cela et qui exagère probablement cette animadversion d'une femme d'esprit, qui, toute rancune tenante, aura traduit beaucoup d'ouvrages français, les *Réflexions sur les femmes*, de la marquise de Lambert, et la *Zaïre*, de Voltaire, entre autres. En tous cas, ce dernier avait particulièrement droit à sa bienveillance, et parce qu'il lui donnait dans le *Supplément au Siècle de Louis XIV* (qui s'imprimait à l'heure même à Dresde), pleine satisfaction sur ses anciens griefs, en maltraitant le père Bouhours², et parce qu'il était l'auteur de l'*Akakia* et qu'il associait galamment, dans le *Traité de paix*, son docte mari aux Copernic, aux Wolff, aux Haller. Mais madame Gottsched n'était pas alors à Leipzig, et il partit sans lui avoir été présenté, comme cela résulte d'une lettre adressée de Gotha à son époux : « Je devrais y retourner pour vous remercier et pour avoir l'honneur de voir madame Gottsched, que je ne connais que par sa grande réputation³.

Frédéric, qui ne laissait pas d'être préoccupé de ce que pouvait faire son ancien chambellan, ne le perdait

---

1. *Nouveaux Mémoires pour servir à l'histoire de l'esprit et du cœur*, par le marquis d'Argens et mademoiselle Cochois (la Haye, 1745); t. I, p. 218. Quel est ce mauvais poëme, dont il est ici question? Nous penchons à croire que madame Gottsched entend parler du quatrième *Discours sur l'homme*, où Maupertuis est, en effet, exalté, ainsi que ses aventureux compagnons. Voir la première version, celle de 1737; car la version définitive, on s'en doute, a dû notablement changer de ton. Voltaire, *OEuvres complètes* (Beuchot), t. LXII, p. 78.

2. Voltaire, *OEuvres complètes* (Beuchot), t. XX, p. 547, 548. *Supplément au Siècle de Louis XIV*, part. II.

3. Henri Beaune, *Voltaire au collége* (Amyot, 1867), p. 36, 37. Lettre de Voltaire à Gottsched; à Gotha, 25 avril 1753.

pas de vue, et se faisait renseigner sur ses moindres démarches. « ... Il est à Leipzig, écrit-il à la margrave de Bayreuth, où il distille ses nouveaux poisons, et où il se dit malade pour corriger un ouvrage terrible qu'il y compose. Vous voyez donc que, loin de vouloir jamais revoir ce malheureux, il ne s'agit que de rompre entièrement avec lui. Si vous me permettez donc de vous dire librement mon sentiment, ma chère sœur, je ne serais pas fâché qu'il allât à Bayreuth ; car, si vous y consentez, j'y enverrais quelqu'un pour lui redemander la clef et la croix qu'il a encore, et surtout une édition de mes vers qu'il a envoyée à Francfort-sur-le-Mein, et que je ne veux absolument pas lui laisser, vu le mauvais usage qu'il est capable d'en faire[1]... » Frédéric se croyait plus d'un grief contre l'auteur de la *Henriade*, duquel il disait, dans cette lettre même : « On roue bien des coupables qui ne le méritent pas autant que lui ; » mais ce qu'il lui pardonnait le moins, c'était sa désertion. Il ne semble pas trop rassuré sur ses desseins ; il le supposait, non sans vraisemblance, profondément ulcéré, et s'attendait, pour sa part, bien qu'il ne dise pas toute sa pensée, à quelques éclaboussures. Maupertuis, dont les appréhensions n'étaient que trop fondées, animait le feu et s'efforçait de confondre la cause du roi avec la sienne. La circonstance était propice ; l'on avait rapporté au Salomon du Nord que le Virgile français ne se faisait pas scrupule de montrer leur correspondance

---

1. *OEuvres de Frédéric le Grand* (Berlin, Preuss.), t. XXVII, p. 227. Lettre de Frédéric à la margrave de Bayreuth; Potsdam, ce 12 avril 1753.

comme témoignage et justification de sa conduite ; et c'eût été là plus qu'une indiscrétion. Frédéric, indigné, pour rendre vaine une pareille manœuvre, deux jours après celle qu'il écrivait à sa sœur, dictait à l'abbé de Prades, la lettre suivante à l'adresse du président de son Académie.

Le roi m'a ordonné, monsieur, de vous envoyer la copie d'une lettre qu'il écrivit à M. de Voltaire lors de l'affaire de la diatribe. S. M. laisse à votre prudence le choix des instants où il sera à propos de la montrer. Il a été informé que M. de Voltaire abusoit des lettres remplies de bonté dont S. M. l'a honoré quelquefois et elle n'a pas été peu surprise qu'il voulût s'en servir pour justifier sa conduite. Vous scavez, monsieur, que le roi amateur comme il est des talens n'a fait que sacrifier, pour ainsi dire, à ceux de M. de Voltaire dans ces sortes de lettres, ayant toujours été obligé, quoique à regret, mais forcé par les fréquents écarts de M. de Voltaire de distinguer son cœur de son esprit. S'il fait parade des lettres écrites à son esprit, vous montrerez celle-cy que le roi écrivoit à son cœur. On pourra vous en envoyer quelque autre dans ce goût là.[1]

Suivait la copie de la lettre, qui n'était autre que la virulente épître débutant par ces amères paroles : « Il n'était pas besoin que vous prissiez le prétexte du besoin, que vous dites avoir, des eaux de Plombières... » Cette distinction de l'esprit et du cœur est subtile ; mais elle n'est pas plus honorable pour le roi que pour le poëte ; et quoique Frédéric la reproduise en cent endroits, elle n'en choque pas moins comme une énormité. Toute sa vie nous le verrons raisonner de la sorte et agir en conséquence d'une telle logique, sacrifiant

1. Cabinet de M. Feuillet de Conches. *Lettres originales du Grand Frédéric à Maupertuis*, t. II, n° 6. Lettre de l'abbé de Prades à Maupertuis ; à Potsdam, le 14 avril 1753.

le caractère à l'esprit, ne demandant à ceux dont il s'entourait que d'être propres à toutes fins et de l'amuser, quelles que fussent d'ailleurs leurs mœurs et leur probité [1]. Des lieux communs de morale débités en passant ou lorsqu'on est colère, ne sauraient, en aucun cas, tenir la place de principes exacts et d'une ligne de conduite arrêtée et inflexible.

Non-seulement Maupertuis était autorisé à faire de la lettre du roi tout l'emploi qui lui conviendrait, mais il entrait dans les plans de Frédéric que sa très-peu aimable épître courût le monde ; et comme, quelle que fût la bonne volonté de l'illustre président, elle eût fait trop lentement son chemin par son canal, il s'y prit de manière à lui procurer une tout autre publicité. Pour que l'on ne conçut le moindre espoir de le retenir, le poëte, n'avait trouvé rien de mieux que d'entretenir le public de ses projets de départ. Un jour, c'était un correspondant de Berlin, qui écrivait à la *Gazette d'Utrecht :* « On confirme que M. de Voltaire sollicite la permission de se retirer de cette cour [2]. » Une autre fois, l'on s'étendait sur les instances réitérées de l'auteur de la *Henriade*, qui avait finalement remis à Sa Majesté la croix de son ordre, le brevet de sa charge

---

1. Frédéric écrivait à la margrave, dans une autre circonstance : « Si vous êtes curieuse de nouvelles, je vous apprendrai que Voltaire s'est conduit comme un méchant fou, qu'il a attaqué cruellement Maupertuis, et qu'il a fait tant de friponneries que, sans son esprit, qui me séduit encore, j'aurais en honneur été obligé de le mettre dehors. » *OEuvres de Frédéric le Grand* (Berlin, Preuss.), t. XXVII, p. 204, 205. Lettre de Frédéric à la margrave ; ce 29. M. Preuss indique le mois de décembre 1751. C'est 1752 qu'il faut lire.

2. *Gazette d'Utrecht*, du mardi 27 mars 1753 (n° XXV), de Berlin, le 20 mars.

et l'arriéré de ses pensions [1]. L'intention n'était que trop transparente, et n'avait rien qui dût flatter infiniment le philosophe de Sans-Souci. Il est vrai que ces nouvelles étaient publiées assez tardivement et en un moment où elles n'avaient plus guère d'utilité, puisque Voltaire, quand la feuille d'Utrecht s'avisa de les insérer, était déjà à Leipzig depuis quelques jours. Quoiqu'il en soit, le roi de Prusse, particulièrement choqué de la dernière note, saisissait avec empressement ce prétexte pour faire reproduire tout au long sa lettre, dans la même gazette, avec un démenti aigre et cassant qu'on avait voulu le plus désagréable possible.

On a été surpris ici de voir dans la *Gazette d'Utrecht*, du 3 avril, sous la date de Berlin, du 27 mars, un article (que l'on a requis l'auteur d'y insérer) et dans lequel il étoit dit que, la santé de M. de *Voltaire* étant fort dérangée, il avoit renouvellé ses instances au roi, pour en obtenir la permission de se retirer ; qu'il avoit remis à S. M. sa clef et la croix d'or, en renonçant à ce qui pouvoit lui être dû de ses pensions ; mais qu'il n'avoit pu encore obtenir son congé. Il est clair qu'en engageant l'auteur de la même gazette à publier pareille chose, on lui en a imposé, surtout par rapport au dernier article, puisque M. de *Voltaire* a reçu l'argent de ses pensions jusqu'au jour de son depart. Le 16 mars, le roi fit la réponse suivante à une lettre qui lui avoit été remise de sa part, et dans laquelle ce poëte l'avertissoit entre autres que M. Kœnig avoit dessein d'écrire contre S. M. [2].

Venait alors la copie de la terrible lettre ; mais avant de s'adresser à la *Gazette d'Utrecht*, on avait déjà frappé à la porte de la *Gazette de Hollande*, qui n'avait

---

1. *Gazette d'Utrecht*, du mardi 3 avril 1753 (n° XXVII) ; de Berlin, 27 mars.
2. *Ibid.*, du vendredi 20 avril 1753 (n° XXXII). Extrait d'une lettre particulière de Berlin, du 10 avril.

pas fait difficulté de publier et la rectification et l'épître dont on l'avait escortée. La note finissait, dans le recueil d'Amsterdam, par une remarque dont le but trop visible, n'était pas précisément d'assurer la concorde et l'union dans le camp ennemi. « On sait ici que le roi ne parle des critiques de M. *Kœnig*, contre ses ouvrages, que parce que M. de Voltaire dans sa lettre, à laquelle celle-ci sert de réponse, avertissoit le roi que M. *Kœnig* vouloit écrire contre les ouvrages de Sa Majesté[1]. » On nous semble avancer là un fait peu exact, et que dément la correspondance du poëte ; car nous ne connaissons pas de lettre où il mette en garde le prince contre les intentions hostiles du professeur de la Haye. Ces intentions, Frédéric pouvait y croire ; il en avait parlé même à Voltaire, qui sur-le-champ avait répondu : « Je suis ami de Kœnig, il est vrai ; mais assurément, je suis plus attaché à Votre Majesté qu'à lui ; et, s'il était capable de manquer le moins du monde à ce qu'il vous doit, je romprais pour jamais avec lui[2]. » Voilà qui est bien différent ; Voltaire, non-seulement n'a pu dire que Kœnig se disposait à écrire contre Sa Majesté, mais encore il repousse de toutes ses forces de pareilles calomnies. Le roi n'en démordra point ; et malgré les protestations de l'auteur de la *Henriade*, il fera allusion à ce prétendu complot, dans cette lettre du 16 mars qu'il tenait à faire lire à toute l'Europe. Voltaire, quelle que fût au fond sa con-

---

1. *Gazette de Hollande*, du 17 avril 1752 (n° XXXI), Extrait d'une lettre de Berlin.
2. Voltaire, *OEuvres complètes* (Beuchot), t. LVI, p. 289. Lettre de Voltaire à Frédéric ; à Berlin, au Belvédère, le 12 mars 1753.

viction, ne paraît pas se douter que le coup vint directement du roi. Sous l'impression de surprise et d'indignation qu'a dû lui causer une noirceur de cette nature, il écrit au Salomon du Nord une épître des plus respectueuses, comme s'il eût été toujours à Berlin ou à Potsdam. « Sire, ce que j'ai vu dans les gazettes est-il croyable? On abuse du nom de Votre Majesté pour empoisonner les derniers jours d'une vie que je vous ai consacrée. Quoi! on m'accuse d'avoir avancé que Kœnig écrivait contre vos ouvrages? Ah! sire, il en est aussi incapable que moi[1]... » Cette lettre on s'attend qu'il la fera insérer dans les feuilles mêmes d'où était partie l'attaque ; c'était son droit, peut-être même son devoir. Il n'en fit rien ; il se contenta de l'adresser à la margrave de Bayreuth, aux bons soins de laquelle il s'en remettait pour la faire parvenir au roi. Mais quand elle venait aux mains du terrible philosophe de Sans-Souci, qu'elle eût peut-être apaisé, depuis quelques jours déjà courait sur la route de Leipzig une épître où le fiel et l'invective affluaient. Frédéric était persuadé que Voltaire avait les plus mauvais desseins : on avait vendu dans Berlin la *Défense de Maupertuis*, les *Éloges* de Jordan et de La Mettrie, auxquels avait été ajouté un quatrain de ses vers parodiés, et il croyait avoir les meilleures raisons de ne pas douter que le trait ne partît de son ancien chambellan. La même accusation est répétée, deux

---

[1]. Voltaire, *OEuvres complètes* (Beuchot), t. LVI, p. 299. Lettre de Voltaire à Frédéric. Cette lettre, qui ne put être écrite avant le 20 avril, dut donc l'être de la cour de Gotha, où nous allons voir le poète s'arrêter près d'un mois.

mois plus tard, dans une lettre écrite par l'abbé de Prades à madame Denis, mais qu'avait dictée Frédéric[1]. Tout cela explique le peu de mesure, disons mieux, la violence de cette sorte de factum, resté inédit jusqu'à ces derniers temps, et publié pour la première fois dans la *Vie de Maupertuis*, de La Beaumelle. Mais nous avons trouvé ce curieux document ailleurs encore, et nous allons en reproduire les parties les plus saillantes, non sur la copie que nous en donne l'auteur des *Mémoires de madame de Maintenon*, mais sur celle du duc de Luynes, qui offre quelques différences, moins considérables toutefois qu'on pouvait s'y attendre.

J'étois informé, comme vous écrivîtes à Potsdam, que votre dessein étoit d'aller à Leipzig pour faire imprimer de nouvelles injures contre le genre humain ; mais comme je suis un grand admirateur de votre adresse, je voulus me donner le spectacle de vos artifices, et je m'amusai de vous voir débiter avec gravité la nécessité de votre voyage fabuleux aux eaux de Plombières. En vérité, nos médecins se sont avisés bien tard de les recommander à leurs malades ; je plains le chirurgien du roi de France[2] et votre nièce qui vous attendent vainement à ces bains fameux ; je ne doute pas que vous ne soyez rétabli ; il y a apparence que les imprimeurs de cette ville vous ont purgé d'une surabondance de fiel... Je ne sais si vous regrettez Potsdam ou si vous ne le regrettez pas, mais si j'en dois juger par l'impatience que vous avez marquée d'en sortir, je devrois croire que vous aviez de bonnes raisons pour vous en éloigner. Je ne veux point les examiner, et j'en appelle à votre conscience, si vous en avez une. J'ai vu la lettre que Maupertuis vous a

---

1. OEuvres de Frédéric le Grand (Berlin, Preuss.), t. XXII, p. 212. Lettre de l'abbé de Prades à madame Denis ; 18 juin 1753.

2. C'est de Bajieu, le chirurgien-major de la garde du roi de France, que Frédéric entend parler.

écrite, et je vous avoue que votre lettre m'a fait admirer la subtilité et l'adresse de votre esprit. Oh! l'homme éloquent! Maupertuis dit qu'il saura vous trouver si vous continuez à publier des libelles contre lui, et vous, le Cicéron de votre siècle, quoique vous ne soyez ni consul, ni père de la patrie, vous vous plaignez à tout le monde que Maupertuis veut vous assassiner. Avouez-moi que vous étiez né pour devenir le premier ministre de César Borgia. Vous faites déposer sa lettre à Leipzig, tronquée apparemment, devant les magistrats de la ville. Que Machiavel auroit applaudi à ces stratagèmes! Y avez-vous aussi déposé les libelles que vous avez faits contre lui? Jusqu'à présent vous aviez été brouillé avec la justice, mais par une adresse singulière vous trouvez moyen de vous la rendre utile; c'est ce qui s'appelle faire servir ses ennemis à ses desseins[1]...

On voit tout ce qui préoccupe et irrite Frédéric. Ce départ pour Plombières n'était qu'un prétexte, dont il n'a pas été dupe. Il a lu dans le jeu de cet homme si fin, de cet expert en fraudes et en artifices, et ça n'a pas été pour lui un mince divertissement que ces efforts moins heureux que ne le pensait leur auteur pour lui donner le change et lui faire croire à cette fable grossière. Pour Frédéric, tout est là; c'est le seul tort, le seul méfait qu'il ne se sent pas d'humeur à pardonner; et c'est aussi le secret de toute cette amertume, de tout ce fiel débordant. A part l'acrimonie, à part le ton qui est étrange, il y a dans cette lettre des révélations piquantes. Ces menaces de Maupertuis, Voltaire s'en était-il réellement alarmé? avait-il pu craindre d'être relancé par le belliqueux président

1. La Beaumelle, *Vie de Maupertuis* (Ledoyen, 1856), p. 186 à 188. — Duc de Luynes, *Mémoires*, t. XII, p. 466, 467. Copie de la lettre du roi de Prusse à Voltaire; du 19 avril 1753. Communiquée à M. de Mirepoix par ordre du roi.

armé de toutes pièces? Et cette plainte, qui pour nous est la plaisanterie à sa dernière puissance, n'avait-elle été, au point de départ, en un premier moment d'émoi, qu'une mesure conservatrice tendant à se prémunir contre les atteintes d'un tel adversaire? A coup sûr, cet effroi ne fut pas durable, et Voltaire, embastillé dans sa faiblesse et ses infirmités, ne tardait pas à se dire qu'il était invulnérable et que Maupertuis n'avait réussi par ses rodomontades qu'à fournir à sa verve une occasion de plus de le bafouer à toute outrance. Mais, si fugitive qu'eût été cette panique, elle ne serait pas l'incident le moins piquant de cette comédie qui fit rire nos aïeux à se tordre, et qui est restée la bouffonnerie la plus réjouissante qui soit au monde. Quant au roi, quant à Maupertuis, ils avaient pris la démarche au sérieux. Ce dernier s'était décidé à imprimer sa fameuse lettre, et telles étaient les raisons qu'il en faisait donner : « On se trouve obligé de publier cette lettre (qui, selon le cours ordinaire des choses, auroit dû demeurer secrète) parce que M. de Voltaire en a fait courir des morceaux tronqués et altérés. M. de Voltaire a écrit qu'il avoit déposé cette lettre entre les mains des magistrats de Leipzig. On doit être surpris que, dans cette affaire, ce poëte ait osé s'adresser aux magistrats, dont la présence doit être toujours redoutable aux faiseurs de libelles[1]. » Ainsi, cette dénonciation de Voltaire, cet appui qu'il sollicite, n'étaient pas et badinage et facétie, et le roi de Prusse était

---

1. Preuss, *Friedrich der Gross mit seinen Vordwondten und Freunden* (Berlin, 1838), p. 398. De Berlin, le 3 avril. Au bas de la note se trouvait le visa et l'approbation de Frédéric.

si bien convaincu qu'il ne plaisantait point, qu'il partait de là pour le transformer en fourbe de haut vol, et accoler un peu étrangement son nom à ceux de Machiavel et de César Borgia. Laissons là ces exagérations puériles, qui choquent dans cet esprit si judicieux et si exact lorsqu'il se possède, et arrivons à la fin de l'épître, qui ne brille pas plus que l'exorde par l'aménité et l'excès d'atticisme. « Pour moi, qui ne suis qu'un bon Allemand et qui ne rougis point de porter le caractère de candeur attaché à cette nation, je ne vous écris point moi-même, parce que je n'ai pas assez de finesse pour composer une lettre dont on ne puisse pas faire mauvais usage... Tous ces grands talents qui me sont connus dans votre personne m'obligent à quelque circonspection, et vous ne devez pas vous étonner si par la main de mon secrétaire je vous recommande à la sainte garde de Dieu, quand vous êtes abandonné des hommes [1]. »

Voltaire n'avait pas été le seul mis en cause dans la note agressive de la feuille d'Amsterdam. Kœnig, qui y était assez perfidement cité, ne crut pas pouvoir la laisser passer sans donner le plus formel démenti aux inculpations odieuses dont il était l'objet; il insérait, en conséquence, dans la *Gazette d'Utrecht* quelques lignes d'une parfaite convenance et qui lui firent honneur.

---

1. Dans la copie de La Beaumelle se trouve le *post-scriptum* que voici : « Vous pouvez faire imprimer cette lettre à côté de celles du pape, des cardinaux de Fleuri et d'Alberoni; mais ne soyez pas assez maladroit pour y changer quelque chose, parce que nous en avons un *vidimus* en justice. » Cela manque complétement dans la copie du duc de Luynes et donne fort à penser que ce ne soit là un apport de l'auteur des *Mémoires de madame de Maintenon*.

M. *Kœnig* aïant lu, avec beaucoup d'étonnement, l'*extrait d'une lettre de Berlin*, que plusieurs gazettes de ce païs ont publié, et dans lequel il est fait mention de lui, a jugé nécessaire d'avertir le public qu'il connoit trop le respect que tout particulier doit aux grands princes, pour avoir pu s'oublier à un tel point que de former le projet insolent d'attaquer les écrits de S. M. le roi de *Prusse*. Il proteste que j'amais l'idée ne lui en est venüe, et il ne croit pas que jamais il lui soit échappé un seul mot qui puisse justifier pareille imputation. Il déclare que les écrits de ce grand prince sont sacrés pour lui ; qu'il n'a jamais eu l'audace d'y porter les yeux pour en faire l'objet de sa critique et de ses traits, et que, quand même il y auroit trouvé quelque chose qui lui fît de la peine, il auroit toujours mis respectueusement le doigt sur la bouche; trèspersuadé, que le tems, la vérité, ainsi que l'amour de la justice, qui est propre aux grands hommes, plaideront mieux sa cause que tous les écrits qu'il pourroit composer dans cette intention. Il déclare aussi n'avoir aucune part aux écrits anonymes qui peuvent avoir paru à l'occasion de la dispute littéraire qu'il a avec le président de l'Académie royale des sciences de *Berlin*, et il espère, que le public aura la justice de ne lui en point imputer le contenu. L'*Appel au public*, et la *Défense* de cet *Appel* sont jusqu'à présent les deux seuls écrits qu'il ait publiés relativement à cette dispute [1].

Les vingt-deux ou vingt-trois jours que Voltaire habita Leipzig furent employés à arranger ses papiers et ses livres qu'il chargea un négociant d'expédier pour Strasbourg, à corriger ses épreuves, rendre visite aux professeurs de la célèbre Université, et à écrire lettres sur lettres à ses amis de Paris. Il dut partir le 18 avril [2], et se dirigea vers Gotha. A peine avait-il

1. *Gazette d'Utrecht*, du mardi 24 avril 1753 (n° XXXIII). De la Haye, le 22 avril.
2. Collini ne donne pas l'époque fixe de leur départ de Leipzig. Il n'y a pas d'aileurs trop à compter sur son exactitude. Il est probable pourtant qu'ils s'éloignèrent de cette ville, comme Voltaire

posé le pied dans l'auberge des Hallebardes, qu'il recevait un message du duc et de la duchesse de Saxe-Gotha, qui le pressaient d'occuper un appartement au château où il demeura trente-trois jours, choyé, fêté, adulé, lisant sa *Pucelle* à toutes ces oreilles éveillées et médiocrement prudes, qu'elle ravissait sans le plus léger mélange d'embarras [1]. Aussi Voltaire, reconnaissant pour lui et pour cet étrange monde de son imagination, écrivait-il à madame de Buchwald, grande-maîtresse de Gotha : « Quels jours j'ai passés auprès de vous, madame ! et je vous ai envié cette certitude où vous êtes de vivre toujours auprès de madame la duchesse ! Dunois, Chandos, La Trimouille et le père Grisbourdon auraient tout quitté pour une cour telle que Gotha [2]. » La princesse Louise-Dorothée de Saxe-Meinungen était une des femmes les plus charmantes et les plus éclairées de son temps, la plus douce, la plus sage, la plus égale « et qui, Dieu merci, ne faisait

---

l'annonce dans un billet à M. de la Touche, à la date du 18. « Je pars de Leipzick en ce moment, et je seray à ses ordres toutte ma vie. » Foisset, *Voltaire et le président de Brosses* (Didier, 1858), Supplément à la correspondance de Voltaire avec Frédéric, p. 34.

1. La *Gazette de Leipzig* (Leipziger Zeitungen), du 3 mai, insérait les lignes suivantes, dépêchées de Gotha, à la date du 30 avril : « M. de Voltaire, qui étoit en chemin pour se rendre aux eaux de Plombières, étant arrivé ici, s'y est trouvé si mal, que le duc, notre souverain, l'a fait transporter dans le château, et a chargé son premier médecin d'avoir soin de lui; d'autant plus que sa maladie paraît dangereuse. » Rien de tout cela n'était sérieux, et il est fort à supposer que cette note venait de Voltaire, qui tenait à ce qu'on le crût à l'agonie.

2. Voltaire, *OEuvres complètes* (Beuchot), t. LVI, p. 306. Lettre de Voltaire à madame de Buchwald ; à Warbern, près de Cassel, 28 mai 1753.

point de vers[1], » une princesse infiniment aimable, chez qui on faisait meilleure chère que chez la duchesse du Maine. « On vit dans sa cour avec une liberté beaucoup plus grande qu'à Sceaux; mais malheureusement le climat est horrible, et je n'aime à présent que le soleil[2]. » Pour reconnaître cette hospitalité raffinée[3], Voltaire lui dédia son poëme de la *Religion naturelle*, composé l'année précédente à Potsdam et d'abord offert à Frédéric. Il fit plus : sur le désir de la princesse, il s'engagea à écrire pour elle un abrégé de l'histoire de l'Allemagne, dont il puisa les premiers matériaux dans la belle et opulente bibliothèque du palais. Cette résolution était d'autant plus méritoire qu'il s'attelait à cette besogne avec plus que de la répugnance. « C'est ainsi, nous dit Collini, que la république des lettres dut à une femme les *Annales de l'Empire*, l'ouvrage le plus méthodique et le plus pénible que Voltaire ait jamais fait[4]. » Et le plus faible, devait-il ajouter; car l'on n'y sent que trop l'ennui et le dégoût qu'éprouve l'auteur en écrivant ce livre incolore, aride, où ne se retrouvent que de

---

[1]. Voltaire, *OEuvres complètes* (Beuchot), t. XL, p. 92. Mémoires pour servir à la vie de Voltaire, écrits par lui-même.

[2]. *Ibid.*, t. LVI, p. 442. Lettre de Voltaire à madame du Deffand; Colmar, le 23 avril 1754.

[3]. Nous lisons ces lignes ambiguës, mais qui ne peuvent avoir rapport qu'à la duchesse, dans le pamphlet de La Beaumelle: « Il se rendit (Voltaire) à Gotha, où il trouva une bonne dame qui étoit entichée de son esprit poétique, et qu'il trouva le secret de persuader, pour une couple de vers, de lui faire présent d'un aiguière d'argent et de certaine quantité de médailles, qu'on estime ensemble à la somme de 1100 à 1200 écus d'empire. *Le Siècle politique de Louis XIV* (à Siéclopolis, 1753), p. 396. Lettre de M***.

[4]. Collini, *Mon séjour auprès de Voltaire* (Paris, 1807), p. 65, 66.

loin en loin et comme à regret les qualités brillantes de l'historien de Charles XII et de Louis XIV.

Voltaire prenait congé le 25 mai, se dirigeant vers Strasbourg par Francfort-sur-le-Mein. Il avait eu un instant, nous le savons, l'idée d'aller à Bayreuth, mais il s'était refroidi sur ce projet. Il était redevenu son maître, il avait réussi à échapper à un hôte dont il n'était pas facile de se séparer; se rendre à Bayreuth, n'était-ce pas, pour ainsi dire, se livrer à lui de nouveau et rentrer ou retomber en son pouvoir? Si ce ne fut pas là le motif de son changement d'itinéraire, le hasard lui tint lieu de prévision; car, quelque répugnance qu'en eût ressenti la pauvre margrave, elle n'eût pu empêcher les recherches peu obligeantes qui attendaient infailliblement celui-ci à Bayreuth. Mais, sans enlever encore toute espérance, Voltaire avait déjà laissé entrevoir ses hésitations sur la marche qu'il devait suivre. « J'ai vu aujourd'hui une lettre de Voltaire, écrit Wilhelmine à son frère, le 24 avril. Il va à Gotha, où sa nièce va le trouver. Je doute qu'il vienne ici. Il mande cependant qu'il écrira encore de Gotha. Je suppose que peut-être il a dessein de s'établir ici avec sa nièce, ce que je tâcherai d'éluder. Les lettres qu'il a écrites à ses amis ici [1] (qui sont écrites sans défiance, et qu'on ne m'a montrées qu'après de fortes instances) sont fort respectueuses sur votre sujet. Il vous donne le juste titre de grand homme. Il se plaint de la préférence que vous avez donnée à Maupertuis et de la

---

[1]. Le marquis de Montperni, chambellan de la margrave, probablement; car le marquis d'Adhémar n'était pas encore à Bayreuth où on l'attendait de jour en jour. Superville peut-être encore.

prévention que vous avez contre lui. Il raille fort piquamment sur le sujet de ce dernier, et je vous avoue, mon cher frère, que je n'ai pu m'empêcher de rire en lisant l'article, car il est tourné si comiquement qu'on ne saurait garder son sérieux [1]. » On sent là tout le faible de la margrave pour ce poëte selon son cœur, qu'elle n'eût pas sacrifié à Maupertuis, et dont elle s'efforcera, quoique avec une excessive réserve, d'atténuer les torts. Mais, en lui manquant de parole, Voltaire la tirait de peine, quelque plaisir qu'elle eût eu à le recevoir; et elle se trouvait réduite à souhaiter un changement de direction qui sauverait, à elle comme à lui, des désagréments inévitables. Il est vrai que l'auteur de *Mahomet* ne devait y gagner d'aucune sorte, car nulle des violences et des brutalités de Francfort ne se fût produite à Bayreuth.

Le 26 mai, vers le soir, Voltaire arrivait à Cassel. Le Landgrave, qui était alors à Warbern, le fit prier à son tour par le prince héréditaire de venir le voir, et le lendemain, à midi, l'illustre voyageur se rendit près de Guillaume VIII qui, les deux jours qu'il passa au château, ne le quitta pas un instant, ainsi que son fils, celui que Voltaire, dans la suite, ne désignera que sous l'appellation flatteuse du *juste et bienfaisant* landgrave de Hesse. Durant cela, le poëte apprenait avec un certain étonnement que Pollnitz se trouvait, comme lui, dans cette capitale. Il le rencontra même; mais à

---

1. *OEuvres de Frédéric le Grand* (Berlin, Preuss.), t. XXVII, p. 229. Lettre de la margrave de Bayreuth à Frédéric; le 24 avril 1753. La lettre de Voltaire à laquelle il est fait allusion ne figure pas parmi celles qu'on a publiées en 1865, du poëte à la margrave.

peine échangèrent-ils quelques phrases. Cette circonstance, tout insignifiante qu'elle dût paraître, ne laissa pas de frapper l'auteur de la *Henriade* qui, plusieurs fois, dit entre ses dents : « Que fait donc Pollnitz à Cassel? » En effet, lorsque Voltaire s'éloigna de Potsdam, le baron était près de Frédéric, qu'on ne quittait pas sans un congé toujours donné, on le sait de reste, avec humeur. Était-ce donc le roi qui l'envoyait à Cassel, et alors dans quel but l'y avait-il dépêché? L'abbé Duvernet hasarde, à cet égard, une anecdote qui, pour être acceptée, aurait besoin de s'appuyer sur quelque chose de plus solide qu'une simple assertion. Il raconte qu'à son retour de Silésie, le roi, se trouvant avec le baron et l'abbé de Prades, se prit à dire avec une sensible amertume qui tenait de la peur et du regret, que Voltaire, désormais hors d'atteinte à Leipzig, était homme à l'accabler de libelles et à le diffamer de cent façons; et il paraissait visiblement affecté de cette idée. Pollnitz se serait alors écrié : « Sire, ordonnez, et je vais le poignarder au sortir de cette ville. » Cette histoire, qui semble renouvelée de Henri II et de Thomas Becket, fort heureusement a un dénoûment tout autre. L'indignation de ses deux interlocuteurs prouva au baron qu'il avait fait fausse route, et, à la manière dont la proposition fut reçue, il dut voir qu'il n'y avait pas lieu d'insister. Duvernet déclare tenir l'anecdote d'un homme qui la tenait de l'abbé de Prades, alors captif à Magdebourg.

Cela est tout simplement absurde. Pollnitz, très-roué, très-délié courtisan, vieilli d'ailleurs dans l'intimité de Frédéric, savait bien que de pareilles offres ne pouvaient faire fortune. Ce qui n'est pas douteux, c'est la préoccupation tenace du philosophe de Sans-Souci à l'égard de Voltaire; c'est sa volonté de se faire rendre, avec les insignes de chambellan, la croix du Mérite, le contrat de ses pensions et le volume de poésies que l'auteur de *Mérope* emportait avec lui. Pollnitz partit-il de Potsdam chargé de la mission secrète de surveiller son ancien confrère et de rendre bon compte de ses démarches à leur commun maître? Ce qui ôterait de la vraisemblance à une supposition de cette nature, ce n'est pas la moralité du personnage qui passait dans Berlin pour l'espion de Frédéric, et qui, malheureusement, avait tout fait pour mériter sa réputation [1]. Mais alors, pourquoi Pollnitz n'eût-il pas poussé jusqu'à Francfort, quand ce n'eût été que pour venir en aide à de braves gens auxquels ses lumières eussent été d'un grand secours [2]?

S'il faut en croire Voltaire, Pollnitz n'eût pas été le seul habitant de Berlin qui se fût égaré sous ces latitudes. « J'ai appris, en passant par Cassel, écrit-il à d'Argental, que Maupertuis y avait séjourné quatre jours, sous le nom de Morel [3], et qu'il y avait fait

---

1. Formey, *Souvenirs d'un Citoyen* (Berlin, 1789), t. I, p. 152, 153. — *Journal de l'Institut historique* (IIIᵉ année, août 1835), t. V, p. 29. Tableau de la cour de Berlin. (Addition du chevalier de la Touche.)

2. Le but avoué de l'absence du baron était des plus innocents. « Le chambellan baron de Pollnitz, écrivait-on de Berlin à la date du premier mai, a obtenu la permission d'aller prendre les bains d'*Ems*, et le roi lui a fait présent d'une belle tabatière d'or émaillée et enrichie de diamans d'un prix considérable. » *Gazette de Hollande*, du 8 may 1753 (nᵒ XXXVIII). — *Gazette d'Utrecht*, du mardi 17 juillet 1753 (nᵒ LVII).

3. Voltaire écrit ou on lui fait écrire *Bonnel*, dans sa lettre à

imprimer un libelle de La Beaumelle, sous le titre de Francfort, revu et corrigé par lui. Vous remarquerez qu'il imprimait cet ouvrage au mois de mai, sous le nom de La Beaumelle, dans le temps que ce La Beaumelle était à la Bastille dès le mois d'avril. C'est bien mal calculer pour un géomètre. Il l'a envoyé à M. le duc de Saxe-Gotha, lorsque j'étais chez ce prince. C'est encore un mauvais calcul ; cela ne fait que redoubler les bontés que M. le duc de Saxe-Gotha et toute sa maison avaient pour moi[1]. » Ce libelle était la *Lettre sur mes démêlés avec M. de Voltaire*, suivie du *Mémoire apostillé par La Beaumelle*, auxquels nous avons précédemment emprunté tout ce qui pouvait avoir trait à la biographie des deux adversaires. Voltaire, qui tient à prouver la complicité de l'illustre président, commence par démontrer l'impossibilité où était l'auteur de veiller à la publication de son pamphlet. « La Beaumelle, remarque-t-il, était à la Bastille dès le 22 avril[2], pour avoir insulté des citoyens et des souve-

---

madame de Buchwald : « J'ai su à Cassel que Maupertuis y avait été quatre jours incognito, sous le nom de Bonnel, à l'hôtel de Stockholm, et que là il avait fait imprimer ce mémoire de La Beaumelle... » T. LVI, p. 306. Mais il l'appelle encore Morel dans sa lettre à Kœnig : « Ne sait-on pas dans quelle ville il resta les quatre premiers jours du mois de mai dernier, sous le nom de Morel, pour faire imprimer ce libelle? » *Ibid.*, t. LVI, p. 312. C'est encore le nom de Morel qui reparaît dans la *Lettre de Maupertuis apostillée par M. de Voltaire*.

1. Voltaire, *OEuvres complètes* (Beuchot), t. LVI, p. 309. Lettre de Voltaire à d'Argental ; à Francfort-sur-le-Mein, au Lion-d'Or, le 4 juin 1753.

2. L'ordre du roi était du 22 ; il ne fut exécuté que le mardi 24. J. Delort, *Histoire de la détention des philosophes et des gens de lettres à la Bastille et à Vincennes* (Paris, 1829), t. II, p. 235 à 238. Procès-verbal de perquisition chez le sieur Angliviel de La Beaumelle.

rains dans deux mauvais livres; il ne pouvait par conséquent alors envoyer à Gotha, et dans d'autres cours d'Allemagne, ce mémoire ridicule, imprimé sous son nom[1]. » La Beaumelle, qui n'était pas obligé de dire la vérité, répond qu'il ne sait pas qui s'est chargé de faire imprimer la brochure. Il ajoute, pour disculper l'auteur de l'*Essai de Cosmologie* : « M. de Maupertuis ne publie guère les ouvrages des autres[2]. » Une fois n'est pas coutume, et, lorsqu'on est aussi intéressé au débat, l'on peut bien déroger à ses habitudes et venir en aide à un ami fort empêché de vaquer à ses affaires.

Dans ces luttes à outrance, tous les moyens sont bons quand on arrive au but, qui est de frapper l'ennemi. Si la Beaumelle était à la Bastille, Voltaire n'y avait pas nui, bien qu'il aille jusqu'à se reprocher de lui avoir répondu avec une sévérité trop bien méritée : « On dit qu'il est à la Bastille ; le voilà malheureux, et ce n'est pas contre les malheureux qu'il faut écrire[3]. » En réalité, l'auteur du *Siècle de Louis XIV*, exaspéré par la gratuité de l'attaque, voulant écraser à tout prix un adversaire qui lui avait voué une haine implacable, avait dépêché sa nièce aux puissances pour implorer la punition d'un misérable qui ne respectait rien. Madame Denis alla demander vengeance au comte d'Argenson. Sabatier, qui l'affirme, ajoute que La Beaumelle fut informé de la démarche par l'abbé

1. Voltaire, *Œuvres complètes* (Beuchot), t. LVI, p. 113. Lettre de Voltaire à Kœnig; Francfort, juin 1753.
2. *Réponse au Supplément du Siècle de Louis XIV* (à Colmar, 1754), p. 118. Avertissement de la Lettre sur *Mes démêlés*.
3. Voltaire, *Œuvres complètes* (Beuchot), t. LVI, p. 302. Lettre de Voltaire à M. Roques; à Gotha, 18 mai 1753.

Sallier qui se trouvait là lorsqu'elle se présenta chez le ministre [1]. Sabatier, que Voltaire appelait *Sabotier*, ne serait pas une autorité; mais nous rencontrons la confirmation du fait dans les mémoires du frère même du ministre [2]. Le Régent était fort mal traité dans les notes de cette édition du *Siècle*, et le bruit courait que La Beaumelle avait été arrêté et mis à la Bastille, à la requête du duc d'Orléans [3], qui s'en défendit par suite, et déclara dans tous les cas qu'il ne s'opposait point à ce que l'on élargît le coupable. « Le ministère répond que c'est pour autre chose qu'il est détenu. Il y a apparence que c'est pour les prêtres, pour ces prêtres cruels, inquisiteurs et bourreaux, qui font tant de mal aujourd'hui, La Beaumelle ayant écrit quelque chose contre la superstition dans sa défense du président de Montesquieu [4]. » Nous pensons, en effet, que si La Beaumelle n'eût écrit que contre Voltaire, son audace n'eût pas été châtiée avec cette rigueur, et qu'il ne fut l'objet de cette sévérité que pour s'être attaqué à d'autres ennemis. La démarche de celui-ci subsiste toujours, et l'on est fâché, quels que soient ses griefs, de le voir recourir à de tels moyens et à de telles armes. Mais, encore un coup, il nous faut le prendre tel qu'il est, et se résigner sur une sensibilité

---

1. Sabatier, *Tableau philosophique de l'esprit de M. de Voltaire* (Genève, 1772), p. 64.

2. Marquis d'Argenson, *Mémoires* (Jannet), t. IV, p. 134; 27 avril 1753.

3. M. de Luynes dit aussi que La Beaumelle fut arrêté à la demande du duc d'Orléans. *Mémoires*, t. XII, p. 464; du mardi 3 juin 1753.

4. Marquis d'Argenson, *Mémoires*, t. IV, p. 140. 27 mai 1753.

qui dans ses conséquences n'est guère moins terrible pour lui que pour ses victimes ; car elle compromet à tout instant, avec sa dignité, le repos et le bonheur de sa vie. Déjà, l'année précédente, madame Denis, dépêchée par son oncle, était allée demander vengeance des attaques de Fréron qui avait hasardé, dans ses *Lettres sur quelques écrits de ce tems*, un portrait de Voltaire qu'il ne nommait pas, il est vrai, portrait peu flatté, comme on se le figure, où il était fait allusion aux travers de son esprit et aux vices de son cœur[1]. « La critique est bonne, dit le marquis d'Argenson à ce propos, mais l'invective est de trop. » Ce fut l'avis du directeur de la librairie, qui supprima la feuille de Fréron. L'auteur de la *Henriade* se vante d'avoir imploré la grâce du journaliste auprès de M. de Malesherbes[2]. Mieux eût valu, à coup sûr, mépriser l'insulte, et cette magnanimité eût été beaucoup plus grande que celle qu'il s'attribue, sans que nous y croyions fort. Six mois après, Fréron eut, en effet, la liberté de reprendre ses *Lettres*. Mais il est probable qu'il le dut moins à l'adversaire hargneux et rancunier auquel il s'était attaqué qu'à son auguste protecteur, le bon roi de Pologne.

Voltaire reprit sa route le 30 avril, au matin, et arriva le soir à Marbourg, où l'on coucha et d'où l'on repartit le lendemain. A peine était-il à une lieue de la ville, qu'il s'apercevait qu'il avait oublié sa tabatière.

---

1. *Lettres sur quelques écrits de ce tems* (Duchesne, 1752), t. VI, p. 34. Lettre I ; Paris, ce 25 mars 1752.
2. Voltaire, *OEuvres complètes* (Beuchot), t. LVI, p. 129. Lettre de Voltaire à d'Argental ; Potsdam, le 22 juillet 1752. — Charles Nisard, *Les Ennemis de Voltaire* (Amyot, 1853), p. 201, 202, 203.

Collini rebrousse chemin et arrive hors d'haleine dans la chambre que le poëte avait occupée; l'on en fut quitte pour l'émoi : la boîte était restée sur la table de nuit. Ce petit incident avait nécessité une halte assez longue; Voltaire se remit en chemin, et, après avoir successivement traversé Giessen, Butzbach et Friedberg, dont il inspecta les salines, il franchissait les portes de Francfort-sur-le-Mein, vers les huit heures du soir, bien éloigné de soupçonner ce qui se tramait dans l'ombre contre sa liberté et son repos.

Cette aventure de Francfort est le grand drame de la vie du poëte, l'épisode le plus curieux, le plus émouvant de cette très-longue existence. Voltaire ne s'y est jamais reporté par la pensée, quelle que fût la somme des années qui l'en séparât, sans que le sang lui montât au visage et que se ravivassent tous ses ressentiments contre les auteurs et les acteurs d'un tel guet-apens qu'il ne pardonnera jamais, malgré un replâtrage, des politesses et presque des retours de tendresse. Dans de pareilles dispositions, et avec son tempérament impétueux, il était bien impossible qu'il racontât sa propre mésaventure sans altérer ou exagérer les circonstances, au grand profit de sa haine. Il fallait, pourtant, le croire sur parole; et comme, en définitive, il avait été victime de la plus révoltante, de la plus odieuse violence, l'on ne fit pas difficulté d'ajouter foi à ses dires. S'il chargeait les portraits, s'il rembrunissait le tableau, restait cette injustifiable captivité qu'il n'avait pas inventée, qui n'avait été que trop réelle, et dont la conscience publique avait été à bon droit indignée. Convenons que la vengeance ne s'était pas fait attendre et que, quels qu'eussent été les torts du Prussien Freytag, il les avait bien expiés par l'odieux et le ridicule écrasant qui n'ont cessé de peser sur lui jusqu'à ce jour. Il n'avait pas protesté, il ne s'était point défendu. Que pouvait dire et faire, il est vrai, un Freytag, quand un Maupertuis n'avait pas trouvé de riposte contre ce terrible adversaire? Mais voilà qu'il a parlé ou que l'on a parlé en son nom, quoique sur le tard, et que les archives prussiennes se sont ouvertes, dans ces dernières années, à l'investigation historique. La vérité va jaillir de ces documents, quelque divergents qu'ils soient, à la condition que toute question de nationalité et de parti soit écartée, à la condition que l'on se résolve à oublier que le poëte est Français et Frédéric un roi et un roi allemand. Mais est-ce déjà si commode? et l'exemple de M. Varnhagen d'Ense, auquel nous sommes redevable de ces trouvailles, est-il de nature à nous rassurer ou à nous mettre en défiance? De l'autre côté du Rhin, les écrivains de toutes les nuances et de toutes les écoles s'entendent pour immoler l'auteur du *Siècle de Louis XIV* à l'auteur des *Mémoires sur la maison de Brandebourg*. Assurément cela est patriotique, mais infiniment moins équitable et moins philosophique. Essayons, pour notre compte, d'écarter toute prévention, de nous désintéresser de toute affection; donnons-nous, comme l'a dit excellemment un écrivain distingué, à propos même de cette affaire de Francfort, le mâle plaisir de l'impartialité [1].

1. *Revue des Deux-Mondes* (15 avril 1865), t. LVI, p. 845. *Voltaire à Francfort*, par Saint-René Taillandier.

Voltaire, pour sa part, a fait deux récits de son arrestation et de sa captivité : le premier, très-sérieux, très-motivé, était vraisemblablement à l'adresse du comte de Stadion, ministre de l'empereur ; le second, écrit bien des années après les événements, pour satisfaire à une rancune plus tenace que le temps qui ne put rien sur elle. C'est ce dernier que nous allons reproduire, et parce qu'il est le plus célèbre, qu'il fit rire, même après l'*Akakia*, et qu'aussi il nous va falloir faire la part du vrai comme du faux et réhabiliter quelque peu le résident, qui n'était en réalité qu'un pauvre homme auquel Voltaire fait traîner assez gratuitement la brouette. Mais laissons la parole au poëte, il a acheté et payé assez chèrement le droit d'être furibond, emporté, et même calomniateur.

Voici comme cette belle aventure s'est passée. Il y avait à Francfort un nommé Freytag, banni de Dresde, après y avoir été mis au carcan et condamné à la brouette, devenu depuis dans Francfort agent du roi de Prusse, qui se servait volontiers de tels ministres, parce qu'ils n'avaient de gages que ce qu'ils pouvaient attraper aux passants.

Cet ambassadeur et un marchand nommé Smith, condamné ci-devant à l'amende pour fausse monnaie, me signifièrent, de la part de Sa Majesté le roi de Prusse, que j'eusse à ne point sortir de Francfort, jusqu'à ce que j'eusse rendu les effets précieux que j'emportais à sa Majesté. Hélas! Messieurs, je n'emporte rien de ce pays-là, je vous jure, pas même les moindres regrets. Quels sont donc les joyaux de la couronne brandebourgeoise que vous redemandez? *C'être, monsir*, répondit Freytag, *l'œuvre de poëshie du roi mon gracieux maître.* Oh! je lui rendrai sa prose et ses vers de tout mon cœur, lui répliquai-je, quoique après tout j'aie plus d'un droit à cet ouvrage. Il m'a fait présent d'un bel exemplaire imprimé à ses dépens. Malheureusement cet exemplaire est à Leipsick avec mes autres effets. Alors Freytag me proposa de rester à Francfort jusqu'à ce que le trésor qui était à Leipsick fût arrivé; et il me signa ce beau billet.

« Monsir, sitôt le gros ballot de Leipsick sera ici, où est l'œuvre de *poëshie* du roi mon maître, que Sa Majesté demande, et l'œuvre de *poëshie* rendu à moi, vous pourrez partir ou vous paraîtra bon. A Francfort, 1er de juin 1753. FRAYTAG, résident du roi mon maître. » J'écrivis au bas du billet, *Bon pour l'œuvre de poëshie du roi votre maître* : de quoi le résident fut très-satisfait.

Le 17 de juin arriva le grand ballot de *poëshie*. Je remis fidèlement ce sacré dépôt, et je crus pouvoir m'en aller sans manquer à aucune tête couronnée : mais, dans l'instant que je partais, on m'arrête, moi, mon secrétaire et mes gens; on arrête ma nièce; quatre soldats la traînent au milieu des boues chez le marchand Smith, qui avait je ne sais quel titre de conseiller privé du roi de Prusse. Ce marchand de Francfort se croyait alors un général prussien : il commandait douze soldats de la ville dans cette grande affaire, avec toute l'importance et la grandeur convenables. Ma nièce avait un passeport du roi de France, et, de plus, elle n'avait jamais corrigé les vers du roi de Prusse. On respecte d'ordinaire les dames dans les horreurs de la guerre ; mais le conseiller Smith et le résident Freytag, en agissant pour Frédéric, croyaient lui faire leur cour en traînant le pauvre beau sexe dans les boues.

On nous fourra tous dans une espèce d'hôtellerie, à la porte de laquelle furent postés douze soldats : on en mit quatre autres dans ma chambre, quatre dans un galetas ouvert à tous les vents, où l'on fit coucher mon secrétaire sur de la paille. Ma nièce avait, à la vérité, un petit lit; mais ses quatre soldats, avec la baïonnette au bout du fusil, lui tenaient lieu de rideaux et de femmes de chambre.

Nous avions beau dire que nous en appelions à César, que l'empereur avait été élu dans Francfort, que mon secrétaire était Florentin et sujet de Sa Majesté impériale, que ma nièce et moi nous étions sujets du roi Très-Chrétien, et que nous n'avions rien à démêler avec le margrave de Brandebourg : on nous répondit que le margrave avait plus de crédit dans Francfort que l'empereur. Nous fûmes douze jours prisonniers de guerre, et il nous fallut payer cent quarante écus par jour.

Le marchand Smith s'était emparé de tous mes effets, qui me furent rendus plus légers de moitié. On ne pouvait payer plus chèrement l'*œuvre de poëshie du roi de Prusse*. Je perdis environ la somme qu'il avait dépensée pour me faire venir chez lui, et pour prendre de mes leçons. Partant nous fûmes quittes.

Pour rendre l'aventure complète, un certain Van Duren, libraire à la Haye, fripon de profession et banqueroutier par habitude, était alors retiré à Francfort. C'était le même homme à qui j'avais fait présent, treize ans auparavant, du manuscrit de l'*Anti-Machiavel* de Frédéric. On retrouve ses amis dans l'occasion. Il prétendit que Sa Majesté lui redevait une vingtaine de ducats, et que j'en étais responsable. Il compta l'intérêt et l'intérêt de l'intérêt. Le sieur Fichard, bourgmestre de Francfort, qui était même le bourgmestre régnant, comme cela se dit, trouva, en qualité de bourgmestre, le compte très-juste, et, en qualité de régnant, il me fit débourser trente ducats, en prit vingt-six pour lui, et en donna quatre au fripon de libraire.

Toute cette affaire d'Ostrogoths et de Vandales étant finie, j'embrassai mes hôtes, et je les remerciai de leur douce réception [1].

Peut-on décrire mieux, mieux peindre, donner aux moindres incidents un mouvement, une vie, une couleur, un comique, une réalité plus palpables? Qui doute, qui saurait douter que cela ne se soit passé absolument comme on le raconte? Ce Freytag et ce Schmid ne paraît-il pas qu'on les reconnaîtrait entre mille? Et comment ne ressembleraient-ils point, comment inventer de pareilles choses? «L'*œuvre de poëshie*» surtout, cela ne s'imagine point. Disons, pourtant, qu'il y a à retrancher et à modifier à ce récit plus plaisant que sincère dans toutes ses parties, qu'il y aura même à y ajouter. Voltaire, d'ailleurs, ne sut pas tout, et c'est à regretter, car il eût embelli de plus d'un trait ce

[1]. Voltaire, *OEuvres complètes* (Beuchot), t. XL, p. 93 à 96. Mémoires pour servir à la vie de M. de Voltaire, écrits par lui-même.

tableau déjà si parlant et d'un effet si burlesque. Entrons, sans plus tarder, dans le détail de l'aventure, en nous appuyant sur des documents qui manquaient au poëte, et dont l'ensemble suffira pour faire à chacun sa bonne et légitime part. Nous savons que Frédéric n'était pas sans inquiétudes sur l'usage que Voltaire pouvait faire de sa correspondance et notamment d'un volume de ses œuvres, dont la communication, indiscrète ou perfide, pouvait lui susciter plus d'un ennui. Il lui eût été des plus aisé de se faire restituer et lettres et poésies, si l'auteur de la *Henriade* n'eût quitté Leipzig que pour se diriger vers Bayreuth; mais rien n'était moins positif que cet itinéraire, et, dans le doute, c'était à lui de prendre ses mesures pour qu'il ne lui échappât point, de quelque côté qu'il allât. Aussi, la veille même du jour où il révélait à la margrave ses projets, dans l'hypothèse d'une visite de Voltaire, il faisait écrire, par Frédersdorff, l'ordre suivant à l'adresse de Freytag.

Sa Majesté, notre gracieux maître, fait connaître par la présente à son résident et conseiller de guerre de Freytag, que le nommé de Voltaire passera au plus tôt par Francfort-sur-le-Mein; le bon plaisir de Sa Majesté est qu'il se rende chez lui en s'adjoignant le conseiller Aulique y-demeurant, et qu'il réclame à Voltaire, au nom de Sa Majesté, la clef de chambellan, ainsi que la croix et le ruban du Mérite; et comme de Voltaire adresse à Francfort ses paquets et emballages partant d'ici, parmi lesquels se trouveront beaucoup de lettres et écritures de la propre main de Sa Majesté, doivent les paquets et emballages mentionnés, ainsi que les cassettes qu'il aura avec lui, être ouverts en votre présence; et tout ce qui est écriture être saisi, de même qu'un livre spécifié dans la note ci-incluse. Mais comme de Voltaire est très-intrigant, vous avez à prendre, l'un et l'autre, toutes les précautions pour qu'il ne vous cache et ne vous soustraie rien. Après que tout aura été bien visité, et que tout aura été recouvré, il faudra l'emballer avec soin et me l'expédier à Potsdam. En cas où il ferait difficulté de se dessaisir des dits objets à l'amiable, il sera menacé d'arrestation et si cela ne suffisait pas, il devra être arrêté effectivement, et l'on devra s'emparer de tout sans complément, mais le laisser passer ensuite.

Potsdam, le 11 avril 1753.

Ce ne fut que le 19 que cet ordre parvint à Freytag, qu'il jeta dans un trouble notable. Il ne pouvait être douteux que Sa Majesté n'attachât une importance considérable au bon succès d'une mission qui semblait hérissée de difficultés et d'écueils. Le résident allait avoir à faire à rude partie; on le prévenait de l'habileté, de la rouerie du poëte, et il était perdu s'il se laissait duper par ce fin renard. Il avait, tout aussitôt, communiqué les ordres du roi à celui qui était destiné à l'aider dans cette très-délicate aventure et aussi à en assumer sa part de responsabilité. Il n'y avait pas de temps à perdre; un mémoire, écrit par Freytag et adressé au conseiller Schmid, donnera la mesure de la haute prévoyance, de l'imagination féconde, et des étonnantes ressources de l'honnête résident. Ainsi, des instructions devaient être envoyées aux commis de la porte de la Toussaint et de celle de Friedberg, afin de surveiller l'approche de l'ennemi. Ceux-ci ne devaient pas se borner à s'enquérir du lieu où il allait descendre, ils auraient encore à dépêcher un exempt derrière la voiture pour s'assurer s'il était réellement descendu à l'hôtel indiqué. Un exempt spécial, auquel le commis de l'octroi promettrait vingt kreutzer, serait détaché pour prévenir, en toute diligence, le conseiller aulique;

promesse encore d'un ducat à ce dernier, *pro discretione*. Les questions pourraient mettre Voltaire en défiance : il fallait donc, ajoute Freytag en habile homme, trouver un prétexte pour les motiver ; tel, par exemple, qu'un paquet à lui remettre. Le commis de l'octroi ne négligerait pas davantage de fournir la liste de tous les Français débarquant avec un certain équipage, précaution indispensable, dans la supposition où le poëte se fût avisé de changer de nom. Ces mesures n'étaient sans doute applicables que pour Francfort ; le resident Freytag, qui songeait à tout, jugea qu'il serait bon que le conseiller Schmid envoyât à Friedberg un homme de confiance, qui s'installerait à la maison de poste, jusqu'à l'arrivée de Voltaire, et dont on rémunérerait les services, un thaler par jour, « comme je vais en faire autant pour Hanau. » Ces savantes et habiles instructions se terminaient par les recommandations suivantes.

Il y aurait à envoyer tous les jours, de mon côté et du vôtre, quelques espions dans les principaux hôtels demandant un certain gentilhomme français nommé Maynvillar ; on leur répondra, à coup sûr, négativement ; et l'on ajoutera : nous avons bien un Français, mais il se nomme Voltaire ; et de cette manière nous l'apprendrons sans le demander.

Je vais secrètement donner l'instruction à mon porteur de lettres, qui m'est très-dévoué, de faire bien attention si des lettres à sa destination sont déjà arrivées, et chez qui elles ont été adressées, etc.

M. le conseiller voudra bien ajouter ses propres idées à ce mémoire et me le retourner. Mon homme pour Hanau part aujourd'hui.

Mais qu'ajouter ? Tout n'est-il pas prévu, combiné, machiné de façon à ce que, malgré son astuce, l'objet d'un tel complot n'en réchappe point? Ce fut l'avis de Schmid, qui ne trouva qu'à applaudir. Mais s'ils croyaient leur proie assurée, ils n'étaient pas aussi certains d'exécuter, à l'entière satisfaction du prince et dans tous leurs détails, des instructions qui eussent gagné à être moins ambiguës et plus complètes : Frédersdorff annonçait une note qu'il avait négligé de joindre à l'ordre et dont l'absence ne laissait pas de les embarrasser l'un et l'autre. Aussi, Freytag, dans sa réponse datée du 21 avril, d'insister particulièrement sur l'envoi de cette pièce oubliée, sans détriment des autres explications que l'on jugerait convenable de lui donner.

> Les lettres très-gracieuses de Votre Majesté, datées du 11 courant, et concernant les affaires de Voltaire ont été mises entre nos mains avant hier. Dans ce moment de grande foire où à tout instant des étrangers arrivent, nous avons pris de telles *mesures* (le mot est en français) que nous pouvons espérer de ne pas le manquer. En attendant, nous venons par la présente vous demander avec la plus grande soumission, si, dans le cas où il alléguerait qu'il a expédié ses bagages devant lui, l'on devrait le retenir prisonnier jusqu'à ce qu'il les eût fait revenir. Comment, en outre, les mots : « De même un livre spécifié dans la note ci-incluse » doivent-ils être compris, attendu que l'on n'a pas trouvé de notes jointes aux lettres très-gracieuses de Votre Majesté?
> On dit ici que Voltaire est réellement alité et qu'il ne passera pas par Francfort avant la fin de la foire de Leipzig. Nous restons dans la dévotion la plus fidèle.

Un nouvel ordre du cabinet, en date du 29 avril, venait confirmer, sans les compléter, les premières instructions. Si les bagages avaient déjà dépassé Francfort, Voltaire devrait être gardé à vue, jusqu'à ce qu'il les eût fait revenir et leur eût remis en mains propres « les manuscrits royaux. » Et l'on ajoutait : « Le livre qui doit principalement être retourné est intitulé *OEuvres de poésie.* » Qu'on ait affaire à des gens maladroits ou à d'habiles gens, il n'est encore tel que d'être clair et précis, et c'est ce dont Frédersdorff ne se préoccupe pas asez en formulant les ordres de son maître. Les « lettres et écritures » du premier ordre se sont transformées dans le second en « manuscrits royaux ; » cela n'est pas tout à fait synonyme, et l'on comprend qu'il y ait là de quoi rendre perplexe ce bon Allemand que la moindre bévue pouvait mener à Spandau. Quant au livre de poésie, Schmid, qui est plus tranchant, n'hésite pas sur sa nature : c'est, à coup sûr, un recueil manuscrit ; autrement, comment expliquer tout ce mouvement et tout cet émoi au sujet d'un ouvrage imprimé, que tout le monde, pour son argent, était à même de se procurer chez le libraire ? Cela était d'une logique rigoureuse, et il serait peu équitable de les rendre l'un et l'autre responsables d'une interprétation erronée mais plausible, et qui fait, au contraire, grand honneur à la judiciaire du conseiller aulique Schmid. Par malheur, ce dernier tombe malade et ne pourra sortir de quelque temps. Comme Voltaire n'avait pas quitté Leipzig et qu'il y était arrêté encore pour quelques jours, au dire des gens chargés de surveiller ses moindres actes, cette indisposition avait moins de gravité ; mais, à peine relevé, Schmid prévenait Freytag, qu'il était obligé de se trouver, le 28 mai, à Emden, à l'assemblée générale de la Société prussienne du commerce asiatique ; et il lui proposait, en ses lieu et place, le sénateur Rucker parfaitement apte à le représenter durant son absence. Convenait-il, toutefois, d'admettre dans le secret et l'exécution de cette délicate mission, sans autorisation préalable, un troisième confident, quelque honorable et expérimenté qu'il fût? Freytag écrit en toute hâte (22 mai), demande ce qu'il faut faire, qui il doit s'adjoindre, et s'il ne serait pas préférable de se servir de son secrétaire Dorn, que ses fonctions mettaient à la dévotion de Sa Majesté. Sept jours après (29 mai), Frédersdoff lui répondait qu'il se tranquillisât et ne changeât rien aux premiers arrangements ; Voltaire était à Gotha, où il devait s'attarder quelque temps ; le conseiller Schmid serait vraisemblablement de retour, lorsque le poëte songerait à traverser Francfort : en tous cas, la volonté du roi était de ne pas appeler de nouveaux coopérateurs. Mais cette réponse ne devait pas arriver assez tôt pour être prise en considération, et le fer était plus qu'engagé, quand elle parvint aux mains du résident prussien. En effet, comme on l'a vu, Voltaire débarquait, le 31 mai, et s'installait au *Lion d'Or*, dans les appartements qu'il avait fait retenir d'avance et où il passa une nuit fort paisible que ne troubla le plus léger pressentiment.

X

VOLTAIRE AU LION D'OR. — FREYTAG ET SCHMID.
ARRIVÉE DE MADAME DENIS. — AVANIE DE FRANCFORT.

Tout ce qui précède n'est que le prologue de la pièce; nous allons entrer en pleine action. Si le poëte dormit du sommeil de l'innocence, il est à croire qu'il n'en fut pas tout à fait ainsi de Freytag, qui sentait et s'exagérait la gravité de la moindre bévue. Schmid avait insisté pour qu'il s'adjoignît le sénateur Rucker; la réponse de Frédersdorff ne venant bas, il dut se résoudre, malgré ses répugnances, à accepter son concours, et ce fut avec lui et un officier prussien recruteur, sur lequel on comptait dans le cas d'une résistance[1], que l'on se dirigea, le premier de juin, au matin, chez l'auteur de la *Henriade*, qui ne s'attendait guère à pareille visite. Citons le rapport, aussi curieux par la forme que par le fond.

---

1. « Quant à l'officier, qui ne parle pas un mot de français, je me le suis adjoint pour ma sûreté aussi bien que pour me donner de l'autorité auprès de Voltaire, afin de n'être point obligé de recourir à une arrestation publique. » (5 juin.) Réponse de Freytag à la lettre de Frédersdorff du 29 mai.

Très-illustre, très-puissant roi,
Très-gracieux roi et seigneur !

Le conseiller Schmid, partant pour Emden, m'a proposé un conseiller (*Rathsherr*) nommé Rucker qui se montre assez prussien à l'égard des affaires de l'église réformée, le même à qui l'on est redevable de la collecte générale pour les infortunés habitants de Breslau ; et il se l'est substitué près de moi, avec mon consentement, jusqu'à ordre royal ultérieur. Mais, comme M. de Voltaire est arrivé hier, je me suis rendu chez lui avec le sénateur susdit Rucker et le lieutenant de Brettwitz du régiment-Alleman, qui se trouve ici à titre d'officier recruteur. Après les politesses d'usage, je lui fis part de la décision très-gracieuse de Votre Majesté. Il en fut consterné, ferma les yeux et se renversa sur son siége. Je ne lui avais encore parlé que des papiers. Lorsqu'il se fut remis, il rappela son « ami » Collini (Freytag écrit Coligny) que j'avais eu soin d'éloigner, et m'ouvrit deux coffres, une grande cassette et deux portefeuilles. Il fit mille *contestationes* de sa « fidélité » à Votre Majesté, puis se trouva mal de nouveau. Il a d'ailleurs tout l'air d'un squelette. Dans le premier coffre, se trouvait tout d'abord le paquet ci-joint enveloppé et étiqueté *sub* A, que j'ai remis en garde à l'officier sans l'ouvrir. Le reste de la visite a duré de neuf heures du matin jusqu'à cinq heures de l'après-midi, et je n'ai trouvé qu'un « poëme » qu'il ne voulait pas m'abandonner et que j'ai mis dans le même paquet. Je fis ensuite cacheter ce paquet *sub* A, par le sénateur, et j'y apposai également mon cachet. Je lui demandai sur son honneur s'il n'avait pas autre chose ; il protesta alors de la manière la plus sacrée *quod non*. Nous en vînmes alors au livre des *Œuvres de poesie* ; il dit qu'il l'avait placé dans une grande caisse, mais qu'il ne savait pas si cette boîte était à Leipzig ou à Hambourg. Je lui notifiai alors que je ne pouvais le laisser poursuivre sa route sans avoir cette caisse. Il se retourna de cent façons pour qu'on ne s'opposât point à son départ. Il dit qu'il fallait qu'il prît les eaux, il y allait de son existence. Ne voulant pas que l'affaire fût portée devant le conseil de la ville, parce qu'il se donne le titre de « gentilhomme de chambre » de France, et qu'en pareil cas les magistrats font beaucoup de difficultés pour autoriser une arrestation, je suis à la fois convenu avec lui qu'il resterait prisonnier dans la maison où il était présentement jusqu'à l'arrivée du ballot de Hambourg ou de Leipzig, qu'il me donnerait pour ma garantie deux paquets de ses papiers tels qu'ils se trouvaient sur la table après les avoir fermés et scellés, et qu'il me signerait la décharge (*revers*) ci-jointe *sub* A B. J'ai pris des mesures avec le propriétaire nommé Hoppe, qui a un frère lieutenant au service de Votre Majesté, pour qu'il ne puisse s'évader, ni expédier ses bagages. Lors même que j'eusse songé à lui donner pour garde quelque grenadier, j'en eusse été empêché par l'organisation militaire d'ici qui est si défectueuse que je me fie moins à la surveillance d'un factionnaire qu'à la parole du propriétaire qui l'a confirmée par serment. Comme Voltaire se trouve très-faible et très-souffrant, je l'ai confié aux soins du premier médecin de la ville. Je lui ai offert aussi d'aller me promener avec lui en voiture dans les jardins et j'ai mis à son service tout ce que contiennent ma cave et ma maison. Sur quoi, je l'ai laissé assez tranquille et consolé, après qu'il m'eut remis la clef et la décoration avec le ruban.

Le soir, à sept heures, il m'envoya son brevet de chambellan *sub C*; et, ce matin, un manuscrit de la main du roi *sub D*, qu'il dit avoir trouvé sous la table. Je ne peux savoir combien il a encore de malles; et comme j'ignore la nature et la quantité, petite ou grande, des papiers que j'ai à rechercher, le plus convenable serait de dépêcher ici un secrétaire du roi pour faire une perquisition minutieuse, et cela d'autant plus que je ne connais aucunement l'écriture de Votre Majesté. Voltaire a écrit enfin devant moi à son commissionnaire à Leipzig de m'expédier le ballot, et il m'a dit d'écrire au conseiller intime de Votre Majesté de Fredersdoff pour obtenir qu'on ne le retînt pas ici d'avantage. Il désirait même que j'envoyasse cette lettre par une estafette; mais comme on a déjà perdu trois louis d'or en faux frais, je me suis servi de la poste ordinaire...

Je lui ai délivré un reçu des deux paquets d'écritures qu'il a déposés en mes mains; je lui ai également, à son instante demande, remis un billet qu'il a l'intention d'envoyer à sa nièce pour la consoler, et dans lequel je lui ai promis qu'après l'arrivée du ballot de Leipzig, il ne sera pas retenu plus longtemps[1].

---

1. Varnhagen von Ense, *Denkwürdigkeiten und vermischte Schriften* (Leipzig, 1859), t. VIII, p. 189 à 192.

Tout était au mieux; l'on avait su tempérer la sévérité des ordres par une politesse, un peu lourde sans doute, mais qu'il faut bien reconnaître. On avait offert sa voiture pour la promenade, on était allé jusqu'à mettre sa cave et toute sa maison à la disposition du prisonnier; ces procédés n'étaient pas trop d'un homme qui avait tiré la brouette. Il est vrai que Freytag devait se faire une haute idée d'un personnage dont les démarches préoccupaient à ce point sa cour; et il voulut prouver son savoir-vivre à ce courtisan en disgrâce, tout en exécutant sa consigne. Il voulut encore prouver à son maître qu'il n'était pas d'humeur à gaspiller les fonds de l'État. Malgré sa courtoisie, il n'avait pas cru devoir se rendre aux vœux du poëte : la poste irait un peu moins vite qu'une estafette, mais elle ne laisserait pas d'arriver, et tout vient à point à qui sait attendre. Le mal, c'est qu'il avait affaire à une nature de salpêtre, à laquelle manquaient parfaitement la longanimité, le flegme germaniques, et qu'allait irriter, exalter jusqu'au transport cette halte forcée, qu'au moins on eût dû s'employer par tous les moyens à rendre la plus brève possible. Mais le résident prussien s'était déjà découvert de trois louis en faux frais, et il était bien temps de s'arrêter.

Quant à Voltaire, il faut admirer sa modération, sinon son calme, et lui tenir compte de sa bonne tenue, de sa réserve et de sa patience dans une situation violente, imprévue autant qu'odieuse, pour appeler les choses par leur nom. Que les écrivains allemands trouvent ce qui se passe très-naturel et fort licite, nous n'y pouvons rien ; mais, cependant, les actes sautent aux yeux. Où donc a lieu cette petite scène du bon plaisir? Est-ce à Potsdam, à Berlin, dans une ville quelconque du royaume? Non, ce n'est ni à Berlin, ni en Prusse, mais dans un État indépendant (peu importe son étendue et sa force; s'il est faible, la violence, la transgression du droit n'en seront que plus révoltantes), dans une ville libre, où le roi de Prusse n'a d'autre privilége que de s'y faire représenter, comme tout souverain, par un chargé d'affaires, un résident, dont la tâche unique est de veiller aux intérêts, à la sûreté de ses nationaux. Voltaire était sans défiance, et se croyait à l'abri de toute atteinte dans cette cité de Francfort qui, si elle eût cessé d'être à elle, appartenait bien plus à l'empereur qu'au marquis de Brandebourg; c'était un tort, et il manquait de mémoire, lui qui jadis avait corrigé le brouillon du manifeste de Frédéric, lors de son invasion dans les microscopiques États de l'évêque de Liége.

En se soumettant aux dures conditions qu'on lui dictait, Voltaire supposait que son internement à l'hôtel du *Lion d'Or* ne serait que de courte durée, et ne se prolongerait pas au delà du temps nécessaire à l'arrivée du ballot qui contenait l'œuvre de poésie. Mieux valait donc en passer par ces fourches Caudines. Mais aussi pourquoi emportait-il les lettres, et les insignes de l'Ordre, et l'œuvre de poésie? Puisqu'il tenait à tout cela au point de ne reculer devant un tel éclat pour les recouvrer, pourquoi, de son côté, Frédéric avait-il laissé partir l'auteur de la *Henriade* sans lui rafraîchir de nouveau la mémoire, sans exiger qu'il lui rendît ces dépouilles avant de sortir de Potsdam? N'y avait-il d'ailleurs que le moyen violent auquel le prince avait recours, et n'eût-il pas suffi de dépêcher une personne de confiance auprès du poëte qui, ne voulant à aucun prix paraître brouillé avec son ami couronné, se fût exécuté, nous n'en doutons point? Quelque courtoisie qu'y eût mise le négociateur, le fait seul de sa démarche eût parlé assez haut pour que Voltaire n'eût pas osé répondre, en eût-il été tenté, par une fin de non-recevoir. Mais l'on accumulera violences et maladresses. L'arbitraire était déjà de trop; on voudra qu'il soit aussi brutal qu'inepte; du moins nulle mesure ne sera prise pour qu'on ne se permette rien au delà de l'indispensable. Et les historiens de Frédéric de s'indigner de la conduite de Voltaire, de sa duplicité, de ses petites ruses, de ses tentatives d'évasion! Cela est au moins naïf, et c'est le lieu d'admirer jusqu'où peut aller l'infatuation du patriotisme, dans des questions où le patriotisme n'a que faire. Qu'importe à la gloire du vainqueur de Friedberg l'épisode de Francfort? En sera-t-il moins grand général? Et, Voltaire assumât-il tous les torts de cette étrange aventure, l'auteur de l'*Anti-Machiavel* en serait-il moins un politique sans droiture comme sans scrupules, sans autre moralité que son intérêt propre? « L'ambition, l'intérêt, le désir de faire parler de moi l'emportèrent, et la guerre fut résolue. » N'est-ce pas l'aveu qu'il fait de ses mobiles au début de son Histoire? « La satisfaction de voir mon nom dans les gazettes, et ensuite dans l'histoire... » écrit-il également à Jordan[1]. N'exigeons pas que les grands hommes

---

1. *OEuvres de Frédéric le Grand*, t. XVII, p. 91. Lettre de Frédéric à Jordan; à un village dont j'ignore la figure et le nom, 3 mars 1741.

soient de grands saints ; ne les condamnons pas à nos vertus bourgeoises ; le droit commun ne leur est pas applicable, soit. Mais entendons-le ainsi pour tous, pour Voltaire aussi bien que pour Frédéric.

La relation du poëte nous devait être suspecte, et c'était à nous de nous tenir en défiance. Celle de son secrétaire, moins passionnée, plus sobre, semblait inspirer plus de confiance. Mais Collini lui-même, quelque honnête homme qu'il soit, était trop intéressé dans tout ce qui s'était passé pour ne pas présenter les faits sous un jour peu favorable à Freytag et aux autres. Nous n'avons pas oublié ce désopilant billet du résident qui transmettra son nom plus sûrement à la postérité que ne l'eût fait une épopée : « *Monsir*, sitôt le gros ballot de Leipzick sera ici, où est l'œuvre de *poëshie* du roi mon maître... » Avait-il été revu et corrigé par Voltaire, qui, après avoir lavé le linge sale du souverain, pouvait bien s'être donné cette peine en faveur de son représentant à Francfort ? Jusqu'à l'apparition des mémoires de Collini, l'on avait été en droit de concevoir des doutes ; mais ceux-ci reproduisaient, en 1807, le même billet, mot pour mot, et venaient apporter à la citation un cachet de vraisemblance, sinon de parfaite certitude, à laquelle il n'y avait qu'à se rendre [1]. Après tout, ce Freytag était trop divertissant ainsi, et l'on trouvait trop son compte dans la légende pour que personne se crût intéressé à ce que ce billet si curieux ne fût qu'une invention diabolique de ce diabolique génie. Freytag parle de deux billets ; un seul a reparu,

---

1. Collini, *Mon séjour auprès de Voltaire* (Paris, 1807), p. 76.

celui qui donnait acte à Voltaire de la remise des deux paquets de manuscrits, mais il suffit à nous édifier sur le plus ou moins d'habileté du résident à manier notre langue[1]. Convenons-en de bonne grâce : il en sait assez pour écrire « monsieur » et non « *monsir*, » et « poësie » comme tout le monde ; et nous avons vainement cherché dans ce chiffon une faute d'orthographe. Autre *inexactitude* de Voltaire. Il nous dit qu'il mit au bas du fameux billet : « Bon pour l'œuvre de *poëshie* du roi votre maître ; » il se contenta, en réalité, d'écrire sur le dos, d'une grande écriture soignée, selon l'expression de M. Varnhagen : « Promesse de M. de Freytag. » Que si l'on nous pressait davantage, nous irions jusqu'à soutenir que M. Freytag était un véritable lettré, connaissant ses classiques, les nôtres s'entend, et possédant son Molière qu'il ne dédaigne pas de citer à l'occasion.

La journée avait été rude. Cette enquête, ces perquisitions avaient duré de neuf heures du matin à cinq heures du soir, pas moins de huit heures, pendant lesquelles le poëte avait dû se contenir, réprimer ses élans furibonds, se condamner à un flegme bien peu dans ses habitudes et sa nature. Ces efforts, ces

---

1. Du reste, il est très-vraisemblable que Voltaire a reproduit intégralement, et sans y rien changer, ce billet si grotesquement travesti dans ses *Mémoires*, dans le *Journal de ce qui s'est passé à Francfort-sur-le-Mein*, qu'il adressait, on le présume, au comte de Stadion. OEuvres complètes (Beuchot), t. LVI, p. 336. Voir aussi la *Requête du sieur de Voltaire au roi de France*, recommandée à monseigneur le comte d'Argenson, ministre de la guerre, où le billet de décharge de Freytag est reproduit comme dans le journal. *Ibid.*; t. 1, p. 407. Voir également la lettre de madame Denis, à l'abbé de Prades, du 18 juin. Varnhagen, t. VIII, p. 222, 223.

combats intérieurs avaient été trop violents pour qu'il n'y eût pas lieu de s'attendre, le résident parti, à une surexcitation, à des transports frénétiques. Eh bien, point. La porte était à peine fermée, que Voltaire semblait avoir tout oublié. Il écrivait dès le soir même à madame Denis, qui était à Strasbourg, et se mit à ses maussades *Annales de l'Empire*, comme si rien ne s'était passé. C'est là sa force. Dans les plus terribles bourrasques, au milieu des inquiétudes et des agitations qui font sa vie, un pied dans la tombe, il ne perd pas de vue que l'étude est un préservatif aussi bien qu'un devoir, et se trouve toujours dispos devant son bureau de travail. Il nous le dira lui-même, dans un de ses *Discours sur l'homme*, au sujet précisément de cet abominable guet-apens de Francfort.

> Quand sur les bords du Mein deux écumeurs barbares,
> Des lois des nations violateurs avares,
> Deux fripons à brevet, brigands accrédités,
> Épuisaient contre moi leurs lâches cruautés,
> Le travail occupait ma fermeté tranquille ;
> Des arts qu'ils ignoraient leur antre fut l'asile [1].

Un jour ou deux s'écoulèrent sans autre événement. L'on avait écrit à Leipzig, il fallait bien que Voltaire donnât aux œuvres de poésie le temps d'arriver. Mais il n'était ni prudent ni sûr de soumettre cette patience, cette longanimité à une épreuve trop prolongée. Sa présence à Francfort avait transpiré ; des bruits vagues de séquestration avaient surexcité la curiosité, on vou-

---

1. Voltaire, *OEuvres complètes* (Beuchot), t. XII, p. 85 à 87. Discours en vers sur l'homme, v[e] discours : *Sur la nature du plaisir*.

lait le voir. De nombreux visiteurs se succédèrent dans son modeste cantonnement du *Lion d'Or*, parmi lesquels il s'en trouva un qu'à coup sûr Voltaire n'attendait pas et souhaitait encore moins. Il n'a garde d'oublier le personnage dans le petit récit que nous avons reproduit. Pourtant il ne dit pas tout. Il se promenait avec son secrétaire dans le jardin de l'hôtel; on annonce le libraire Van Duren. Voltaire, à distance des événements, plaisante agréablement sur l'éditeur de la Haye et le bourgmestre de Francfort; mais, en ce moment, le brigandage de ce Van Duren lui semblait moins plaisant. A peine l'aperçoit-il, qu'il entre en fureur, court sur lui avec la rapidité de la foudre et lui applique un maître soufflet. Collini essaya d'apaiser et de consoler la victime ; il la pria de considérer que le soufflet venant d'un grand homme, c'était là une de ces chances heureuses qui n'arrivaient pas à tout le monde. L'argument avait sa valeur, peut-être moins que les ducats de Voltaire, que se partagèrent, s'il faut en croire ce dernier, quoique d'une façon inégale, le bourgmestre « régnant » et le brave éditeur de l'*Anti-Machiavel*. Tout cela et d'autres incidents encore devaient sortir le prisonnier de son calme et le précipiter dans la voie de la résistance et de la révolte ; et c'est ce que Freytag laisse pressentir dans une nouvelle lettre à Frédersdorff, datée du 5 juin, quatre jours après leur première entrevue.

Cette mission de confiance flatte moins celui-ci qu'elle ne l'inquiète. Il en prévoit toutes les difficultés et tous les périls, et ne demanderait qu'à en être relevé. « Il commence déjà à se faire de bons amis, qui le leurrent peut-être de l'espoir d'obtenir l'appui du Conseil de la ville. Lorsque je retournai chez lui, il fut assez insolent. Il demanda à se loger ailleurs. Il voulut faire sa cour au duc de Meinungen. Mais je dus le lui refuser, quoique avec politesse. Alors il s'écria : *Comment! votre roi me veut arrêter ici, dans une ville impériale ? pourquoi ne l'a-t-il pas fait dans ses États? Vous êtes un homme sans miséricorde, vous me donnez la mort, et vous tous serez sûrement dans la disgrâce du roi.* Après lui avoir répondu assez sèchement, je me retirai. » Freytag finissait en avertissant Frédersdorff qu'il aurait besoin d'un ordre exprès et même d'une requête à l'autorité locale pour arrêter le chambellan disgracié dans toutes les formes.

Cette défense de sortir, qui le rappelait brutalement au sentiment d'une captivité que le travail lui faisait oublier, suffit pour jeter le poëte dans des transports de fureur. Dès ce moment il fut résolu à tout tenter pour échapper à sa prison et à ses geôliers, et Freytag n'avait pas franchi le seuil du *Lion d'Or*, que l'auteur de la *Henriade* se mettait à l'œuvre, trop troublé, trop irrité, trop hors de lui, pour se rendre bien compte de la portée de la démarche qu'il allait hasarder. L'idée lui était venue aussitôt de s'adresser à l'empereur, d'invoquer sa protection, de le supplier de s'interposer entre lui et ses persécuteurs. Il ne s'agissait pas de lever des armées et de le disputer à la pointe de l'épée au résident de Prusse. Ce qu'il demandait, ce qu'il espérait de la magnanimité impériale, c'était quelque parole glissée à l'oreille du bourgmestre de Francfort, qui sans doute aurait son effet. Après avoir tracé le piteux tableau de ses misères, les violences dont il avait été l'objet, celles encore qu'il avait à redouter des bandits au pouvoir desquels il était, il ajoutait : « C'est dans ce cruel état qu'un malade mourant se jette aux pieds de votre sacrée Majesté, pour la conjurer de daigner ordonner, avec la bonté et le secret qu'une telle situation me force d'implorer, qu'on ne fasse rien contre les lois, à mon égard, dans sa ville impériale de Francfort. Elle peut ordonner à son ministre en cette ville de me prendre sous sa protection ; elle peut me faire recommander à quelque magistrat attaché à son auguste personne. Sa Majesté a mille moyens de protéger les lois de l'empire et de Francfort ; et je ne pense pas que nous vivions dans un temps si malheureux que M. Freytag puisse impunément se rendre maître de la personne et de la vie d'un étranger dans la ville où sa sacrée Majesté a été couronnée [1]. »

Voltaire avait soin de rappeler les anciennes bontés qu'avait eues pour lui la mère même de l'empereur, la duchesse de Lorraine, la sœur du Régent. Très-certainement François eût fait dire officieusement au bourgmestre régnant qu'il le croyait incapable de rien permettre contre la justice et les franchises de la ville, qu'il n'en fallait pas plus pour faire échouer les démarches de Freytag, qui, n'obtenant pas l'autorisation d'arrêter Voltaire, n'eût point passé outre sans des ordres positifs qu'on ne lui eût pas donnés. Le poëte,

---

1. Voltaire, *OEuvres complètes* (Beuchot), t. LVI, p. 332. Lettre de Voltaire à François Ier, empereur d'Allemagne ; à Francfort, le 5 juin 1753.

dans sa lettre au comte de Stadion [1], en lui envoyant sa supplique à l'empereur, laissait à entendre que son voyage à Vienne pourrait n'être pas sans utilité; et il le priait d'assurer Leurs Majestés que, s'il pouvait avoir l'honneur de leur être présenté, il leur dirait des choses qui les concernaient [2]. Il n'est guère possible d'interpréter cela de deux façons. Non-seulement il se considérait comme dégagé envers Frédéric qui avait repris tout ce qu'il avait donné, mais il voulait redevenir libre au plus tôt et à tout prix. Il était seul contre un roi; on abusait du droit du plus fort pour le retenir prisonnier dans une ville où l'on n'avait aucune autorité légitime; il userait du droit du plus faible, qui n'a pas le choix des moyens. Et, si ces moyens n'étaient ni des plus licites, ni des plus louables, c'était moins sa faute que la faute de ceux qui le poussaient à ces extrémités. Disons, pour être juste envers Voltaire, qu'il était dans cet état d'exaltation où les idées les plus folles, les plus chimériques, sont celles auxquelles on fait fête, et il ne devait pas s'arrêter à cette première démarche. Il écrivait, deux jours après, au comte de Stadion : « Ce matin, le résident de Mayence m'est venu avertir que la plus grande violence était à craindre, et qu'il n'y a qu'un seul moyen de la prévenir; c'est de paraître appartenir à sa sacrée Majesté impériale. Ce moyen serait efficace, et ne

---

1. Le comte de Stadion était conseiller intime effectif de l'empereur, grand-maître de la cour et ministre d'État du prince électeur de Mayence.

2. Voltaire, *OEuvres complètes* (Beuchot), t. LVI, p. 319. Lettre de Voltaire à M. M***; à Francfort-sur-le-Mein, au *Lion d'Or*, le 5 juin (secrète).

compromettrait personne; il ne s'agirait que d'avoir la bonté de m'écrire une lettre par laquelle il fût dit que j'appartiens à Sa Majesté, et que le dessus de la lettre portât le titre qui serait ma sauvegarde ; par exemple : à M. de..., *chambellan de Sa Sacrée Majesté*, et on me manderait dans le corps de la lettre que je dois aller à Vienne sitôt que ma santé le permettra [1]. » Ce second message était encore plus fou que l'autre. Demander à un ministre de l'empereur de lui donner, dans une lettre écrite *ad hoc*, un titre qu'il n'avait point et qui fût venu trop tard, lors même qu'on l'eût obtenu, s'il avait fallu en attendre l'expédition, c'était là une de ces énormités comme n'en peut enfanter qu'une tête en ébullition, un cerveau détraqué et véritablement malade. Et pourtant, par une de ces incroyables réactions qui lui sont ordinaires, au moment où l'on doit se le figurer le plus emporté, le plus exaspéré, il a retrouvé tout son calme. Il entretient ses amis de son aventure avec ce flegme, cette philosophie, que l'on n'a communément qu'en face du malheur d'autrui. C'est, sans qu'il y songe, de la résignation chrétienne, belle et bonne. « Mon cher ange, il faut savoir souffrir, s'écrie-t-il ; l'homme est né en partie pour cela [2]. » Au moins, une consolation lui venait-elle à ce moment même (9 mai), et allait-il

1. Voltaire, *OEuvres complètes* (Beuchot), t. LVI, p. 323, 324. Lettre de Voltaire à M*** ; à Francfort, au *Lion d'Or*, 7 juin 1753.
2. *Ibid.*, t. LVI, p. 325. Lettre de Voltaire à d'Argental. Cette lettre doit être antérieure au 9 juin, puisqu'il y est dit que madame Denis est encore à Strasbourg. L'adresse qu'il donne est : « A Francfort-sur-le-Mein, sous l'enveloppe de M. James de la Cour, ou, si vous voulez, à Moi chétif, au *Lion d'Or*. »

trouver un appui de plus, un appui purement moral, il est vrai, dans la présence de madame Denis, qui, au fait de tout par sa lettre et redoutant une captivité illimitée, était accourue pour partager ses peines et sa prison.

Cet auxiliaire ranima le vieillard. Ils seraient trois pour combattre ; et madame Denis, par cela seul qu'elle était femme, ne laisserait pas d'embarasser l'ennemi. Aussitôt informée de ce qui se passait, elle avait écrit à l'envoyé de Prusse en France, lord Keith, pour implorer ses bons offices. Tant qu'il était resté à Berlin, le ci-devant grand maréchal d'Écosse, avait été des soupers de Sans-Souci, et, comme il ne partit qu'à la fin d'août 1751, il avait eu tout le loisir, une année durant, de connaître et d'apprécier le poëte ; et lorsqu'il prit congé, ce dernier l'avait chargé d'un paquet pour sa nièce [1]. Voltaire nous a donné, si on ne l'a pas oublié, des détails curieux sur les habitudes et les mœurs du bon Écossais. Lord Maréchal va nous dire, de son côté, ce qu'il pense de l'auteur de la *Henriade*. Il est vrai que son indépendance n'est pas complète. Des instructions formelles étaient venues de Berlin à Paris ; il fallait à tout prix récupérer le livre de poésies, ainsi que le titre des pensions du chambellan démissionnaire, et notre diplomate avait déjà fait entendre à madame Denis qu'il n'y avait pour son oncle de sûreté que dans une absolue soumission. La lettre qui suit sent son paysan du Danube, son homme d'esprit, avec

---

1. Voltaire, *OEuvres complètes* (Beuchot), t. LV, p. 639. Lettre de Voltaire à madame Denis ; à Potsdam, le 24 août 1751.

une petite teinte de cynisme. Il y a là des traits nouveaux et inédits qui contrarient légèrement le portrait idéal de Jean-Jacques ; le personnage de Plutarque se combine avec l'homme de son temps, un philosophe un peu désenchanté, qui, après avoir lutté et s'être sacrifié, a pris sa mesure dans son fauteuil, et souhaite finir paisiblement une vie traversée par les persécutions, la détresse, toutes les incertitudes de la proscription et de l'exil.

J'espère, madame, que vous aurez vu votre oncle pour votre satisfaction et son profit. Votre bon sens et douceur le calmeront et le remettront, je me flatte, à la raison. N'oubliez pas surtout le contrat. J'ai répondu au roi mon maître de votre honnêteté, je ne m'en repens pas ; mais je suis embarrassé du retardement, et si je ne l'ai pas bientôt, je ne saurais que dire. Il y a aussi certains écrits ou poésies qu'il me faut ; je compte sur votre bon esprit, et permettez-moi de vous représenter encore que votre oncle, s'il se conduit sagement, non-seulement évitera le blâme de tout le monde, mais qu'en homme sensé il le doit par intérêt ; les rois ont les bras longs.

Voyons les pays (et ceci sans vous offenser) où M. de Voltaire ne s'est pas fait quelque affaire ou beaucoup d'ennemis. Tout pays d'inquisition lui doit être suspect ; il y entrerait tôt ou tard. Les musulmans doivent être aussi peu contents de son Mahomet que l'ont été les bons chrétiens. Il est trop vieux pour aller à la Chine et devenir mandarin, en un mot, s'il est sage, il n'y a que la France qui lui convienne. Il y a des amis, vous l'aurez avec vous pour le reste de ses jours, ne permettez pas qu'il s'exclue de la douceur d'y revenir, et vous sentez bien, s'il lâchait des discours et des épigrammes offensantes envers le roi mon maître, un mot qu'il m'ordonnerait de dire à la cour de France suffirait pour empêcher M. de Voltaire de revenir, et il s'en repentirait quand il serait trop tard. *Genus irritabile vatum*, votre oncle ne dément pas le proverbe ; modérez-le, ce n'est pas assez de lui faire entendre raison, forcez-le de la suivre. Horace, me semble, dit quelque part que les vieillards sont babillards ; sur son autorité je vais vous faire un conte.

Quand la discorde se mit parmi les Espagnols conquérants du Pérou, il y avait à Cusco une dame (je voudrais que ce fût plutôt un poëte pour mon histoire) qui se déchaînait contre Pizarro. Un certain Caravajal, partisan de Pizarro et ami de la dame, vint lui conseiller de se modérer dans ses discours; elle se déchaîna encore plus. Caravajal, après avoir tâché inutilement de l'appaiser, lui dit : « *Comadre, vio que para hazer callar una muger es menester apretar la garganta* » (ma commère, je vois que pour faire taire une femme il faut lui serrer le gosier), et il la fit dans le même moment pendre au balcon. Le roi mon maître n'a jamais fait de méchancetés, je défie ses ennemis d'en dire une seule; mais si quelque grand et fort *preisser*, offensé des discours de votre oncle lui donnait un coup de poing sur la tête, il l'écraserait. Je me flatte que quand vous aurez pensé à ce que je vous écris, vous serez convaincue que le meilleur ami de votre oncle lui conseillerait comme je fais, et que c'est par vraie amitié et sincère attachement pour vous que je vous parle si franchement; je voudrais vous servir, je voudrais adoucir le roi. Empêchez votre oncle de faire des folies, il les fait aussi bien que des vers, et qu'il ne détruise pas ce que je pourrais faire pour vous à qui je suis fidèlement dévoué. Bon soir; ne montrez pas ma lettre à votre oncle, brûlez-la, mais dites-lui en bien la substance comme de vous même [1].

Cette lettre est spirituelle, mais son apparente bonhomie ne nous en impose pas, et la plaisanterie nous y semble aussi déplacée que cruelle. Sans doute, Voltaire eût couru quelque péril à s'aventurer dans un pays d'inquisition, et l'on a dit que la peur du Saint-Office était ce qui l'avait constamment empêché de visiter l'Italie. Mais ce n'est pas toujours par des crimes que l'on se ferme l'accès de la patrie, et il y avait un

---

[1]. Varnhagen von Ense, *Denkwürdigkeiten und vermischte Schriften* (Leipsig, 1859), t. VIII, p. 212, 213, 214. Lettre de milord Maréchal à madame Denis.

lieu au monde où l'ancien maréchal d'Écosse, pour sa part, n'eût pu risquer le pied sans jouer sa tête. Tout cela frappe donc un peu à faux. Pour le conte de Caravajal et de la dame, il a une bien autre portée : ou l'apologue ne veut rien dire ou il en dit trop, et beaucoup trop. Quoi ! Si Voltaire qu'on opprime ne se tait pas, s'il demande justice, s'il s'irrite de ne pas l'obtenir, qu'il prenne garde qu'un « coup de poing sur la tête » donné par quelque « grand et fort *preisser* » ne vienne le guérir à jamais de ses velléités de plaintes et de résistance ! L'intention de cette lettre n'est pas équivoque ; il s'agissait d'effrayer un homme facile à s'alarmer; et quand lord Maréchal prie madame Denis de ne pas montrer la lettre à son oncle et de la brûler, il compte bien n'être pas obéi. Qu'on s'imagine alors quel effet elle dut produire sur cet esprit déjà frappé. Ce « preisser, » qui ne fait jamais défaut, qui comprend à demi et devance les ordres, mais il était trouvé ! C'était le résident prussien, c'était Freytag ! Cette idée-là vint-elle à Voltaire, et eut-elle quelque action sur ses démarches ? C'est ce que nous ne voulons pas affirmer. Dans tous les cas, le ton de la lettre de lord Maréchal n'en est pas moins peu convenable. L'enseignement qui se cache sous son persiflage est sinistre. Il est offensant pour le prince, il compromet ; car de tels excès de zèle ne se produisent qu'autant que celui qui les commet est sûr de n'être désapprouvé que pour la forme.

La réponse de madame Denis est datée de Francfort, où elle était depuis deux jours; elle est soumise, et a l'accent d'accablement que leur situation commune ne rend que trop sincère. Elle est arrivée malade, elle a trouvé son oncle dans le plus triste état, séquestré dans une auberge abominable. Ce contrat qu'on réclame, ils l'ont vainement cherché et ne savent trop ce qu'il est devenu. « Il est très-vrai qu'il n'a point le contrat dont il est question, il est très-vrai qu'il a cru me l'avoir envoyé : en effet, il se peut faire qu'il soit perdu dans une lettre qui ne me sera point parvenue comme bien d'autres; peut-être aussi sera-t-il dans cette caisse qui est en chemin pour revenir, ou dans ses papiers à Paris. Pour obvier à tous ces inconvénients, n'ayant pas la force d'écrire, il vient de dicter à un homme sûr un écrit qui non-seulement le justifie, mais annule à jamais ce contrat, et qui doit assurément désarmer Sa Majesté. » Si madame Denis tient la plume, c'est son oncle qui parle. Et, sous ce rapport, la présence de sa nièce lui sera précieuse, car il lui fera dire tout ce qu'il n'eût pu ou voulu dire. Le jour même, en effet, elle adressait sous son inspiration au roi de Prusse une lettre pathétique où elle invoquait concurremment et sa clémence et sa justice.

Votre Majesté, écrivait-elle, lui redemande votre livre imprimé de poésie dont elle l'avait gratifié. Sire, il est assurément prêt à le rendre, il me l'a juré. Il ne l'emportait qu'avec votre permission, il le fait revenir avec ses papiers dans une caisse à l'adresse de votre ministre ; il a demandé lui-même qu'on visite tout, qu'on prenne tout ce qui peut concerner Votre Majesté. Tant de bonne foi la désarmera sans doute. Vos lettres sont des bienfaits, notre famille rendra tout ce que nous trouverons à Paris.

Votre Majesté m'a fait redemander par son ministre le contrat d'engagement. Je lui jure que nous le rendrons dès qu'il sera retrouvé[1]. Mon oncle croit qu'il est à Paris, peut-être est-il dans la caisse de Hambourg. Mais, pour satisfaire Votre Majesté plus promptement, mon oncle vient de dicter un écrit (car il n'est pas en état d'écrire) que nous avons signé tous deux; il vient d'être envoyé à milord Maréchal qui doit en rendre compte à Votre Majesté. Sire, ayez pitié de mon état et de ma douleur. Je n'ai de consolation que dans vos promesses sacrées et dans ces paroles si dignes de vous : *Je serais au désespoir d'être cause du malheur de mon ennemi, comment pourrais-je l'être du malheur de mon ami?* Ces mots, Sire, tracés de votre main, qui a écrit tant de belles choses, font ma plus chère espérance. Rendez à mon oncle une vie qu'il vous avait dévouée, et dont vous rendez la fin si infortunée; et soutenez la mienne; je la passerai comme lui à vous bénir.

La péroraison, quelque respectueuse qu'elle fût dans la forme, était un rappel significatif aux promesses de Frédéric, à ses protestations chaleureuses d'amitié, d'estime, presque de respect opposées aux appréhensions outrageantes de la nièce; car c'était pour neutraliser l'impression fâcheuse produite par une lettre de madame Denis que le prince avait écrit cette épître tendre, caressante, où se trouvait en effet

---

1. On s'étonne de l'importance qu'attache Frédéric à ravoir cette pièce. « Cet écrit, dit Voltaire dans sa déclaration, qui n'était pas un contrat, mais un pur effet de la bonté du roi ne tirant à aucune conséquence, était sur un papier de la moitié plus petit que celui-ci, que Darget porta de ma chambre à l'appartement du roi à Potsdam; il ne contenait autre chose qu'un remercîment de ma part de la pension dont S. M. le roi de Prusse me gratifiait avec la permission du roi mon maître, et de celle qu'il accordait à ma nièce après ma mort et de la croix et de la clef de chambellan. Le roi de Prusse avait daigné mettre au bas de ce billet, autant qu'il m'en souvient : Je signe de grand cœur ce marché que j'avais envie de faire il y a quinze ans. » Duc de Luynes, *Mémoires*, t. XII, p. 492. *Déclaration de M. de Voltaire au roi de Prusse, remise par lui au ministre de S. M. prussienne à Francfort...* juin 1753.

la phrase qu'elle intercalait dans sa prose, en la soulignant. Elle eût pu en citer une autre, qui contrastait plus énergiquement encore avec la situation du poëte et ne confirmait que trop des prévisions qu'on s'était efforcé de combattre par les arguments les plus décisifs : « Quel esclavage, quel malheur, quel changement, quelle inconstance de fortune y a-t-il à craindre dans un pays où l'on vous estime autant que dans votre patrie, et chez un ami qui a un cœur reconnaissant?... Quoi ! parce que vous vous retirez dans ma maison, il sera dit que cette maison devient une prison pour vous ! Quoi ! parce que je suis votre ami, je serais votre tyran ! Je vous avoue que je n'entends pas cette logique-là[1]... » Les événements étaient venus donner le démenti le plus brutal à ce mouvement d'éloquence que nous devons croire sincère, et il n'eût dépendu que de madame Denis de triompher tout à son aise. Mais le peu de mots qu'elle avait hasardés suffisaient pour rappeler au Salomon du Nord des engagements sacrés, et c'eût été faire preuve d'une médiocre prudence que d'appuyer davantage.

Une troisième lettre, plus explicite, était adressée au comte d'Argenson, qu'il était bon d'initier soi-même à des incidents qui ne pouvaient manquer de faire rumeur en France et dans toute l'Europe. « J'ai été d'autant plus frappée d'un tel coup (c'est toujours madame Denis qui parle), que je portais avec moi, pour ma consolation et pour mon assurance, la copie

---

1. Voltaire, *OEuvres complètes* (Beuchot), t. LV, p. 455, 456. Lettre de Frédéric à Voltaire ; 23 août 1750.

de la lettre que le roi de Prusse ordonna à mon oncle de m'envoyer en 1750, pour nous rassurer dans nos alarmes quand il le fit rester à son service... Mon oncle a travaillé assiduement pendant deux ans à perfectionner les talents du roi ; il l'a servi avec un zèle dont il n'y a pas d'exemples. La récompense qu'il reçoit est cruelle. J'ai pris la liberté d'écrire à ce prince une lettre trempée de nos larmes. Je dicte ce mémoire à un homme sûr (Collini), ne pouvant écrire, ayant été saignée deux fois, et mon oncle étant dans son lit, sans secours[1]. » Cette double saignée n'eût donc été pratiquée qu'après les lettres écrites à milord Maréchal et au roi de Prusse. Peut-être madame Denis exagère-t-elle ses souffrances pour attirer l'intérêt du ministre. Il n'est pas probable, toutefois, que le poëte eût eu recours, en pareil cas, à son secrétaire, si sa nièce n'eût pas été tout à fait empêchée de tenir la plume.

Voltaire était prisonnier ; avant tout, il lui fallait se débarrasser de ses liens. Une fois libre, il n'était pas homme à garder le silence sur l'outrage et l'arbitraire d'une claustration qui criait vengeance ; mais, jusque-là, il saurait se contenir, dissimuler, flatter même ses

---

1. Marquis d'Argenson, *Mémoires* (Jannet), t. V, p. 51, 52. Lettre de madame Denis au comte d'Argenson ; Francfort-sur-le-Mein, 11 juin 1753. Sauf quelques modifications, la même lettre se trouve reproduite, à la date du 20 juin et à l'adresse de madame de Pompadour, dans *Voltaire à Ferney* (Didier, 1860), p. 88, 89, 90. Au moins la date est-elle fautive. Sans doute Voltaire sentit l'importance d'édifier également la favorite sur l'étrange abus de pouvoir dont il était la victime. Comme le ministre et la marquise n'étaient pas ensemble aux confidences, peut-être jugea-t-il qu'il n'y avait pas d'inconvénient à leur adresser à tous deux la même lettre. Sa situation présente rendait d'ailleurs plus qu'excusable cette petite licence.

geôliers. Schmid était de retour d'Emden et avait repris son poste à côté de Freytag. Ayant été instruit que l'auteur de *Mérope* venait de recevoir un paquet par la poste, il lui fit demander, mais avec courtoisie, s'il ne contenait pas quelque chose concernant leur affaire. Le poëte répondit, de sa propre main, par un petit billet qu'on a retrouvé : « Ce ballot est un paquet de mes œuvres, que je voulais faire corriger et relier pour en faire un présent à M. Schmid et à M. de Freytag. » M. Varnhagen caractérise avec sévérité cette duplicité de Voltaire ; car, remarque-t-il, il leur aurait voulu des présents tout autres. Nous aussi, nous souhaiterions plus de sincérité et de dignité souvent à cet homme étrange, à cette nature de caméléon, dont la face varie à toutes les minutes. Mais nous lui objecterons encore que la responsabilité de ces défaillances regrettables retombe de tout son poids sur celui qui avait iniquement ordonné ces violences. Il n'y a pas l'étoffe d'un martyr dans Voltaire : c'est le roseau qui plie sous la tourmente, quitte à se redresser lorsqu'elle a disparu.

Enfin, le lundi 18 juin, arrive le fameux ballot de Leipzig attendu avec toute la fièvre de l'impatience par Voltaire. Ce ballot, c'était le salut, c'était la liberté de partir de Francfort à l'heure même, et l'on pouvait compter qu'il n'y demeurerait que le temps nécessaire pour atteler et charger ses malles. L'auteur de la *Henriade*, qui fut aussitôt informé de sa venue, envoya sur-le-champ chez le résident pour presser l'ouverture de la caisse où se trouvait l'œuvre de *poëshie*, et en finir avec le roi de Prusse. Mais Freytag avait demandé à son gouvernement des instructions qu'il attendait le jour même, et il lui fallut entasser prétextes sur prétextes pour faire patienter le prisonnier jusqu'à onze heures, l'heure du courrier. « Je ne croyais pas alors que ce ballot viendrait de Hambourg plus tôt que la décision suprême du roi. Ce ballot arriva contre toute prévision chez moi, le lundi 18. Voltaire l'apprit au moment même et envoya, dans l'espace d'une heure, à différentes reprises avec « importunité » pour le faire ouvrir. Je lui conseillai la patience, vu que c'est le lundi qu'arrivent les lettres de Berlin... » La poste apportait effectivement une lettre de Frédersdorff, qui mandait à Freytag que, le roi devant être de retour sous peu de jours[1], il ne prît point de détermination avant les ordres qu'il recevrait sûrement par l'ordinaire prochain. « Vous n'avez à tenir aucun compte de ce que l'impatience de M. de Voltaire peut lui faire dire, vous avez à continuer comme vous avez commencé, en conséquence des ordres suprêmes que vous avez reçus. » Cela n'a pas besoin de commentaires. Freytag connaissait assez Voltaire pour savoir que le compliment serait mal accueilli, et que cet ajournement de trois jours, quand tous les préparatifs étaient faits pour s'éloigner à l'heure même, ne pouvait qu'exalter jusqu'à la fureur un homme qu'un rien suffisait à mettre hors de lui. Que faire ? Schmid fut d'avis d'ouvrir la caisse. Mais le résident prussien,

---

1. Quand cette lettre parvenait à Francfort, Frédéric était de retour depuis quatre jours. « De Berlin, le 16 juin. Le roi arriva de Prusse avant-hier, sur les 6 heures du matin. » *Gazette de Hollande*, du vendredi 22 juin 1753 (n° L).

RENVOYÉ A LA POSTE PROCHAINE.   469

à qui la peur de se compromettre et d'être blâmé donnait le vertige, ne voulut point consentir à s'écarter de ses instructions et décida que l'on attendrait de nouveaux ordres. Restait à faire goûter ces arrangements. La besogne ne laissa pas d'être ardue, et de plus habiles que Freytag eussent échoué.

Monsieur, écrivait-il à Voltaire, par un ordre précis que je viens de recevoir à ce moment, j'ai l'honneur de vous dire, Monsieur, que l'intention du roi est, que tout reste dans l'état où est l'affaire aprésent; sans fouiller et sans dépaqueter le ballot en question, sans renvoyer la croix et la clef, et sans innover la moindre chose, jusqu'à la première poste qui arrivera jeudi qui vient. J'espère que les ordres de cette nature sont les suites de mon rapport du 5 de ce mois, dans lequel je ne pouvais pas assez louer et admirer votre résignation dans la volonté du roi, votre obéissance de rester dans la maison où vous êtes, malgré votre infirmité, — et vos contestations sincères de votre fidélité envers Sa Majesté. Si je mérite avec tout cela, monsieur, votre amitié et votre bienveillance, je serai charmé de me pouvoir nommer votre très-humble, etc.

Que l'on se mette aux lieu et place de Voltaire. Quoi ! malgré les assurances du résident prussien, malgré les ordres formels du roi qui, en le faisant arrêter, ne prétendait qu'à rentrer en possession de la clef de chambellan, de la croix de son ordre et de ses poésies, on s'opposait à ce qu'il partît, on le retenait jusqu'à de nouvelles instructions, comme si désormais il restait à Frédéric le moindre prétexte de prolonger cet état d'inquiétude et d'angoisses ! Qu'entendait-on faire de lui? que lui était-il réservé? Avec une imagination alerte, impétueuse comme la sienne, l'on ne s'arrête pas à mi-chemin, les choses revêtent en un instant les proportions et les couleurs les plus sombres et les plus tragiques : n'avait-il pas tout à redouter ? Il rappela alors à Freytag ses promesses formulées dans les deux billets qu'il lui avait écrits. M. Varnhagen, sur l'affirmation de l'honnête résident, nous fait, il est vrai, observer que ces billets avaient été subtilisés par Voltaire, qui ne les avait obtenus que pour les envoyer à madame Denis. Cet écrivain, qui ne se trouve point embarrassé pour apprécier assez durement et assez injustement même parfois la conduite de Voltaire, ne semble pas supposer que Freytag puisse accommoder quelque peu les choses à sa convenance. Tout ce que dit et écrit Freytag est pour lui une base sûre et solide de critique. Nous faisons bon marché des récriminations furibondes du poëte français et nous voulons bien ne pas douter de l'honnêteté du baron de Freytag. Mais est-il supposable qu'un personnage officiel, d'ailleurs aussi réservé, aussi pusillanime, prenne sur lui d'exposer sa responsabilité par un engagement « *pro formâ* » et de pure complaisance ? S'il s'y détermine, c'est qu'il n'y voit pas d'inconvénient, c'est qu'il est convaincu que ce qu'il promet pourra et devra se réaliser sans l'ombre d'un obstacle. La minute d'après, le repentir sera venu avec la réflexion, et l'on se sera mis à couvert par cette interprétation équivoque [1].

Voltaire, ce qui n'a pas trop lieu de surprendre, s'exalte, fait tapage, et chasse avec emportement le

---

1. Varnhagen von Ense, *Denkwurdigkeiten und vermischte Schriften* (Leipzig, 1859), t. VIII, p. 192, 228, 229.

messager de Freytag. Le résident a recours alors aux menaces et réussit à effrayer le vieillard, que son isolement, son dénûment condamnaient à la résignation et à la dissimulation. La situation du prisonnier était affreuse, car il ne pouvait plus compter sur la parole de ses gardiens, qui ne savaient pas plus que lui le sort qui lui était réservé. Il fallait pourtant sortir de cette incertitude et de ces anxiétés. Madame Denis prend de nouveau la plume et adresse, le jour même, une lettre des plus émouvantes, non à Frédéric, mais à un de ses familiers, que M. Varnhagen suppose être avec d'autant plus de vraisemblance l'abbé de Prades, que ce dernier devait, comme on le sait, à son oncle sa situation près du roi de Prusse.

... M. de Voltaire a satisfait à tous ses engagements, et cependant on le retient encor prisonnier. On ne lui rend ni sa caisse, ni ses deux paquets, ni sa liberté, que M. de Freytag lui avait promise au nom du roi en présence de M. Rücker, avocat. Je ne sais, Monsieur, si Sa Majesté redemande à présent le contrat annullé dont milord Maréchal m'a parlé à Paris; il est encore malheureusement égaré, s'il ne se trouve pas dans la caisse qui est entre les mains de M. Freytag. Nous le cherchons, mon oncle et moi, sans cesse depuis deux mois. Je donnerais quatre pintes de mon sang pour qu'il fût retrouvé... J'attends de vous quelque consolation dans mon état déplorable, car, pour mon oncle, il n'est plus en état d'en recevoir, et vous apprendrez bientôt peut-être sa fin déplorable... Je ne m'attendais pas, il y a trois ans, que ce serait le roi de Prusse qui lui causerait la mort. Pardonnez à ma douleur !

Mais, par une de ces soudaines résolutions qui se réalisent aussitôt conçues, Voltaire a décidé qu'il ne devrait sa liberté qu'à lui. Son plan est tout tracé. Il abandonnera la caisse à la discrétion de Freytag, madame Denis demeurera à Francfort avec les malles et attendra à l'hôtel du *Lion d'Or* l'issue d'une entreprise très-légitime, quoi qu'on dise, l'inexécution des promesses qui lui avaient été faites le déliant d'une parole qu'il n'avait entendu donner, lui au moins, que jusqu'à l'arrivée du ballot de Leipzig [1]. Collini était chargé d'arrêter une voiture et de disposer tout pour la fuite.

Le début fut heureux : ils purent se glisser hors de l'hôtel sans être aperçus (ils le croyaient du moins), et parvenir jusqu'au carrosse de louage, suivis d'un domestique chargé de leur mince bagage, qui se composait de valises et d'une cassette où étaient logés les manuscrits et l'argent du poëte.

Ce fut vers trois heures de l'après-midi, dit Freytag dans son rapport, le mercredi 20 courant, que l'espion posté par moi au *Lion d'Or*, le logement de Voltaire, m'apporta hors d'haleine la nouvelle qu'il s'était enfui. Par malheur, ni mon secrétaire ni aucun domestique ne se trouvaient là. Dans cette extrémité, j'eus recours à tout mon voisinage, j'envoyai *per posto* des messagers sur les trois routes principales de Hanau, de Friedberg et de Mayence; je m'habillai à la hâte, et je m'élançai comme un coureur au *Lion d'Or*; j'appris là que Voltaire, vêtu d'un costume de velours noir, s'était dirigé vers l'hôtel de la *Couronne de l'Empire*, et y avait arrêté une chaise de retour de Mayence, dans laquelle il était parti. Le chancelier électoral de

---

1. « Le 20 (juin), le sieur de Voltaire, en vertu des conventions, veut aller aux bains de Visbad, n'ayant pas la force de se transporter si loin que Plombières. Il laisse tous ses effets à Francfort, et sa nièce doit les faire emballer et le suivre. » *Œuvres complètes* (Beuchot), t. LVI, p. 336. *Journal de ce qui s'est passé à Francfort-sur-le-Mein.* Les eaux de Wisbaden sont également indiquées comme cause ou prétexte du départ de Voltaire dans la *Gazette d'Utrecht*, du mardi 3 juillet 1753 (n° LIII). Supplément.

Trèves à Worms, baron Munch, fut assez complaisant pour mettre à ma disposition *in hoc flagranti* son carrosse d'état à six glaces stationnant devant le *Lion*. J'envoyai en avant une estaffette vers la porte de Mayence pour y retenir Voltaire jusqu'à mon arrivée. Je me transportai aussitôt chez mon assistant, M. le conseiller aulique Schmid, que, par surcroît de guignon, je ne trouvai pas au logis. Il était à une demi-lieue de la ville, dans sa « maison de campagne[1]. » L'un de ses commis de commerce s'y rendit à cheval en dix minutes, et se dirigea ensuite chez le bourgmestre régnant, des démarches duquel je parlerai plus tard.

Moi, le conseiller de guerre, j'atteignis Voltaire et son secrétaire italien, dans une chaise à trois deniers, juste sous l'arbre de barrage. Il avait perdu son carnet en traversant la ville et s'était attardé quatre minutes environ à sa recherche ; sans cela je ne l'aurais plus trouvé sur le territoire de Francfort. Mon caractère imposa assez au sous-officier pour qu'il arrêtât sur-le-champ Voltaire, et là seulement je vis ce que sont ces deux gens-là. Les pires bandits n'auraient pu faire de tels « mouvements » pour se dégager. Il me dit, entre autres choses, en face, que je lui avais fait demander 1000 thalers pour le laisser aller. Il nia ses engagements, et il m'a dit même qu'il avait été plusieurs fois chez moi. Le jeune secrétaire, qui, en définitive, paraît avoir beaucoup « d'esprit, » confirma tout cela avec une « effronterie » comme je n'en avais pas encore vu au monde. Je les abandonnai à la garde du sous-officier qui commandait à six hommes, et je volai à la grande garde, et de là chez le bourgmestre...

Celui-ci me fit d'abord beaucoup de difficultés, et parce que la requête royale faisait défaut, et parce que M. de Voltaire se trouvait au service du roi de France. Mais ma « présence » et la requête ci-jointe *sub* C (qui ne fut toutefois expédiée et signée par nous deux que le lendemain) firent, malgré toutes les menées de Voltaire, que le bourgmestre confirma l'arrestation et promit l'extradition contre les « *reversales* » ordinaires. Cette ordonnance provisoire du bourgmestre fut confirmée, jeudi matin, par une décision du conseil *in pleno* et à moi transmise

---

1. En français dans le texte, comme les deux ou trois autres mots guillemetés.

par un secrétaire de la ville avec l'assurance de la déférence la plus invariable et la plus soumise envers Sa Majesté.

Si je devais rapporter toutes les « menées » vraiment inimaginables de Voltaire pendant son arrestation, il me faudrait quelques feuilles. Je ne puis toutefois passer ceci sous silence. De retour à la barrière avec l'ordre du bourgmestre, j'appris que Voltaire avait utilisé le temps à détruire une partie de ses papiers. Je lui proposai de le prendre chez moi, où il garderait les arrêts jusqu'au lendemain. Il se plaça alors dans le carrosse d'état à six places avec lequel j'étais allé et venu, et il me remit toutes ses richesses, à ce qu'il disait. Il avait en effet une petite caisse que mon domestique pouvait à peine soulever. Cependant, lorsqu'il s'agit de partir, il déclara qu'il préférait être ouvertement prisonnier que séquestré dans ma maison. Je fis donc marcher quelques hommes autour du carrosse, et j'allai, moi, comme ce prisonnier, dans une voiture quasi ouverte, à travers la ville où l'affluence devint alors excessivement grande.

Cette description ne vaut-elle pas son pesant d'or? ne semble-t-il pas qu'on le voie d'ici, ce bon et lourd conseiller de guerre, d'abord effaré, mais se remettant, se trémoussant, donnant ses ordres, éparpillant son monde et croyant, après être rentré en possession de sa proie, avoir sauvé la patrie? Comme il a bien conscience de sa mission et de son personnage! Et ne sent-on pas quelle abnégation il fait de sa dignité, en se résignant à monter dans le carrosse à six glaces près de son prisonnier, à la vue de tout ce peuple qui pouvait prendre le change sur son véritable rôle! Mais il lui en sera tenu compte en haut lieu, et cette pensée le console d'une humiliation volontaire dont, cela va sans dire, le poëte et son secrétaire se garderont bien d'apprécier le mérite. « Oubliant qu'il représente le roi son maître, il monte avec nous, s'écrie Collini, et, comme un exempt de police, nous conduit ainsi à travers la ville et au milieu de la populace attroupée[1]. »

Mais nous ne sommes pas au bout, et nous laisserons Freytag poursuivre son curieux rapport.

Le propriétaire du *Lion d'Or* ne voulant plus avoir Voltaire dans sa maison à cause de son incroyable parcimonie, je le déposai chez M. le conseiller aulique Schmid, résolu à ne rien décider sans ses bons conseils et son acquiescement au mode de captivité qui serait désormais appliqué au prisonnier. De retour en ville, M. le conseiller aulique s'était aussitôt rendu chez le bourgmestre, non-seulement pour le bien disposer, mais encore pour lui donner sa caution par rapport à la réquisition royale. Il y rencontra la prétendue nièce de Voltaire, mais que je considère comme un tout autre personnage, car hier est arrivée une lettre à sa destination portant l'adresse « madame de Voltaire. » Comme cette drôlesse effrontée (Weisbsmensch) s'en allait dans la ville étourdir les magistrats, le bourgmestre la fit mettre aux arrêts avec le secrétaire[2]; et comme Voltaire, dans la maison de Schmid, avait tenté de s'échapper une seconde fois, on le fit conduire à l'hôtel du *Bockhorn* (de la Corne de Bouc), et on donna une garde à chaque prisonnier, que nous avons réduite à deux soldats après réception de votre dernière lettre.

1. Collini, *Mon séjour auprès de Voltaire* (Paris, 1807), p. 81, 82.
2. Freytag, plus tard, donne avec une ingénuité vraiment plaisante les motifs de l'arrestation de madame Denis. « Il faut encore que nous touchions deux mots des inventions dont la Denis a obsédé Sa Majesté. On peut voir, par notre mémoire antérieur, que nous n'avions d'autre ordre que d'arrêter Voltaire ; mais, comme le conseiller aulique Schmid et moi nous trouvâmes la Denis susdite en pleine plainte auprès du bourgmestre, et qu'elle était « *in procinctu* » de courir chez tous les conseillers de la ville, j'ai demandé de l'arrêter pour ne pas gâter notre affaire. » Pour ne pas gâter notre affaire, est d'un comique exquis. Que madame Denis ne demeurait-elle en repos, et que ne laissait-elle opérer en paix ces braves gens ! il faut convenir qu'elle mérite bien la colère et toutes les épithètes injurieuses dont on l'accable.

Ce passage est à noter. Il prouve au moins que, si M. le résident prussien est incapable de mentir sciemment, il entrevoit les choses sous un aspect fantastique et que ses verres ne sont pas nets. Ce n'est pas madame Denis qui a rejoint Voltaire, c'est une drôlesse effrontée, qui importune les magistrats et que M. le bourgmestre a consignée dans sa chambre. Freytag passe rapidement sur cette captivité de madame Denis et du Florentin Collini; nous n'y perdrons rien, toutefois, et les détails abonderont de l'autre bord. Mais si cette femme, qui n'est pas madame Denis (parce qu'elle a reçu une lettre sous le nom de madame de Voltaire), n'est pas la nièce de son oncle, que lui est-elle donc, et que suppose M. le résident? L'âge, l'état maladif, cette apparence de squelette qui l'a frappé et qu'il signale tout d'abord, ne sont pas de suffisantes sauvegardes contre les étranges et peu charitables imaginations de M. de Freytag? Eh bien, dans toute cette affaire, notre homme, que l'appréhension de donner à gauche, de ne remplir qu'imparfaitement ses instructions rend fou de peur, n'aura pas d'autre optique. Pour faire assez, il fera trop, et nous allons voir comment il interprétera les ordres les plus formels.

Nous avons laissé le poëte chez le conseiller aulique. On amène les deux fugitifs près du comptoir; un cercle de valets et de servantes les entoure. Madame Schmid n'a garde de ne pas se trouver là, elle toise Voltaire avec un dédain superbe, et vient assister au récit de l'expédition que leur fait Freytag, « de l'air d'un matamore, » nous dit Collini. La cassette, leurs effets sont mis sous séquestre. On leur prend leur argent, on s'empare de la montre et des quelques bijoux de l'auteur de la *Henriade* qui réclame un reçu. « Comptez cet argent, dit Schmid à ses commis, ce sont des drôles capables de soutenir qu'il y en avait une fois autant. » Collini proteste contre son arrestation ; on le menace de le jeter dans un corps de garde. Voltaire réclame sa tabatière, dont il ne peut se passer ; il lui est répliqué que l'usage est de s'emparer de tout. On comprend sa rage, qui devait s'accroître encore du sentiment de son impuissance. Ses yeux effarés semblaient implorer un conseil du pauvre Collini tout aussi empêché que lui. Il aperçoit une porte ouverte ; il s'élance et disparaît comme un trait. Madame Schmid, qui avait pris un rôle dans la comédie, court à sa poursuite avec ses commis et ses trois servantes. Voltaire ne fut pas difficile à rejoindre. « Ne puis-je donc pas, leur dit-il, pourvoir aux besoins de la nature ? » Au moins ce cri fut entendu ; on se borna à se ranger autour de lui pour qu'il n'échappât point. Son secrétaire, averti, vola à son aide. « Je le trouve dans un coin de la cour, entouré de personnes qui l'observaient de crainte qu'il ne prît la fuite, et je le vois courbé, se mettant les doigts dans la bouche et faisant des efforts pour vomir. Je m'écrie, effrayé : « Vous trouvez-vous donc mal ? Il me regarde, des larmes sortaient de ses yeux ; il me dit à voix basse : «*Fingo..., fingo...*» (Je fais semblant.) Ces mots me rassurèrent ; je fis semblant de croire qu'il n'était pas bien, et je lui donnai le bras pour rentrer dans le comptoir. Il croyait, par ce stratagème, apaiser la fureur de cette canaille et la porter à le traiter avec plus de modération. » En le voyant revenir, Schmid, qui ignorait les circonstances atténuantes de sa disparition, s'écrie furieux : « Malheureux! vous serez traité sans pitié et sans ménagement. » Et Voltaire, hors de lui, de reprendre le même chemin, et son cortége de courir de nouveau à sa poursuite et de le ramener devant ses juges. Tout cela est à peindre.

Tant d'émotions, de péripéties et de fatigues avaient altéré ces braves gens. Schmid fait apporter du vin, et l'on boit à la santé de « Son Excellence monseigneur Freytag. » Mais nous allons assister à l'entrée en scène d'un nouveau personnage, acteur secondaire, dont le nom pourtant passera à la postérité la plus reculée aussi bien que celui de son chef d'emploi. C'était, à ce qu'assure Voltaire, un ci-devant notaire de Francfort, cassé par sentence de la ville, et dont le résident prussien avait fait son copiste. Les étranges accusations que le poëte fait peser sur les têtes de Freytag et de Schmid nous rendent défiants à l'endroit de la sincérité et de la ressemblance de ses portraits. Admettons que Dorn n'ait pas plus été cassé par sentence de la ville que Freytag n'a traîné la brouette, et ne nous arrêtons qu'au rôle qu'il joue dans cette tragique et non moins comique aventure.

Sur ces entrefaites arriva un nommé Dorn, espèce de fanfaron que l'on avait envoyé sur une charrette à notre poursuite. Apprenant aux portes de la ville que Voltaire venait d'être arrêté, il rebrousse chemin, arrive au comptoir et s'écrie : « Si je l'avais attrapé en route, je lui aurais brûlé la cervelle! » On verra bientôt qu'il craignait plus pour la sienne qu'il n'était redoutable pour celle des autres [1].

1. Collini, *Mon séjour auprès de Voltaire* (Paris, 1807), p. 82.

Il se peut aussi que Collini ait fait confusion. Lorsque ce dernier s'était réclamé de l'empereur d'Allemagne dont il était le sujet, il lui avait été répondu qu'on ne connaissait point l'empereur à Francfort. « Et Freytag présent dit au sieur de Voltaire et au sieur Cosimo que, s'ils avaient osé mettre le pied sur les terres de Mayence pour se mettre en sûreté, il leur aurait fait tirer un coup de pistolet dans la tête sur les terres de Mayence [1]. » Cela était sans doute plus accentué qu'il ne convenait à un personnage diplomatique, et l'on serait fondé à révoquer en doute une saillie tant soit peu brutale qui semble mal cadrer avec le flegme habituel du résident, si celui-ci ne confirmait lui-même le récit de Voltaire. « Nous eussions risqué notre vie, s'écrie-t-il, plutôt que de le laisser partir. Et si, moi, le conseiller de guerre, je ne l'eusse pas trouvé à la barrière mais en rase campagne, et qu'il se fût refusé à rétrograder, je ne sais pas si je ne lui eusse point mis une balle dans la tête. C'est à ce degré que j'avais à cœur les lettres et les écritures royales [2]. » Voltaire n'en impose donc pas toujours. Revenons au moment présent.

Deux heures s'écoulent ainsi. Enfin les portefeuilles et la cassette du poëte furent logés dans une malle vide que l'on ferma au cadenas et sur laquelle on apposa les armes de Voltaire et le chiffre de Schmid. Il fut question ensuite d'emmener les captifs. Ce fut

---

1. Voltaire, *OEuvres complètes* (Beuchot), t. LVI, p. 336. *Journal de ce qui s'est passé à Francfort-sur-Mein.*

2. Varnhagen von Ense, *Denkwurdigkeiten und vermischte Schriften* (Leipzig, 1859), t. VIII, p. 267. Rapport de Freytag, du 6 juillet.

Dorn qui fut chargé de ce soin. Ils furent conduits à la *Corne de Bouc*, un hôtel, dit Freytag, une mauvaise gargotte, dit Collini, en tous cas une prison, où ils étaient attendus par un bas officier à la tête de douze soldats. Voltaire fut interné dans une chambre en compagnie de trois soldats, la baïonnette au bout du fusil. Collini, qui lui fut ôté, fut gardé de même. M. Varnhagen, s'en reposant invariablement sur le récit du Prussien Freytag, fait remarquer, à propos du récit du secrétaire italien, que l'entraînement du narrateur a sensiblement grossi le nombre des soldats[1]. Qu'on les réduise au chiffre avoué par M. le conseiller de guerre, il ne laissera pas d'être encore fort honnête : le rapport officiel en retranche un sur trois, restent deux factionnaires pour Voltaire, deux factionnaires pour Collini ! Donnons à M. Varnhagen acte de la différence, et gardons notre sérieux, si nous pouvons. Le cri d'indignation de Collini, trop en situation ici pour n'avoir pas son éloquence, nous y aidera.

Et c'est à Francfort, dans une ville qualifiée *libre*, que l'on insulta Voltaire, que l'on viola le droit sacré des gens, que l'on oublia des formalités qui eussent été observées à l'égard d'un voleur de grands chemins. Cette ville permit que l'on m'arrêtât, moi étranger à cette affaire, contre qui il n'existait aucun ordre, que l'on me volât mon argent, et que je fusse gardé à vue comme un malfaiteur. Dussé-je vivre des siècles je n'oublierai jamais ces atrocités[2].

---

1. Varnhagen von Ense, *Denkwurdigkeiten und vermischte Schriften* (Leipzig, 1859), t. VIII, p. 238.
2. Collini, *Mon séjour auprès de Voltaire* (Paris, 1807), p. 83.

Mais tel était le sort de ces villes libres, sans force, sans indépendance véritable, n'ayant de réel que leurs franchises commerciales, et qui sentaient que le moindre conflit pouvait décider de leur existence. L'exemple de l'évêque de Trèves parlait assez haut pour que l'on se montrât d'une extrême condescendance envers les requêtes d'un prince habituée à tout se permettre et à tout oser. L'on gardait les apparences, l'on ne cédait pas à une injonction mais à une supplique gracieuse ; et, dans tout cela, il n'y avait qu'un poëte de sacrifié aux exigences et aux caprices de l'arbitraire. Madame Denis ne pouvait donc rien gagner à démontrer au bourgmestre l'iniquité d'une telle violence, et il était tout naturel que, pour se débarrasser de son argumentation pressante, il la clouât dans une chambre de l'hôtel où elle était descendue ; et c'est ce qui explique pourquoi elle n'était pas accourue auprès de son oncle. Cette mesure, du reste, n'était que provisoire, et l'on trouva plus commode de les tenir tous trois sous la même clef. Dorn, le *redoutable* Dorn, se transporte à l'auberge du *Lion d'Or* avec sa troupe qu'il laisse au bas de l'escalier, pénètre chez madame Denis, à laquelle il dit qu'il vient la chercher pour la mener près de son oncle, et lui offre le bras jusqu'à la porte de l'auberge, où, à son grand effroi, elle se voit livrée à trois soldats qui l'entourent et l'entraînent, à travers la foule, à l'hôtel du *Bouc*. Au moins espérait-elle retrouver Voltaire. Mais sans doute jugea-t-on peu sûr de réunir ces dangereux conspirateurs, et elle fut reléguée dans un galetas meublé d'un petit lit où « ses quatre soldats, avec la baïonnette au bout du fusil, lui tenaient lieu de rideaux et de femmes de chambre [1]. » Dorn se fit apporter à souper, sans plus de cérémonies, sans autrement s'inquiéter de l'état affreux où devait se trouver sa prisonnière, et se mit à manger et à vider « bouteille sur bouteille. » Voltaire, qui en mettra plutôt du sien que de passer le moindre incident, ajoute que le Dorn, apparemment échauffé par de copieuses rasades, eut l'insolence de vouloir « abuser d'elle. » Mais il se hâte de dire que les cris de sa nièce suffirent pour l'intimider et lui faire lâcher prise [2].

Le lendemain de cette dramatique journée, Freytag recevait de Frédersdorff la lettre suivante, à la date du 16 juin. Le roi de Prusse était rentré à Potsdam, il avait pu prendre connaissance de ce qui se passait, et c'étaient ses derniers ordres qu'il faisait parvenir à son résident de Francfort.

Après son heureux retour de Prusse, Sa Majesté a très-gracieusement approuvé ce que, selon ses ordres, vous avez fait à l'égard de M. de Voltaire. Mais, pour ne pas mettre plus longtemps obstacle à son voyage projeté de Plombières, elle permet qu'il le puisse continuer, à la condition qu'il vous délivrera la promesse en forme de renvoyer fidèlement *in originali* le livre qui appartient à Sa Majesté dans un délai bref que l'on déterminera, sans en prendre ou en laisser prendre copie, et cela sur sa parole d'honnête homme, et avec la clause dans le cas où il y manquerait, de se reconnaître d'avance son prisonnier, dans quelque pays qu'il se trouvât.

Qu'il vous plaise, en conséquence, de lui présenter cette

---

1. Voltaire, *OEuvres complètes* (Beuchot), t. XL, p. 95. Mémoires pour servir à la vie de Voltaire, écrits par lui-même.

2. *Ibid.*, t. LVI, p. 337. *Journal de ce qui s'est passé à Francfort-sur-Mein.*

promesse ainsi conçue, et lorsqu'il l'aura écrite et signée, de le laisser partir en paix et avec politesse. Vous voudrez bien encore m'informer du résultat par le prochain courrier...

P. S. Il est indispensable que M. de Voltaire écrive entièrement de sa main, signe et cachète la formule d'engagement que vous lui présenterez [1].

Ainsi l'on avait fait passer le nerveux poëte par toutes les agonies, on l'avait traité comme un bandit, on venait en dernier lieu de faire subir nonseulement à lui, mais encore à sa nièce (une femme qui n'avait rien pris au roi de Prusse), des outrages qui demeureraient excessifs, lors même que nous en retrancherions tout ce que M. Varnhagen déclare un peu arbitrairement de pure invention! Tout cela s'était accompli au nom du roi, qui n'avait que trop accusé l'importance qu'il attachait à recouvrer les divers objets emportés par son chambellan. Et voilà qu'au retour, bien qu'en ratifiant ce qui a été fait, il permettra, avec une facilité que les actes précédents rendent inexplicable, que Voltaire s'en aille, même avant que le livre de poésie se soit retrouvé, et sur une simple promesse de le restituer dans le délai le plus bref! Mais alors, pourquoi cette prison de seize jours? Et la confiance qu'on lui témoigne (un peu tardivement, on en conviendra) ne pouvait-on pas la lui témoigner plus tôt, et lui épargner une série d'opprobres qu'il n'oubliera ni ne pardonnera jamais? Il y a là quelque chose d'illogique, d'inconséquent et d'in-

---

[1]. Varnhagen von Ense, *Denkwurdigkeiten und vermischte Schriften* (Leipzig, 1859), t. VIII, p. 238. Lettre de Frédersdorff à Freytag; Potsdam, le 16 juin 1753.

cohérent qui saute aux yeux. Est-ce peur ou repentir? Sans doute Frédéric est au-dessus des représailles; mais est-il au-dessus de l'opinion? Quelque peu chatouilleux qu'il soit à cet égard, nous voulons croire que l'appréciation de toute l'Europe sur ces bien inutiles affronts infligés à un homme longtemps son ami, et qu'il avait par tous les moyens attiré à sa cour, fut pour beaucoup dans cet adoucissement à des mesures inqualifiables. Mais qu'importe! la captivité de Voltaire va finir, il va être libre, il l'est déjà : le temps d'amener les chevaux, de charger les malles, et nous allons nous éloigner avec lui de cette ville funeste. L'ordre du maître est formel; quelle circonstance désormais se pourrait opposer à son départ?

Mais nous sommes loin de compte, et les choses se passeront bien autrement. La gracieuse lettre de Sa Majesté prussienne fût venue le 19, jour qui précéda leur fugue avortée, que Freytag n'eût songé qu'à obéir et à donner la clef des champs à ses prisonniers. Mais cette tentative odieuse, cet exécrable attentat changeait du tout au tout la face des choses. Entre l'homme de la veille et l'homme du lendemain il y avait un acte punissable et qu'il fallait punir. Certes, les instructions du roi sont précises; mais le roi ne pouvait deviner que Voltaire pousserait l'infamie jusqu'à vouloir mettre fin de son fait à une captivité dont il n'entrevoyait point le terme; et, dans ces circonstances d'exception, c'était à eux, le conseiller de guerre et le conseiller aulique, d'aviser avec une prudence et une retenue telles, qu'ils ne laissassent le moindre prétexte au plus léger reproche. Aux yeux de

Freytag, Voltaire est si coupable, qu'il ne suppose pas qu'après avoir pris connaissance des derniers événements le roi n'abjure point tous sentiments de clémence. Aussi, demande-t-il de nouvelles instructions en prévision de sévérités trop justifiées. « Si cet homme avait attendu un peu, s'écrie le baron de Freytag, nous aurions pu l'élargir; mais maintenant nous devons attendre en toute révérence la requête et les dispositions ultérieures très-gracieuses du roi. »

Il est plus que temps de spécifier quel était ce livre de poésie, l'objet d'une poursuite si opiniâtre, et pourquoi cet homme de lettres couronné, qui ne repoussait pas la publicité et allait au-devant d'elle non moins ardemment que ses confrères en Apollon, la redoutait si fort pour cet enfant de sa muse. « Voltaire, dit Macaulay, avait entre les mains un volume de poésie du roi, et il oublie de le rendre. Ce n'était, croyons-nous, qu'une de ces négligences que l'on commet souvent, quand on se met en voyage. On ne saurait supposer que Voltaire ait médité un plagiat. Il n'aurait pas consenti, nous l'affirmons avec confiance, au prix de la moitié du royaume de Frédéric, à assumer la paternité des vers de Frédéric. Cependant le roi, qui estimait fort au-dessus de leur valeur ses propres écrits, et qui était disposé à envisager sous le jour le plus défavorable toutes les actions de Voltaire, fut indigné de penser que ses compositions favorites étaient dans les mains d'un ennemi aussi voleur qu'une corneille et aussi malfaisant qu'un singe. Dans sa colère il oublia toute raison et toute décence, et résolut d'infliger

à Voltaire un outrage à la fois ridicule et odieux[1]. »
Rien n'est moins exact, rien n'est moins sérieux que
ce passage d'une étude d'ailleurs très-vraie dans son
ensemble, quoique sévère, l'œuvre d'un écrivain que
les actions d'éclat, les brillants faits d'armes n'éblouissent pas au point de tenir lieu à ses yeux de moralité
et de justice. Frédéric n'avait pas peur que l'auteur de
la *Henriade* s'appropriât ses vers, et en cette circonstance moins qu'en aucune autre, puisqu'il s'agissait
non d'un manuscrit mais d'un livre imprimé, tiré à
fort peu d'exemplaires sans doute, mais à un nombre
suffisant pour rendre impossible une pareille idée, si
elle eût pu venir à Voltaire: Ce qui effrayait le philosophe de Sans-Souci, c'est le parti que le poëte tirerait contre lui de son ouvrage. Maintenant on sait ce
que contenait le « livre de poëshies du roi » imprimé
secrètement en 1751, dans une chambre du château
de Potsdam. La pièce capitale était un poëme à prétentions macaroniques, burlesque sans gaieté, dont le
sujet était l'enlèvement de Darget par un parti de pandours qui comptait, on l'a vu, faire une tout autre prise[2].
« Savez-vous bien, écrivait Voltaire à sa nièce, que
le roi de Prusse a fait un poëme dans le goût de cette
Pucelle, intitulé le *Palladium*. Il s'y moque de plus
d'une sorte de gens[3]... »

L'apparition de l'*Anti-Machiavel* avait fort étonné

---

1. Lord Macaulay, *Essais historiques et biographiques*, traduction de Guillaume Guizot (Lévy, 1862), deuxième série, p. 334.

2. Voltaire, *Œuvres complètes* (Beuchot), t. LV, p. 295. Lettre de Frédéric à Voltaire; à Sans-Souci, le 25 juillet 1749.

3. *Ibid.*, t. LV, p. 537. Lettre de Voltaire à madame Denis; à Berlin, le 3 janvier 1751.

déjà un monde officiel habitué à plus de réserve de la part des têtes couronnées ; au moins était-ce de l'histoire et de la science politique. Le *Palladion* n'avait pas cette excuse. Il s'attaquait gratuitement, et par le seul plaisir d'être malin, à tous gens dont la rancune n'était pas chose indifférente ; et c'eût été payer très et trop cher une plaisanterie d'une lecture laborieuse. A un certain moment (nous l'avons raconté), Frédéric, pour forcer l'auteur de la *Henriade* à se réfugier en Prusse, par une félonie que rien ne saurait justifier, avait fait remettre sous main au théatin Boyer des lettres et des vers où Voltaire s'exprimait sur le compte de l'ancien évêque de Mirepoix avec plus que de l'amertume. Probablement se dit-il que ce qu'il avait fait jadis, Voltaire pouvait se le permettre pour assouvir de profonds ressentiments. Mais une simple indiscrétion, dont nous reconnaissons le poëte fort capable, eût amené le même résultat ; et le roi de Prusse, alarmé sur les conséquences, ne recula point, pour assurer son repos, devant le plus grand crime sans doute que puisse commettre le chef d'un peuple civilisé, la violation du droit des gens [1].

1. On savait l'existence de ce poëme singulier à la cour de France, et ce mystère même surexcita à un tel degré la curiosité de madame de Pompadour et de son royal amant, que le marquis de Puysieulx eut ordre d'écrire à Valori dans le but d'obtenir pour Louis XV un exemplaire du *Palladion*. « Le roi a toujours une extrême envie d'avoir le poëme dont vous nous parlez. Sa Majesté est supérieure aux impressions que pourroit faire tout ouvrage libre dans les matières sérieuses. » (Versailles, 7 mars 1750). Mais Frédéric ne se laissa pas ébranler par les démarches les plus pressantes ; il fut aussi poli que possible, mais refusa net. Marquis de Valori, *Mémoires*, (Paris, 1820), t. II, p. 309, 314.

Quoi qu'il en soit, Voltaire, que l'inquiétude, le désespoir surexcitent, ne se sent pas d'humeur à attendre du temps, ce dispensateur souvent attardé de dénoûments, la fin de sa grotesque et non moins cruelle aventure : il se fût adressé à tous les saints du paradis, si leur intervention eût dû le sortir de peine. Mais il a des amis encore, en la protection desquels il a foi, et, le soir même de cette rude journée, il prenait la plume et écrivait une lettre pathétique à « sœur Guillemette, » cette compatissante margrave, le meilleur avocat qu'il pût avoir auprès de l'étrange philosophe de Sans-Souci. C'est toujours le même récit de son arrestation et de celle de sa nièce, des violences dont ils ont été l'objet l'un et l'autre, sans raison, sans excuses, puisque l'œuvre de poésie était désormais entre les mains du conseiller de guerre Freytag.

Le livre en question arriva le 17 au soir[1]. J'ai voulu partir aujourd'hui 20, ayant satisfait à tous mes engagements. On a arrêté mon secrétaire, ma nièce et moi. Nous avons douze soldats aux portes de nos chambres. Ma nièce, à l'heure que j'écris, est dans les convulsions. Nous sommes persuadés que le roi n'approuve pas cette terrible violence.

Daignez, Madame, lui envoyer cette lettre. Daignez l'assurer qu'au milieu d'un malheur si inouï je mourrai plein de la même vénération et du même attachement pour sa personne. Je lui demande encore très-humblement pardon de mes fautes. J'avais toujours pensé qu'il daignerait permettre que je tâchasse de me défendre contre Maupertuis. Mais si cela lui déplaît, il n'en sera plus jamais question. Encore une fois, Madame, jamais mon cœur n'a manqué, ni ne manquera au roi, et il sera toujours rempli pour Votre Altesse royale du respect le plus profond et le plus tendre.

Hélas ! c'était autrefois frère Voltaire.

1. Le 18 au matin.

Voltaire faisait bien de compter sur le patronage de la margrave de Bayreuth. Celle-ci écrivait à son frère pour lui annoncer les démarches du poëte et de sa nièce auprès d'elle, et plaidait de son mieux la cause du disgracié, non sans jeter une partie du chargement à la mer pour sauver l'autre. L'adroite princesse connaissait trop bien son frère pour ne pas savoir le péril de le heurter de front et de lui rompre en visière. Il avait à coup sûr raison contre l'auteur de la *Henriade*, et celui-là ne pouvait manquer d'avoir de grands torts; mais son sort n'était-il pas assez déplorable, et ne fallait-il pas se montrer miséricordieux ?

> Je le considère comme le plus indigne et méprisable des hommes, s'il a manqué de respect envers vous dans ses écrits ou dans ses paroles; une telle conduite ne peut que lui attirer le mépris des honnêtes gens. Un homme vif et bilieux comme lui entasse sottise sur sottise lorsqu'il a une fois commencé à en faire. Son âge, ses infirmités et sa réputation, qui est flétrie par cette catastrophe, m'inspirent cependant quelque compassion pour lui. Un homme réduit au désespoir est capable de tout. Vous trouverez peut-être, mon très-cher frère, que j'ai encore trop de support pour lui en faveur de son esprit; mais vous ne désapprouverez pas que j'aie pour lui la pitié qu'on doit même aux coupables dès qu'ils sont malheureux, et lors même qu'on est obligé de les punir. Son sort est pareil à celui du Tasse et de Milton. Ils finirent leurs jours dans l'obscurité; il pourrait bien finir de même...

On s'étonne que Voltaire ne tende pas les bras vers Frédéric, qu'il ne crie pas merci, dans sa détresse. Mais il est outré et, pour le moment, s'il le faut, il préférera s'humilier devant un Freytag. Cependant les pieds lui brûlent, son imagination ne diminue pas ce que sa situation a de critique, et il sent comme sa nièce la nécessité d'en sortir à tout prix. Aussi, dès le lendemain matin, madame Denis adressait au roi la supplique qu'on va lire, bien entendu sous la dictée de son oncle, qui vide son cœur et son sac avec toute la surabondance du ressentiment le plus amer. Elle terminait par ces détails qui eussent été forts de choses, comme le disait La Motte de ses vers, si les faits n'eussent pas été un peu grossis.

Aujourd'hui 21, le sieur Freytag vient nous signifier que notre emprisonnement doit nous coûter 128 écus et 40 creutzers par jour[1], et il apporte à mon oncle un écrit à signer par lequel mon oncle doit *se taire sur tout ce qui est arrivé* (ce sont ses propres mots) *et avouer que les billets du sieur Freytag n'étaient que des billets de consolation et d'amitié qui ne tiraient pas à conséquence.*

Il nous fait espérer qu'il nous ôtera notre garde. Voilà l'état où nous sommes le 21 juin, à deux heures de l'après midi.

Si madame Denis écrivait cela au roi de Prusse, Voltaire, auquel la peur faisait perdre tout sang-froid, adressait à son geôlier l'étrange lettre qu'on va lire. Elle est d'un suppliant bien humble ; et nous ne la reproduisons pas sans ce serrement de cœur qui prend toute âme généreuse en présence d'une de ces défaillances dont les esprits supérieurs, à ce qu'il paraît, ne sont pas plus exempts que le commun des hommes.

1. « Elle évalue les frais, dit Freytag, à 122 thalers par jour, tandis qu'ils ne montent, comme je l'ai déjà mentionné, qu'à 190 florins. » Ce sera, en tous cas, Voltaire qui payera les frais de son séjour forcé à Francfort, tout comme si son caprice et son plaisir l'y eussent seuls retenu tout ce temps. Mais Frédéric l'entendra bien ainsi ; s'il ordonne de restituer au poëte ce qui lui appartient, c'est après défalcation des dépenses auxquelles aura donné lieu sa captivité.

Je vous conjure, Monsieur, écrivait-il à Freytag, d'avoir pitié d'une femme qui a fait deux cents lieues pour essuyer d'aussi terribles malheurs.

Nous sommes ici très-mal à notre aise, sans domestiques, sans secours, entourés de soldats. Nous vous conjurons de vouloir bien adoucir notre sort, vous avez eu la bonté de nous promettre de nous ôter cette nombreuse garde [1].

Souffrez que nous retournions au *Lion d'Or*, sous notre serment de n'en partir que quand Sa Majesté le roi de Prusse le permettra. Il y a là un petit jardin nécessaire pour ma santé, où je prenais des eaux de Schwalbach. Tous nos meubles y sont encore, nous payons à la fois deux hôtelleries; nous espérons que vous daignerez entrer dans ces considérations... Enfin, Monsieur, je vous prie d'excuser les fausses terreurs qu'on m'avait données. Soyez persuadé que ni ma nièce, ni monsieur Collini, ni moi nous ne sortirons que quand il plaira à Sa Majesté. Nous n'avons ici aucun secours, même pour écrire une lettre. Pardonnez, je vous en prie, et ne nous accablez pas.

Madame Denis a vomi toute la nuit, elle se meurt. Nous vous demandons la vie.

Et cette lettre n'est pas la seule marque de faiblesse que nous ayons à constater. Dorn, le redoutable Dorn, avait insinué que semblables démarches pouvaient avoir le meilleur résultat. « Le lendemain, raconte Collini, Dorn parut et dit qu'il *fallait présenter une supplique à Son Excellence monseigneur* de Freytag, et l'adresser en même tems à M. de Schmith. « Je « suis persuadé qu'ils feront tout ce que vous désirez, « ajouta-t-il ; croyez-moi, M. Freytag est un gracieux « seigneur. » Madame Denis n'en voulut rien faire. Ce misérable faisait l'officieux pour qu'on lui donnât quelque argent. Un louis le rendit le plus humble des

---

1. Elle était donc nombreuse, quoi qu'on en dise; autrement Voltaire, parlant à Freytag qu'il voulait attendrir, ne se fût pas exprimé de la sorte.

hommes, et l'excès de ses remerciemens nous prouva que dans d'autres occasions il ne vendait pas fort cher ses services¹. » A merveille ! mais Voltaire se laissa persuader, et, toute honte bue, fit suivre son premier billet d'une lettre collective à l'adresse de « M. le baron de Freytag, ministre de Sa Majesté prussienne » et de M. Schmid, « son conseiller. » Dans cette supplique encore, il demande qu'on le délivre des deux soldats qu'on lui avait laissés pour le garder; il est malade, il a besoin d'air et d'espace. Du reste, s'il retrouve jamais quelques lettres de Sa Majesté, il les lui retournera avec le dernier scrupule².

Mais, lorsque Voltaire a moins peur, il s'irrite contre sa propre lâcheté, et, dans ces moments-là, il oublie ces sacrifices de sa dignité qu'il va rendre stériles, et cède à des accès de fureur qui ne peuvent que lui aliéner ceux desquels il ne dépend que trop. Madame Denis, elle-même, n'a pas toujours, et cela se conçoit de reste, la longanimité, le flegme désirables; l'oncle et la nièce, un jour, maltraiteront un domestique de Freytag qui leur avait été dépêché par le conseiller de guerre, outrage que celui-ci manifestera ressentir assez vivement pour que ses prisonniers se croient dans l'obligation de l'apaiser par les plus humbles soumissions. Tout cela n'avait été qu'un malentendu et pas autre chose. « J'apprends, monsieur, que vous êtes en colère contre moi, sur ce que votre laquais vous a

---

1. Collini, *Mon séjour auprès de Voltaire* (Paris, 1807), p. 89, 90.
2. Varnhagen von Ense, *Denkwurdigkeiten und vermischte Schriften* Leipzig, 1859), t. VIII, p. 248, 249; Francfort, 21 juin 1753.

rapporté. Je vous supplie de considérer que je n'entends pas l'allemand, que je lui ai dit dans les termes qu'on m'a fournis que madame Denis était dans les convulsions qui me font craindre pour sa vie. » Madame Denis, le cas étant pressant, malgré ses convulsions, joint sa supplique à celle de Voltaire. « Je suis désespérée, monsieur, de ce que vous me faites dire par le petit garçon. Au nom de Dieu, n'envenimez pas une affaire lorsque mon oncle est prêt de faire tout ce que vous voudrez... » Cette dernière assertion était au moins hasardée. Voltaire pouvait courber le dos devant une nécessité inexorable ; mais il faisait mentalement ses réserves, et il était d'ailleurs trop mauvais chrétien pour se sentir disposé à oublier, encore moins à pardonner, cette succession d'avanies dont il n'entrevoyait pas le terme.

Cependant, le 25 juin, Freytag recevait une lettre de cabinet écrite par Frédersdorff et signée par le roi, qui était un ordre formel de laisser partir Voltaire. Malheureusement, ce n'était pas une réponse au dernier rapport, et l'honnête résident ne savait quoi résoudre. Schmid, consulté, était d'avis de retenir Voltaire ; on renverrait la garde, après avoir antérieurement exigé de lui l'engagement écrit de ne pas sortir de sa chambre, et l'on attendrait la décision de Potsdam. Le poëte, qui ignorait le contenu de la dépêche et ne pouvait envisager dans cet arrangement qu'un adoucissement à sa situation, était tout disposé à en passer par ces conditions, quand le greffier (*actuarius*) du bourgmestre, appelé Duffenbach, se fit annoncer de sa part. La démarche était de bon augure, et Voltaire remit à signer après avoir donné audience à l'envoyé du premier magistrat de Francfort. Cette entrevue le retourna complétement. Toutes ces maladresses, toutes ces violences avaient fini par révolter les bons habitants de la ville; le sentiment public était contre ces abus d'autorité qui étaient un outrage à leur souveraineté. Les amis du poëte, et il en avait de chauds, se remuaient aussi et ne se gênaient point pour témoigner l'intérêt qu'il leur inspirait. C'était plus qu'il n'en fallait pour faire changer d'avis à l'auteur de la *Henriade*, qui ne voulut plus avoir affaire qu'au magistrat seul, comme se trouvant sous sa juridiction naturelle. L'on devine dans quelles angoisses ces complications durent jeter le pauvre Freytag, dont le rapport est un morceau trop curieux pour n'être pas joint au dossier.

Bien que nous fussions dans la plus grande irrésolution si nous devions élargir Voltaire ou non, — vu qu'un serviteur *pro re nata* peut bien arrêter quelqu'un, mais qu'il ne lui est pas permis de l'élargir sans avoir préalablement pris l'ordre suprême, surtout si ce quelqu'un s'est enfui contre la foi et la parole donnée, car cela témoigne d'une mauvaise action qu'on a commise ou qu'on veut encore commettre, ou même, si cela n'était pas, il ne peut pas être commis un plus grand crime envers son maître que d'échapper aux arrêts infligés, — nous lui avons néanmoins fait entendre de nous remettre un écrit portant sur les quatre points suivants par suite de l'ordre suprême de Votre Majesté arrivé hier, qui, quoique sans date, dit clairement de laisser partir Voltaire :

1º Envoyer *immédiate* à Votre Majesté toutes les écritures royales qui pourraient encore se trouver ;

2º Déclarer n'avoir pris copie du livre « *Œuvres de poésies* » ni en totalité ni *per pièce* ;

3º Se soumettre à la prison, en quelque pays qu'il se trouve, en cas qu'il eût agi contrairement à cet engagement;

4° Payer conformément à la justice tous les frais auxquels ont donné lieu sa fuite et ses arrêts.

Le secrétaire Dorn lui avait proposé ces points vers dix heures, et il était *in procincto* d'y acquiescer; mais comme, sur ces entrefaites, l'actuarius (le greffier) du bourgmestre vint chez lui, il congédia le Dorn susdit, en lui marquant de revenir dans une demi-heure. Au retour de Dorn, sa réponse fut celle-ci : Que le bourgmestre avait envoyé chez lui, qu'il voulait maintenant terminer ses affaires lui-même et ne rien avoir à démêler avec nous... Les gentilshommes de Meinungen sont toute la journée avec lui, qui lui montent la tête ; certains alchimistes en renom ici l'entourent, des imprimeurs et des libraires vont et viennent chez lui... D'après ce qu'on dit, il a loué un appartement pour six mois et ne pense à rien moins qu'à aller à Plombières.

Dans ce rapport, que nous avons un peu abrégé, Freytag disait que Schmid et lui sauraient déjouer les comédies quelconques qu'ils s'attendaient à lui voir jouer auprès du bourgmestre. A la réception de la lettre du roi de Prusse, ils avaient retiré les deux sentinelles et avaient fait remettre au poëte les deux paquets qu'il avait laissés en dépôt chez le résident, lui annonçant leur visite pour régler le surplus. Mais Voltaire avait flairé l'embarras de ses gardiens, il avait senti que la position devenait meilleure, et ce retour de fortune, en lui rendant courage, lui avait inspiré l'envie de prendre sa revanche. Il ne s'était pas endormi et avait présenté un mémoire au bourgmestre de Francfort pour le faire passer directement au prince, dans le cas où ses plaintes, comme il n'avait que trop sujet de le craindre, ne parviendraient pas jusqu'à Sa Majesté par le fait des ennemis qu'il avait près d'elle; « ce qui, chose inouïe, s'écrie Freytag, aura réellement lieu, à ce que j'apprends. Mais nous vivons dans l'espoir que Sa Majesté ressentira de la manière la plus énergique cette audace municipale et ne nous jugera pas sans nous entendre! » Voltaire, toujours d'après Freytag, était soutenu et épaulé par un soi-disant gentilhomme de Meinungen et un conseiller de ville, nommé Senckenberg, « homme abominable qui contrecarre toutes les affaires prussiennes, qui, en méchanceté, en impiété, n'a évidemment pas son égal dans ce pays-ci. »

Comme Freytag et Schmid se disposaient à se rendre chez le poëte, ils apprenaient par le bourgmestre que ce dernier avait remis un nouveau mémoire et requérait contre eux une commission. Ils se firent annoncer, mais il leur fut répondu que M. de Voltaire était souffrant, et qu'il ne pouvait leur donner audience. « En présence de ces impolitesses, » ils chargèrent le magistrat de lui renvoyer son épée et de le prévenir qu'il pouvait faire chercher le peu d'argent déposé chez le conseiller Schmid, défalcation faite des frais montant au total de 190 florins, 11 kreuzer [1]. Mais ce n'était pas le compte de Voltaire, qui eût acheté un bien autre prix la faculté de faire peser sur la tête de ses ennemis une accusation flétrissante. Il refusa de rien enlever et manda un notaire devant lequel il protesta solennellement contre les violences et les vexations dont il avait été l'objet. Collini, lui aussi, rédigea sa protestation, et l'on se disposa dès lors au départ. Ce refus du poëte chiffonnait Freytag et Schmid, qui se décidèrent à lui faire remettre son

---

[1]. Varnhagen von Ense, *Denkwurdigkeiten und vermischte Schriften* (Leipzig, 1859), t. VIII, p. 267 à 270.

argent par Dorn contre quittance. « Mais, au lieu de le recevoir, rapporte le résident prussien, il arrive avec un pistolet, l'arme et veut le tuer. Le secrétaire de Voltaire lui arrête le bras en s'écriant : « Mon Dieu ! « monsieur ! » et le force de passer dans une autre pièce. » Le poëte, il est vrai, raconte les choses tout différemment. Ce Dorn, le redoutable Dorn, n'était au fond qu'un poltron fort alerte à s'effrayer, et que la vue d'un pistolet détraqué suffisait pour mettre en déroute.

> Le 7 au matin, le nommé Dorn ose revenir chez la dame Denis et le sieur de Voltaire, feignant de rapporter une partie de l'argent que le sieur Schmid avait volé dans les poches du sieur de Voltaire et du sieur Collini ; puis il va au conseil de la ville faire rapport qu'il a vu passer le sieur de Voltaire avec un pistolet, et prendre ce prétexte pour que Schmid et lui gardent l'argent. Deux notaires jurés, qui étaient présents, ont beau déposer sous serment que ce pistolet n'avait ni poudre, ni plomb, ni pierre, qu'on le portait pour le faire raccommoder ; en vain trois témoins déposent la même chose. Le sieur de Voltaire est forcé de sortir de Francfort avec sa nièce et le sieur Collini, tous trois volés et accablés de frais, obligés d'emprunter de l'argent pour continuer leur route. On a volé au sieur de Voltaire papiers, bagues, un sac de carolins, un sac de louis d'or, et jusqu'à une paire de ciseaux d'or et des boucles de souliers [1].

Est-ce assez circonstancié, et la méprise de ce coquin subalterne ne semble-t-elle pas aussi évidente qu'elle est plaisante? Malheureusement, Collini convient de tout ce que nie Voltaire, et il ressort de son récit même que Dorn n'avait pas eu si grand tort de détaler au plus vite.

---

1. Voltaire, *OEuvres complètes* (Beuchot), t. LVI, p. 338. *Journal de ce qui s'est passé à Francfort-sur-Mein.*

Peu s'en fallut, dit-il, qu'un moment de vivacité de Voltaire ne nous retînt encore à Francfort et ne nous replongeât dans de nouveaux malheurs. Le matin, avant de partir, je chargeai deux pistolets que nous avions ordinairement dans la voiture. En ce moment, Dorn passa doucement dans le corridor et dans la chambre, dont la porte était ouverte. Voltaire l'aperçut dans l'attitude d'un homme qui espionne. Le souvenir du passé alluma sa colère; il se saisit d'un pistolet et se précipita vers Dorn. Je n'eus que le tems de m'écrier et de l'arrêter. Le brave, effrayé, prit la fuite, et peu s'en fallut qu'il ne se précipitât du haut en bas de l'escalier.

Il n'y avait sans doute pas grand mal à tout cela, même pour l'estimable Dorn, qui, sans avoir reçu la moindre égratignure, se crut en droit de déposer une plainte contre cette tentative d'assassinat dont il comptait bien tirer quelque profit. On lisait, en effet, à la fin du rapport de Freytag, du 6 juillet, cette phrase écrite, nous est-il dit, de la main de l'honnête secrétaire : « Il a (Voltaire) laissé son peu d'argent chez moi et le conseiller aulique Schmid, argent qui peut servir de satisfaction au secrétaire Dorn, attendu que cet attentat a retenti immédiatement dans toute la ville avec toute espèce de commentaires, de façon que sa femme et son enfant ont été plongés dans la plus grande frayeur, et sont présentement malades et alités. » Ajoutons que cette insinuation ne rencontrera pas tout l'accueil qu'en attendait son auteur, et que Frédéric, qui avait plus d'une affaire en tête, ne semble pas s'être préoccupé outre mesure de récompenser et d'indemniser ce galant homme.

Quant à Freytag, il ne sait plus où il en est, quoi penser, quoi résoudre. Il supposait avoir bien mérité du prince, s'être acquitté d'une mission plus qu'ardue avec autant d'énergie que de prudence, et il se voyait incompris et presque désavoué ! Les lettres qui lui arrivent de Potsdam, loin de confirmer les mesures qu'il a cru devoir prendre, témoignent d'une surprise qui équivaut à un blâme. « Je ne vous avais rien ordonné de tout cela, disait Frédéric, le 26 juin. Il ne faut jamais faire plus de bruit qu'une (chose?) ne le mérite. Je voulais que Voltaire vous remît la clef, la croix et le volume de poësies que je lui avais confiées ; dès que tout cela vous a été remis, je ne vois pas de raison qui ait pu vous engager à faire ce coup d'éclat... » Et cette fuite, sire ! cette criminelle et exécrable fuite ! Cet attentat abominable contre votre autorité !...

Le 2 juillet, autre billet de Frédersdorff recommandant à Freytag de remettre Voltaire en liberté et de « ne faire la moindre allusion à sa fuite. » Enfin, le 9, une dernière injonction de Frédéric, qui s'étonne d'entendre encore parler de Voltaire et de sa détention. « Vous devez avoir reçu les ordres que je vous ai donnés de le laisser aller où bon lui semblera, ainsi que sa nièce. » Voltaire était loin alors, et la recommandation inutile ; mais tout cela laissait appréhender que l'on n'eût pas rendu, en haut lieu, pleine justice au mal que s'étaient donné ces braves gens pour accomplir une mission au-devant de laquelle ils n'étaient pas allés et qui les avait moins flattés qu'effrayés. Et c'est ce que le pauvre résident ne peut s'empêcher de témoigner dans son rapport du 6 juillet.

En somme, ils avaient été pleins de zèle, sinon d'intelligence. Les ordres éplorés qu'ils avaient reçus avaient pu leur faire croire qu'ils auraient, comme ils le disent d'ailleurs, à expérimenter contre un criminel d'État au premier chef. Et, convenons-en, ils avaient plutôt été déroutés que guidés par les prescriptions ambiguës qui leur avaient été adressées, durant l'absence du roi. Frédersdorff, auquel ils eussent pu s'en prendre à bon droit, loin de les charger auprès du maître, ce qui n'est que le procédé trop ordinaire aux chefs d'emploi, eut la loyauté de défendre leur conduite. Il écrivait à Freytag, en date du 14 juillet, une lettre qui devait non-seulement lui rendre la tranquillité mais l'indemniser de tous ces soucis.

Vous pouvez, lui disait-il, mettre complétement de côté « l'inquiétude » que manifeste votre dernière. Vous n'avez rien fait que sur ordre royal, et vous l'avez exécuté de façon à ce que Sa Majesté en soit satisfaite. Vous n'avez rien à redouter du magistrat de la ville, puisque vous avez agi d'après les instructions de votre souverain et comme personnage ayant caractère royal, et c'est ce que vous pouvez lui déclarer « hautement. » Quant au Voltaire, qui est un homme sans honneur, Sa Majesté ne veut en aucune manière se commettre avec lui; et maintenant qu'il a livré les objets, qu'il aille où il voudra. S'il était encore là, laissez-le crier à son aise, et n'entrez pas plus en explication avec lui qu'avec le magistrat de votre conduite. Mais vous pouvez lui dire en face qu'il n'a pas à se prévaloir de son prétendu caractère de gentilhomme de la chambre du roi de France ; que, s'il l'osait, à Paris la Bastille serait sa récompense. Au reste, je vous assure encore une fois que vous pouvez être complétement tranquille. Vous avez agi comme fidèle serviteur du roi et d'après son ordre, et les mensonges et les calomnies de Voltaire ne trouvent créance ni ici ni ailleurs[1].

1. Varnhagen von Ense, *Denkwurdigkeiten und vermischte Schriften* (Leipzig, 1859), t. VIII, p. 275, 276.

Cette lettre du factotum, du maître Jacques de Frédéric, était à citer ; elle a une terrible signification et porte son accusation avec elle. « Il est absurde, s'écrie Macaulay, de dire que le roi ne fut pas l'auteur de cet outrage. Fit-il punir quelqu'un, quelqu'un eut-il à en répondre[1] ? » Punir! tout au contraire, il rassure, il fait rassurer ses agents que le zèle a emportés, que la peur de mal faire a rendus frénétiques. En tout état de cause, un souverain absolu est pleinement responsable des ordres qu'il donne ou que l'on donne en son nom. Mais Frédéric, nous dira-t-on, n'était pas là pour surveiller des serviteurs ineptes qui avaient pris ses ordres à rebours et cru flairer, dans un poëte en disgrâce, un criminel d'État digne de toute leur surveillance et de toutes leurs rigueurs. Nous savons qu'il était parti de Berlin le 1er mai pour la Silésie, et qu'il n'était de retour que le 15 ; qu'il repartait de sa capitale, le 1er juin, pour la Prusse, d'où il ne revenait que le 15 du même mois[2], et que, durant cette absence, il fut peu à portée de connaître par le menu ce qui se passait à Francfort. Cela ne suffit point à le justifier. Lorsqu'on s'en repose du soin de ses affaires sur la fidélité et l'habileté de ses officiers, ne doit-on pas être sûr de leur tact et de leur intelligence? Mais, si Frédéric exigeait une fidélité sans bornes, c'était tout ce qu'il demandait : l'intelligence, l'habileté étaient de trop. Les gens habiles l'eussent

---

1. Lord Macaulay, *Essais historiques et biographiques*, traduction de Guillaume Guizot (Lévy, 1862), deuxième série, p. 335.

2. *Gazette de Hollande*, des 8 et 15 mai, 2 et 22 juin 1753 (nos XXXVIII, XLI, XLVI, L).

gêné, alarmé. Ses affaires, les petites comme les grandes, il prétendait les faire lui même. Il entrait dans tous les détails, dépouillait sa correspondance et n'entendait se décharger sur personne du moindre soin. De prime abord, on s'étonne, l'on admire qu'un homme suffise à tout. Puis, à la réflexion, on se dit que cette tâche est au-dessus des forces d'un seul homme, s'appelât-il Frédéric; et l'on est obligé de convenir du vice d'un pareil système. Était-ce zèle ou défiance, chez Frédéric? C'était l'un et l'autre; car, s'il ne reculait pas devant le travail le plus ingrat et le plus aride, son peu d'estime de l'humanité le faisait incliner vers un scepticisme outrageant et injuste à l'égard de ceux auxquels il eût pu se livrer avec le plus de sûreté. Les subalternes l'inquiétaient moins, et il s'en reposa sur eux de préférence à des personnages mieux préparés, ce semble, à se tirer des grandes affaires avec honneur. Bielfeld nous vante, dès 1739, la politesse, la finesse, la souplesse de Frédersdorff auquel il prédit une haute fortune [1]. Un simple fifre de régiment n'arrive pas sans réunir quelques-unes de ces qualités. Mais, répétons-le, dans toute cette aventure de Francfort, ce fut encore lui qui commit le plus de fautes; et Freytag et Schmid, mieux édifiés, mieux renseignés, n'eussent pas amoncelé maladresses sur maladresses. Qu'importe, après tout? Voltaire aura été victime d'un malentendu; il est relâché, il est parti, Dieu le conduise! Oui, il est parti, le cœur

---

1. Baron de Bielfed, *Lettres particulières* (la Haye, 1763), t. I, p. 75. Lettre VIII; à Rhinsberg, le 30 d'octobre 1739.

plein d'un ressentiment implacable. Il a été, il se dit volé, et s'adresse au roi pour obtenir satisfaction; et Frédéric de faire écrire à Freytag par l'abbé de Prades : « J'ai encore reçu une lettre de Voltaire dans laquelle il me demande que je lui fasse rendre les effets qu'on lui retint lorsqu'on l'arrêta. Je vous ai déjà donné mes ordres là-dessus, et quant aux frais qu'il ne veut peut-être pas payer, il n'est pas nécessaire pour cela de lui retenir le tout; ne gardez que ce qu'il faudra pour les payer et rendez-lui le reste (Potsdam, 31 juillet). » Ainsi la magnanimité de Frédéric allait jusqu'à ordonner de restituer, les frais prélevés, ce qui pouvait appartenir à son ancien chambellan ! Tout cela est presque naïf et frise la comédie.

Mais laissons de côté les instruments, ne voyons que les deux acteurs principaux, Voltaire et Frédéric. Soyons impartial, soyons juste, osons dire la vérité sur l'un et l'autre, car tout est déplorable et navrant dans ce triste épisode. Voltaire manque de dignité, il use des armes du plus faible, qui sont la ruse, le mensonge, l'humilité parfois; il ne sait pas souffrir avec noblesse, il s'emporte et s'exalte comme un furieux, il s'apaise comme un enfant. Son attitude est rarement celle qu'on lui souhaiterait. Mais, encore un coup, il n'est tout cela que parce que, abusant de sa force, un grand roi qui se dit et se croit philosophe, et qu'on appelle le Salomon du Nord, non pour sauvegarder les intérêts du pays (devant ceux-là tout peut paraître licite), mais pour se tranquilliser sur certaines indiscrétions qu'il redoute, n'a pas reculé devant la violation la plus flagrante du droit des gens chez un petit peuple dont il n'était d'aucune façon le maître, qui se régissait par ses lois propres et ne relevait, comme la Prusse elle-même; que de cet ensemble d'États qui se nomme l'Empire.

L'on alla au delà de ses ordres; mais ses ordres n'eussent pas été dépassés, qu'ils seraient encore inexcusables. Quel était d'ailleurs l'objet de ses violences? Un poëte illustre, un écrivain célèbre, qu'on avait tout fait pour s'acquérir, au point de commettre, comme nous l'avons rappelé plus haut, une de ces machinations que rien ne pallie, même la longanimité de celui qu'elle vise à perdre. Voltaire a eu des torts; mais, s'il part de Prusse, s'il s'en éloigne comme on s'éloignait de Syracuse du temps de Denis, c'est que le roi n'a pas su demeurer roi, c'est que le roi, pour mieux dire, n'a pas su oublier qu'il l'était, au moment où il se faisait homme de lettres pour soutenir de sa plume comme de son sceptre une mauvaise et ridicule cause. Même les juges eurent honte de leur arrêt, et, en dehors de l'Académie, il n'y avait eu qu'une voix pour condamner un savant qui, dans une discussion purement scientifique, ne rougissait point d'écraser l'adversaire, non de ses arguments mais de son crédit[1]. La dispute était restée indécise, elle ne l'est plus; et si ce fragment de Leibnitz ne s'est pas retrouvé, si Kœnig s'est mépris en supposant cette lettre adressée à

---

1. Fréron, *Année littéraire*, 1760, t. V, p. 108, 109. — D'Alembert, *Œuvres complètes* (Belin), t. V, p. 27, 28. Lettre de d'Alembert à madame du Deffand; Paris, 4 décembre 1752. — Varnhagen von Ense, *Denkwurdigkeiten und vermischte Schriften* (Leipzig, 1859), t. VIII, p. 177.

Hermann, Leibnitz n'en demeure pas moins incontestablement l'auteur aux yeux de tous les leibnizographes. Ainsi, Frédéric ne se sera entremis, dans une question où le roi n'avait rien à voir, que pour donner à ces débats philosophiques les proportions et le caractère d'un scandale public. S'il ne s'était pas senti appuyé, est-il supposable que Maupertuis eût songé à ériger l'Académie en tribunal? Et ses confrères, s'ils n'y eussent été contraints, se fussent-ils prêtés de gaieté de cœur à être ses complaisants et ses complices? L'on peut dire que tout le mal vint de cette partialité du prince, et qu'il fut, en somme, le premier fauteur de l'*Akakia*. Que la fameuse *Diatribe* soit bien plus une œuvre plaisante qu'une bonne œuvre, qui le nie? Voltaire traitait Maupertuis comme il avait traité Jean-Baptiste, comme il devait traiter Le Franc de Pompignan, et il obéissait en cela à sa nature rancunière et passionnée. Mais que ne laissait-on tous ces gens se démêler entre eux à leur guise, sans attiser le feu par une intervention maladroite! Cette *Diatribe*, après tout, ne stigmatisait que l'esprit, le bon sens, la science du président, et c'était bien étrangement rigoureux de la déférer aux flammes, en un pays où l'on se piquait d'accorder à la pensée toute son indépendance.

Toutefois, on s'est revu, l'on s'est pardonné, l'on semble au mieux; et Voltaire n'avait qu'à demeurer à Potsdam pour recouvrer les bonnes grâces et la faveur du philosophe de Sans-Souci. Mais il est souffrant, il a besoin des eaux de Plombières; tranchons le mot, les pieds lui brûlent, il se meurt d'impatience de fuir, de respirer en liberté. Il demande qu'on le laisse partir, s'engageant plus ou moins sincèrement à revenir, et tout change aussitôt d'aspect aux yeux de Frédéric qui, jusqu'au dernier moment, aura à se roidir contre cette démangeaison de le quitter, la maladie de son entourage. S'il n'ose pas s'opposer à sa retraite, il n'a pas non plus la force de dissimuler son dépit, sa rancune profonde; et nuls doutes que ces dispositions hostiles n'aient dicté les ordres rigoureux que le résident de Francfort devait d'ailleurs entendre et exécuter à sa façon. Était-ce donc ainsi que devaient finir leurs relations? Et n'était-ce pas un étrange dénoûment à cette tendresse passionnée que l'on prétendait inaltérable?

Tout roi qu'il fût et quelque magnifique qu'il crût avoir été, il restait le débiteur du poëte, il demeurait son obligé. « Otez, a dit quelqu'un, de la vie de Frédéric le Grand la circonstance de ses liaisons avec Voltaire, et la renommée de Frédéric en sera diminuée [1]. » Avec Voltaire, en effet, disparaîtrait toute une face de cette remarquable figure. Qui pourrait nier qu'en jetant le nom du Gustave-Adolphe de la Prusse à tous les échos, en chantant son génie sur tous les modes, l'auteur de la *Henriade* n'ait puissamment aidé à l'expansion de cette gloire naissante? Mais il avait encore façonné l'écrivain, il avait appris à ce poëte inexpérimenté à manier cette langue française, la seule qu'il voulût parler, il avait corrigé sa prose

---

[1]. Senac de Meilhan, *Le Gouvernement, les mœurs et les conditions en France avant la Révolution* (Poulet-Malassis), p. 574.

et ses vers, et plus que payé en services la royale hospitalité de Berlin et de Sans-Souci. Des caresses, des satisfactions d'amour-propre, quelques sourires des reines, puis des chiffonneries, un procès scandaleux (qu'on s'attirait, il est vrai, par sa faute), des duretés suivies de retours de tendresse, des rivalités, une guerre de pamphlets qui venait finir sur la place publique, tels furent pour Voltaire les uniques profits de ce séjour auprès du Salomon du Nord, qui s'était changé en Denis de Syracuse. Ces années passées à Potsdam et à Sans-Souci avaient été pour cette existence si fébrilement laborieuse, une sorte d'étape improductive. Les œuvres sont vite comptées. Le *Siècle de Louis XIV* paraît à Berlin ; mais les matériaux en étaient rassemblés longtemps à l'avance, et la presque totalité du livre était ébauchée avant son installation en Prusse. Après avoir cité le *poëme sur la Religion naturelle*, qui est de 1752, quelques vers refaits à *Rome sauvée*, on a tout dit. Comparez cette stérilité avec l'activité de sa vie antérieure, avec les quinze années de Cirey et les enfantements futurs de Ferney. Sous tous les rapports, le poëte avait fait un métier de dupe, il s'était déconsidéré, il s'était amoindri : en endossant la livrée du courtisan, il s'en était assimilé des vices. Une fois son maître, il secouera toutes ses faiblesses et toutes ses misères ; la cour l'avait perverti, il redeviendra meilleur, quand il sera libre : il n'attendait que cela pour être philosophe. Et nous allons, en effet, le voir répudier, autant qu'il sera en lui, l'homme d'autrefois ; et, dans le voisinage de cette admirable Suisse, au sein de cette nature grandiose, ce qu'il a de cœur, (et il en a, quoi qu'on dise) se réveillera, s'épanouira aux idées de justice, de générosité et d'humanité. Viennent les circonstances, il fera mieux que des livres. Ne le plaignons donc pas trop, en définitive ; et ne voyons, nous aussi, que ce que nous eussions perdu, si Voltaire eût vécu, vieilli et fini à Potsdam, près de l'auteur de l'*Anti-Machiavel*, qui n'allait pas devenir commode avec les années. En somme, Frédéric seul perdait à cette séparation, et il le sentait bien.

Il sentait aussi quel ami bruyant il s'aliénait et quel redoutable ennemi il s'attirait. Ses louanges ne seraient plus le thème ressassé de la correspondance, des épîtres, des grands et petits vers du « Virgile de la France. » L'on serait toujours le roi conquérant et civilisateur, et Voltaire n'y pouvait rien. Mais n'ambitionnait-on pas d'autres palmes? Mais n'avait-on pas rêvé la renommée de l'écrivain et du poëte, et était-il si indifférent, avec de telles visées, d'être en guerre ouverte avec celui que l'on appelait son maître naguère encore, et qui l'était. bien véritablement? Sans doute, extérieurement, on s'applaudira d'une rupture qui débarrassait d'un méchant génie capable de mettre le feu aux quatre coins du globe. Mais, à la réflexion, quand on envisagera les choses plus froidement, que l'on en convienne ou non, l'on déplorera une persécution stérile. Ces deux hommes peuvent se détester, une chaîne secrète ne les en unit pas moins à tout jamais l'un à l'autre ; et, tôt ou tard, en dépit des ressentiments, des outrages passés et de la disposition présente, une sorte d'aimant les appellera, les attirera, les rapprochera fatalement, et nous assisterons au plus bizarre, au plus étrange spectacle.

A l'heure qu'il est, le philosophe de Sans-Souci, plus inquiet qu'il n'en a l'air, attend avec un apparent stoïcisme, l'effet des vengeances qu'il a provoquées. « Je ne suis pas sensible, écrit-il à sa sœur, au mal qu'il voudrait me faire, mais je l'ai empêché de m'en faire davantage et, par cette raison, je lui ai fait rendre mes vers et toutes les lettres que je lui ai écrites[1]. » Mais la fin légitime-t-elle inexorablement les moyens, et, encore un coup, n'y a-t-il qu'à louer à tout cela? Madame Denis, que son oncle avait laissée derrière lui, probablement pour régler ses comptes à Francfort et qui reprenait, le lendemain, le chemin de sa chère rue Traversière, écrivait à Voltaire alors à Strasbourg :

Il n'y a personne en France, je dis personne, sans exception, qui n'ait condamné cette violence mêlée de tant de ridicule et de cruauté. Elle donne des impressions plus grandes que vous ne croyez. Milord *Maréchal* s'est tué de désavouer, à Versailles et dans toutes les maisons, tout ce qui s'est passé à Francfort. Il a assuré, de la part de son maître, qu'il n'y avait point de part. Mais voici que le sieur Frédersdorff m'écrit de Potsdam, le 12 de ce mois : « Je déclare que j'ai toujours honoré M. de Voltaire comme un père, toujours prêt à lui servir. Tout ce qui vous est arrivé à Francfort a été fait par ordre du roi. Finalement, je souhaite que vous jouissiez toujours d'une prospérité sans pareille, étant avec respect, etc.

Ceux qui ont vu cette lettre ont été confondus. Tout le monde dit que vous n'avez de parti à prendre que celui que vous prenez d'opposer de la philosophie à des choses si peu philoso-

---

1. *OEuvres de Frédéric le Grand* (Berlin, Preuss.), t. XXVII, p. 235. Lettre Frédéric à la margrave de Bayreuth. Ce 7 (juillet 1753).

phes. Le public juge les hommes sans considérer leur état, et vous gagnez votre cause à ce tribunal. Nous ferons très-bien de nous taire, le public parle assez [1].

Ainsi Frédéric se lavait les mains de tout ce qui s'était passé, et son chargé d'affaires à Paris avait mission de répéter « dans toutes les maisons » qu'il n'y était pour quoi que ce fût, tandis que son *alter ego* rejetait sur le maître la responsabilité et l'initiative des violences sauvages commises à Francfort. Voltaire s'attendait à ce résultat. « ... Mais que fera-t-il, écrivait-il de Mayence, à madame Denis, pour réparer l'outrage abominable qu'on vous a fait en son nom? Milord Maréchal sera sans doute chargé de vous faire oublier, s'il est possible, les horreurs où un Freytag vous a plongée [2]. » Milord Maréchal recevait, en effet, en juillet, une lettre du roi, où se trouvaient ses regrets d'une violence aussi brutale qu'inutile [3]. On comprenait, en définitive, que de pareils actes font médiocrement honneur et ont, en tous cas, besoin de trouver leur raison d'être dans l'inexorabilité des circonstances qui les ont provoqués.

1. Voltaire, *OEuvres complètes* (Beuchot), t. LVI, p. 345. Lettre de madame Denis à Voltaire; à Paris, le 26 août 1753.
2. *Ibid.*, t. LVI, p. 333. Lettre de Voltaire à madame Denis; à Mayence, le 9 juillet 1753.
3. La Beaumelle, *Vie de Maupertuis* (Paris, Ledoyen, 1856). Lettre de Frédéric à lord Maréchal; juillet 1753.

FIN DE VOLTAIRE ET DE FRÉDÉRIC.

TABLE

I. — L'intimité du roi de Prusse. — Le marquis d'Argens. — La Mettrie. — Petit noyau de libres penseurs. — La France à Potsdam et à Sans-Souci. — Frédéric ne parle pas allemand. — La langue française en honneur. — D'Argens. — Son enfance. — S'éprend d'une comédienne. — Départ pour Constantinople. — M. d'Andrezel. — Aventure à Alger. — Retour en France. — D'Argens avocat. — Sa passion pour l'étude et la science. — La roulette de l'hôtel de Gèvres. — Séjour à Rome. — Ninesina. — Étranges spadassins. — D'Argens obtient une lieutenance. — Sa carrière brisée. — Il se fait homme de lettres. — Bat monnaie avec ses livres. — *Lettres juives*. — Origine de ses relations avec Frédéric. — Anecdotes controuvées. — D'Argens attaché à la cour de Würtemberg. — La duchesse et le marquis à Berlin. — Querelles d'amants. — D'Argens obtient la permission de venir en Prusse. — Le chapitre des appointements. — Mesquineries de Frédéric. — Les amours à bon marché. — Frédéric donne à son chambellan une maison de campagne près de Sans-Souci. — Arlequinades. — Faiblesses et superstitions d'un sceptique. — Lapierre. — Le préjugé du vendredi. — Espièglerie du prince Guillaume. — Maupertuis dit ses patenôtres. — Retours pénibles. — Mademoiselle Cochois. — Un intérieur de comédiens. — Babet. — Intérêt qu'elle inspire à d'Argens. — Babet philosophe. — Leur mariage. — On néglige de demander l'agrément du roi. — Emportement de Frédéric. — Il finit par s'apaiser. — Heureux ménage. — Manies de d'Argens. — Épître au lit du marquis. — D'Argens procède de Bayle. — Offray de La Mettrie. — D'abord janséniste. — Devient médecin. — Ses griefs contre Astruc. — Médecin des gardes. — Reçu à coups de fourche. — *La Politique du médecin de Machiavel*. — La Faculté vengée. — Un médecin petit-maître. — Chat-huant. — *L'Homme machine*. — Retraite précipitée. —

Une dédicace. — *L'Homme plus que machine* de Luzac. — Haller. — Son désaveu. — Étranges thèses qu'on lui fait tenir. — Son indignation. — Il s'adresse à Maupertuis. — *Doris.* — Réponse de Maupertuis. — Portrait de La Mettrie. — Cause de la sympathie que lui témoigne Frédéric. — Parfait sans-gêne de l'auteur de l'*Homme machine.* — Indispensable au roi............ Page 1.

II. — LE CHEVALIER DE CHASOT. — DARGET. — GEORGE KEITH. — LORD TYRCONNEL. — POLLNITZ. — Chasot à l'armée du Rhin. — Tue en duel un parent du duc de Boufflers. — Obligé de s'expatrier. — Bonne fortune inattendue. — Bien accueilli du prince royal. — Une chevalerie mystérieuse. — Amitié de Frédéric. — Un nouveau règne. — Bataille de Molwitz. — Héroïsme de Chasot. — Sauve la vie au roi. — Brillants états de service. — Le major Bronickouski. — Combat à outrance. — Le chevalier à Spandau. — Frédéric le rappelle. — Chasot fait la partie de flûte du roi. — Concerts de Frédéric. — Parfait exécutant. — Voltaire à la garde de Chasot. — Singulier débat entre le roi et le chevalier. — Les lavements au savon. — Darget secrétaire du marquis de Valori. — Enlevé par un parti de hussards. — Son dévouement pour son maître. — Frédéric le prend à son service. — Influence de Darget. — Très-lié avec Voltaire qui le ménage. — Algarotti. — Son portrait. — Sa douceur et son aménité. — Mot de Maupertuis. — *Il Newtonianismo per le donne.* — Afféterie de ces dialogues. — Ce qu'en pensent Voltaire et madame du Châtelet. — Algarotti songe à faire partie de l'expédition en Laponie. — Il se ravise et ne part pas. — Tendresse de Frédéric pour lui. — Dort sur son épaule. — Il le nomme son chambellan. — George Keith. Envoyé du roi de Prusse en France. — La jolie Turque. — Lord Tyrconnel. — Son portrait. — Pollnitz. — Bon accueil que lui fait la duchesse d'Orléans. — Il est présenté à Louis XIV. — Impression favorable. — Offres brillantes du duc de Duras. — Repoussées avec indignation. — Pollnitz a la jaunisse. — L'abbé d'Asfeld le décide à se faire catholique. — Ce qu'on en pense de l'autre côté du Rhin. — Il va à Rome. — Songe à se marier. — Catastrophe qui renverse ses espérances. — La rue Quincampoix. — Halte à l'auberge d'Étampes. — Un convive de bonnes façons. — Franchise de Cartouche. — Deuxième abjuration. — La tabagie de Frédéric-Guillaume. — Frédéric garde le baron près de lui. — Durs moments. — Le marchand Martini. — Despotisme de Frédéric. — Troisième abjuration. — Infamie perdue. — Les inutiles de cour. — Plaisanterie d'un goût douteux. — Scepticisme et cynisme du roi Prusse. — Jugement de Rousseau............ Page 51.

III. — Voltaire a l'apogée de sa faveur. — Sans-Souci. — Les bons Saxons. — Abraham Hirsch. — Voltaire courtisan. — Les deux reines. — La *Pucelle* présentée comme une satire des abus de l'église romaine.— Élisabeth-Christine. — Les soupers de Schœnhausen. — Part de la maréchale de Schmeltau. — Un sénat improvisé. — Vivacités comiques de l'auteur de *Rome sauvée*. — La comédie chez les princes. — Tous acteurs agréables. — Sans-Souci. — Origine de ce nom. — Description du château. — La chambre du roi. — La petite pendule de Frédéric. — Le cabinet et la bibliothèque. — Tous livres français. — Le jardin et les parterres. — Léger. — Éclat entre le roi et celui-ci. — Frédéric est son propre architecte. — Chambre de Voltaire. — Enchantement du poëte. — Comment se passent ses journées. — Les soupers de Frédéric. — Ce qu'en raconte Zimmermann. — M. de Balby. — Facétie de Voltaire. — Réticences. — Côtés menaçants. — Voltaire corrige les manuscrits du roi. — Singulier débat. — Les épines sous les roses. — Maupertuis n'a pas les ressorts liants. — Attitude de Voltaire. — Les plus grands seigneurs le courtisent. — La partie d'échecs. — On lui laisse gagner les pistoles des enjeux. — Un deuil de cour. — L'habit de Fromery. — Anecdote diversement racontée. — Le rost du roi. — Plaintes de Voltaire. — On n'en tient pas compte. — Singulier expédient. — Pente glissante. — La *Steuer*.— Stipulations du traité de Dresde.— Agiotage à toute outrance. — Ordonnance de Frédéric pour le faire cesser. — Abraham Hirsch. — Ses rapports avec le poëte. — Démarche d'Éphraïm. — Révocation des lettres de change. — Retour et lamentations de Hirsch. — Exposé du procès. — Moralité de l'Israélite. — Chasot pris pour arbitre. — La violence de Voltaire le détermine à se retirer. — Froideur qui en résulte entre eux. Voltaire dépose sa plainte. — Le juif décrété. — Colère du roi. — Mouvement que se donne Voltaire. — Le président de Jariges. — Hirsch à l'amende. — Pièce falsifiée. — Vente surfaite des bijoux. — Hypothèse. — Embarras des juges. — Motifs de l'arrêt. — Condamnation du juif. — Propos absurdes. — Lettre du grand chancelier. — Frère Voltaire en pénitence. — Le Code de Frédéric. — Petits commérages. — Indulgence de la margrave de Bayreuth. — *Acte de contrition*.................. Page 95.

IV. — Lessing. — Voltaire au marquisat. — Madame Denis. — Débuts de Lekain. — Mort de La Mettrie. — Manéges de Hirsch. — Voltaire cède sur tous les points. — Arrangement définitif. — Aigres reproches. — Fréron et d'Arnaud sacrifiés à Voltaire. — M. Gross. — Madame de Bentinck. — Soumissions de Voltaire. —

Tantale en procès. — A tort attribué au roi de Prusse. — L'opinion peu favorable au poëte. — Voltaire enfant de la Régence. — La langue allemande bonne pour les soldats et les chevaux. — Nécessité d'un traducteur. — Lessing chez Voltaire. — Emporte le *Siècle de Louis XIV.* — Anxiété de Voltaire. — Richier compromis. — Réponse de Lessing à celui-ci. — Son ton cavalier. — Motifs de crainte très-légitimes. — Voltaire se décide à écrire lui-même. — Sa lettre à Lessing. — Profond ressentiment de ce dernier. — Se traduit en épigrammes, en attendant mieux. — Les petites causes. — Conséquences de cette aventure pour la littérature allemande. — Équité de Richier. — Quatre maladies mortelles. — Besoin d'isolement et de recueillement. — Voltaire demande qu'on lui retranche sa pension. — Le Marquisat. — Baptême de six jumeaux. — Séductions de Potsdam. — Sages représentations de d'Argental. — Jugement sévère d'un étranger. — Madame Denis charge Cideville de chercher à son oncle une maison dans son voisinage. — M. d'Hamon. — Loge chez elle quelque temps. — Les poulardes de Paris. — Répartie de Frédéric. — Dona Nisa. — D'Arnaud amoureux de madame Denis. — Billets tendres. — Échantillon poétique. — Le marquis de Ximenès. — Mot de M. d'Autrep. — Bruits de mariage. — Retour de faveur. — D'Alembert substitué à Crébillon. — Ne fait pas attendre son approbation. — Reprise de *Mahomet.* — Lekain joue Seïde. — Ses débuts à la comédie. — Opinion de Collé sur son compte. — Essais d'intimidation. — Voltaire s'obstine. — Échange de madrigaux. — La Mettrie a aussi le mal du pays. — Voltaire s'entremet en sa faveur auprès de Richelieu. — L'écorce d'orange. — La Mettrie chez Tyrconnel. — Indigestion de pâté. — Saignée inopportune. — Il meurt en philosophe. — Ce que dit Frédéric à ce propos. . . . . Page 149.

V. — Le Siècle de Louis XIV. — Orthographe de Voltaire. — La Beaumelle a Berlin. — Éloge de La Mettrie. — Consternation de l'auditoire. — Sentiment de Voltaire à ce sujet. — Retraite de Chasot. — Saillie plaisante. — Inqualifiable dureté. — Relations du chevalier avec la duchesse de Strélitz. — Contrefaçons du *Siècle de Louis XIV.* — Mort de Rothembourg. — Ami peu sûr. — Bruits de disgrâce. — Lettre vive de Voltaire à Frédéric. — Opinion du président Hénault. — Critique fondée. — Mot de Fontenelle. — Enthousiasme de lord Chesterfield. — Ses réserves. — Absence de lettres capitales. — L'orthographe de Voltaire. — Remarque de madame de Grafigny. — Voltaire s'efforce de gagner à sa cause l'abbé d'Olivet. — Charles Nodier n'aime pas Voltaire.

— René Milleran. — Quatrain admiratif du poëte Linières. — Laurent Angliviel de La Beaumelle. — Le collége d'Alais. — Les exemptions de M. Puech. — Contrefaçon d'icelles. — Départ du jeune Angliviel pour Genève. — Faits controuvés. — Son séjour dans la ville de Calvin. — Il passe en Danemark. — Voyage à Paris. — Achète à Racine fils la correspondance de madame de Maintenon. — Prix qu'elle lui coûte. — *Mes Pensées.* — Attribuées à Montesquieu, à Voltaire et à Diderot. — Ce qu'en disent d'Argenson et l'abbé de Voisenon. — Projet de classiques français. — La Beaumelle s'adresse à Voltaire. — Il va en Prusse. — Dîne chez le poëte. — Débute mal. — Son manque de jugement. — Passage à double sens. — Voltaire ne veut pas se rendre. — Parodie de son mot à Congrève. — Accusation sans portée contre Darget. — Visite à Maupertuis. — Tentatives auprès du roi. — Elles échouent, et pour quelle raison. — Complot ourdi pour faire partir Angliviel. — Nouvelle entrevue entre Voltaire et lui diversement racontée par La Beaumelle et Lalande. — Propos blessant de Frédéric. — Inconvénients d'une mauvaise vue. — Rencontre à l'opéra de Berlin. — Les époux Cocchius. — Surpris en flagrant délit. — La Beaumelle à Spandau. — Procédés inqualifiables du comte de Hake. — Angliviel relâché, et Cocchius et sa femme châtiés. — On fait parler Voltaire. — Éclat. — Menaces de La Beaumelle. — Démarches conciliantes. — Ultimatum de La Beaumelle. — Il s'éloigne de Berlin.......................... Page 199.

VI. — LA BEAUMELLE A GOTHA. — VOLTAIRE HISTORIEN. — ROME SAUVÉE. — MAUPERTUIS ET LES CASSINI. — La cour de Gotha. — Étranges révélations. — La veuve Schwecker. — Escroqueries de la dame. — La Beaumelle compromis. — Cherche à se disculper. — Curieuse susceptibilité. — Lettre de M. Rousseau. — Aveu de La Beaumelle. — M. Roques. — Appréhensions de Voltaire. — Conscience de l'historien. — Nombreux témoignages. — Voltaire remonte aux sources. — Madame de Maintenon lui donne raison. — Contrefaçon de La Beaumelle. — Voltaire n'a plus rien à ménager. — Mort de Tyrconnel. — Darget retourne en France. — Picard l'accompagne. — *Rome sauvée.* — Réclamations de madame Denis. — Corrections et variantes. — Applaudissements unanimes. — Ordre de réception de Lekain. — La comédie de madame Denis. — Préoccupations de son oncle à cet égard. — Mauvais procédés des comédiens. — Instances de madame Denis auprès du duc de Richelieu. — La Noue lui vole son sujet. — Maupertuis. — Son goût irrésistible pour l'étude. — Invasion dans une cheminée. — Va en Angleterre. — Cartésiens et Newtoniens. — Amour de la lutte. — Mesure de la terre. — Godin, Bouguer et La Condamine. — Seconde expédition. Clairaut, Camus et Lemonnier. — L'abbé Outhier, M. de Sommereux, le dessinateur Herbelot et le Suédois Celsius leur sont adjoints.— Ascension de l'Avasaxa. — Fatigues intolérables. — Froid excessif. — Séjour à Tornéa. — Gaieté inépuisable. — Christine. — Maupertuis chantant sa maîtresse. — Christine perdue dans la neige. — Affectations d'originalité. — L'entresol de mademoiselle Julie. — Petite perfidie. — Assemblée chez M. d'Argenson.— *Lettre d'un horloger anglois à un astronome de Pékin.* — Les Cassini. — Un instrument primitif. — Excellente facétie. — Cassini reconnaît qu'il a tort. — Candeur de ces savants italiens. — Nature bien différente de leur antagoniste. Page 247.

VII. — Maupertuis président de l'Académie de Berlin. — Premiers nuages. — Samuel Kœnig. — Lettre de Frédéric à Maupertuis. — Le *Coureur de Molwitz.* — Maupertuis emporté par son cheval. — Dévalisé par des hussards. — Conduit à Vienne. — Accueil charmant de Marie-Thérèse. — La montre de Graham et le grand-duc de Toscane. — Bruits de la mort de Maupertuis. — Inquiétude de Voltaire et de madame du Châtelet. — Maupertuis succède au cardinal de Fleury à l'Académie. — Le père Moreau. — Plaisant éloge de d'Alembert. — *Vénus physique* et *L'Art de faire des garçons.* — Éléonore de Borck. — Un géomètre amoureux. — Maupertuis transformé en satrape. — Sa maison véritable arche de Noé. — La perruche et la coiffure de madame de Lisle. — Orion. Plaisantes privautés de ce nègre. — Agréments de Maupertuis. — Voltaire dogmatise. — Aveu de Frédéric au prince de Ligne. — L'esprit de Maupertuis opposé à l'esprit de Voltaire. — Bon accord des premiers jours. — Candidature de l'abbé Raynal. — Maupertuis a la main forcée. — Son arrogance. — Calomnie de La Beaumelle. — Un tête-à-tête. — Humeur de Voltaire. — Vraies causes de leur rupture. — Kœnig. — Un paysan du Danube. — La *Moindre quantité d'action.* — Mémoire de Kœnig. — Procédés méconnus. — Conclusion du Mémoire. — Tentatives de Formey. — Maupertuis ne veut pas être pris pour un olibrius. — L'Académie érigée en tribunal. — Enquête. — Résultat définitif. — Euler intervient. — Arrêt de l'Académie. — Ressentiment profond de Kœnig. — Droits douteux de Maupertuis. — Les hostilités commencent. — Griefs de Voltaire. — Les Mémoires du général Manstein. — Le linge sale du roi à blanchir. — La charge d'athée du roi vacante. — *Réponse d'un Académicien de Berlin à un Académicien de Paris.* — *Appel au public.* — *Lettres de M. de Maupertuis.* — Étranges imaginations. — Expériences à vif sur les criminels. — L'abbé de Saint-Ellier et les sous-chats. — Ravissement des Berlinoises. — État déplorable du président. — Frédéric se constitue son champion...................... Page 293.

VIII. — Diatribe du docteur Akakia. — Brulée par la main du bourreau. — Disgrace de Voltaire. — Maupertuis assimilé à Homère. — *Lettre d'un Académicien de Berlin à un Académicien de Paris.* — Attitude du poëte. — Ses protestations d'innocence. — Platon tourné en ridicule. — Lettre d'Euler. — Indifférence dédaigneuse. — Accusation odieuse. — Les sentiments religieux de Maupertuis. — Anecdote rapportée par Formey. — Les incrédules et les crédules. — Voltaire tient sa victime. — Le docteur Akakia. — Argumentation serrée. — Hérésies du jeune docteur. — Son livre déféré à l'Inquisition. — Jugement des professeurs de la Sapience. — Étranges bévues du candidat. — De l'Étendue, de la Pierre philosophale et de la Divination. — Le président hors de cause. — Utiles conseils. — Allusions transparentes. — Sorties imprudentes de Formey à propos d'une dissertation de Zimmermann. — Allusions inévitables à l'adresse de Frédéric et de son groupe. — Il en est question à Sans-Souci. — Voltaire attache le grelot. — Il s'engage à lui répondre. — Privilége accordé dans ce but. — Projet d'un ouvrage collectif. — Ardeur de Voltaire. — Billet de Frédéric. — Parti pris de ne pas rompre. — Situation réelle du poëte. — Bien jugée par le baron Scheffer. — Impression de l'*Akakia*. — Les exemplaires saisis. — Frédersdorff dépêché à Voltaire qui nie tout. — Échange de billets. — Semonce du roi. — Étrange formalité. — Apostille de Voltaire. — *Ah! le bon billet qu'a La Châtre!* — Précautions vaines. — L'*Akakia* imprimé à Dresde. — La *Diatribe* à Berlin. — Sensation qu'elle produit. — Inquiétude de Voltaire. — Petit Dictionnaire à l'usage des rois. — Le libelle brûlé. — Voltaire assiste à l'exécution. — Envoi des cendres à Maupertuis. — Rancune du président. — Frédéric essaye de le calmer. — Bavardages ridicules. — Grelots et brimborions renvoyés. — Un quatrain. — Le chevalier de La Touche. — Invitation à souper. — Prétextes. — Démentis dans les gazettes. — Lettre à Walther. — Envoi de quinquina. — Voltaire au Belvédère...................... Page 341.

IX. — Froids adieux. — Voltaire a Leipzig. — Gotha et Cassel. — Arrivée a Francfort. — Le ménage de Voltaire. — Projets de fuite. — Les eaux de Glatz en échange de Plombières. — Lettre peu courtoise. — L'abbé de Prades. — Se sauve en Hollande. — Chaudement recommandé par d'Alembert. — Voltaire se met en campagne avec le concours de d'Argens. — L'abbé plaît à Frédéric, qui le nomme son lecteur et son secrétaire. — Voltaire part pour Potsdam. — Entrevue du roi et du poëte. — Caresses mutuelles. — Jeu double. — Voltaire n'en persiste pas moins à s'en aller. — Dernière entrevue à la parade. — Manière de voyager du poëte. — Arrivée à Leipzig. — Suite à la *Diatribe*. — Le *Traité de paix*. — Louables concessions de l'illustre président. — Voltaire compris dans le traité.— Acquiescement de Kœnig.— Le président se ravise. — Terrible lettre de Maupertuis à Voltaire.— Le bon Akakia appelle à son aide les docteurs et les écoliers de l'Université. — Décret contre le quidam. — Son signalement. — Réponse de Voltaire au président. — Les seuls moyens de défense du docteur Akakia. — Autre lettre du docteur adressée au secrétaire éternel. — Gottsched. — Sa femme. — Antipathie de cette dernière à l'égard des écrivains français. — Remarque impertinente du père Bouhours.— Desseins de Frédéric. — Ce qui attend Voltaire à Bayreuth. — Le cœur et l'esprit. — Billet de l'abbé de Prades à Maupertuis. — Petites manœuvres du poëte. — Aigre démenti. — Voltaire défend Kœnig. — Lettre respectueuse. — Débordement de bile. — Voltaire premier ministre de Borgia. — Voltaire avait-il eu peur? — Péroraison valant l'exorde. — Protestation de Kœnig. — Voltaire à Gotha. — Louise-Dorothée de Saxe-Meinungen. — Reconnaissance du poëte. — Dédie la *Religion naturelle* à la princesse. — Commence les *Annales de l'Empire* à Gotha. — Changement d'itinéraire. — Warben. — Pollnitz à Cassel. — Dans quel but ? — Maupertuis se cache sous le nom de Morel. — La Beaumelle à la Bastille. — Causes de sa captivité. — Suppression des feuilles de Fréron. — Arrivée à Francfort. — Nouveaux documents. — Deux récits. — L'*OEuvre de poëshie*. — Une ancienne connaissance. — Ordres de Frédéric. — Freytag. — Il a tout prévu. — Insuffisance des instructions. — Probabilités. — Perplexité du résident.................................... Page 491.

X. — Voltaire au Lion d'Or. — Freytag et Schmid. — Arrivée de madame Denis. — Avanie de Francfort. — Rapport du résident. — Minutieuse perquisition. — Voltaire se soumet à tout. — Considérations d'équité. — Peu d'urgence de ces mesures rigoureuses. — Relations de Voltaire et de Collini. — Perfidie du peintre. — Orthographe irréprochable de Freytag. — La grande force de Voltaire. — Le libraire Van Duren. — Un maître soufflet. — Curieux motifs de consolation. — Exaltation du poëte. — Étrange expédient. — Il s'adresse à l'Empereur. — Message extravagant. — Arrivée de madame Denis. — Sa lettre à milord Maréchal. — Caravajal et sa commère. — Le coup de poing sur la tête. — Réponse de la nièce. — Promesses sacrées. — Citation embarrassante. — Activité de madame Denis. — Arrivée du ballot de Leipzig. — Fiévreuse impatience de Voltaire. — Renvoyé à la poste prochaine. — Engagement *pro formâ*. — Détresse du poëte. — Détermination désespérée. — Voltaire perd son carnet. — Retard irréparable. — Il est atteint à la barrière. — Le carrosse d'État à six places. — Piteux retour. — Arrestation de madame Denis. — Voltaire chez le conseiller aulique. — Madame Schmid. — Dorn. — Excès de zèle du résident. — L'hôtel de la *Corne de Bouc*. — Les villes libres d'Allemagne. — Étranges femmes de chambre. — Une terrible nuit. — Ordre de relâcher Voltaire. — Circonstances d'exception. — Explication erronée de Macaulay. — Le *Palladion*. — Réserve motivée. — Voltaire s'adresse à sœur Guillemette. — Intervention de la Margrave. — Elle jette une partie du chargement à la mer. — Signification de Freytag. — Tristes défaillances. — Voltaire et madame Denis maltraitent le laquais du résident prussien. — Ressentiment de celui-ci. — Soumissions de l'oncle et de la nièce. — L'*actuarius* Duffenbach. — Revirement de l'opinion. — Revanche à prendre. — Attitude menaçante du poëte. — Freytag et Schmid se font annoncer. — Il refuse de les recevoir. — Dorn lui est dépêché. — Voltaire s'élance sur lui armé d'un pistolet. — Commencement d'information. — Départ précipité. — Étonnement de Frédéric. — Lettre tranquillisante de Frédersdorff. — Conséquences de ces abus de pouvoir. — Scepticisme absolu du roi de Prusse. — La carte à payer. — Où sont les torts. — Frédéric premier fauteur de l'*Akakia*. — Services incontestables. — Étape improductive. — Affranchissement du poëte. — Mutuels désaveux du maître et du valet. — Démarche prévue par Voltaire... Page 445.

FIN DE LA TABLE.

ERRATA

Page 13, lig. 12. — Au lieu de : « ranger, » lisez : « mettre. »
Page 17, lig. 14. — Au lieu de : « Thiéiot, » lisez : « Thiériot. »
Page 36, lig. 2. — Au lieu de : « *médecin du Cercle,* » lisez : « médecin du *Cercle*. »
Même page, lig. 8. — Au lieu de : « pamphet, » lisez : « pamphlet. »
Page 44, lig. 12. — Au lieu de : « Bartolo, » lisez : « Basile. »
Page 63, note première, lig. 6. — Au lieu de : « Castile, » lisez : « Castil. »
Page 64, note deuxième, lig. 1re. — Au lieu de : « Longchamp, » lisez : « Wagnière. »
Page 70, lig. 6. — Au lieu de : « Bastiana, » lisez : « Bastiani. »
Page 149, lig. 17. — Au lieu de : « Rottembourg, » lisez : « Rothembourg. »
Page 179, lig. 9. — Au lieu de : « une personne, » lisez : « un personnage. »
Page 186, lig. 17. — Au lieu de : « Chimenès, » lisez : « Chimènes. » De même, page 187, lig. 12.
Page 194, première ligne de la note 1. — Au lieu de : « Aszésat, » lisez : « Assézat. »
Page 206, lig. 3. — Au lieu de : « Leipsick, » lisez : « Leipzig. » Ibid., page 208, dernière ligne.
Page 213, lig. 5. — Au lieu de : « les pères de l'église, de la langue, » lisez : « les pères de l'église de la langue. »
Page 227, lig. 11. — Au lieu de : « marques extérieures de l'intérêt, » lisez : « marques extérieures d'intérêt. »
Page 233, ligne 29. — Au lieu de : « nu, » lisez : « un. »
Page 291, lig. 7. — Au lieu de : « dévoila, » lisez : « dévoile. »
Page 301, lig. 19. — Au lieu de : « martyr, » lisez : « martyre. »
Page 321, ligne 23. — Au lieu de : « il s'était voués, » lisez : « il s'était voué. »
Page 386, lig. 25. — Au lieu de : « était trop, » lisez : « était de trop. »
Page 432, lig. 24. — Au lieu de : « se résigner, » lisez : « nous résigner. »
Page 443, lig. 7. — Au lieu de : « asez, » lisez : « assez. »
Page 462, lig. 25. — Au lieu de : « il compromet, » lisez : « il le compromet. »

Paris. — Imp. VIÉVILLE et CAPIOMONT, 6, rue des Poitevins.

www.ingramcontent.com/pod-product-compliance
Lightning Source LLC
Chambersburg PA
CBHW051126230426
43670CB00007B/694